2026

메가랜드
공인중개사

표준 이론서

2차 | 부동산세법

머리말

부동산세법은 고정적인 것이 아니라 시대의 변화에 따라 개정되고 변화합니다. 따라서 매년 개정되고 변화된 내용에 따라 수험서도 변화하는 것입니다. 본서는 기존의 이론과 최근 개정법령과 기출문제를 종합분석하여 수험생의 빠른 이해를 할 수 있도록 만들었습니다.

본서는 다음에 역점을 두어 수험생 입장에서 한 번 더 생각하면서 집필하였습니다.

첫째 법령해석을 쉽게 할 수 있도록 법령해석 취지와 용어해설을 확실하게 하였습니다.
법령해석을 위한 취지를 보조단에 수록하여 법령 해석을 조금이나마 부드럽게 할 수 있도록 하고, 세목 간 연관성을 고려하여 세목별로 관계있는 내용은 상호 간에 연결하여 비교정리를 통하여 모든 세목을 흐름으로 정리할 수 있도록 하였습니다.

둘째 최근 개정된 내용과 중요한 사례를 반영하였습니다.
2026년 개정되는 법령(개정안)의 내용과 중요한 사례를 반영하였습니다. 부동산세법은 매년 개정된 내용에서 개정 전과 개정 후의 내용에 대한 문제가 출제되는 경향이 있기 때문에 개정된 내용을 보충설명과 함께 제시하여 효율적인 학습서가 될 수 있도록 노력하였습니다.
2026년 개정되는 내용을 정확히 반영(2026년 개정안으로 수록)하여 최근 기출문제 패턴에 일치시킬 수 있도록 최대한 개정내용을 반영하여 수험생 입장에서 학습에 불편이 없도록 하였습니다.

셋째 세목 간 종합정리로 세법 이론 흐름의 체계화를 하였습니다.
최근 기출문제가 서술형 종합문제와 박스형 응용문제로 출제되기 때문에 이론의 체계화를 시키지 못한 경우에는 고득점이 어렵기 때문에 이에 대한 두려움을 해소하고자 법령 지문 해설과 함께 서로 연관된 내용은 종합정리를 할 수 있도록 노력하였습니다.

수험생활이 합격하기 전까지는 고독하고 힘들고 아무도 그 고통을 알아줄 수 없겠지만 스스로 선택한 길에서 값진 성과를 일궈낸다면 그 이상의 가치도 없을 듯합니다. 부디 모든 수험생이 바라는 성과를 내기를 응원합니다.

메가랜드 부동산교육연구소
편저자 일동

공인중개사 시험요강

공인중개사 자격시험 Licensed Real Estate Agent

국토교통부에서 소관하고 한국산업인력공단이 시행하는 공인중개사 자격시험은 부동산 중개업을 건전하게 지도·육성하고, 공정하고 투명한 부동산 거래질서를 확립함으로써 국민경제에 이바지함을 그 목적으로 합니다.

- 연 1회 / 10월 31일 예정
- 1·2차 동시 / 응시 가능
- 절대평가 / 평균 60점
- 객관식 / 5지 선택형

| 시험 일정

원서 접수	시험일	합격자 발표
2026년 8월 3일~ 8월 7일 예정	2026년 10월 31일 예정	2026년 11월 말 예정

* 2021년부터 원서 접수기간 및 방식이 변경되었습니다(정기 접수 5일 및 빈자리 접수 2일).
* 정확한 시험 일정은 한국산업인력공단(www.q-net.or.kr) 홈페이지에서 확인 가능합니다.
* 원서 접수기간 중에는 24시간 접수 가능하며(단, 마지막 날은 18시까지), 접수기간 종료 후에는 응시원서 접수가 불가합니다.

| 응시 자격   제한 없음

* 단, ① 「공인중개사법」 제4조의3에 따라 시험 부정행위로 처분받은 날로부터 시험시행일 전일까지 5년이 경과되지 않은 자, ② 제6조에 따라 공인중개사 자격이 취소된 후 3년이 경과하지 않은 자, ③ 시행규칙 제2조에 따른 기자격취득자는 응시할 수 없음

시험과목 및 방법

구분	시험과목	문항 수	시험시간	시험방법
제1차 1교시 2과목	1. 부동산학개론(부동산감정평가론 포함) 2. 민법 및 민사특별법 중 부동산 중개에 관련되는 규정	과목당 40문항 1번~80번	100분 (09:30~11:10)	객관식 5지 선택형
제2차 1교시 2과목	1. 공인중개사의 업무 및 부동산 거래신고 등에 관한 법령 및 중개실무 2. 부동산공법 중 부동산 중개에 관련되는 규정	과목당 40문항 1번~80번	100분 (13:00~14:40)	
제2차 2교시 1과목	부동산공시에 관한 법령(부동산등기법, 공간정보의 구축 및 관리 등에 관한 법률) 및 부동산 관련 세법	40문항 1번~40번	50분 (15:30~16:20)	

합격 기준

절대평가

- **1차 시험:** 매 과목 100점을 만점으로 하여 매 과목 40점 이상, 전 과목 평균 60점 이상 득점
- **2차 시험:** 매 과목 100점을 만점으로 하여 매 과목 40점 이상, 전 과목 평균 60점 이상 득점

* 당해 연도 1차 시험 합격자는 다음 연도 1차 시험이 면제되며, 1·2차 시험 응시자 중 1차 시험에 불합격한 자의 2차 시험은 무효로 함(「공인중개사법 시행령」제5조 제3항)

원서 접수

PC Q-net(www.q-net.or.kr) 홈페이지 또는 모바일 Q-net(APP)을 통하여 접수

- 공단 지역본부 및 지사에서 인터넷접수 도우미서비스를 제공받을 수 있습니다.
- 내방시 준비물: 신분증, 사진(3.5*4.5) 1매, 전자결제 수단(신용카드, 계좌이체, 가상계좌)
- 수험자는 응시원서에 반드시 본인 사진을 첨부하여야 하며, 타인의 사진 첨부 등으로 인하여 신분 확인이 불가능할 경우 시험에 응시할 수 없습니다.
- 응시수수료(제36회 시험 기준)

• 1·2차 시험 동시 응시자	28,000원
• 1차 시험 응시자	13,700원
• 2차 시험 응시자(전년도 1차 시험 합격자)	14,300원

자격증 교부는 응시원서 접수시 입력한 인터넷 회원정보 화면의 주민등록상 주소지의 시·도지사 명의로, 시·도지사가 교부합니다(회원가입시 등록한 최종 합격자의 사진 파일을 공단에서 시·도로 발송하여 자격증용 사진으로 활용).

* 시·도별로 준비물이 다를 수 있습니다.

출제경향 및 학습방법

편	장	제32회	제33회	제34회	제35회	제36회	합계	비율
조세총론	총칙	0	0	0	0	0	0	10.0%
	납세의무 성립·확정 및 소멸	0	0	1	1	2	4	
	지방세와 타 채권과의 관계	0	0	0	1	0	1	
	기타 내용	0	2	1	0	0	3	
	소계	0	2	2	2	2	8	
지방세	취득세	3	2	2	3	2	12	36.3%
	등록에 대한 등록면허세	1	1	2	0	1	5	
	재산세	2	2	2	3	3	12	
	목적세	0	0	0	0	0	0	
	소계	6	5	6	6	6	29	
국세	종합부동산세	3	2	2	2	2	11	53.7%
	일반소득세	0	2	1	1	1	5	
	양도소득세	7	5	5	5	5	27	
	소계	10	9	8	8	8	43	
	총계	16	16	16	16	16	80	100.0%

제36회 총평

1. 총평

제36회 공인중개사 부동산세법은 전반적으로 어렵게 출제되었으며 단순 암기로는 문제를 접근하기가 어려웠으며, 법령에 대한 정확한 문구해석을 요구하는 문제가 대부분이었습니다.

① **조세총론**: 납세의무 성립과 가산세 문제는 강의 중에 이론 정리를 정확히 한 수험생이라면 충분히 해결이 가능하도록 출제한 듯하나 기한 후 신고 가산세 경감에 대한 세부적인 사항까지 접근하여 경감에 대한 퍼센트(%)만 암기한 분이라면 정답을 찾아내는 데 어려움이 있었을 듯합니다.

② **취득세**: 기존의 기출문제를 약간 변형하여 정확한 문구와 괄호 내용에 대한 단서 조항까지 해석할 수 있어야 풀이가 가능하여 약간 까다롭게 느껴졌을 듯합니다.

③ **등록면허세**: 종합문제 형식으로 출제되었으나 기존의 기출지문을 정리한 수험생이라면 충분히 해결이 가능하게 출제되었습니다.

④ **재산세**: 공정시장가액비율은 단순히 암기만 하면 풀 수 있는 문제였으나 과세구분과 납세의무자에 대한 종합문제를 박스형식으로 전환하여 쉬운 지문을 어렵게 변형출제하여 이론 정리를 확실히 하지 않는 수험생이라면 어려움이 있었을 듯합니다.

⑤ **종합부동산세**: 기존에 출제되었던 내용들이 반복 출제되어 기출지문 분석을 충실히 하셨다면 어려움 없이 해결 가능한데 집중력이 필요한 지문으로 구성하였습니다.

⑥ **일반소득세**: 1문제가 출제되었고 기존에 기출되었던 지문을 약간 변형하여 박스형식으로 출제하였는데 어렵지 않게 해결 가능했습니다.

⑦ **양도소득세**: 부담부증여의 계산문제는 쉽게 출제하였으나, 수업 중에 다루지 않은 비사업용 토지에 대한 내용을 출제하여 1문제 정도는 틀리라고 낸 듯합니다. 등기의제나 필요경비에 대한 내용은 수업 중에 많은 연습이 되어 있어 정답을 찾는데 어려움은 없을 듯합니다.

2. 출제경향 및 특이점

① **출제경향**: 제36회 시험에서는 난이도 上의 문제가 6문제, 中의 문제가 8문제, 下의 문제가 2문제가 출제되었습니다. 기존의 기출문제에서는 上의 문제가 보통 3문제 정도 출제가 되었는데 이번 제36회 시험에서는 6문제가 출제되어 체감 난이도는 제35회보다는 더 높았을 것으로 보입니다.

② **특이점**: 단순한 암기가 아닌 전반적인 개념을 확실하게 정리하셔야 문제를 풀 수 있는 고차원의 문제를 다수 출제하여 이론정리를 체계적으로 정리한 수험생이라면 10문제까지는 해결이 가능하였을 듯합니다.

학습방법

세목 간의 종합적인 정리와 개정된 법령지문을 정확히 이해하고 이를 반복학습하여 문제로 연결하는 연습이 필요하겠습니다.

기본적인 개념을 잡는 이론 수업을 체계적으로 듣고 그 내용을 스스로 복습하면서 이론과 기출지문을 상호 연결하는 연관학습이 이루어져야 합니다. 세법은 단순 암기 과목이 아닌 법령 지문의 확실한 이해를 바탕으로 한 상황별 사례 중심의 이론과 문제를 연결하는 학습을 하여야 합니다.

기존의 기출지문을 정확히 분석하고 응용하는 공부방법이 필요하겠습니다.

중개사 기출문제를 해결하기 위해서는 기존 공인중개사 시험 기출지문과 타 자격시험 기출지문 중 중개사 시험 관련 내용 및 최근의 개정 내용을 숙지하는 광범위한 학습을 하여야 합니다.

핵심지문과 기출지문분석 강의를 연계하는 학습을 하여야 합니다.

법령에 따른 핵심지문과 기출지문분석 강의를 연계하는 학습이 필요한 듯합니다. 제37회 시험을 준비하는 수험생분들은 전반적인 법령 지문 흐름과 이해를 위주로 학습하셔야 하며, 단편적인 부분만 암기하여서는 안 될 것으로 보이며, 세목별로 흐름을 잡고 세목별 종합적인 사고력을 길러야 확실한 정답을 찾을 수 있을 듯합니다.

메타인지 학습법

메가랜드만의 메타인지 학습법을 완벽하게 실행할 수 있도록
❶ 계획 … ❷ 실행 … ❸ 피드백 과정을 미리보기 … 본문 … 메타인지 학습체크로 재구성하였습니다.

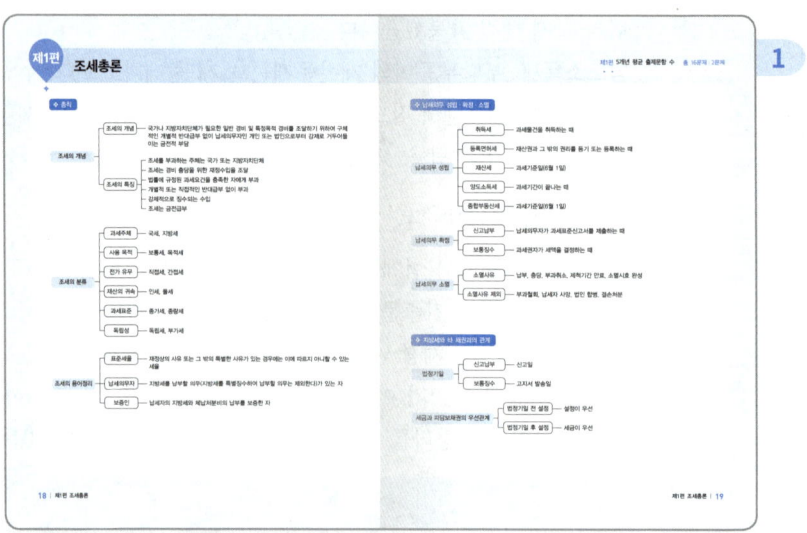

1 계획 - 미리보기

단원을 학습하기 전, 미리보기를 통해 전반적인 이론 체계와 핵심내용을 쉽고 빠르게 한눈에 파악하고, 학습 방향을 올바르게 설정할 수 있습니다.

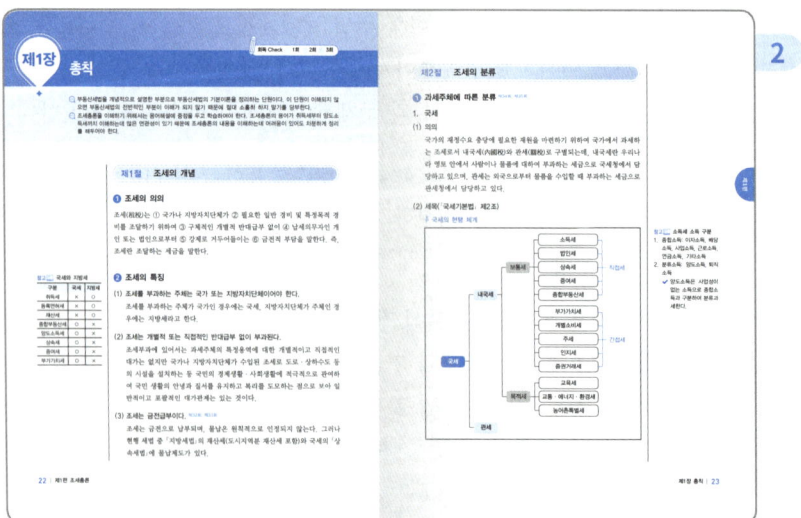

2 실행 - 본문

높은 가독성과 짜임새 있는 구성으로 학습 효과를 극대화하였으며, 다양한 학습요소를 통해 핵심내용을 전략적으로 학습할 수 있습니다.

3 피드백 - 메타인지 학습체크

학습이 끝나면 자신이 현재 무엇을 알고 무엇을 모르는지 '메타인지 학습체크'를 통해 점검하고, 자신의 학습 정도를 파악하여 아직 완벽하게 숙지되지 않은 부분을 집중 학습할 수 있습니다.

이 책의 구성 및 특징

단원열기

학습 시작 전, 단원열기를 통해 중점적으로 학습해야 할 내용을 확인할 수 있도록 함으로써 학습의 방향을 제시하였습니다.

효율적 구성

본문을 2단으로 구성함으로써 보조단에 배치된 풍부한 학습요소들을 통해 본문의 내용을 다시 한번 정리하고 반복학습할 수 있도록 하였습니다.

제1장 취득세

회독 Check 1회 2회 3회

💬 취득세는 「지방세법」의 대부분에 연결되는 개념이 정리되는 단원이고 세법이라는 난해한 사항을 처음 접하는 부분이다. 그러므로 취득세에서 정리를 잘한다면 지방세 전체를 이해하기 쉽게 된다.

💬 취득세는 매년 전반적인 흐름을 묻는 문제로 3문제 정도가 출제되는데, 앞·뒤 흐름을 파악하면서 정리를 하면 충분히 해결할 수 있다. 과세대상물·납세의무자·취득시기·과세표준·세율을 순서대로 정리하고 마지막으로 납세절차를 파악하면서 취득세의 전반적인 사항을 흐름으로 정리하여야 한다.

제1절 | 의의 및 과세대상물

① 개요

(1) 의의

취득세는 열거된 과세대상물을 사실상 취득하는 경우 취득자가 취득일로부터 60일[증여(부담부증여를 포함한다)로 인한 경우는 취득일이 속하는 달의 말일부터 3개월, 상속으로 인한 경우는 상속개시일이 속하는 달의 말일부터 6개월(외국에 주소를 둔 상속인이 있는 경우에는 9개월)] 이내에 납세지 관할 지방자치단체장에 신고하고 납부하는 지방세이다.

(2) 특징

① 취득세는 취득 단계마다 과세되는 개별과세인 물세(비례세율: 표준세율)이다. 제34회
② 취득세는 유통과세(취득 + 양도)이면서 행위세(行爲稅)이다.
③ 취득세는 등기·등록을 불문한 사실상 취득시 과세한다.
④ 취득세는 취득하는 때 성립(추상적)하고 신고하는 때 확정된다.
⑤ 취득세는 신고납부 불이행시 가산세(10%, 20%, 40%, 80%)가 부과된다.
⑥ 취득세는 기한 후 신고(결정 통지하기 전까지)가 가능하다. ⇨ 확정효력 없음(신고일로부터 3개월 이내 세액 결정 통보)
⑦ 취득세는 금액에 관계없이 물납은 불가능하다.
⑧ 취득세는 금액에 관계없이 분할납부는 불가능하다.
⑨ 취득세는 면세점(취득가액 50만원 이하)이 적용된다.

핵심 ✪ 취득세와 등록면허세

구분	취득세	등록면허세
인세	×	×
물세	○	○
합산과세	×	×
개별과세	○	○
초과누진세율	×	×
비례세율	○	○
표준세율	±50%	±50%
유통과세	○	○
보유과세	×	×
사실주의	○	×
형식주의	×	○
성립시기	취득하는 때	등록하는 때
확정	신고하는 때	신고하는 때
기한 후 신고	○	○
가산세	○	○
물납	×	×
분할납부	×	×
면세점	○	×
소액징수면제	×	×

(3) 과세취지

취득세는 과세대상물인 부동산·차량 등의 소유권이 이전되는 유통과정에서 담세력(擔稅力)이 노출되는 취득자에게 조세를 부담시키고자 하는 데 그 취지가 있다. 과세의 근거는 특정자산의 취득사실에 내재하는 조세부담능력, 즉 응능과세원칙에 입각한 조세이다.

용어
응능과세
각종 과세에 있어서 납세자의 부담능력에 맞게 공평한 과세를 하는 것을 말한다.

응익과세
보유하는 중에 수익발생의 가능성이나 발생한 수익을 보고 과세하는 것을 말한다.

예제

「지방세기본법」및「지방세법」상 취득세와 관련하여 시행되고 있는 제도는 모두 몇 개인가?

- 특별징수
- 신고납부
- 분할납부
- 면세점
- 소액징수면제

① 1개   ② 2개   ③ 3개
④ 4개   ⑤ 5개

해설 특별징수, 분할납부와 소액징수면제는 현행 취득세에서 시행되고 있는 제도가 아니다.

정답 ②

참고 취득세 과세대상물

구분		과세대상물
유형재산	부동산	토지(지적공부의 등록대상이 되는 토지와 그 밖에 사용되고 있는 사실상의 토지)·건축물
	부동산에 준하는 것	차량·기계장비·항공기·선박·입목
무형재산	권리	광업권·어업권·양식업권
	회원권 및 시설이용권	골프회원권·승마회원권·콘도미니엄 회원권·종합체육시설 이용회원권·요트회원권

과세대상물
- 열거주의
- 유형과 무형

→ **사실상 취득**
① 유통과세
② 행위세
③ 사실주의
④ 물세(개별과세)
⑤ 비례세율

→ **신고·납부**
취득일로부터 60일 이내
(무상취득 제외)

→ **납세지 관할 지방자치단체**
① 지방세
② 특·광역시세, 도세
③ 직접세
④ 보통세(일반경비)
⑤ 독립세

제1장 취득세 | 75

1달 완성 학습플래너

기본학습이 어느 정도 진행된 수험생이라면, 학습의 방향을 정하고 학습능력과 상황에 맞게 '1달 완성' 계획표를 직접 작성하여 메가랜드 강의와 함께 학습해 보세요.

Sample Plan

Day 1	Day 2	Day 3	Day 4	Day 5	Day 6	Day 7
개론 제1편~ 제2편	민법 제1편 제1장 ~제4장	중개 제1편 제1장 ~제3장	공법 제1편 제1장 ~제3장	공시 제1편 제1장~ 제3장 세법 제1편~	복습	…

Self Plan

Day 1	Day 2	Day 3	Day 4	Day 5	Day 6	Day 7

Day 8	Day 9	Day 10	Day 11	Day 12	Day 13	Day 14

Day 15	Day 16	Day 17	Day 18	Day 19	Day 20	Day 21

Day 22	Day 23	Day 24	Day 25	Day 26	Day 27	Day 28

Day 29	Day 30	Day 31

합격 키워드 확인하기

편	장	합격 키워드
제1편	제1장	국세와 지방세, 물납과 분할납부, 재산세 물납, 종합부동산세 분할납부, 양도소득세 분할납부, 용어정의, 납세의무자, 특별징수, 보통징수, 가산세, 징수금, 공시송달, 유통과세, 보유과세, 면세점, 소액징수면제
	제2장	성립시기, 과세기준일, 수시부과, 납세의무 확정, 신고납부, 보통징수, 기한 후 신고, 수정신고, 납세의무 소멸사유, 제척기간, 소멸시효, 제척기간의 기산일, 소멸시효의 기산일, 시효의 중단, 시효의 정지
	제3장	국세 및 지방세 우선권, 그 재산에 부과된 세금, 법정기일, 피담보채권, 소액임차보증금, 소액임금채권
	제4장	이의신청, 심판청구
제2편	제1장	원시취득, 승계취득, 의제취득, 과세대상물, 납세의무자, 과점주주, 유상승계취득시기, 무상승계취득시기, 원시취득시기, 과세표준, 사실상 취득가액, 시가인정액, 취득가액 포함 여부, 시가표준액, 표준세율, 특례세율, 중과기준세율, 중과세율, 납세절차, 채권자대위자 신고납부, 추가 신고납부, 중가산세, 등기자료 통보, 비과세
	제2장	등기원인, 납세의무자, 과세표준, 자산재평가시 과세표준, 표준세율, 중과세율, 납세절차, 채권자대위자 신고납부, 등록면허세 납세지, 비과세
	제3장	재산세 특징, 과세대상물, 다가구주택, 별도합산과세, 종합합산과세, 분리과세, 재산세 납세의무자, 과세표준, 시가표준액, 공정시장가액비율, 재산세 세율, 세부담의 상한, 보통징수, 납부유예, 수시부과, 물납, 분할납부, 비과세
제3편	제1장	종합부동산세 과세대상물, 과세표준, 납세의무자, 주택 수 계산, 세액공제, 종합부동산세 세율, 세액공제, 세부담의 상한, 납세지, 부과징수, 납부유예, 분할납부, 물납, 비과세
	제2장	사업소득 구분, 과세기간, 거주자와 비거주자, 간주임대료, 선택적 분리과세, 수입시기, 비과세 사업소득, 결손금 공제
	제3장	과세대상물, 양도로 보는 경우, 양도 및 취득시기, 양도소득세 비과세, 1세대 1주택 비과세, 겸용주택, 고가주택, 양도차익, 양도가액 및 취득가액, 추계경정방법, 취득가액 포함 여부, 필요경비, 필요경비개산공제, 장기보유특별공제, 양도소득기본공제, 미등기 양도자산, 등기의제, 양도차손의 공제, 양도소득세율, 이월과세, 우회양도부인, 예정신고, 확정신고, 분할납부, 물납, 징수와 환급, 국외자산양도

제1편 조세총론

◆ 제1장 총칙
- 제1절 조세의 개념 22
- 제2절 조세의 분류 23
- 제3절 조세의 용어정리 28
- 제4절 서류의 송달 33

◆ 제2장 납세의무 성립·확정 및 소멸
- 제1절 납세의무의 성립 39
- 제2절 납세의무의 확정 42
- 제3절 납세의무의 소멸 47

◆ 제3장 지방세와 타 채권과의 관계
- 제1절 우선권의 개요 53
- 제2절 지방세 우선권의 제한 54
- 제3절 소액임차보증금 및 임금채권의 우선 56

◆ 제4장 이의신청 및 심판청구 59

제2편 지방세

◆ 제1장 취득세
- 제1절 의의 및 과세대상물 74
- 제2절 납세의무자 81
- 제3절 취득시기 89
- 제4절 과세표준 93
- 제5절 세율 101
- 제6절 납세절차 117
- 제7절 비과세 123

◆ 제2장 등록에 대한 등록면허세
- 제1절 의의 및 특징 128
- 제2절 납세의무자 및 과세표준 130

제 3 절	세율	132
제 4 절	납세절차	133
제 5 절	비과세	137

◆ **제 3 장 재산세**

제 1 절	의의 및 과세대상물	139
제 2 절	과세대상의 구분	143
제 3 절	납세의무자	162
제 4 절	과세표준 및 세율	165
제 5 절	납세절차	174
제 6 절	비과세	180

제 3 편 국세

◆ **제 1 장 종합부동산세**

제 1 절	의의 및 용어정리	194
제 2 절	과세대상물	197
제 3 절	납세의무자	199
세 4 절	과세표준 및 세율	200
제 5 절	납세절차	209
제 6 절	비과세	213

◆ **제 2 장 일반소득세**

제 1 절	총칙	216
제 2 절	부동산임대 관련 사업소득	220

◆ **제 3 장 양도소득세**

제 1 절	의의 및 과세대상물	228
제 2 절	양도의 개념	232
제 3 절	양도 및 취득시기	238
제 4 절	비과세 양도소득	242
제 5 절	양도소득세 계산구조	253
제 6 절	납세절차	277
제 7 절	국외자산에 대한 양도소득세	282

제1편
조세총론

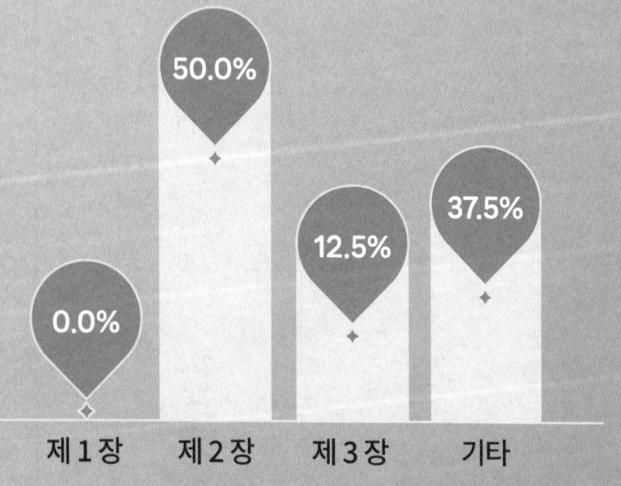

✦ 최근 5개년 출제경향 분석

- 제1장 | 총칙
- 제2장 | 납세의무 성립·확정 및 소멸
- 제3장 | 지방세와 타 채권과의 관계
- 제4장 | 이의신청 및 심판청구

제1편 조세총론

❖ 총칙

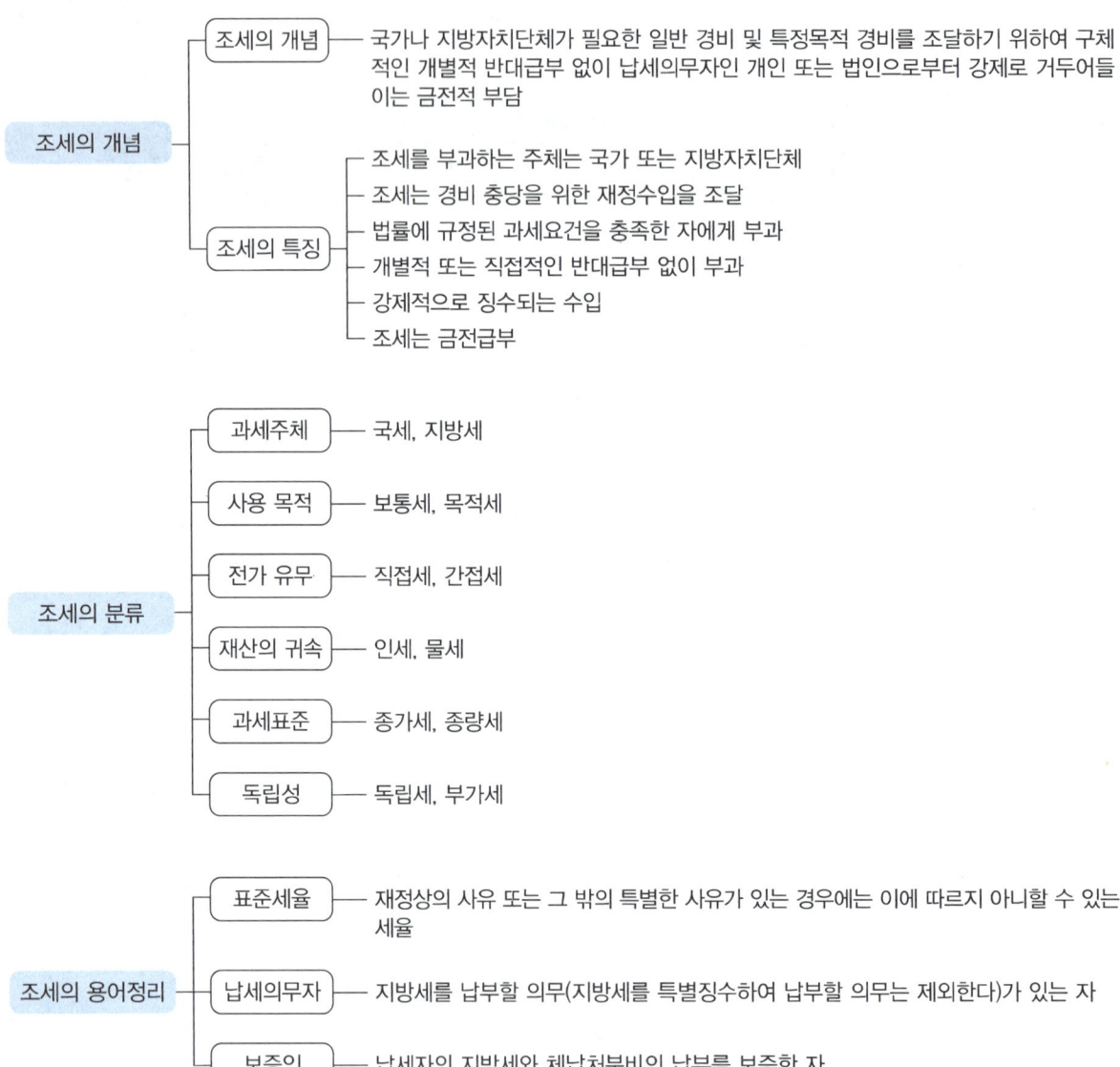

제1편 5개년 평균 출제문항 수   총 16문제 | 2문제

❖ 납세의무 성립·확정·소멸

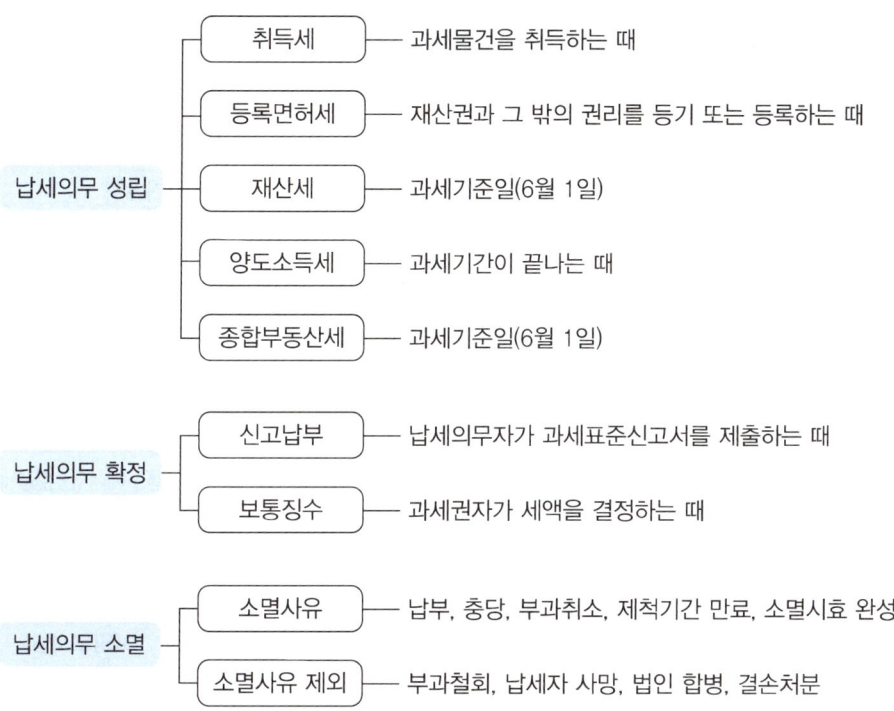

❖ 지방세와 타 채권과의 관계

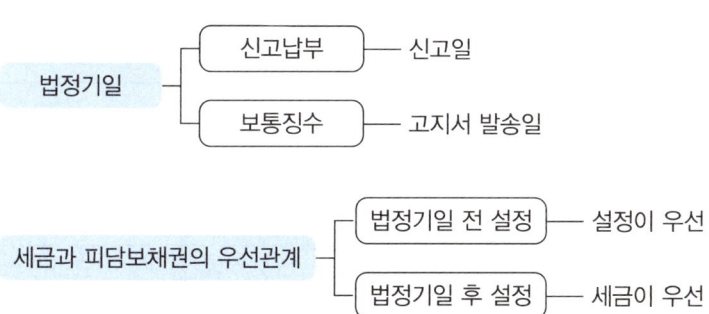

제1편 조세총론

❖ **부동산세법 세목별 필수정리사항**

구분	취득세	등록면허세	재산세	종합부동산세	양도소득세
국세	×	×	×	○	○
지방세	○(특·광·도)	○(도·구)	○(시·군·구)	×	×
납세지	물건소재지			주소지 ⇨ 거소지	
물납	×	×	1,000만원 초과 관할 내 부동산	×	×
분할납부	×	×	250만원 초과 3개월 이내	250만원 초과 6개월 이내	1,000만원 초과 2개월 이내
보통세	○	○	○	○	○
목적세	지역자원시설세, 지방교육세			농어촌특별세, 교육세, 교통·에너지·환경세	
직접세	○	○	○	○	○
간접세	부가가치세, 주세, 개별소비세, 증권거래세, 담배소비세, 지방소비세 등				
인세	×	×	○(토지만)	○(소유자별)	○(양도자별)
물세	○	○	○(토지 이외)	×	×
합산과세	×	×	○(토지만)	○(토지, 주택)	○(1/1~12/31)
개별과세	○(취득단계)	○(등록단계)	○(토지 이외)	×	×
초과누진세율	×	×	○(토지, 주택)	○(개인 주택)	○(2년 이상)
비례세율	○	○	○	○(일반법인 주택)	○(미등기 등)
종가세	○	○	○	○	○
종량세	×	○(말소등기)	×	×	×
농어촌특별세	○	○(감면세액)	×	○	○(감면세액)
지방교육세	○	○	○	×	×
표준세율	±50%	±50%	±50% (해당 연도 한정)	–	–
성립시기	취득하는 때	등록하는 때	과세기준일(6/1)	과세기준일(6/1)	과세기간이 끝나는 때

신고납부	○	○	×	○(선택)	○
보통징수	○(무신고)	○(무신고)	○	○(원칙)	○(무신고)
납세절차	취득일로부터 60일(무상취득 제외) 이내	등기·등록하기 전까지	7/16 ~ 7/31, 9/16 ~ 9/30	12/1 ~ 12/15	다음 연도 5/1 ~ 5/31
납세의무확정	신고하는 때	신고하는 때	결정하는 때	원칙: 결정하는 때 선택: 신고하는 때	신고하는 때
기한 후 신고	○	○	×	×	○
납부유예	×	×	○	○	×
세부담 상한	×	×	○(주택 제외)	○(법인소유 주택 제외)	×
가산세	○	○	-	△	○
면세점	취득가액이 50만원 이하	×	×	×	×
소액징수면제	×	×	그 세액이 2,000원 미만	-	-
유통과세	○	○	×	×	○
보유과세	×	×	○(6/1)	○(6/1)	×

❖ **매각대금 분배 순위**

법정기일 전에 설정		법정기일 후에 설정	
1순위	공익비용(체납처분비, 경매비용 등)	1순위	공익비용(체납처분비, 경매비용 등)
2순위	소액임차보증금, 소액임금채권	2순위	소액임차보증금, 소액임금채권
3순위	그 재산에 부과된 세금	3순위	그 재산에 부과된 세금
4순위	담보된 채권(설정) + 일반임금채권	4순위	그 재산에 부과된 세금 이외
5순위	그 재산에 부과된 세금 이외	5순위	담보된 채권(설정) + 일반임금채권
6순위	공과금	6순위	공과금

제1장 총칙

> 부동산세법을 개념적으로 설명한 부분으로 부동산세법의 기본이론을 정리하는 단원이다. 이 단원이 이해되지 않으면 부동산세법의 전반적인 부분이 이해가 되지 않기 때문에 절대 소홀히 하지 말기를 당부한다.
> 조세총론을 이해하기 위해서는 용어해설에 중점을 두고 학습하여야 한다. 조세총론의 용어가 취득세부터 양도소득세까지 이해하는데 많은 연관성이 있기 때문에 조세총론의 내용을 이해하는데 어려움이 있어도 차분하게 정리를 해두어야 한다.

제1절 | 조세의 개념

❶ 조세의 의의

조세(租稅)는 ① 국가나 지방자치단체가 ② 필요한 일반 경비 및 특정목적 경비를 조달하기 위하여 ③ 구체적인 개별적 반대급부 없이 ④ 납세의무자인 개인 또는 법인으로부터 ⑤ 강제로 거두어들이는 ⑥ 금전적 부담을 말한다. 즉, 조세란 조달하는 세금을 말한다.

❷ 조세의 특징

참고 국세와 지방세

구분	국세	지방세
취득세	×	○
등록면허세	×	○
재산세	×	○
종합부동산세	○	×
양도소득세	○	×
상속세	○	×
증여세	○	×
부가가치세	○	×

(1) **조세를 부과하는 주체는 국가 또는 지방자치단체이어야 한다.**

조세를 부과하는 주체가 국가인 경우에는 국세, 지방자치단체가 주체인 경우에는 지방세라고 한다.

(2) **조세는 개별적 또는 직접적인 반대급부 없이 부과된다.**

조세부과에 있어서는 과세주체의 특정용역에 대한 개별적이고 직접적인 대가는 없지만 국가나 지방자치단체가 수입된 조세로 도로·상하수도 등의 시설을 설치하는 등 국민의 경제생활·사회생활에 적극적으로 관여하여 국민 생활의 안녕과 질서를 유지하고 복리를 도모하는 점으로 보아 일반적이고 포괄적인 대가관계는 있는 것이다.

(3) **조세는 금전급부이다.** 제32회, 제33회

조세는 금전으로 납부되며, 물납은 원칙적으로 인정되지 않는다. 그러나 현행 세법 중 「지방세법」의 재산세(도시지역분 재산세 포함)와 국세의 「상속세법」에 물납제도가 있다.

제2절 | 조세의 분류

1 과세주체에 따른 분류 제34회, 제35회

1. 국세

(1) 의의

국가의 재정수요 충당에 필요한 재원을 마련하기 위하여 국가에서 과세하는 조세로서 내국세(內國稅)와 관세(關稅)로 구별되는데, 내국세란 우리나라 영토 안에서 사람이나 물품에 대하여 부과하는 세금으로 국세청에서 담당하고 있으며, 관세는 외국으로부터 물품을 수입할 때 부과하는 세금으로 관세청에서 담당하고 있다.

(2) 세목(「국세기본법」 제2조)

📌 국세의 현행 체계

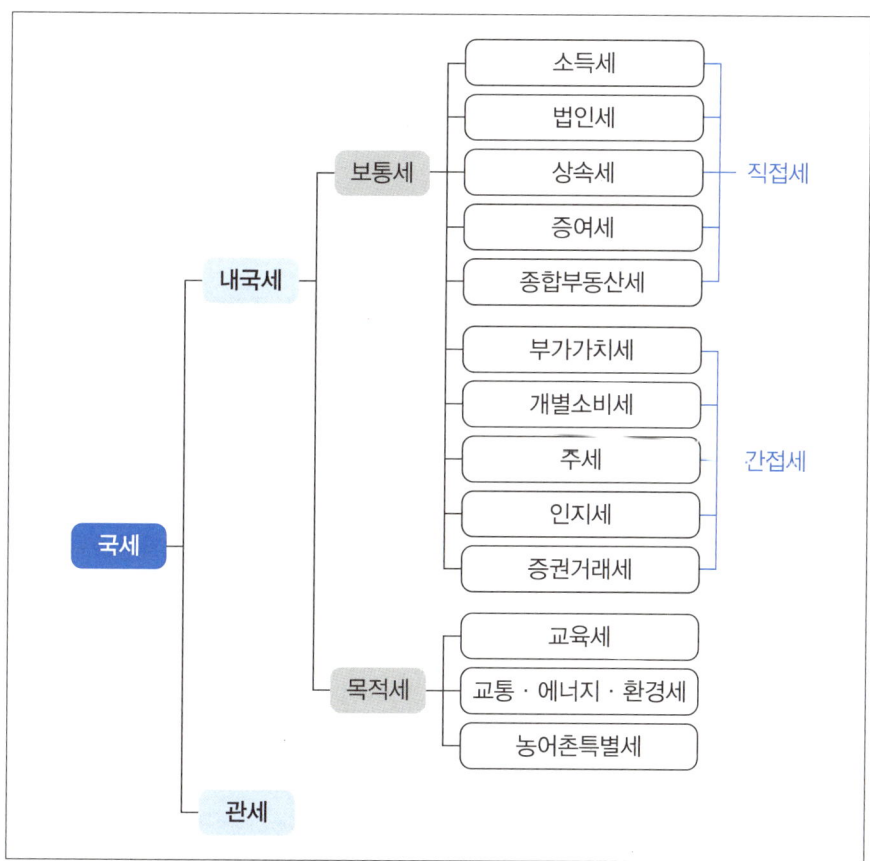

> 참고 📖 소득세 소득 구분
> 1. 종합소득: 이자소득, 배당소득, 사업소득, 근로소득, 연금소득, 기타소득
> 2. 분류소득: 양도소득, 퇴직소득
>   ✔ 양도소득은 사업성이 없는 소득으로 종합소득과 구분하여 분류과세한다.

2. 지방세

과세권자에 따라 특별시세·광역시세와 구세, 도세와 시·군세로 구분된다. 다만, 광역시의 군(郡)지역에서는 도세를 광역시세로 한다(「지방세기본법」제7조, 제8조).

> 핵심 ◎ 세목별 과세주체
>
> | 구분 | 과세주체 |
> |---|---|
> | 취득세 | 특, 광, 도 |
> | 등록면허세 | 도, 구 |
> | 재산세 | 시, 군, 구 |

구분		보통세	목적세
특별시 · 광역시	특별시세 · 광역시세	취득세, 레저세, 담배소비세, 지방소득세, 지방소비세, 주민세, 자동차세	지역자원시설세, 지방교육세
	구세	등록면허세, 재산세	-
도	도세	취득세, 등록면허세, 레저세, 지방소비세	지역자원시설세, 지방교육세
	시·군세 (광역시의 군세 포함)	담배소비세, 주민세, 지방소득세, 재산세, 자동차세	-
특별자치시세 특별자치도세		취득세, 등록면허세, 재산세, 레저세, 담배소비세, 지방소득세, 지방소비세, 주민세, 자동차세	지역자원시설세, 지방교육세

❷ 조세의 사용 목적에 따른 분류

> 핵심 ◎ 보통세와 목적세
>
> | 구분 | 보통세 | 목적세 |
> |---|---|---|
> | 취득세 | O | × |
> | 등록면허세 | O | × |
> | 재산세 | O | × |
> | 종합부동산세 | O | × |
> | 양도소득세 | O | × |
> | 농어촌특별세 | × | O |
> | 교육세 | × | O |
> | 지방교육세 | × | O |
> | 지역자원
시설세 | × | O |

(1) 보통세

① 의의: 일반적인 운영 경비에 필요한 자금을 조달하기 위하여 징수하는 세금을 보통세(普通稅)라 한다.

② 세목
  ㉠ 국세: 소득세, 법인세, 종합부동산세, 상속세, 증여세, 부가가치세, 개별소비세, 주세, 인지세, 증권거래세
  ㉡ 지방세: 취득세, 재산세, 자동차세, 지방소비세, 지방소득세, 등록면허세, 레저세, 담배소비세, 주민세

(2) 목적세

① 의의: 특정한 목적경비에 필요한 자금을 조달하기 위하여 징수하는 세금을 목적세(目的稅)라 한다.

② 세목
  ㉠ 국세: 교육세, 교통·에너지·환경세, 농어촌특별세
  ㉡ 지방세: 지역자원시설세, 지방교육세

❸ 조세의 전가 유무에 따른 분류

(1) 직접세

① 의의: 납세자와 담세자(擔稅者)가 일치하며, 조세 부담이 납세자로부터 다른 사람에게 전가(轉嫁: 넘기다)되는 것을 법률상 예상하고 있지 아니한 조세를 직접세(直接稅)라 한다.

② 세목
  ㉠ 국세: 종합부동산세, 소득세, 법인세, 상속세, 증여세
  ㉡ 지방세: 취득세, 재산세, 자동차세, 등록면허세, 레저세, 주민세, 지방소득세

(2) 간접세

① 의의: 납세자와 담세자가 상이하며, 조세 부담이 납세자로부터 다른 사람에게 전가될 것이 법률상 예상되어 있는 조세를 간접세(間接稅)라 한다.

② 세목
  ㉠ 국세: 부가가치세, 인지세, 개별소비세, 주세, 증권거래세
  ㉡ 지방세: 담배소비세, 지방소비세

핵심 직접세와 간접세

구분	직접세	간접세
취득세	O	×
등록면허세	O	×
재산세	O	×
종합부동산세	O	×
양도소득세	O	×
부가가치세	×	O
인지세	×	O
개별소비세	×	O
담배소비세	×	O

❹ 재산의 귀속에 따른 분류 제34회

(1) 인세

① 의의: 소득이나 재산이 귀속되는 사람을 중심으로 납세의무자의 담세능력과 인적 사항을 고려하여 과세하는 조세를 인세(人稅)라 한다.

② 특징: 인세는 그 사람이 보유하는 재산을 합산하여 과세하는 것(개인별 합산과세)을 원칙으로 하기 때문에 주로 초과누진세율이 적용된다.

③ 세목
  ㉠ 국세: 종합부동산세(소유자별 합산과세), 양도소득세(양도자별 합산과세), 상속세 및 증여세
  ㉡ 지방세: 재산세(토지: 소유자별 합산과세)

(2) 물세

① 의의: 납세의무자의 담세능력과 관계없이 특정한 물건에 대하여 과세하는 조세를 물세(物稅)라 한다.

핵심 인세와 물세

구분	인세	물세
취득세	×	O
등록면허세	×	O
재산세	O	O
종합부동산세	O	×
양도소득세	O	×
상속세	O	×
증여세	O	×
부가가치세	×	O

② 특징: 물세는 재산 자체에 대하여 과세하는 대표적인 개별과세를 원칙으로 하기 때문에 주로 비례세율이 적용된다.
③ 세목
  ㉠ 국세: 부가가치세
  ㉡ 지방세: 취득세, 등록면허세, 재산세(건축물 · 주택 · 선박 · 항공기)

❺ 과세표준에 따른 분류

(1) 의의

세법에 의하여 직접적으로 세액산출의 기초가 되는 과세대상의 가액 또는 수량 · 면적을 과세표준이라 말한다. 과세표준(課稅標準)이 금액(가액)으로 표시되는 조세를 종가세라고 하고, 수량이나 면적으로 표시되는 조세를 종량세라고 한다.

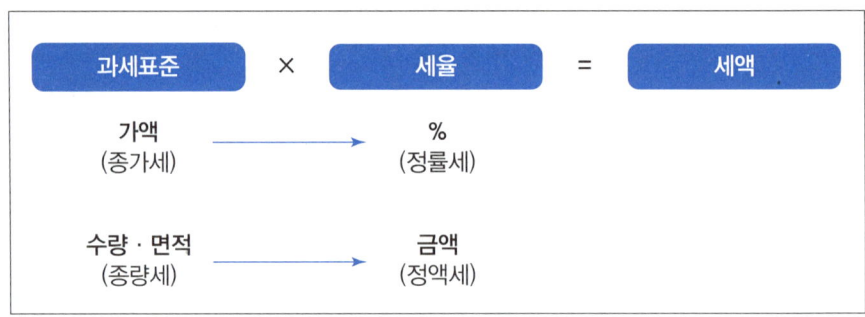

핵심 🎯 종가세와 종량세

구분	종가세	종량세
취득세	O	X
등록면허세	O	O
재산세	O	X
종합부동산세	O	X
양도소득세	O	X

(2) 종가세

① 의의: 과세대상을 화폐단위로 측정하는 조세로, 과세표준이 금액이나 가액으로 표시되는 것을 종가세라 한다.
② 세목
  ㉠ 국세: 종합부동산세, 소득세, 법인세, 부가가치세
  ㉡ 지방세: 취득세, 등록면허세, 재산세

(3) 종량세

① 의의: 과세대상을 화폐 이외의 단위로 측정하는 조세로, 과세표준이 수량이나 면적 등으로 표시되는 것을 종량세라 한다.
② 세목
  ㉠ 국세: 인지세
  ㉡ 지방세: 등록면허세, 지역자원시설세

6 독립성에 따른 분류

(1) 독립세
① 의의: 국가나 지방자치단체가 세원을 각각 독립하여 보유하고 독자의 과세표준에 의해서 과세하는 것을 독립세라 한다.
② 세목: 부동산관련 조세인 취득세·등록면허세·재산세·종합부동산세·소득세 등 대부분이 독립세이다.

(2) 부가세(附加稅)
① 의의: 다른 과세주체가 부과하는 본세에 부가하여 일정한 세율로 그 본세의 납세의무자에게 부과하는 조세를 부가세라 한다.
② 세목: 부가세(附加稅)는 본세가 존재하는 경우에 부가되는데, 본세에 부가되어 과세되는 부가세는 다음과 같다.

본세	부가세 (일반적인 경우)	부가세 (감면의 경우)
취득세	㉠ 농어촌특별세: 취득세의 표준세율을 2%로 적용하여 산출한 취득세액의 10% ㉡ 지방교육세 ⓐ 표준세율에서 2%를 뺀 세율을 적용하여 산출한 취득세액의 20% ⓑ 유상거래를 원인으로 주택을 취득하는 경우에는 해당 세율에 50%를 곱한 세율을 적용하여 산출한 금액의 20%	농어촌특별세: 취득세 감면세액의 20%
등록면허세	지방교육세: 등록면허세액의 20%	농어촌특별세: 등록면허세 감면세액의 20%
재산세	지방교육세: 재산세액(도시지역분 재산세 제외)의 20%	-
종합부동산세	농어촌특별세: 종합부동산세액의 20%	-
양도소득세	-	농어촌특별세: 양도소득세 감면세액의 20%

핵심 부가세 구분

구분	농어촌특별세	지방교육세
취득세	○	○
등록면허세	○ (감면시)	○
재산세	×	○
종합부동산세	○	×
양도소득세	○ (감면시)	×

제3절 | 조세의 용어정리

(1) 표준세율

표준세율이란 지방자치단체가 지방세를 부과할 경우에 통상 적용하여야 할 세율로서 재정상의 사유 또는 그 밖의 특별한 사유가 있는 경우에는 이에 따르지 아니할 수 있는 세율을 말한다.

참고 표준세율 제34회

구분	표준세율
취득세	±50%
등록면허세	±50%
재산세	±50% (해당 연도 한정)
지방소득세	±50%
지역자원시설세	±50%

(2) 과세표준

과세표준이란 「지방세법」에 따라 직접적으로 세액산출의 기초가 되는 과세대상의 수량·면적 또는 가액(價額) 등을 말한다.

(3) 법정신고기한

법정신고기한이란 과세표준 신고서를 제출할 기한을 말한다.

(4) 세무공무원

세무공무원이란 지방자치단체의 장 또는 지방세의 부과·징수 등에 관한 사무에 대하여 그 위임을 받은 공무원을 말한다.

(5) 납세의무자

납세의무자란 「지방세법」에 따라 지방세를 납부할 의무(지방세를 특별징수하여 납부할 의무는 제외한다)가 있는 자를 말한다.

(6) 납세자

납세자란 납세의무자(연대납세의무자와 제2차 납세의무자 및 보증인을 포함한다)와 지방세를 특별징수하여 납부할 의무를 지는 자를 말한다.

참고 납세의무자와 납세자

납세의무자(내 것)	납세자(내 것 + 남의 것)
① 본래의 납세의무자	① 본래의 납세의무자
② 납세의무를 승계받은 자	② 납세의무를 승계받은 자
③ 연대납세의무자	③ 연대납세의무자
④ 제2차 납세의무자	④ 제2차 납세의무자
⑤ 납세보증인	⑤ 납세보증인
	⑥ 원천징수의무자 또는 특별징수의무자

용어 연대납세의무
1. 납세의무자가 납세에 관한 의무를 이행할 수 없는 경우에 해당 납세의무자와 관계있는 자로 하여금 상호 연대하여 동일한 납세의무를 지게 하는 것을 말한다.
2. 연대납세의무에 대한 서류 송달은 그 대표자를 명의인으로 한다. 다만, 납세의 고지와 독촉에 관한 서류는 연대납세의무자 모두에게 각각 송달한다.
제33회

(7) 특별징수

특별징수란 지방세를 징수할 때 편의상 징수할 여건이 좋은 자로 하여금 징수하게 하고 그 징수한 세금을 납부하게 하는 것을 말한다. 이는 국세의 원천징수와 유사한 개념이다.

> **용어 원천징수**
> 세법에 의하여 원천징수의무자가 국세(이에 관계되는 가산세를 제외함)를 징수하는 것을 말한다.

(8) 특별징수의무자

특별징수의무자란 특별징수에 의하여 지방세를 징수하고 이를 납부할 의무가 있는 자를 말한다. 특별징수의무자는 납세의무자에 해당하지 않지만 납세자에는 해당한다.

(9) 제2차 납세의무자

제2차 납세의무자란 납세자가 납세의무를 이행할 수 없는 경우에 납세자를 갈음하여 납세의무가 있는 자를 말한다. 즉, 납세자에 갈음하여 납세의무를 보충적으로 지는 자를 말한다.

> **참고 제2차 납세의무자**
>
> 1. 청산인 등의 제2차 납세의무
>   법인이 해산한 경우에 그 법인에 부과되거나 그 법인이 납부할 지방자치단체의 징수금을 납부하지 아니하고 남은 재산을 분배하거나 인도(引渡)하여, 그 법인에 대하여 체납처분을 집행하여도 징수할 금액보다 적은 경우에는 청산인과 남은 재산을 분배받거나 인도받은 자는 그 부족한 금액에 대하여 제2차 납세의무를 진다.
> 2. 출자자의 제2차 납세의무
>   법인(증권시장에 상장한 법인은 제외한다)의 재산으로 그 법인에 부과되거나 그 법인이 납부할 지방자치단체의 징수금에 충당하여도 부족한 경우에는 그 지방자치단체의 징수금의 과세기준일 또는 납세의무 성립일 현재 무한책임사원과 과점주주는 그 부족액에 대하여 제2차 납세의무를 진다. 다만, 과점주주의 경우에는 그 부족액을 그 법인의 발행주식총수(의결권이 없는 주식은 제외한다) 또는 출자총액으로 나눈 금액에 해당 과점주주가 실질적으로 권리를 행사하는 소유주식수(의결권이 없는 주식은 제외한다) 또는 출자액을 곱하여 산출한 금액을 한도로 한다.
> 3. 사업양수인의 제2차 납세의무
>   사업의 양도·양수가 있는 경우 그 사업에 관하여 양도일 이전에 양도인의 납세의무가 확정된 지방자치단체의 징수금을 양도인의 재산으로 충당하여도 부족할 때에는 양수인은 그 부족한 금액에 대하여 양수한 재산의 가액 한도 내에서 제2차 납세의무를 진다.

> **참고 제2차 납세의무 한도**
> 1. 청산인 등 제2차 납세의무
>   - 청산인: 분배·인도한 재산 가액
>   - 잔여재산을 분배·인도받은 자: 각자가 받은 재산 가액
> 2. 출자자의 제2차 납세의무
>   - 무한책임사원: 전액
>   - 과점주주: 징수부족액 × 지분율(의결권 없는 주식 제외)
> 3. 사업양수인의 제2차 납세의무
>   - 사업양수인: 양수한 재산 가액

> **참고 사업양수인의 제2차 납세의무**
> 사업용 부동산을 양도함으로써 납부하여야 할 양도소득세는 해당 사업에 관한 국세가 아니므로 양수자는 양도소득세에 대하여는 사업양수인으로서의 제2차 납세의무를 지지 않는다.

(10) 보증인

보증인이란 납세자의 지방세 또는 체납처분비의 납부를 보증한 자를 말한다. 즉, 신고에 대한 보증이 아닌 납부에 대한 보증만을 말한다.

(11) 신고납부

신고납부란 납세의무자가 그 납부할 지방세의 과세표준과 세액을 신고하고 그 신고한 세금을 납부하는 것을 말한다.

(12) 보통징수

보통징수란 세무공무원이 납세고지서를 해당 납세자에게 발급하여 지방세를 징수하는 것을 말한다.

(13) 부과

부과란 지방자치단체의 장이「지방세기본법」또는 지방세관계법에 따라 납세의무자에게 지방세를 부담하게 하는 것을 말한다.

(14) 징수

징수란 지방자치단체의 장이「지방세기본법」또는 지방세관계법에 따라 납세자로부터 지방자치단체의 징수금을 거두어들이는 것을 말한다.

(15) 가산세

가산세란「지방세기본법」또는 지방세관계법에서 규정하는 의무를 성실하게 이행하도록 하기 위하여 의무를 이행하지 아니할 경우에「지방세기본법」또는 지방세관계법에 따라 산출한 세액에 가산하여 징수하는 금액을 말한다.

(16) 지방자치단체의 징수금

지방자치단체의 징수금이란 지방세 및 체납처분비를 말한다.

(17) 체납처분비(국세: 강제징수비)

체납처분비란 체납처분에 관한 규정에 따른 재산의 압류·보관·운반과 매각에 드는 비용(매각을 대행시키는 경우 그 수수료를 포함한다)을 말한다.

(18) 공과금

공과금이란「지방세징수법」또는「국세징수법」에 규정하는 체납처분의 예에 따라 징수할 수 있는 채권 중 국세·관세·임시수입부가세 및 지방세와 이에 관계되는 체납처분비를 제외한 것을 말한다.

핵심 신고납부와 보통징수

구분	신고납부	보통징수
취득세	○	○ (무신고)
등록면허세	○	○ (무신고)
재산세	×	○
종합부동산세	○ (선택)	○ (원칙)
양도소득세	○	○ (무신고)

참고 강제징수비

납세자의 이해를 높이기 위해서 체납처분비를 국세에서는 강제징수비로 변경하였다. 체납처분의 본질적인 강제적 징수절차를 표현하려는 데 있다.

(19) 체납자

체납자란 지방세를 납부기한까지 납부하지 아니한 납세자를 말한다.

(20) 체납액

체납액이란 체납된 지방세와 체납처분비를 말한다.

(21) 연계정보통신망

연계정보통신망이란 정보통신망으로서 신고 또는 송달을 위하여 지방세정보통신망과 연계하여 사용하는 정보통신망을 말한다.

(22) 면세점

면세점(免稅點)이란 과세표준금액이 일정금액 이하에 대해 과세하지 않는다고 정할 때의 그 금액을 말한다.

(23) 소액 징수면제

소액 징수면제란 징수할 세액이 일정금액에 미달할 경우에는 이를 징수하지 아니하는 것을 말한다.

> **참고** 세목별 면세점과 소액징수면제
>
> | 구분 | 취득세 | 등록면허세 | 재산세 |
> |---|---|---|---|
> | 면세점 | 취득가액이 50만원 이하 | – | – |
> | 소액징수면제 | – | – | 그 세액이 2,000원 미만 |
>
> ✔ 면세점과 소액징수면제에 관련된 지문
> 1. 취득가액이 50만원인 경우에는 면세점으로 50만원에 대하여는 취득세를 부과하지 않는다.
> 2. 재산세액이 2,000원인 경우에는 소액징수면제대상이 아니기 때문에 2,000원을 징수한다.

핵심 면세점과 소액징수면제

구분	면세점	소액징수면제
취득세	O	X
등록면허세	X	X
재산세	X	O
종합부동산세	X	–
양도소득세	X	–

(24) 유통과세(流通課稅)

개인이나 법인이 유형·무형의 재산을 취득하거나 양도를 하였을 경우 과세하는 것을 말한다.

(25) 보유과세(保有課稅) 제36회

개인이나 법인이 유형·무형의 재산을 보유함으로써 과세대상이 되는 경우를 말한다.

핵심 유통과세와 보유과세

구분	유통과세	보유과세
취득세	O	X
등록면허세	O	X
재산세	X	O
종합부동산세	X	O
양도소득세	O	X

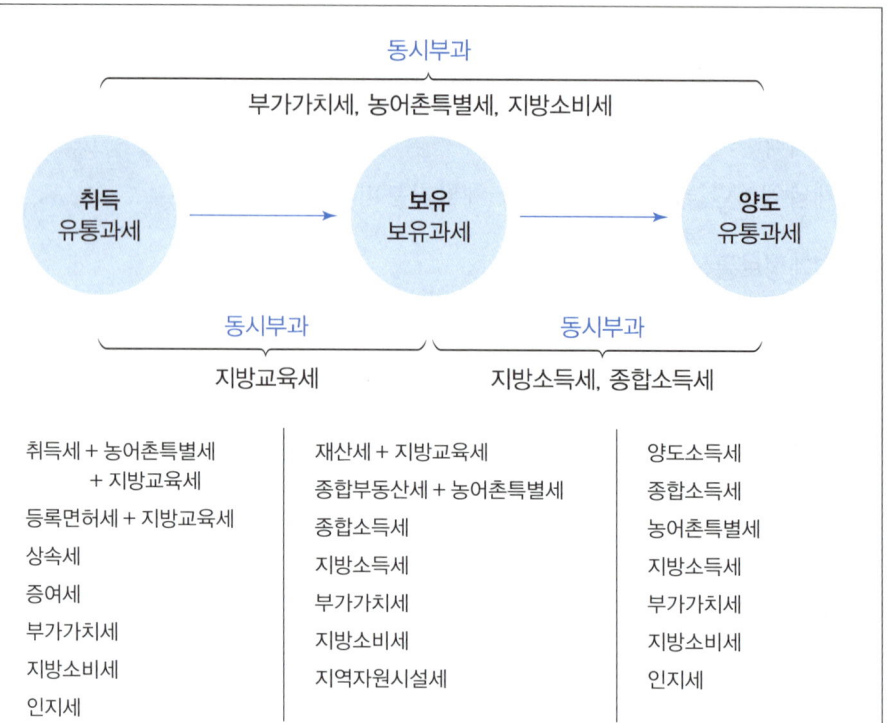

기출

1. 지방교육세는 취득단계와 보유단계에는 부과될 수 있지만, 양도단계에는 부과되지 않는다.
2. 지방소득세는 보유단계와 양도단계에는 부과되지만, 취득단계에는 부과되지 않는다.

예제

1. 2026년 1월 12일 부동산을 취득하는 경우, 취득단계에서 부담할 수 있는 세금을 모두 고른 것은?
제25회

| ㉠ 재산세 | ㉡ 농어촌특별세 | ㉢ 종합부동산세 |
| ㉣ 지방교육세 | ㉤ 인지세 | |

① ㉠, ㉡, ㉢ ② ㉠, ㉡, ㉤ ③ ㉠, ㉢, ㉣
④ ㉡, ㉣, ㉤ ⑤ ㉢, ㉣, ㉤

해설 취득 관련 세목은 취득세, 상속세, 증여세, 인지세, 농어촌특별세, 지방교육세, 부가가치세, 지방소비세 등이다. **정답 ④**

2. 국내 소재 부동산의 보유단계에서 부담할 수 있는 세목은 모두 몇 개인가?
제30회 변형

• 농어촌특별세 • 지방교육세
• 개인지방소득세 • 소방분에 대한 지역자원시설세

① 0개 ② 1개 ③ 2개 ④ 3개 ⑤ 4개

해설 보유단계에서 부담할 수 있는 세목은 재산세, 지방교육세, 지역자원시설세, 종합부동산세, 농어촌특별세, 종합소득세, 지방소득세, 지방소비세이다. **정답 ⑤**

제4절 | 서류의 송달

제33회

① 서류송달 장소

(1) 통상적인 경우

「지방세기본법」 또는 지방세관계법에서 규정하는 서류는 그 명의인의 주소, 거소, 영업소 또는 사무소에 송달한다. 다만, 전자송달인 경우에는 지방세통합정보통신망에 가입된 명의인의 전자우편주소나 지방세통합정보통신망의 전자사서함 또는 연계정보통신망의 전자고지함에 송달한다(「지방세기본법」 제28조 제1항).

(2) 송달받을 장소를 신고한 경우

그 신고된 장소에 송달하여야 한다. 이를 변경하였을 때에도 또한 같다(「지방세기본법」 제29조).

(3) 연대납세의무자에게 서류송달

① 일반적인 경우: 그 대표자를 명의인으로 하며, 대표자가 없을 때에는 연대납세의무자 중 지방세를 징수하기 유리한 자를 명의인으로 한다(「지방세기본법」 제28조 제2항).

② 납세의 고지와 독촉(督促)에 관한 서류: 연대납세의무자 모두에게 각각 송달하여야 한다(「지방세기본법」 제28조 제2항 단서).

(4) 상속재산관리인이 있는 경우

그 상속재산관리인의 주소 또는 영업소에 송달한다(「지방세기본법」 제28조 제3항).

(5) 납세관리인이 있는 경우

그 납세관리인의 주소 또는 영업소에 송달한다(「지방세기본법」 제28조 제4항).

(6) 수감자에게 서류송달

송달받아야 할 사람이 교정시설 또는 국가경찰관서의 유치장에 체포·구속 또는 유치(留置)된 사실이 확인된 경우에는 해당 교정시설의 장 또는 국가경찰관서의 장에게 송달한다(「지방세기본법」 제28조 제5항).

참고 세목별 연대납세의무 규정

1. 취득세
   - 과점주주(50% 초과)의 취득세 연대납세의무
   - 공동상속에 따른 상속인 각자가 취득세 연대납세의무 제34회

2. 양도소득세: 부당행위계산 부인규정에 의한 증여자와 수증자의 연대납세의무

   제33회

② 서류송달의 방법

1. 교부송달

(1) 의의

① 교부에 따른 서류의 송달은 송달할 장소에서 그 송달을 받아야 할 자에게 서류를 건네줌으로써 이루어진다(「지방세기본법」 제30조 제2항).

② 송달을 받아야 할 자가 송달받기를 거부하지 아니하면 다른 장소에서 교부할 수 있다(「지방세기본법」 제30조 제2항 단서).

③ 송달을 받아야 할 당사자 이외의 자에게는 송달할 장소 이외의 다른 장소에서는 교부할 수 없다.

(2) 송달할 장소에서 송달을 받아야 할 자를 만나지 못한 때

① 일반적인 경우: 송달할 장소에서 서류를 송달받아야 할 자를 만나지 못하였을 때에는 그의 사용인, 그 밖의 종업원 또는 동거인으로서 사리를 분별할 수 있는 사람에게 서류를 송달할 수 있다(「지방세기본법」 제30조 제3항).

② 서류수령을 거부한 때: 서류의 송달을 받아야 할 자 또는 그 사용인, 그 밖의 종업원 또는 동거인으로서 사리를 판별할 수 있는 사람이 정당한 사유 없이 서류의 수령을 거부하면 송달할 장소에 서류를 둘 수 있다(「지방세기본법」 제30조 제3항).

(3) 주소 또는 영업소를 이전한 경우

서류를 송달하는 경우에 그 송달을 받아야 할 자가 주소 또는 영업소를 이전하였을 때에는 주민등록표 등으로 확인하고 그 이전한 장소에 송달하여야 한다(「지방세기본법」 제30조 제4항).

(4) 수령인의 서명 또는 날인

서류를 교부하였을 때에는 송달서에 수령인이 서명 또는 날인을 받아야 한다. 이 경우 수령인이 서명 또는 날인을 거부하면 그 사실을 송달서에 적어야 한다(「지방세기본법」 제30조 제5항).

2. 우편송달

지방자치단체의 장은 일반우편으로 서류를 송달하였을 때에는 다음의 사항을 확인할 수 있는 기록을 작성하여 갖추어 두어야 한다(「지방세기본법」 제30조 제6항).

용어 🔊

종업원
송달을 받아야 할 자와 고용관계에 있는 자

동거인
송달을 받을 자와 동일 장소 내에서 공동생활을 하고 있는 자를 말하나, 생계를 같이 하는 것을 요하지는 않음

사리를 판별할 수 있는 자
서류의 송달 취지를 이해하고 수령한 서류를 송달받아야 할 자에게 교부할 것이라고 기대될 수 있는 자

서류의 수령을 거부한 때
적법한 방법으로 서류를 송달하고자 하였으나 고의로 그 수령을 거부한 때

용어 🔊 **유치송달**
송달 서류를 받을 사람이 정당한 사유 없이 받기를 거부하는 경우에 송달할 장소에 서류를 두는 방법으로 송달하는 방법을 말한다.

① 서류의 명칭
② 송달을 받아야 할 자의 성명 또는 명칭
③ 송달장소
④ 발송연월일
⑤ 서류의 주요내용

3. 전자송달

(1) 전자송달은 서류의 송달을 받아야 할 자가 신청하는 경우에만 한다(「지방세기본법」 제30조 제7항).

(2) 전자송달을 신청하였으나 지방세정보통신망 또는 연계정보통신망의 장애로 인하여 전자송달을 할 수 없는 경우와 다음의 경우에는 교부송달, 우편송달의 방법으로 송달할 수 있다(「지방세기본법」 제30조 제8항).
  ① 전화(戰禍), 사변(事變) 등으로 납세자가 전자송달을 받을 수 없는 경우
  ② 정보통신망의 장애 등으로 지방자치단체의 장이 전자송달이 불가능하다고 인정하는 경우

(3) 전자송달할 수 있는 서류는 납세고지서 또는 납부통지서, 지방세환급금 지급통지서, 이의신청 또는 심사청구에 따른 결정서, 신고안내문, 그 밖에 행정안전부장관이 정하여 고시하는 서류로 한다. 다만, 연계정보통신망으로 송달할 수 있는 서류는 납세고지서로 한다(「지방세기본법 시행령」 제15조).

4. 공시송달

(1) **공시송달의 사유**

서류의 송달을 받아야 할 자가 다음의 어느 하나에 해당하는 경우에는 서류의 주요 내용을 공고한 날부터 14일이 지나면 서류의 송달이 된 것으로 본다(「지방세기본법」 제33조 제1항).
  ① 주소 또는 영업소가 국외에 있고 송달하기 곤란한 경우
  ② 주소 또는 영업소가 분명하지 아니한 경우
  ③ 지방자치단체의 조례에서 정하는 방법으로 송달하였으나 받을 사람이 없는 것으로 확인되어 반송되는 다음의 경우
    ㉠ 서류를 우편으로 송달하였으나 받을 사람이 없는 것으로 확인되어 반송됨으로써 납부기한 내에 송달하기 곤란하다고 인정되는 경우(「지방세기본법 시행령」 제18조 제1호)

ⓒ 세무공무원이 2회 이상 납세자를 방문[처음 방문한 날과 마지막 방문한 날 사이의 기간이 3일(기간을 계산할 때 공휴일, 대체공휴일, 토요일 및 일요일은 산입하지 않는다) 이상이어야 한다]하여 서류를 교부하려고 하였으나 받을 사람이 없는 것으로 확인되어 납부기한 내에 송달하기 곤란하다고 인정되는 경우(「지방세기본법 시행령」 제18조 제2호)

(2) 공시송달 방법

① 공시송달에 따른 공고는 지방세통합정보통신망, 지방자치단체의 정보통신망이나 게시판에 게시하거나 관보·공보 또는 일간신문에 게재하는 방법으로 한다(「지방세기본법」 제33조 제2항).
② 지방세통합정보통신망이나 지방자치단체의 정보통신망을 이용하여 공시송달을 할 때에는 다른 공시송달방법을 함께 활용하여야 한다(「지방세기본법」 제33조 제2항 단서).

> **참고** 정보통신망에 공시
> 정보통신망에 송달하는 경우 인터넷 사용이 불가능한 경우가 있기 때문에 게시판에 게시하거나 관보·공보 또는 일간신문에 게재하는 방법과 함께 하여야 한다.

③ 송달의 효력 발생

(1) 교부송달과 우편송달

교부송달과 우편송달에 의하여 송달하는 서류는 그 송달을 받아야 할 자에게 도달한 때부터 효력이 발생한다(「지방세기본법」 제32조).

(2) 전자송달

전자송달의 경우에는 송달받을 자가 지정한 전자우편주소, 지방세통합정보통신망의 전자사서함 또는 연계정보통신망의 전자고지함에 저장된 때에 그 송달을 받아야 할 자에게 도달된 것으로 본다(「지방세기본법」 제32조 단서).

(3) 공시송달

공시송달의 효력은 서류의 주요 내용을 공고한 날로부터 14일이 지나면 송달이 된 것으로 본다(「지방세기본법」 제33조 제1항).

> **용어** 도달
> 도달이라 함은 송달을 받아야 할 자에게 직접 교부하지 않더라도 상대방의 지배권 내에 들어가 사회통념상 일반적으로 그 사실을 알 수 있는 상태에 있는 때(우편이 수신함에 투입된 때 또는 사리를 판별할 수 있는 자로서 동거하는 가족, 사용인이나 종업원이 수령한 때)를 말하며, 일단 이러한 상태에 들어간 후에 교부된 서류가 반송되더라도 송달의 효력에는 영향이 없다.

④ 송달지연으로 인한 납부기한의 연장

(1) 일반적인 경우

기한을 정하여 납세고지서, 납부통지서, 독촉장 또는 납부최고서를 송달하였더라도 다음의 어느 하나에 해당하면 지방자치단체의 징수금의 납부기한은 해당 서류가 도달한 날부터 14일이 지난 날로 한다(「지방세기본법」 제31조 제1항).

① 서류가 납부기한이 지난 후에 도달한 경우
② 서류가 도달한 날부터 7일 이내에 납부기한이 되는 경우

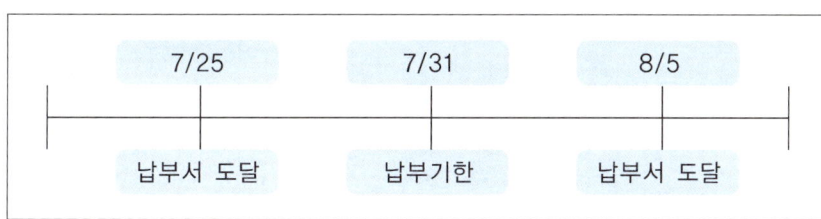

(2) 납기 전 징수를 위한 고지

납기 전 징수에 따른 고지의 경우에는 다음의 구분에 따른 날을 납부기한으로 한다(「지방세기본법」 제31조 제2항).
① 고지서가 납부기한이 지난 후에 도달한 경우: 고지서가 도달한 날
② 고지서가 납부기한 전에 도달한 경우: 납부기한이 되는 날

> **예제**
>
> 「지방세기본법」상 서류의 송달에 관한 설명으로 틀린 것은? 　　　　제33회
> ① 연대납세의무자에게 납세의 고지에 관한 서류를 송달할 때에는 연대납세의무자 모두에게 각각 송달하여야 한다.
> ② 기한을 정하여 납세고지서를 송달(납기 전 징수 아님)하였더라도 서류가 도달한 날부터 10일이 되는 날에 납부기한이 되는 경우 지방자치단체의 징수금의 납부기한은 해당 서류가 도달한 날부터 14일이 지난 날로 한다.
> ③ 송달받아야 할 사람이 교정시설 또는 국가경찰관서의 유치장에 체포·구속 또는 유치(留置)된 사실이 확인된 경우에는 해당 교정시설의 장 또는 국가경찰관서의 장에게 송달한다.
> ④ 교부에 의한 서류송달의 경우에 송달할 장소에서 서류를 송달받아야 할 자를 만나지 못하였을 때에는 그의 사용인으로서 사리를 분별할 수 있는 사람에게 서류를 송달할 수 있다.
> ⑤ 서류송달을 받아야 할 자의 주소 또는 영업소가 분명하지 아니한 경우에는 서류의 주요 내용을 공고한 날부터 14일이 지나면 서류의 송달이 된 것으로 본다.
>
> **해설** 기한을 정하여 납세고지서를 송달하였더라도 서류가 도달한 날부터 7일이 되는 날에 납부기한이 되는 경우 지방자치단체의 징수금의 납부기한은 해당 서류가 도달한 날부터 14일이 지난 날로 한다. 　　　　**정답** ②

기출 송달지연 기한 연장
기한을 정하여 납세고지서를 송달(납기 전 징수 아님)하였더라도 서류가 도달한 날부터 7일이 되는 날에 납부기한이 되는 경우 지방자치단체의 징수금의 납부기한은 해당 서류가 도달한 날부터 14일이 지난 날로 한다. 제33회

용어 납기 전 징수
납기 전 징수란 납세자에게 일정한 사유(체납처분, 강제집행, 경매개시 등)가 있어 납부기한까지 기다려서는 징수가 곤란하다고 인정되는 경우 납부기한 전에 조세를 징수하는 제도를 말한다.

제1장 메타인지 학습체크

01 취득세는 보통세인 지방세로서 [① 도세 / ② 시·군세] 및 특별시·광역시세, 특별자치시세, 특별자치도세에 해당한다.

02 납세의무자란 「지방세법」에 따라 지방세를 납부할 의무(지방세를 특별징수하여 납부할 의무를 [① 포함 / ② 제외]한다)가 있는 자를 말한다.

03 [① 보통징수 / ② 특별징수]란 지방세를 징수할 때 편의상 징수할 여건이 좋은 자로 하여금 징수하게 하고 그 징수한 세금을 납부하게 하는 것을 말한다.

04 [① 부과 / ② 징수]란 지방자치단체의 장이 「지방세기본법」 또는 지방세관계법에 따라 납세의무자에게 지방세를 부담하게 하는 것을 말한다.

05 [① 부과 / ② 징수]란 지방자치단체의 장이 「지방세기본법」 또는 지방세관계법에 따라 납세자로부터 지방자치단체의 징수금을 거두어들이는 것을 말한다.

06 지방자치단체의 징수금이란 [① 지방세 및 체납처분비 / ② 지방세와 공과금]를/을 말한다.

07 송달 서류를 받을 사람이 정당한 사유 없이 송달 장소에서 받기를 거부하는 경우에 송달할 장소에 서류를 두는 방법으로 송달하는 것을 [① 공시송달 / ② 유치송달]이라 한다.

08 기한을 정하여 납세고지서를 송달(납기 전 징수 아님)하였더라도 서류가 도달한 날부터 [① 7일 / ② 10일]이 되는 날에 납부기한이 되는 경우 지방자치단체의 징수금의 납부기한은 해당 서류가 도달한 날부터 14일이 지난 날로 한다.

09 종합부동산세는 국세로서 보유단계에 부과하는 조세이나, 재산세는 지방세로서 [① 취득단계 / ② 보유단계]에 부과하는 조세이다.

10 취득세는 지방세로서 취득단계에 부과하는 조세이나, 등록면허세는 지방세로서 [① 취득단계 / ② 보유단계]에 부과하는 조세이다.

정답
01 ① 02 ② 03 ② 04 ① 05 ② 06 ① 07 ② 08 ① 09 ② 10 ①

제2장 납세의무 성립·확정 및 소멸

회독 Check 1회 2회 3회

- 조세채권은 납세의무의 성립·확정·소멸의 단계를 거치게 된다. 이 단원은 세목별 납세의무의 성립과 확정의 흐름을 이해함으로써 부동산세법의 전반적인 과세흐름 체계를 잡는 단원이다.
- 이 단원에서는 납세의무의 성립과 확정을 동시에 정리하면서 세액계산 흐름에 대한 체계를 잡아야 한다. 납세의무의 성립과 확정은 매년 반복적으로 출제되는 부분으로 개별세목에 대한 흐름을 잘 잡아두면 개별세목을 이해하는데 많은 도움이 될 것이다.

제1절 | 납세의무의 성립

❶ 납세의무 성립

납세의무 성립이란 법에서 정한 과세요건을 충족함으로써 추상적인 납세의무가 발생한 상태를 말한다. 과세요건을 구성하는 개개의 사실들은 한꺼번에 발생하는 것이 아니라 수시로 발생한다. 즉, 납세의무 이행 과정의 출발점(세액계산의 시작점)이 납세의무 성립이며 그에 대한 시간적 기준이 납세의무의 성립시기이다.

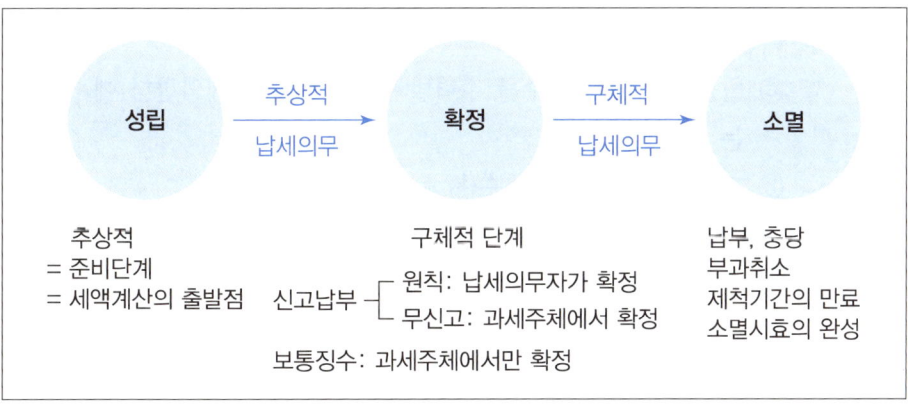

용어

과세요건
과세요건이란 납세의무의 성립에 필요한 법률상의 요건을 말한다.

과세대상
조세법규가 과세대상으로 정하고 있는 물건 또는 사실을 말한다.

납세의무자
세법에 따라 납부할 의무가 있는 자를 말한다.

과세표준
세법에 따라 직접적으로 세액 산출의 기초가 되는 과세대상의 수량 또는 가액을 말한다.

세율
과세표준에 대한 세액의 비율을 말한다.

❷ 납세의무 성립시기

(1) **지방세의 납세의무 성립시기**(「지방세기본법」 제34조 제1항)

지방세를 납부할 의무는 「지방세기본법」 및 세법이 정하는 과세요건이 충족되면 성립한다.

① 취득세: 과세물건을 취득하는 때

② 등록면허세
　㉠ 등록에 대한 등록면허세: 재산권과 그 밖의 권리를 등기 또는 등록하는 때 제36회
　㉡ 면허에 대한 등록면허세: 각종의 면허를 받는 때와 납기가 있는 달의 1일
③ 재산세: 과세기준일(6월 1일) 제34회, 제35회, 제36회
④ 레저세: 승자투표권, 승마투표권 등을 발매하는 때
⑤ 주민세
　㉠ 개인분 및 사업소분: 과세기준일(7월 1일)
　㉡ 종업원분: 종업원에게 급여를 지급하는 때
⑥ 자동차세
　㉠ 자동차 소유에 대한 자동차세: 납기가 있는 달의 1일
　㉡ 자동차 주행에 대한 자동차세: 그 과세표준이 되는 교통·에너지·환경세의 납세의무가 성립하는 때
⑦ 지방소득세: 그 과세표준이 되는 소득에 대하여 소득세·법인세의 납세의무가 성립하는 때
⑧ 지방소비세: 「국세기본법」에 따른 부가가치세의 납세의무가 성립하는 때
⑨ 지방교육세: 그 과세표준이 되는 세목의 납세의무가 성립하는 때
⑩ 지역자원시설세
　㉠ 특정자원분
　　ⓐ 발전용수: 발전용수를 수력발전(양수발전은 제외한다)에 사용하는 때
　　ⓑ 지하수: 지하수를 채수(採水)하는 때
　　ⓒ 지하자원: 지하자원을 채광(採鑛)하는 때
　㉡ 특정시설분
　　ⓐ 컨테이너: 컨테이너를 취급하는 부두를 이용하기 위하여 컨테이너를 입항·출항하는 때
　　ⓑ 원자력발전: 원자력발전소에서 발전하는 때
　　ⓒ 화력발전: 화력발전소에서 발전하는 때
　㉢ 소방분(건축물 및 선박): 과세기준일(6월 1일) 제36회
⑪ 가산세: 가산세를 가산할 지방세의 납세의무가 성립하는 때
⑫ 특별징수하는 지방소득세: 그 과세표준이 되는 소득에 대하여 소득세·법인세를 원천징수하는 때
⑬ 수시로 부과하여 징수하는 지방세: 수시부과할 사유가 발생하는 때

용어 🔊 양수발전
발전소의 하류, 상류에 저수지를 만든 후 심야 또는 풍수기에 남는 전력으로 펌프를 가동해 하류의 물을 상류로 퍼 올리고 물이 부족할 때는 상류에서 하류로 방수하여 발전하는 방식을 말한다.

핵심 🎯 가산세 성립시기
1. 무신고가산세, 과소신고가산세: 법정신고기한이 경과하는 때
2. 납부지연가산세
　• 지연일수 1일마다 22/100,000 적용: 법정납부기한 경과 후 1일마다 그 날이 경과하는 때
　• 체납시 100분의 3 적용시: 납세고지서에 따른 납부기한이 경과 후 매 1개월이 경과하는 때

(2) 국세의 납세의무 성립시기(「국세기본법」 제21조 제2항)

국세를 납부할 의무는 「국세기본법」 및 세법이 정하는 과세요건이 충족되면 성립한다.

① 소득세 제36회
   ㉠ 일반적인 경우: 과세기간(1월 1일부터 12월 31일까지)이 끝나는 때
   ㉡ 예정신고하는 소득세: 그 과세표준이 되는 금액이 발생한 달의 말일
② 법인세: 과세기간이 끝나는 때. 단, 청산소득에 대한 법인세는 법인이 해산하는 때이다.
③ 부가가치세: 과세기간이 끝나는 때. 단, 수입재화의 경우에는 세관장에게 수입신고하는 때이다.
④ 종합부동산세: 과세기준일(6월 1일) 제36회
⑤ 상속세: 상속이 개시되는 때
⑥ 증여세: 증여에 의해 재산을 취득하는 때
⑦ 인지세: 과세문서를 작성한 때
⑧ 증권거래세: 해당 매매거래가 확정되는 때
⑨ 농어촌특별세: 본세의 납세의무가 성립하는 때
⑩ 가산세: 다음의 구분에 따른 시기. 다만, ㉡과 ㉢의 경우 법정납부기한이 경과하는 때로 한다.
   ㉠ 무신고가산세, 과소신고·초과환급신고가산세: 법정신고기한이 경과하는 때
   ㉡ 신고납부하는 국세의 법정납부기한까지 납부하지 아니한 세액 또는 과소납부한 세액의 경우 납부지연가산세(지연일수 1일마다 22/100,000 적용분): 법정납부기한 경과 후 1일마다 그 날이 경과하는 때
   ㉢ 법정납부기한까지 납부하여야 할 세액 중 납부하지 아니한 경우의 납부지연가산세(체납시 3/100 적용분): 납세고지서에 따른 납부기한이 경과 후 매 1개월이 경과하는 때
   ㉣ 원천징수납부 등 납부지연가산세
      ⓐ 지연일수 1일마다 22/100,000 적용분: 법정납부기한 경과 후 1일마다 그 날이 경과하는 때
      ⓑ 미납시 3/100 적용분: 법정납부기한이 경과하는 때
   ㉤ 그 밖의 가산세: 가산할 국세의 납세의무가 성립하는 때
⑪ 교육세: 해당 국세의 납세의무가 성립하는 때
⑫ 수시로 부과하여 징수하는 국세: 수시부과할 사유가 발생하는 때

참고 원천징수 및 중간예납 소득세의 성립시기
1. 원천징수하는 소득세: 소득금액을 지급하는 때
2. 중간예납하는 소득세: 중간예납기간(1월 1일부터 6월 30일)이 끝나는 때

기출
1. 취득세의 납세의무 성립시기는 과세물건을 취득하는 때이다.
2. 등록에 대한 등록면허세의 납세의무 성립시기는 재산권 등 그 밖의 권리를 등기 또는 등록하는 때이다. 제36회
3. 재산세의 납세의무 성립시기는 과세기준일인 6월 1일이다. 제34회, 제36회
4. 소득세의 납세의무 성립시기는 과세기간(1월 1일부터 12월 31일까지)이 끝나는 때이다. 제36회

제2절 | 납세의무의 확정

❶ 신고납부

(1) 의의

신고납부란 납세의무자가 그 납부할 지방세의 과세표준과 세액을 신고하고 그 신고한 세금을 납부하는 것을 말한다.

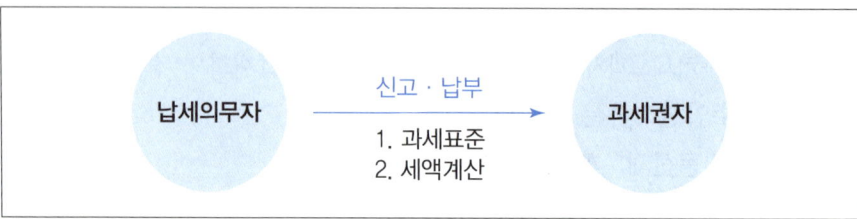

(2) 특징
① 납세의무자가 과세표준과 세액을 정부 또는 지방자치단체에 신고했을 때에 확정된다(「국세기본법」 제22조 제2항).
② 세액의 확정은 과세표준신고서를 제출하는 때(발신주의)가 된다. 이 경우 확정의 효력은 역시 과세표준신고서를 제출하면서 발생한다.
③ 납세의무자가 과세표준과 세액의 신고를 하지 아니하거나 신고한 과세표준과 세액이 세법에서 정하는 바와 맞지 아니한 경우에는 정부가 과세표준과 세액을 결정하거나 경정하는 때에 그 결정 또는 경정에 따라 확정된다(「국세기본법」 제22조 제2항 단서).

(3) 신고납부 세목
① 지방세: 취득세, 지역자원시설세(특정자원분), 지방소비세, 지방소득세, 등록에 대한 등록면허세, 사업소분 주민세, 지방교육세
② 국세: 소득세(양도소득세 포함), 법인세, 부가가치세, 종합부동산세(납세의무자가 과세표준과 세액을 정부에 신고하는 경우에 한정한다)

(4) 신고납부 불이행(가산세)
① 의의: 가산세란 「지방세기본법」 또는 「지방세법」과 「지방세특례제한법」에서 규정하는 의무의 성실한 이행을 확보하기 위하여 의무를 이행하지 아니할 경우에 「지방세기본법」 또는 「지방세법」과 「지방세특례제한법」에 따라 산출한 세액에 가산하여 징수하는 금액을 말한다.

용어 🔊

발신주의
납세의무자가 서류를 과세관청에 보낼 때 효력이 발생하는 것을 말한다.

도달주의
과세관청이 서류를 납세의무자에게 보내어 도달하는 때 효력이 발생하는 것을 말한다.

핵심 신고납부와 보통징수

구분	신고납부	보통징수
취득세	○	○ (무신고)
등록면허세	○	○ (무신고)
재산세	×	○
종합부동산세	○ (선택)	○ (원칙)
양도소득세	○	○ (무신고)

② 특징 제36회
　㉠ 정부는 세법에서 규정한 의무를 위반한 자에게 세법에서 정하는 바에 따라 벌과금으로 가산세를 부과할 수 있다.
　㉡ 가산세는 해당 의무가 규정된 세법의 해당 국세 또는 지방세의 세목으로 한다(「지방세기본법」 제52조 제2항).
　㉢ 해당 국세 또는 지방세를 감면하는 경우에 가산세는 그 감면하는 국세 또는 지방세에 포함하지 않는다(「지방세기본법」 제52조 제3항).
　㉣ 가산세는 납부할 세액에 가산하거나 환급받을 세액에서 공제한다.

③ 가산세 종류
　㉠ 무신고가산세: 납세의무자가 법정신고기한까지 「지방세법」과 「지방세특례제한법」에 따라 산출한 세액을 신고하지 아니한 경우에는 무신고납부세액의 100분의 20에 상당하는 금액을 가산세로 부과한다.
　㉡ 부정무신고가산세: ㉠에도 불구하고 사기나 그 밖의 부정한 행위로 법정신고기한까지 산출세액을 신고하지 아니한 경우에는 무신고납부세액의 100분의 40에 상당하는 금액을 가산세로 부과한다.
　㉢ 과소신고가산세: 납세의무자가 법정신고기한까지 산출세액을 신고한 경우로서 신고하여야 할 산출세액보다 적게 신고한 경우에는 과소신고분(신고하여야 할 금액에 미달한 금액을 말한다) 세액의 100분의 10에 상당하는 금액을 가산세로 부과한다.
　㉣ 부정과소신고가산세: 부정행위로 과소신고하는 경우 그 부정행위로 인한 과소신고납부세액의 100분의 40에 상당하는 금액을 가산세로 부과한다. 제36회
　㉤ 납부지연가산세 = ⓐ + ⓑ + ⓒ
　　ⓐ 납부하지 아니한 세액 또는 과소납부분 세액 × 법정납부기한의 다음 날부터 납부일까지의 기간 × 22/100,000
　　ⓑ 초과환급받은 세액(세법에 따라 가산하여 납부하여야 할 이자 상당 가산액이 있는 경우에는 그 금액을 더한다) × 환급받은 날의 다음 날부터 납부일까지의 기간 × 22/100,000
　　ⓒ 법정납부기한까지 납부하여야 할 세액(세법에 따라 가산하여 납부하여야 할 이자 상당 가산액이 있는 경우에는 그 금액을 더한다) 중 지정납부기한까지 납부하지 아니한 세액 또는 과소납부분 세액 × 3/100

참고 세액계산구조

　　　과세표준
(×)　세　　율
　　　산출세액
(−)　세액감면
(−)　세액공제
　　　결정세액
(+)　가 산 세
　　　총결정세액
(+)　감면분 추가납부세액

참고 소유권 소송

신고 당시 소유권에 대한 소송으로 상속재산으로 확정되지 않아 과소신고한 경우에는 과소신고가산세를 부과하지 않는다. 제36회

기출

1. 소득세는 과세기간이 끝나는 때에 납세의무가 성립하고, 납세의무자가 과세표준과 세액을 다음 연도 5월 1일부터 5월 31일까지 주소지 관할 세무서에 신고하는 때에 확정된다.
2. 취득세는 과세물건을 취득하는 때에 납세의무가 성립하고, 납세의무자가 과세표준과 세액을 신고하는 때에 확정된다.
3. 재산세는 과세기준일에 납세의무가 성립하고, 과세표준과 세액을 과세권자가 결정하는 때에 확정된다.
4. 종합부동산세는 과세기준일에 납세의무가 성립하고, 원칙적으로 과세표준과 세액을 과세권자가 결정하는 때에 확정되나 납세의무자가 선택하여 신고하는 때에도 확정된다.

② 보통징수(국세는 정부부과과세)

(1) 의의

보통징수란 세무공무원이 납세고지서를 해당 납세자에게 발급하여 지방세를 징수하는 것을 말한다(「지방세기본법」 제2조 제1항 제19호).

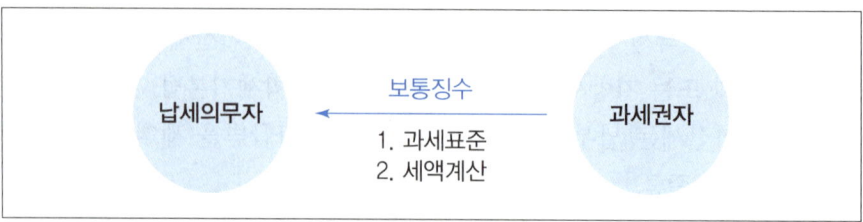

핵심 🎯 신고납부와 보통징수

구분	신고납부	보통징수
취득세	○	○ (무신고)
등록면허세	○	○ (무신고)
재산세	×	○
종합부동산세	○ (선택)	○ (원칙)
양도소득세	○	○ (무신고)

(2) 특징

① 과세표준과 세액의 계산은 과세주체에서만 한다.
② 세액의 확정은 과세권자가 과세표준과 세액을 결정하거나 경정하는 때에 그 결정 또는 경정에 따라 확정된다.

(3) 보통징수(정부부과) 세목

① 지방세: 재산세, 자동차세, 지역자원시설세(소방분), 개인분 주민세
② 국세: 종합부동산세, 상속세, 증여세

③ 기한 후 신고

(1) 신고기한

법정신고기한까지 과세표준신고서를 제출하지 아니한 자는 지방자치단체의 장이 「지방세법」에 따라 그 지방세의 과세표준과 세액(「지방세기본법」 및 「지방세법」에 따른 가산세를 포함한다)을 결정하여 통지하기 전에는 기한 후 신고서를 제출할 수 있다.

(2) 기한 후 신고의 효력

기한 후 신고에는 납세의무를 확정하는 효력이 없다. 따라서 기한 후 신고납부를 하는 경우라도 납세의무를 확정하는 효력이 없다.

(3) 기한 후 신고에 대한 결정 통지

① 기한 후 신고서를 제출한 경우 지방자치단체의 장은 「지방세법」에 따라 신고일로부터 3개월 이내에 그 지방세의 과세표준과 세액을 결정하여 신고인에게 통지하여야 한다.

핵심 🎯 기한 후 신고 가능 세목
원칙적으로 신고납부 세목인 취득세, 등록면허세, 양도소득세는 기한 후 신고가 가능하다.

세목	기한 후 신고
취득세	○
등록면허세	○
재산세	×
종합부동산세	×
양도소득세	○

② 그 과세표준과 세액을 조사할 때 조사 등에 장기간이 걸리는 등 부득이한 사유로 신고일로부터 3개월 이내에 결정할 수 없는 경우에는 그 사유를 신고인에게 통지하여야 한다.

(4) 기한 후 신고시 무신고가산세 경감 제36회

① 법정신고기한이 지난 후 1개월 이내에 기한 후 신고를 한 경우 무신고가산세를 100분의 50을 경감한다.
② 법정신고기한이 지난 후 1개월 초과 3개월 이내에 기한 후 신고를 한 경우에는 무신고가산세를 100분의 30을 경감한다.
③ 법정신고기한이 지난 후 3개월 초과 6개월 이내에 기한 후 신고를 한 경우에는 무신고가산세를 100분의 20을 경감한다.
④ 과세표준과 세액을 결정할 것을 미리 알고 기한 후 신고를 한 경우에는 가산세를 감면하지 않는다.

✔ 기한 후 신고를 법정신고기한 후 6개월 이내에 하는 경우 납부하지 않은 경우라도 가산세 경감 혜택을 받을 수 있다.

참고 가산세 감면 제외
지방자치단체의 장이 과세표준과 세액을 결정할 것을 미리 알고 기한후신고서를 제출한 경우는 가산세를 감면하지 않는다. 제36회

4 수정신고

(1) 수정신고 요건

「지방세기본법」 또는 지방세관계법에 따른 법정신고기한까지 과세표준 신고서를 제출한 자 및 납기 후의 과세표준 신고서를 제출한 자는 다음의 어느 하나에 해당할 때에는 과세표준 수정신고서를 제출할 수 있다.

① 과세표준 신고서 또는 납기 후의 과세표준 신고서에 기재된 과세표준 및 세액이 지방세관계법에 따라 신고하여야 할 과세표준 및 세액보다 적을 때
② 과세표준 신고서 또는 납기 후의 과세표준 신고서에 기재된 환급세액이 지방세관계법에 따라 신고하여야 할 환급세액을 초과할 때
③ 그 밖에 특별징수의무자의 정산과정에서 누락 등이 발생하여 그 과세표준 및 세액이 지방세관계법에 따라 신고하여야 할 과세표준 및 세액 등보다 적을 때

기출
1. 가산세란 「지방세기본법」 또는 지방세관계법에서 규정하는 의무를 성실하게 이행하도록 하기 위하여 의무를 이행하지 아니할 경우에 「지방세기본법」 또는 지방세관계법에 따라 산출한 세액에 가산하여 징수하는 금액을 말한다.
2. 가산세는 해당 의무가 규정된 세법의 해당 지방세의 세목으로 한다. 다만, 해당 지방세를 감면하는 경우에는 가산세는 그 감면하는 지방세에 포함하지 않는다. 제36회

(2) 수정신고 절차

지방자치단체의 장이 지방세관계법에 따라 그 지방세의 과세표준과 세액을 결정하거나 경정하여 통지하기 전으로서 제척기간이 끝나기 전까지는 과세표준 수정신고서를 제출할 수 있다.

> 핵심 🎯 수정신고 효력
> 1. 신고납부: 수정신고로 확정효력 발생
> 2. 정부부과: 수정신고 확정효력이 없고 정부의 경정이 있어야 효력 발생

(3) 수정신고 효력

① 납세의무자가 신고하는 때 확정되는 조세
   ㉠ 수정신고는 당초의 신고에 따라 확정된 과세표준과 세액을 증액하여 확정하는 효력을 가진다. 즉, 수정신고로서 확정되는 효력이 있다.
   ㉡ ㉠에 따른 수정신고는 당초의 신고에 따라 확정된 세액에 관한 세법에서 규정하는 권리·의무관계에 영향을 미치지 아니한다.

② 정부가 결정하는 때 확정되는 조세: 이는 수정신고로서 확정되는 효력이 없다.

(4) 가산세 감면

① 과세표준 신고서를 법정신고기한까지 제출한 자가 법정신고기한이 지난 후 2년 이내에 수정신고한 경우(과소신고가산세만 해당하며, 지방자치단체의 장이 과세표준과 세액을 경정할 것을 미리 알고 과세표준수정신고서를 제출한 경우는 제외한다)에는 다음의 구분에 따른 금액을 감면한다.
   ㉠ 법정신고기한이 지난 후 1개월 이내에 수정신고한 경우: 해당 가산세액의 100분의 90에 상당하는 금액
   ㉡ 법정신고기한이 지난 후 1개월 초과 3개월 이내에 수정신고한 경우: 해당 가산세액의 100분의 75에 상당하는 금액
   ㉢ 법정신고기한이 지난 후 3개월 초과 6개월 이내에 수정신고한 경우: 해당 가산세액의 100분의 50에 상당하는 금액
   ㉣ 법정신고기한이 지난 후 6개월 초과 1년 이내에 수정신고한 경우: 해당 가산세액의 100분의 30에 상당하는 금액
   ㉤ 법정신고기한이 지난 후 1년 초과 1년 6개월 이내에 수정신고한 경우: 해당 가산세액의 100분의 20에 상당하는 금액
   ㉥ 법정신고기한이 지난 후 1년 6개월 초과 2년 이내에 수정신고한 경우: 해당 가산세액의 100분의 10에 상당하는 금액

② 수정신고와 동시에 세액을 추가자진납부를 이행하지 아니하더라도 과소신고가산세를 감면받을 수 있다.

제3절 | 납세의무의 소멸

1 소멸사유

(1) 소멸사유에 해당하는 경우

지방자치단체의 징수금을 납부할 의무는 다음의 어느 하나에 해당하는 때에 소멸한다(「지방세기본법」 제37조).

① 납세의무의 실현으로 소멸하는 경우: 납부·충당
② 납세의무가 미실현된 상태에서 소멸하는 경우: 부과의 취소, 지방세를 부과할 수 있는 기간 내에 지방세가 부과되지 아니하고 그 기간이 만료되었을 때, 지방자치단체의 징수금의 지방세징수권 소멸시효가 완성되었을 때

(2) 소멸사유에서 제외되는 경우

① 납세의무자의 사망: 상속인에게 승계되기 때문에 소멸사유가 되지 않는다.
② 법인의 합병: 합병법인에게 승계되기 때문에 소멸사유가 되지 않는다.
③ 부과철회: 압류할 수 있는 재산을 발견한 때에는 지체 없이 이를 취소하고 징수할 수 있기 때문에 소멸사유가 되지 않는다.
④ 결손처분: 체납자의 재산이 없다는 것이 판명되어 징수할 가망이 없다고 인정되는 사유로 결손처분을 한 이후에 다른 재산을 취득하는 경우 결손처분을 취소하고 체납처분을 할 수 있기 때문에 납세의무가 소멸되지 않는다.

핵심 납세의무 소멸사유
1. 납부
2. 충당
3. 부과취소
4. 제척기간 만료
5. 소멸시효 완성

용어 충당
납세의무자에게 환급할 지방세환급금과 당해 납세의무자가 납부할 지방세·체납처분비 상당액을 서로 상계시켜 지방세 세입으로 하는 것을 말한다.

2 부과권의 제척기간 제34회

(1) 개념

일정한 권리의 법정존속기간이다. 즉, 지방자치단체가 결정, 경정결정, 재경정결정, 부과취소를 할 수 있는 기간을 의미한다. 이러한 제척기간이 없다면 지방자치단체는 영원히 부과권을 행사할 수 있기 때문에 납세의무자는 장기간 불안정한 상태에 놓이게 될 것이다. 이러한 결과를 방지하고 조세 법률관계를 조속히 안정시킴으로써 납세의무자의 법적 안정성을 보장하기 위하여 「지방세기본법」은 지방세부과의 제척기간을 설정하고 있는 것이다.

(2) 지방세의 제척기간

지방세는 부과할 수 있는 날부터 다음에 정하는 기간이 만료되는 날까지 부과하지 아니한 경우에는 부과할 수 없다. 다만, 조세의 이중과세방지를 위하여 체결한 조약에 따라 상호합의절차가 진행 중인 경우에는 「국제조세조정에 관한 법률」 제51조에서 정하는 바에 따른다(「지방세기본법」 제38조 제1항).

① 납세자가 사기나 그 밖의 부정한 행위로 지방세를 포탈하거나 환급·공제 또는 감면받은 경우: 10년
② 납세자가 상속 또는 증여(부담부증여를 포함한다)를 원인으로 취득하여 지방세 신고를 하지 않는 경우: 10년
③ 납세자가 「부동산 실권리자명의 등기에 관한 법률」에 따른 명의신탁약정으로 실권리자가 사실상 취득하는 경우: 10년
④ 납세자가 타인의 명의로 법인의 주식 또는 지분을 취득하였지만 해당 주식 또는 지분의 실권리자인 자가 과점주주가 되어 해당 법인의 부동산등을 취득한 것으로 보는 경우: 10년
⑤ 납세자가 법정신고기한까지 과세표준 신고서를 제출하지 아니한 경우: 7년
⑥ 그 밖의 경우: 5년(과소신고, 신고)

(3) 국세의 제척기간

국세는 해당 국세를 부과할 수 있는 날로부터 다음의 기간이 만료된 날 이후에는 이를 부과할 수 없다(「국세기본법」 제26조의2 제1항·제2항).

세목	구분	제척기간
상속세, 증여세	① 사기·기타 부정한 행위로 조세를 포탈하거나 환급·공제시, 무신고·허위신고 또는 누락신고시	15년
	② 일반적인 경우	10년
기타 국세 (양도소득세)	① 사기·기타 부정한 행위로 조세포탈·환급·공제시	10년
	② 무신고의 경우	7년
	③ 위 ①, ② 외의 경우(과소신고, 신고)	5년

(4) 제척기간의 기산일

① 「지방세기본법」 또는 지방세관계법에서 신고납부하도록 규정된 지방세의 경우: 해당 지방세에 대한 신고기한의 다음 날. 이 경우 예정신고기한, 중간예납기한 및 수정신고기한은 신고기한에 포함되지 아니한다.

기출
1. 납세자가 법정신고기한까지 과세표준신고서를 제출하지 아니한 경우(역외거래 제외)에는 해당 국세를 부과할 수 있는 날부터 7년을 부과제척기간으로 한다. 제34회
2. 납세자가 「조세범 처벌법」에 따른 사기나 그 밖의 부정한 행위로 종합소득세를 포탈하는 경우(역외거래 제외) 그 국세를 부과할 수 있는 날부터 10년을 부과제척기간으로 한다. 제34회
3. 세무서장은 「감사원법」에 따른 심사청구에 대한 결정에 의하여 명의대여 사실이 확인되는 경우에는 당초의 부과처분을 취소하고 그 결정이 확정된 날부터 1년 이내에 실제로 사업을 경영한 자에게 경정이나 그 밖에 필요한 처분을 할 수 있다. 제34회
4. 종합부동산세의 경우 부과제척기간의 기산일은 납세의무 성립일이다. 제34회

참고 신고기한
해당 국세 또는 지방세의 과세표준과 세액에 대한 정기분 또는 확정신고기한을 말하므로 중간예납·예정신고·수정신고기한의 다음 날은 제척기간의 기산일이 아니다.

② 신고납부하도록 규정된 지방세 외의 지방세의 경우: 해당 지방세의 납세의무 성립일

③ 특별징수의무자 또는 납세조합에 대하여 부과하는 지방세의 경우: 해당 특별징수세액 또는 납세조합징수세액의 납입기한의 다음 날

④ 신고납부기한 또는 법정 납부기한이 연장되는 경우: 그 연장된 기한의 다음 날

⑤ 비과세 또는 감면받은 세액 등에 대한 추징사유가 발생하여 추징하는 경우
  ㉠ 비과세 또는 감면받은 세액을 신고납부하도록 규정된 경우에는 그 신고기한의 다음 날
  ㉡ ㉠ 외의 경우에는 비과세 또는 감면받은 세액을 부과할 수 있는 사유가 발생한 날

③ 징수권의 소멸시효 제35회

(1) 개념

징수권의 소멸시효란 지방자치단체가 징수권을 일정 기간 행사하지 않는 경우 그 징수권을 소멸시키는 제도를 의미하는 것이다. 즉, 오랜 기간 동안 권리를 행사하지 않은 경우 그 권리를 소멸시키는 제도를 말한다.

용어 청구권
특정인에 대하여 특정의 행위를 요구하는 권리를 말한다.

(2) 소멸시효의 기간

① 지방자치단체의 징수금의 징수를 목적으로 하는 지방자치단체의 권리는 이를 행사할 수 있는 때부터 다음의 구분에 따른 기간 동안 행사하지 아니하면 소멸시효가 완성된다(「지방세기본법」 제39조 제1항, 「국세기본법」 제27조 제1항).

구분		소멸시효
지방세	징수할 세액이 5천만원(가산세 제외) 이상	10년
	징수할 세액이 5천만원(가산세 제외) 미만	5년
국세	징수할 세액이 5억원(가산세 제외) 이상	10년
	징수할 세액이 5억원(가산세 제외) 미만	5년

참고 세목별로 소멸시효에 차이가 없는 이유
징수절차(고지 ⇨ 독촉 ⇨ 압류)는 세목에 관계없이 모두 동일하기 때문에 소멸시효는 세목별로 차이가 없다.

② 지방세징수권의 시효에 관하여는 「지방세기본법」 또는 「지방세법」과 「지방세특례제한법」에 규정되어 있는 것을 제외하고는 「민법」을 따른다(「지방세기본법」 제39조 제2항, 「국세기본법」 제27조 제2항).

> **기출 소멸시효 완성 효과**
> 소멸시효가 완성되면 기산일에 소급하여 징수권이 소멸한다. 따라서 본세와 체납처분비(강제징수비) 및 이자상당액도 함께 소멸하게 된다.
> 제34회

(3) 소멸시효 기산일

① 과세표준과 세액의 신고에 의하여 납세의무가 확정되는 경우: 신고한 세액에 대해서는 그 법정납부기한의 다음 날

② 과세표준과 세액을 정부가 결정, 경정하는 경우: 납세고지한 세액에 대해서는 그 납세고지에 따른 납부기한의 다음 날

③ 특별징수의무자로부터 징수하는 지방세로서 납세고지한 특별징수세액의 경우: 납세고지서에 따른 납부기한의 다음 날

④ 법정신고납부기한이 연장되는 경우: 그 연장된 납부기한의 다음 날

(4) 시효의 중단(「지방세기본법」 제40조 제1항)

① 의의: 시효가 완성되기 전에 권리행사로 볼만한 사실이 생기면 그때까지 진행된 시효기간은 효력을 상실하고 중단사유 종료일부터 새로 시효가 진행하는 것을 말한다.

② 중단사유: 납세고지 · 독촉 또는 납부최고 · 교부청구 · 압류(압류금지재산 또는 제3자의 재산을 압류한 경우로서 압류를 즉시 해제하는 경우 제외)

> **용어**
> **교부청구**
> 체납자의 재산에 대하여 이미 강제환가 절차가 개시되어 있는 경우에 그 집행기관에 강제환가 대금의 배분을 청구하는 절차를 말한다.
>
> **징수유예**
> 자연재해와 같이 일정한 조건이 있는 경우, 기업체 등의 자금 부담을 완화할 목적으로 납부해야 할 세액을 일정 기간 연장해 주는 것을 말한다.
>
> **연부연납**
> 납세의무자가 세금의 일부를 법정신고기한이 경과한 후에 장기간에 걸쳐 나누어 납부하는 것을 말한다.
>
> **체납처분유예**
> 체납처분 대상인 납세자에게 특별한 사정이 있는 경우, 압류나 매각을 일시적으로 미루어 주는 것을 말한다.

(5) 시효의 정지(「지방세기본법」 제40조 제3항)

① 의의: 일정한 사유가 있는 경우 소멸시효의 진행을 일시 멈추게 하고, 그 사유가 해제된 때로부터 다시 계속하여 나머지 기간만 진행하면 소멸시효가 완성되도록 하는 것을 말한다.

② 정지사유
　㉠ 「지방세법」에 따른 분할납부기간
　㉡ 「지방세법」에 따른 연부기간
　㉢ 「지방세징수법」에 따른 징수유예기간
　㉣ 「지방세징수법」에 따른 체납처분유예기간
　㉤ 사해행위 취소의 소송을 제기하여 그 소송이 진행 중인 기간. 다만, 사해행위 취소의 소송 제기로 인한 시효정지는 소송이 각하 · 기각 또는 취하된 경우에는 효력이 없다.
　㉥ 채권자대위 소송을 제기하여 그 소송이 진행 중인 기간. 다만, 채권자대위 소송의 제기로 인한 시효정지는 소송이 각하 · 기각 또는 취하된 경우에는 효력이 없다.
　㉦ 체납자가 국외에 6개월 이상 계속 체류하는 경우 해당 국외 체류기간

제2장 메타인지 학습체크

01 취득세의 납세의무 성립시기는 [① 과세물건을 취득하는 때 / ② 과세물건을 취득한 날로부터 60일이 되는 때]이다.

02 재산세의 납세의무 성립시기는 과세기준일인 [① 6월 1일 / ② 7월 1일]이다.

03 지방교육세의 납세의무 성립시기는 [① 그 과세표준이 되는 세목의 납세의무가 성립하는 때 / ② 과세기간이 끝나는 때]이다.

04 특별징수하는 지방소득세는 그 과세표준이 되는 소득에 대하여 소득세·법인세를 [① 원천징수하는 때 / ② 수시부과하는 때]에 납세의무가 성립된다.

05 소득세의 납세의무 성립시기는 [① 소득이 발생한 때 / ② 과세기간이 끝나는 때]이다.

06 종합부동산세의 납세의무 성립시기는 과세기준일인 [① 6월 1일 / ② 7월 1일]이다.

07 재산세는 과세기준일에 납세의무가 성립하고, [① 납세의무자가 과세표준과 세액을 신고하는 때 / ② 과세관청이 과세표준과 세액을 결정·경정하는 때]에 확정된다.

08 종합부동산세는 원칙적으로 [① 납세의무자가 과세표준과 세액을 신고하는 때 / ② 과세관청이 과세표준과 세액을 결정·경정하는 때]에 확정된다.

09 법정신고기한 후 지방자치단체의 장이 그 지방세의 과세표준과 세액을 결정하여 통지하기 전에 기한 후 신고를 할 수 있는데 이 경우 납세의무는 [① 확정 효력이 있다. / ② 확정 효력이 없다.]

10 해당 국세 또는 지방세를 감면하는 경우에는 가산세는 [① 그 감면하는 국세 또는 지방세에 포함한다. / ② 그 감면하는 국세 또는 지방세에 포함하지 않는다.]

정답

01 ① **02** ① **03** ① **04** ① **05** ② **06** ① **07** ② **08** ② **09** ② **10** ②

제2장 메타인지 학습체크

11 고지받은 세액을 납부하거나 충당되었을 경우, 부과처분이 취소된 경우, 국세 또는 지방세를 부과할 수 있는 기간 내에 국세 또는 지방세가 부과되지 아니하고 그 기간이 만료된 경우, 지방자치단체의 징수금의 지방세징수권 소멸시효가 완성되었을 때에는 [① 납세의무가 소멸된다. / ② 납세의무가 소멸되지 않는다.]

12 납세자가 사기나 그 밖의 부정한 행위로 국세 또는 지방세를 포탈하거나 환급 또는 경감받은 경우 제척기간은 [① 7년 / ② 10년]이다.

13 납세자가 법정신고기한까지 취득세의 과세표준신고서를 제출하지 아니하는 경우 제척기간은 해당 취득세를 부과할 수 있는 날부터 [① 5년 / ② 7년]간으로 한다.

14 지방자치단체의 징수금의 징수를 목적으로 하는 지방자치단체의 권리는 그 권리를 행사할 수 있는 때부터 [① 5년 / ② 5년 또는 10년]간 행사하지 아니하면 시효로 인하여 소멸한다.

15 납세자에게 부정행위가 없으며 특례제척기간에 해당하지 않는 경우, 원칙적으로 [① 납세의무 성립일 / ② 고지에 따른 납부기한의 다음 날]부터 5년이 지나면 종합부동산세를 부과할 수 없다.

16 세법에 의한 분납기간·징수유예기간·체납처분유예기간·연부연납기간 또는 세무공무원이 「국세징수법」 제39조에 따른 사해행위 취소의 소를 제기하여 그 소송이 진행 중인 기간이나 「민법」에 따른 채권자대위소송을 제기하여 그 소송이 진행 중인 기간은 납세의무 소멸시효의 [① 중단사유 / ② 정지사유]에 해당한다.

17 제척기간은 권리관계를 조속히 확정·안정시키려는 것으로서 징수권 소멸시효와는 달리 [① 중단이나 정지가 존재한다. / ② 중단이나 정지가 존재하지 않는다.]

정답

11 ①   12 ②   13 ②   14 ②   15 ①   16 ②   17 ②

제3장 지방세와 타 채권과의 관계

회독 Check 1회 2회 3회

> 지방세와 타 채권과의 우선권은 실무에서는 중요하며 권리분석을 하고자 하는 경우에는 반드시 고려하여야 할 내용이다. 세금과 피담보채권과의 관계를 정확히 분석하고 설정일자에 관계없이 세금이 우선하는 그 재산에 대하여 부과하는 세목을 암기하고 있어야 한다.

제1절 | 우선권의 개요

❶ 우선권의 의의

우선권(優先權)이란 납세자의 재산을 강제환가절차에 의해 매각하는 경우에 그 매각대금 중에서 국세 또는 지방세를 우선하여 징수하는 것을 말한다.

❷ 지방세채권 사이의 우선권

(1) 지방세의 우선 징수
   ① 지방자치단체의 징수금은 다른 공과금과 그 밖의 채권에 우선하여 징수한다(「지방세기본법」 제71조 제1항).
   ② 지방자치단체의 징수금에 대한 징수순서는 체납처분비·지방세·가산세의 순서로 한다.

참고 징수금 징수순서
1. 1순위: 체납처분비
2. 2순위: 지방세
3. 3순위: 가산세

(2) 압류에 따른 우선(압류우선주의)
   납세자의 재산을 지방자치단체의 징수금의 체납처분에 따라 압류한 경우에 다른 지방자치단체의 징수금 또는 국세의 교부청구가 있으면 압류에 관계되는 지방자치단체의 징수금은 교부청구한 다른 지방자치단체의 징수금 또는 국세에 우선하여 징수한다(「지방세기본법」 제73조 제1항).

용어 교부청구
체납자의 재산에 대하여 이미 강제환가 절차가 개시되어 있는 경우에 그 집행기관에 강제환가 대금의 배분을 청구하는 절차를 말한다.

(3) 담보가 있는 지방세의 우선(담보우선주의)
   납세담보가 되어 있는 재산을 매각하였을 때에는 압류에도 불구하고 해당 지방자치단체에서 다른 지방자치단체의 징수금과 국세에 우선하여 징수한다(「지방세기본법」 제74조). 즉, 담보에 관계된 조세는 압류에 관계된 조세보다 우선하여 징수된다.

제2절 | 지방세 우선권의 제한

❶ 직접경비의 우선

강제집행·경매 또는 파산절차에 따른 재산의 매각에서 그 매각금액 중 지방자치단체의 징수금을 징수하는 경우의 해당 강제집행·경매 또는 파산절차에 든 비용은 지방세·체납처분비에 우선한다(「지방세기본법」 제71조 제1항 제2호). 이러한 강제집행 등에 소요된 비용은 채권자 공동의 이익을 위하여 소요된 직접비용이므로 재산매각대금 중 가장 우선 변제된다.

❷ 피담보채권의 우선

(1) 법정기일 제35회

법정기일은 조세채권과 담보된 채권 간의 우선 여부를 결정하는 기준으로 법에서 세금의 우선을 정한 기준된 시점으로서 다음의 날을 말한다(「지방세기본법」 제71조 제1항 제3호).
① 과세표준과 세액의 신고에 의하여 납세의무가 확정되는 지방세의 경우 신고한 해당 세액에 대하여는 그 신고일. 이 경우 신고는 이행하고 납부를 이행하지 않는 경우라도 신고일이 법정기일이 된다.
② 과세표준과 세액을 지방자치단체가 결정 또는 경정하는 경우에 고지한 해당 세액(납부지연가산세를 포함한다)에 대해서는 납세고지서의 발송일
③ 특별징수의무자로부터 징수하는 지방세의 경우에는 그 납세의무의 확정일
④ 양도담보재산 또는 제2차 납세의무자의 재산에서 지방세를 징수하는 경우에는 납부통지서의 발송일
⑤ 확정 전 보전압류에 의한 납세자의 재산을 압류한 경우에 그 압류와 관련하여 확정된 세액에 대해서는 그 압류등기일 또는 등록일
⑥ 「종합부동산세법」상 신탁 주택·토지 관련 수탁자의 물적납세의무 규정에 따라 신탁재산에서 징수하는 종합부동산세는 그 납부고지서의 발송일(「국세기본법」 제35조 제2항 제8호)

용어 | 강제집행
사법상 또는 행정법상의 의무를 이행하지 않는 자에 대해서 국가의 강제권력으로 그 의무의 이행을 실현하는 작용이나 절차를 가리킨다.

용어 | 법정기일
일반인이 조세의 존재를 확인할 수 있는 시점, 즉 조세가 공시된 것으로 볼 수 있는 시점을 말한다.

참고 | 확정 전 보전압류
세금이 확정되어 과세를 하기 전에 납세자의 재산이 처분될 우려가 있는 경우, 납세자가 재산을 처분하지 못하도록 제한하는 강제집행으로, 예상되는 과세 금액을 압류해 둠으로써 추후에 세금이 확정되었을 때 조세 채권을 행사할 수 있게 된다.

(2) 세금과 피담보채권의 우선관계

① 법정기일 전에 전세권·질권·저당권의 설정을 등기·등록한 사실 또는 「주택임대차보호법」 및 「상가건물 임대차보호법」에 따른 대항요건과 임대차계약증서상의 확정일자(確定日字)를 갖춘 사실이 증명되는 재산을 매각하여 그 매각금액에서 지방세(그 재산에 대하여 부과된 지방세는 제외한다)를 징수하는 경우의 그 전세권·질권·저당권에 따라 담보된 채권, 등기 또는 확정일자를 갖춘 임대차계약증서상의 보증금에 대하여는 우선하지 못한다.

② 이때 법정기일 전 피담보채권은 지방세에는 우선하여 징수되지만, 체납처분비에는 우선하지 못한다.

(3) 설정일자에 관계없이 세금이 우선하는 경우

'그 재산에 부과된 국세 또는 지방세'는 법정기일 이전에 저당권 등을 설정한 경우라도 설정일자에 관계없이 그 재산에 부과된 국세 또는 지방세가 담보된 채권에 우선한다.

지방세	국세
① 재산세 ② 지역자원시설세(소방분에 대한 지역자원시설세만 해당) ③ 자동차세(자동차 소유에 대한 자동차세만 해당) ④ 지방교육세(재산세와 자동차세에 부가되는 지방교육세만 해당)	① 종합부동산세 ② 상속세 ③ 증여세

> **참고** 설정과 세금관계
> 1. 법정기일 이전에 설정한 경우라도 설정은 체납처분비에는 우선하지 못한다.
> 2. 그 재산에 부과된 국세, 지방세는 설정일자에 관계없이 설정에 우선한다.
>
> **기출**
> 1. 취득세 신고서를 납세지 관할 지방자치단체장에게 제출한 날 전에 저당권설정등기 사실이 증명되는 재산을 매각하여 그 매각금액에서 취득세를 징수하는 경우, 저당권에 따라 담보된 채권은 취득세에 우선한다.
> 2. 그 재산에 부과된 세액은 재산세·지역자원시설세(소방분에 대한 지역자원시설세만 해당한다)·자동차세(자동차 소유에 대한 자동차세만 해당한다) 및 지방교육세(재산세와 자동차세에 부가되는 지방교육세만 해당한다)·상속세·증여세·종합부동산세이다.

예제

법정기일 전에 저당권의 설정을 등기한 사실이 등기사항증명서(부동산등기부 등본)에 따라 증명되는 재산을 매각하여 그 매각금액에서 국세 또는 지방세를 징수하는 경우 그 재산에 대하여 부과되는 다음의 국세 또는 지방세 중 저당권에 따라 담보된 채권에 우선하여 징수하는 것은 모두 몇 개인가?   제30회 변형

- 종합부동산세
- 취득세에 부가되는 지방교육세
- 등록면허세
- 부동산임대에 따른 종합소득세
- 소방분에 대한 지역자원시설세

① 1개   ② 2개   ③ 3개   ④ 4개   ⑤ 5개

해설 그 재산에 부과된 지방세란 재산세·지역자원시설세(소방분에 대한 지역자원시설세만 해당한다)·자동차세(자동차 소유에 대한 자동차세만 해당한다) 및 지방교육세(재산세와 자동차세에 부가되는 지방교육세만 해당한다)를 말하고, 그 재산에 부과된 국세란 종합부동산세·상속세·증여세를 말한다.   **정답** ②

기출
1. 법정기일 전에 전세권이 설정된 사실은 양도소득세의 경우 부동산등기부 등본 또는 공증인의 증명으로 증명한다. 제35회
2. 주택의 직전 소유자가 국세의 체납 없이 전세권이 설정된 주택을 양도하였으나, 양도 후 현재 소유자의 소득세가 체납되어 해당 주택의 매각으로 그 매각금액에서 소득세를 강제징수하는 경우 그 소득세는 해당 주택의 전세권담보채권에 우선하지 못한다. 제35회

(4) 전세권 등이 설정된 재산의 매각금액에서 국세를 징수하는 경우 제35회

① 전세권 등이 설정된 재산이 양도, 상속 또는 증여된 후 해당 재산이 국세의 강제징수 또는 경매 절차를 통하여 매각되어 그 매각금액에서 국세를 징수하는 경우 해당 재산에 설정된 전세권 등에 의하여 담보된 채권 또는 임대차보증금반환채권은 국세에 우선한다.

② 해당 재산의 직전 보유자가 전세권 등의 설정 당시 체납하고 있었던 국세의 경우에는 국세(법정기일이 전세권 등의 설정일보다 빠른 국세로 한정한다)를 우선하여 징수한다.

(5) 대항요건과 확정일자를 갖춘 임차권 또는 전세권

① 대항요건과 확정일자를 갖춘 임차권에 의하여 담보된 임대차보증금반환채권 또는 주거용 건물에 설정된 전세권에 의하여 담보된 채권은 해당 임차권 또는 전세권이 설정된 재산이 국세의 강제징수 또는 경매 절차를 통하여 매각되어 그 매각금액에서 국세를 징수하는 경우 그 확정일자 또는 설정일보다 법정기일이 늦은 해당 재산에 대하여 부과된 상속세, 증여세 및 종합부동산세의 우선 징수 순서에 대신하여 변제될 수 있다.

② 대신 변제되는 금액은 우선 징수할 수 있었던 해당 재산에 대하여 부과된 상속세, 증여세 및 종합부동산세의 징수액에 한정한다.

참고 법정기일 전 설정
- 1순위: 파산절차에 든 비용
- 2순위: 소액임차보증금 및 소액임금채권
- 3순위: 그 재산에 부과된 세금
- 4순위: 담보된 채권(설정)
- 5순위: 일반임금채권
- 6순위: 그 재산에 부과된 세금 이외의 세금
- 7순위: 공과금

제3절 │ 소액임차보증금 및 임금채권의 우선

1 소액임차보증금

(1) 「주택임대차보호법」 제8조 또는 「상가건물 임대차보호법」 제14조가 적용되는 임대차관계에 있는 주택 또는 건물을 매각하여 그 매각금액에서 지방세를 징수하는 경우에는 임대차에 관한 보증금 중 일정액으로서 각 규정에 따라 임차인이 우선하여 변제받을 수 있는 금액에 관한 채권은 국세 또는 지방세에 우선하여 변제한다(「지방세기본법」 제71조 제1항 제4호). 제35회

(2) 이 경우에도 체납처분비보다는 우선 변제되지 못함에 유의하여야 한다.

❷ 임금채권의 우선

(1) 사용자의 재산을 매각하거나 추심하여 그 매각금액 또는 추심금액에서 지방세를 징수하는 경우에는 「근로기준법」 제38조 제2항 및 「근로자퇴직급여 보장법」 제12조 제2항에 따라 지방세에 우선하여 변제되는 임금, 퇴직금, 재해보상금은 국세 또는 지방세에 우선하여 변제한다(「지방세기본법」 제71조 제1항 제5호).

(2) 이 경우에도 체납처분비보다는 우선 변제되지 못함에 유의하여야 한다.

(3) 일반 임금채권

① 일반 임금채권은 질권 또는 저당권에 의하여 담보된 채권을 제외하고는 조세·공과금 및 다른 채권에 우선한다. 다만, 질권 또는 저당권에 의하여 담보된 채권에 우선하는 조세·공과금에 대하여는 우선하지 못한다.

② 법정기일 이전에 설정한 전세권 등이 있는 경우 일반 임금채권도 국세 또는 지방세에 우선하지만, 법정기일 이후에 전세권 등이 설정된 경우에는 일반 임금채권도 국세 또는 지방세에 우선하지 못한다.

> 참고 📖 법정기일 후 설정
> - 1순위: 파산절차에 든 비용
> - 2순위: 소액임차보증금 및 소액임금채권
> - 3순위: 그 재산에 부과된 세금
> - 4순위: 그 재산에 부과된 세금 이외의 세금
> - 5순위: 담보된 채권(설정)
> - 6순위: 일반임금채권
> - 7순위: 공과금

예제 | 조세채권의 우선권

체납자 소유의 주택에 관한 경매절차에서 확정된 사실은 아래와 같다. 과세관청이 그 배당절차에서 배당받을 수 있는 소득세액은 얼마인가?

- 체납자 소유 주택의 경매로 낙찰된 금액: 1억원
- 증액경정으로 체납된 소득세액: 7,000만원(납부고지서 발송일은 2026.3.7.이고 도달일은 2026.3.12.이다)
- 「주택임대차보호법」 제8조에 따라 임대차보증금 중 임차인이 우선하여 변제받을 수 있는 금액에 관한 채권: 1,200만원
- 체납자 소유의 주택에 설정된 근저당권부 채권: 3,000만원(설정등기일은 2026.3.10.이다)
- 위 채권 외에 청구할 수 있는 채권, 비용 등은 없는 것으로 가정한다.

① 1,200만원 ② 1,800만원 ③ 5,800만원
④ 6,800만원 ⑤ 7,000만원

해설 법정기일(납부고지서 발송일은 2026.3.7.) 후에 설정(설정등기일은 2026.3.10.)으로 소득세액으로 배당받을 수 있는 금액은 7,000만원이다.
- 1순위: 임차인이 우선하여 변제받을 수 있는 채권 1,200만원
- 2순위: 증액경정으로 체납된 소득세액 7,000만원

정답 ⑤

제3장 메타인지 학습체크

01 납세담보물 매각시 압류에 관계되는 조세채권은 담보 있는 조세채권에 [① 우선한다. / ② 우선하지 못한다.]

02 납세자의 재산을 지방자치단체의 징수금의 체납처분에 따라 압류한 경우에 다른 지방자치단체의 징수금 또는 국세의 교부청구가 있으면 압류에 관계되는 지방자치단체의 징수금은 교부청구한 다른 지방자치단체의 징수금 또는 국세에 [① 우선한다. / ② 우선하지 못한다.]

03 강제집행으로 부동산을 매각할 때 그 매각금액 중에서 국세를 징수하는 경우, 강제집행 비용은 국세에 [① 우선한다. / ② 우선하지 못한다.]

04 과세표준과 세액의 신고에 의하여 납세의무가 확정되는 지방세의 경우, 신고한 해당 세액에 대하여는 [① 그 신고일 / ② 납부고지서 발송일]이 법정기일이다.

05 과세표준과 세액을 정부가 결정하여 납세고지한 경우 법정기일은 [① 그 납세고지서 발송일 / ② 그 납세고지서 도달일]이다.

06 그 재산에 부과된 지방세는 [① 재산세·지역자원시설세(소방분에 대한 지역자원시설세만 해당한다)·자동차세 및 지방교육세(재산세와 자동차세에 부가되는 지방교육세만 해당한다) / ② 취득세, 등록면허세]이다.

07 종합부동산세로 고지한 해당 세액에 대하여 그 고지일 이전에 저당권설정등기를 한 재산의 매각에 있어서 그 매각대금 중에서 종합부동산세를 징수하는 경우에는 그 '저당권에 의하여 담보된 채권'은 [① 종합부동산세에 우선한다. / ② 종합부동산세에 우선하지 못한다.]

08 사용자의 재산을 매각함에 있어서 그 매각금액 중에서 지방세를 징수하는 경우에 최종 3개월분 임금은 [① 지방세 / ② 지방세와 체납처분비]보다 우선한다.

정답

01 ② **02** ① **03** ① **04** ① **05** ① **06** ① **07** ② **08** ①

제4장 이의신청 및 심판청구

회독 Check 1회 2회 3회

> 이의신청과 심판청구는 조세에 대한 불복절차로 흐름 위주로 학습을 하여야 한다. 특히 불복청구기간과 결정에 대하여는 확실히 정리를 하여야 하고 이의신청 등의 대리인의 구분을 할 수 있어야 한다. 용어는 난해하지만 불복절차의 흐름을 파악하면서 정리한다면 충분히 해결이 가능한 부분이다.

❶ 청구 대상

(1) 「지방세기본법」 또는 지방세관계법에 따른 처분으로서 위법 또는 부당한 처분을 받았거나 필요한 처분을 받지 못하여 권리 또는 이익을 침해당한 자는 이의신청 또는 심판청구를 할 수 있다.

(2) 불복청구의 대상에서 제외되는 처분
① 이의신청 또는 심판청구에 대한 처분. 다만, 이의신청에 대한 처분에 대하여 심판청구를 하는 경우는 제외한다.
② 통고처분
③ 「감사원법」에 따라 심사청구를 한 처분이나 그 심사청구에 대한 처분
④ 과세 전 적부심사의 청구에 대한 처분
⑤ 「지방세기본법」에 따른 과태료의 부과

용어
통고처분
법률을 어긴 행위에 대해서 벌금, 과료, 몰수 등에 해당하는 금액을 납부할 것을 알리는 행정처분을 말한다.

과세 전 적부심사
과세 처분이 확정되기 전에 과세가 적정한지 여부를 가리는 심사를 말한다.

핵심 불복청구절차
1. 이의신청은 선택적으로 한다.
2. 행정소송을 진행하기 위해서 심판청구는 반드시 거쳐야 한다.
3. 불복청구인이 심판청구를 거치지 않고 행정소송을 직접 할 수는 없다.

❷ 불복청구기간

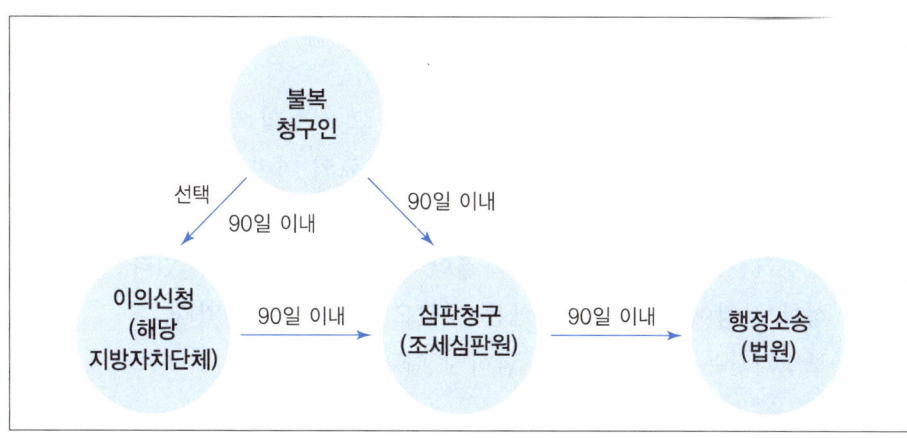

(1) 이의신청

이의신청을 하려면 그 처분이 있은 것을 안 날(처분의 통지를 받았을 때에는 그 통지를 받은 날)부터 90일 이내에 불복의 사유를 적어 이의신청을 하여야 한다.

(2) 심판청구

① 이의신청을 거친 후에 심판청구를 할 때에는 이의신청에 대한 결정 통지를 받은 날부터 90일 이내에 조세심판원장에게 심판청구를 하여야 한다.

② 결정기간에 이의신청에 대한 결정 통지를 받지 못한 경우에는 결정 통지를 받기 전이라도 그 결정기간이 지난 날부터 심판청구를 할 수 있다.

③ 이의신청을 거치지 아니하고 바로 심판청구를 할 때에는 그 처분이 있은 것을 안 날(처분의 통지를 받았을 때에는 통지받은 날)부터 90일 이내에 조세심판원장에게 심판청구를 하여야 한다.

(3) 청구기한의 연장

① 이의신청인 또는 심판청구인이 천재지변 등으로 인한 기한의 연장 사유로 인하여 이의신청 또는 심판청구기간에 이의신청 또는 심판청구를 할 수 없을 때에는 그 사유가 소멸한 날부터 14일 이내에 이의신청 또는 심판청구를 할 수 있다.

② 이의신청 및 심판청구에 따른 기한까지 우편으로 제출(우편날짜도장이 찍힌 날을 기준으로 한다)한 이의신청서 또는 심판청구서가 신청기간 또는 청구기간이 지나서 도달한 경우에는 그 기간만료일에 적법한 신청 또는 청구를 한 것으로 본다.

(4) 보정요구

① 이의신청을 받은 지방자치단체의 장은 그 신청의 서식 또는 절차에 결함이 있는 경우와 불복사유를 증명할 자료의 미비로 심의할 수 없다고 인정될 경우에는 20일간(납세자의 동의가 있는 경우에는 20일 이내)의 보정기간을 정하여 문서로 그 결함의 보정을 요구할 수 있다. 다만, 보정할 사항이 경미한 경우에는 직권으로 보정할 수 있다.

② 보정기간은 결정기간에 포함하지 아니한다.

> **참고 보정방법**
> 보정을 요구받은 이의신청인은 문서로 결함을 보정하거나, 지방자치단체에 출석하여 보정할 사항을 말하고, 말한 내용을 지방자치단체 소속 공무원이 기록한 서면에 서명하거나 날인함으로써 보정할 수 있다.

❸ 이의신청 등의 대리인

(1) 이의신청인과 처분청은 변호사, 세무사 또는 「세무사법」에 따른 세무사등록부 또는 공인회계사 세무대리업무등록부에 등록한 공인회계사를 대리인으로 선임할 수 있다.

(2) 이의신청인은 신청 또는 청구 금액이 2천만원(국세의 경우는 5천만원) 미만인 경우에는 그의 배우자, 4촌 이내의 혈족 또는 그의 배우자의 4촌 이내 혈족을 대리인으로 선임할 수 있다.

(3) 대리인은 본인을 위하여 그 신청 또는 청구에 관한 모든 행위를 할 수 있다. 다만, 그 신청 또는 청구의 취하는 특별한 위임을 받은 경우에만 할 수 있다.

❹ 결정 등

이의신청을 받은 지방자치단체의 장은 신청을 받은 날부터 90일 이내에 지방세심의위원회의 의결에 따라 다음의 구분에 따른 결정을 하고 신청인에게 이유를 함께 기재한 결정서를 송달하여야 한다. 다만, 이의신청기간이 지난 후에 제기된 이의신청 등의 사유에 해당하는 경우에는 지방세심의위원회의 의결을 거치지 아니하고 결정할 수 있다.

(1) 이의신청이 적법하지 아니한 때 또는 이의신청기간이 지났거나 보정기간에 필요한 보정을 하지 아니할 때: 신청을 각하하는 결정

(2) 이의신청이 이유 없다고 인정될 때: 신청을 기각하는 결정

(3) 이의신청이 이유 있다고 인정될 때

신청의 대상이 된 처분의 취소, 경정 또는 필요한 처분의 결정. 다만, 처분의 취소·경정 또는 필요한 처분의 결정을 하기 위하여 사실관계 확인 등 추가적으로 조사가 필요한 경우에는 처분청으로 하여금 이를 재조사하여 그 결과에 따라 취소·경정하거나 필요한 처분을 하도록 하는 재조사 결정을 할 수 있다.

용어

각하
검토할 자격을 갖추지 못하여 검토하지 않고 거절하는 것을 말한다. 즉, 필요한 절차와 형식적 요건 자체가 충족되지 않아 소송을 종료시키는 것을 말한다.

기각
사건을 심리한 결과 신청한 내용을 종국적으로 이유가 없다고 배척하는 것을 말한다. 즉, 필요한 절차와 형식적 요건은 갖췄으나 이유가 없다고 판단하여 주장을 받아들이지 않는 것을 말한다.

❺ 청구의 효력

이의신청 또는 심판청구는 그 처분의 집행에 효력이 미치지 아니한다. 다만, 압류한 재산에 대해서는 이의신청 또는 심판청구의 결정이 있는 날부터 30일까지 그 공매처분을 보류할 수 있다.

> **예제** 이의신청 및 심판청구
>
> 「지방세기본법」상 이의신청과 심판청구에 관한 설명으로 옳은 것은?
> ① 이의신청인, 심판청구인은 신청 또는 청구금액이 2천만원 미만인 경우에는 그 배우자, 4촌 이내의 혈족 또는 그 배우자의 4촌 이내의 혈족을 대리인으로 선임할 수 있다.
> ② 「감사원법」에 따라 심사청구를 한 처분, 이의신청 또는 심판청구에 대한 처분, 과세 전 적부심사의 청구에 대한 처분에 대하여 이의신청을 할 수 있다.
> ③ 이의신청 또는 심판청구는 그 처분의 집행에 효력이 미치지 아니한다. 다만, 압류한 재산에 대하여는 이의신청 또는 심판청구의 결정처분이 있는 날부터 60일까지는 그 공매처분을 보류할 수 있다.
> ④ 이의신청기간이 지난 후에 이의신청을 받은 지방자치단체의 장은 그 신청을 받은 날부터 90일 이내에 지방세심의위원회의 의결에 따라 결정을 하여야 한다.
> ⑤ 이의신청을 거치지 아니하고 바로 심판청구를 할 수는 없다.
>
> **해설** ② 「감사원법」에 따라 심사청구를 한 처분, 이의신청 또는 심판청구에 대한 처분, 과세 전 적부심사의 청구에 대한 처분은 불복청구의 대상에 포함되지 아니한다.
> ③ 이의신청 또는 심판청구는 그 처분의 집행에 효력이 미치지 아니한다. 다만, 압류한 재산에 대하여는 이의신청 또는 심판청구의 결정처분이 있는 날부터 30일까지는 그 공매처분을 보류할 수 있다.
> ④ 이의신청기간이 지난 후에 이의신청을 받은 지방자치단체의 장은 지방세심의위원회의 의결을 거치지 아니하고 그 신청을 각하하는 결정을 한다.
> ⑤ 이의신청을 거치지 아니하고 바로 심판청구를 할 수 있다. 이의신청을 거치지 아니하고 바로 심판청구를 할 때에는 그 처분이 있은 것을 안 날(처분의 통지를 받았을 때에는 통지받은 날)부터 90일 이내에 조세심판원장에게 심판청구를 하여야 한다.
>
> 정답 ①

제4장 메타인지 학습체크

01 「지방세기본법」에 따른 과태료의 부과처분과 통고처분을 받은 자는 이의신청 또는 심판청구를 [① 할 수 있다. / ② 할 수 없다.]

02 이의신청은 처분이 있은 것을 안 날(처분의 통지를 받았을 때에는 그 통지를 받은 날)부터 [① 60일 / ② 90일] 이내에 하여야 한다.

03 이의신청을 거치지 아니하고 바로 심판청구를 할 때에는 그 처분이 있은 것을 안 날부터 [① 60일 / ② 90일] 이내에 조세심판원장에게 심판청구를 하여야 한다.

04 지방세에 관한 불복 시는 불복청구인은 심판청구를 거치지 아니하고는 행정소송을 제기할 수 [① 있다. / ② 없다.]

05 이의신청, 심판청구는 그 처분의 집행에 효력을 미치지 아니한다. 다만, 압류한 재산에 대하여는 이의신청, 심판청구의 결정처분이 있는 날부터 [① 30일 / ② 60일]까지 공매처분을 보류할 수 있다.

06 이의신청인 또는 심판청구인이 천재지변 등으로 인하여 이의신청 또는 심판청구기간에 이의신청 또는 심판청구를 할 수 없을 때에는 그 사유가 소멸한 날부터 [① 10일 / ② 14일] 이내에 이의신청 또는 심판청구를 할 수 있다.

07 이의신청을 받은 지방자치단체의 장은 그 신청의 서식 또는 절차에 결함이 있는 경우와 불복사유를 증명할 자료의 미비로 심의할 수 없다고 인정될 경우에는 [① 20일 / ② 30일] 간의 보정기간을 정하여 문서로 그 결함의 보정을 요구할 수 있다. 이 경우 보정기간은 결정기간에 포함하지 아니한다.

08 지방세의 이의신청인은 신청금액이 [① 2천만원 미만 / ② 2천만원 이하]인 경우에는 그의 배우자, 4촌 이내의 혈족 또는 그의 배우자의 4촌 이내 혈족을 대리인으로 선임할 수 있다.

09 심판청구가 이유 없다고 인정될 때에는 청구를 [① 각하 / ② 기각]하는 결정을 한다.

10 이의신청이 적법하지 아니한 때 또는 이의신청기간이 지났거나 보정기간에 필요한 보정을 하지 아니한 때에는 [① 각하 / ② 기각]하는 결정을 한다.

정답

01 ② 02 ② 03 ② 04 ② 05 ① 06 ② 07 ① 08 ① 09 ② 10 ①

제 2 편
지방세

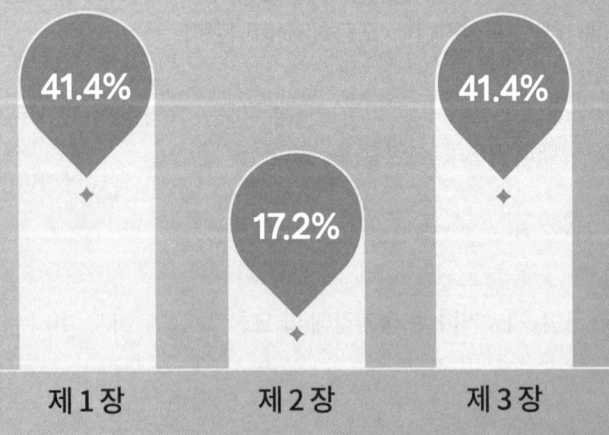

◆ 최근 5개년 **출제경향 분석**

- 제1장 | 취득세
- 제2장 | 등록에 대한 등록면허세
- 제3장 | 재산세

제2편 지방세

❖ 취득세

- **취득의 유형**
  - 원시취득 — 신축, 재축
  - 승계취득
    - 유상승계취득 — 매매, 교환, 현물출자, 대물변제
    - 무상승계취득 — 상속, 증여, 기부
  - 의제취득
    - 토지의 지목변경 — 그 가액이 증가한 경우
    - 차량 등 종류변경 — 그 가액이 증가한 경우
    - 과점주주 — 법인의 주식을 취득함으로써 과점주주가 되었을 때

- **과세대상물**
  - 유형재산
    - 부동산 — 토지, 건축물
    - 부동산에 준하는 것 — 차량, 기계장비, 항공기, 선박, 입목
  - 무형재산
    - 권리 — 광업권, 어업권, 양식업권
    - 회원권 — 골프회원권, 승마회원권, 콘도미니엄회원권, 종합체육시설이용회원권, 요트회원권

- **납세의무자**
  - 원칙
    - 사실상 취득자 — 등기·등록 등을 하지 아니한 경우라도 해당 취득물건의 소유자 또는 양수인
    - 승계취득자 — 차량·기계장비·항공기 및 주문을 받아 건조하는 선박
  - 의제납세의무
    - 건축물의 부속물이나 부대설비 — 주체구조부 취득자
    - 선박·차량·기계장비의 종류변경 — 변경시점의 소유자
    - 토지의 지목변경 — 변경시점의 소유자
    - 시설대여물건의 수입으로 인한 취득 — 수입하는 자
    - 상속으로 인한 취득 — 상속인 각자
    - 조합주택용 부동산의 취득 — 조합원
    - 시설대여에 의한 취득 — 시설대여업자

제2편 5개년 평균 출제문항 수 　총 16문제 | 6문제

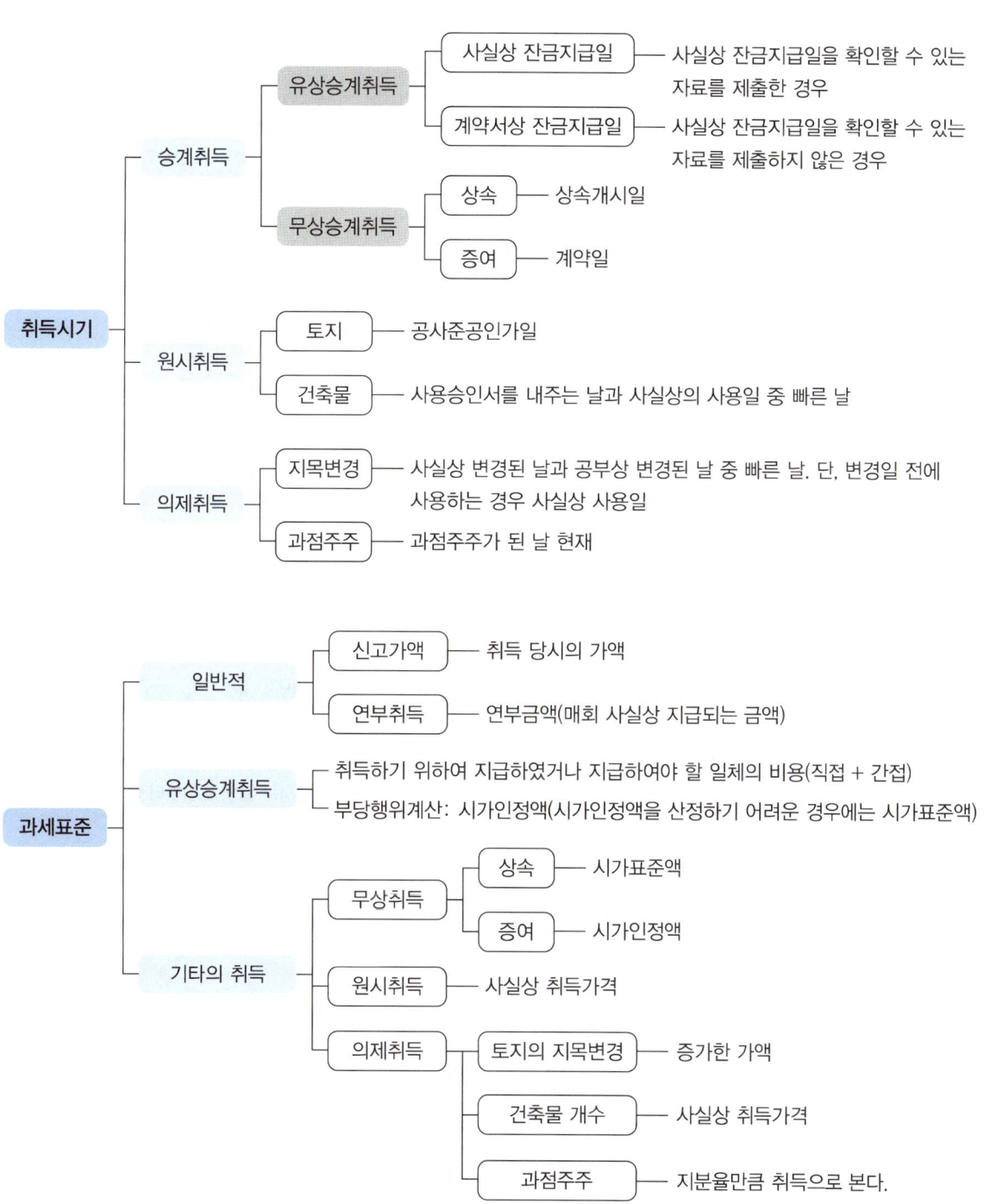

제2편 지방세

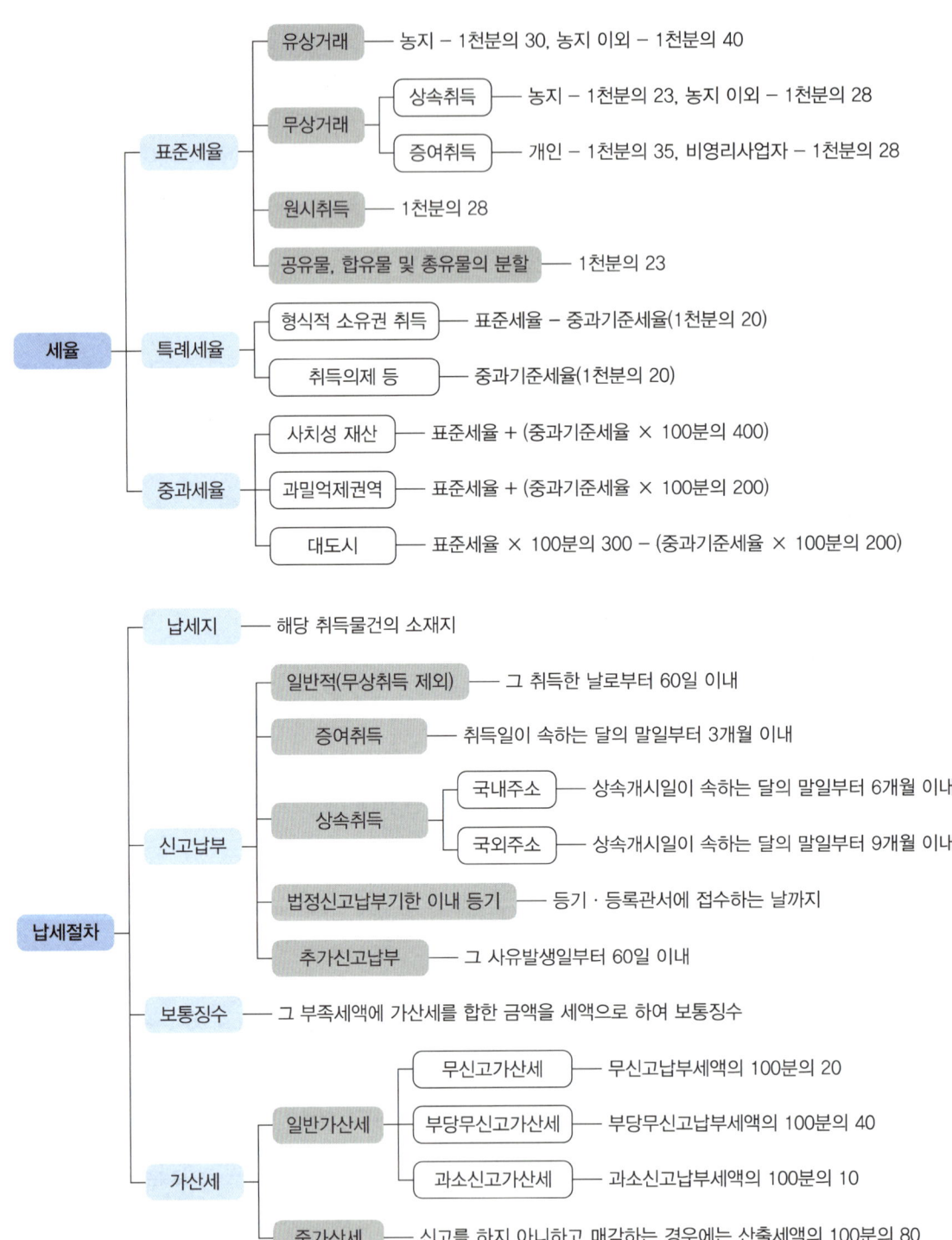

❖ 등록면허세

- **등기원인**
  - 설정·변경·소멸 —— 등록면허세
  - 취득
    - 원칙 – 취득세
    - 취득세를 부과할 수 없는 다음의 경우 – 등록면허세
      - 광업권, 어업권 및 양식업권의 취득에 따른 등록
      - 외국인 소유의 취득세 과세대상 물건의 연부 취득에 따른 등기 또는 등록
      - 취득세 부과제척기간이 경과한 후 해당 물건에 대한 등기 또는 등록
      - 취득세 면세점에 해당하는 물건의 등기 또는 등록

- **납세의무자**
  - 원칙 —— 공부에 등기하거나 등록하는 경우에 그 등록을 하는 자
  - 납세의무자 구분
    - 저당권 설정 —— 저당권자(채권자)
    - 지상권 설정 —— 지상권자
    - 지역권 설정 —— 지역권자
    - 전세권 설정 —— 전세권자(임차인)
    - 저당권 말소 —— 채무자 또는 현재 소유자

- **과세표준**
  - 일반석
    - 신고가액 —— 등기·등록 당시의 가액
    - 시가표준액 —— 신고 또는 신고가액의 표시가 없거나 그 신고가액이 시가표준액보다 적을 때
  - 취득을 원인
    - 취득 당시 가액
    - 취득세 제척기간이 경과한 물건의 등기·등록: 등록 당시 가액과 취득 당시 가액 중 높은 금액
  - 건수에 의한 경우
    - 말소등기
    - 지목변경등기
    - 토지 합필등기
    - 건물 구조변경등기

제2편 지방세

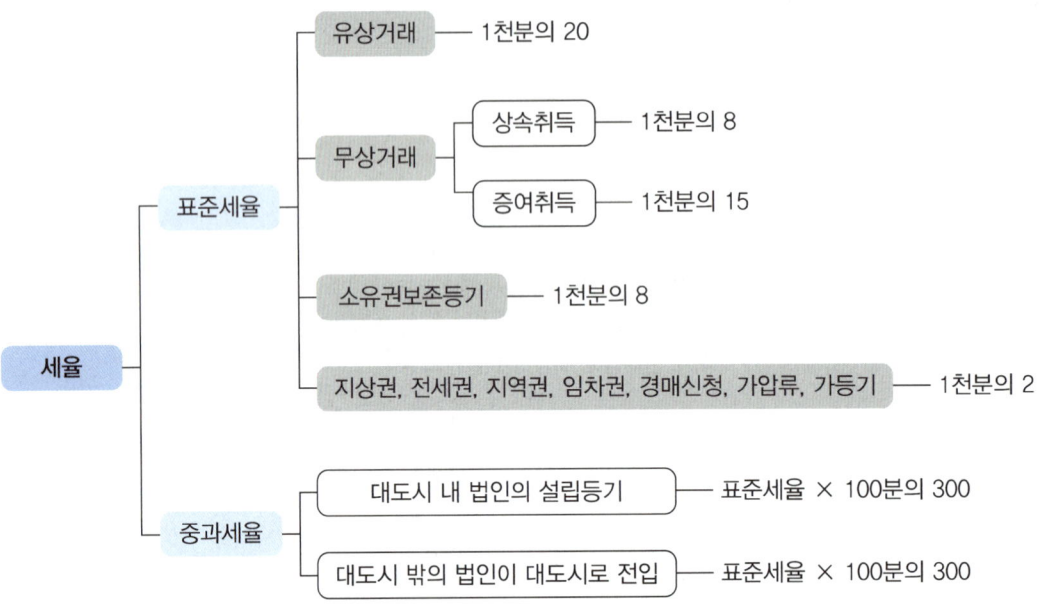

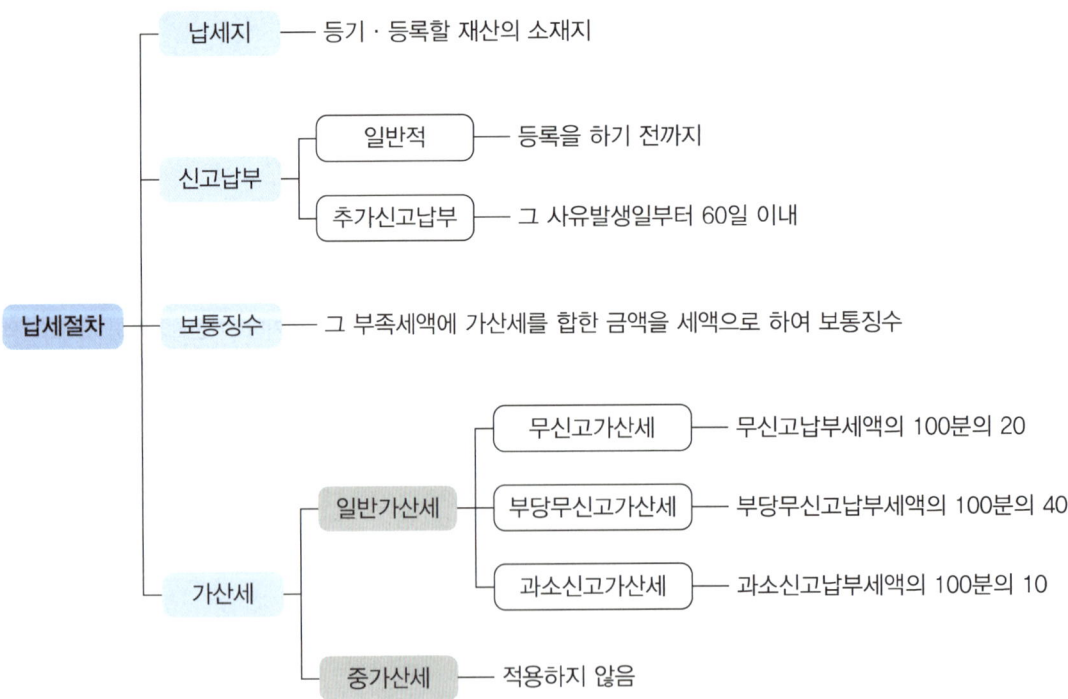

❖ **취득세와 등록면허세 비교정리**

구분	취득세(지방세)	등록분 등록면허세(지방세)
과세주체	물건소재지 관할 특, 광, 도	물건소재지 관할 도, 구
재산귀속	물세(취득단계마다 과세): 개별과세	물세(등록단계마다 과세): 개별과세
성립시기	과세물건을 취득하는 때	재산권 등 그 밖의 권리를 등기·등록한 때
등기원인	취득, 이전 등기·등록	설정, 변경, 소멸 등기·등록
납세의무자	사실상 취득한 자	공부상 등기·등록을 하는 자
과세표준	취득 당시의 신고가액	등록 당시의 신고가액
세율구조	비례세율, 표준세율(±50%)	비례세율, 표준세율(±50%)
징수방법	신고납부 기한 후 신고: 결정통지 전까지 • 취득일로부터 60일 이내 • 증여취득일이 속하는 달의 말일부터 3개월 이내 • 상속개시일이 속하는 달의 말일부터 6개월(국외 주소 9개월) 이내 • 추가신고: 사유발생일로부터 60일 이내	신고납부 기한 후 신고: 결정통지 전까지 • 등록하기 전까지(상속, 증여를 포함한다) • 추가신고: 사유발생일로부터 60일 이내
중가산세	취득한 후 신고하지 아니하고 매각: 80%	중가산세 없음
물납	물납 인정하지 않음	물납 인정하지 않음
분할납부	분할납부 인정하지 않음	분할납부 인정하지 않음
면세점 등	취득가액이 50만원 이하	소액징수면제 없음 (6천원 미만시에도 6천원 징수)
부가세	• 농어촌특별세: 2%로 산출한 세액의 10% • 지방교육세: (표준세율 − 2%)로 산출한 세액의 20%	지방교육세: 등록면허세액의 20%

제2편 지방세

❖ 재산세

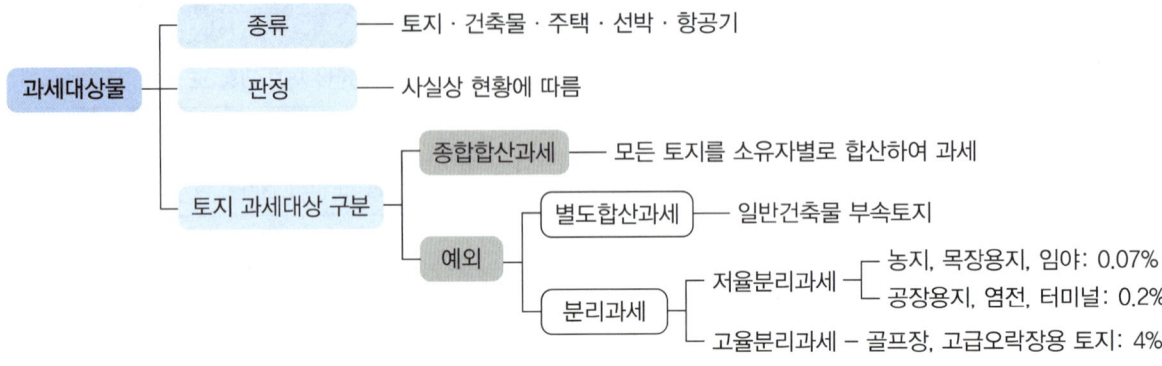

- 과세대상물
  - 종류 — 토지·건축물·주택·선박·항공기
  - 판정 — 사실상 현황에 따름
  - 토지 과세대상 구분
    - 종합합산과세 — 모든 토지를 소유자별로 합산하여 과세
    - 예외
      - 별도합산과세 — 일반건축물 부속토지
      - 분리과세
        - 저율분리과세 — 농지, 목장용지, 임야: 0.07%
        - 저율분리과세 — 공장용지, 염전, 터미널: 0.2%
        - 고율분리과세 — 골프장, 고급오락장용 토지: 4%

- 납세의무자
  - 원칙 — 과세기준일 현재 사실상 소유하고 있는 자
  - 납세의무자 구분
    - 공유재산인 경우 — 그 지분권자
    - 주택의 건물과 부속토지의 소유자가 다른 경우 — 그 소유자
    - 공부상의 소유자가 매매 등의 사유로 소유권이 변동되었는데도 신고하지 아니하여 사실상의 소유자를 알 수 없을 경우 — 공부상 소유자
    - 공부상에 개인 등의 명의로 등재되어 있는 사실상의 종중재산으로서 종중소유임을 신고하지 아니하였을 경우 — 공부상 소유자
    - 상속이 개시된 재산으로서 상속등기가 이행되지 아니하고 사실상의 소유자를 신고하지 아니하였을 경우 — 주된 상속자
    - 국가·지방자치단체·지방자치단체조합과 재산세 과세대상 재산을 연부로 매매계약을 체결하고 그 재산의 사용권을 무상으로 받은 경우 — 그 매수계약자
    - 수탁자 명의로 등기·등록된 신탁재산의 경우 — 그 위탁자
    - 체비지 또는 보류지로 정한 경우 — 사업시행자
    - 소유권의 귀속이 분명하지 아니하여 사실상의 소유자를 확인할 수 없는 경우 — 그 사용자
    - 외국인 소유의 항공기 또는 선박을 임차하여 수입하는 경우 — 그 수입하는 자
    - 파산선고 이후 종결까지의 파산재단에 속하는 재산 — 공부상 소유자

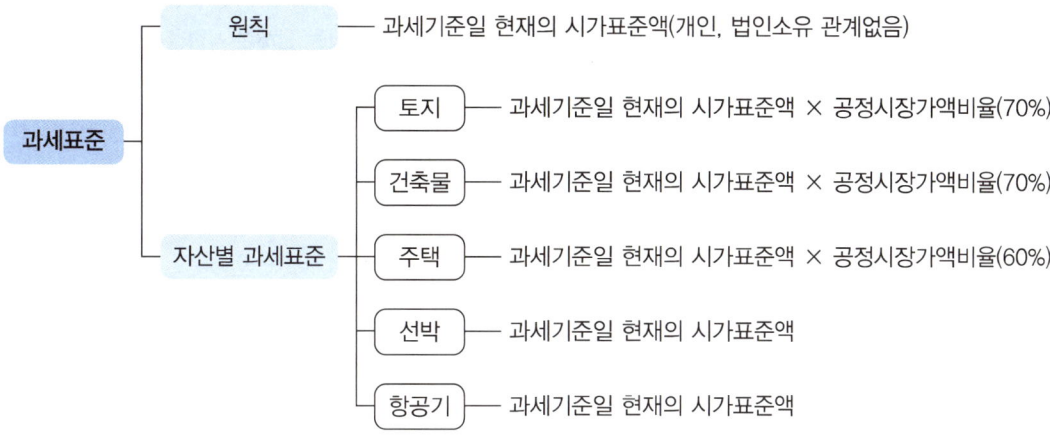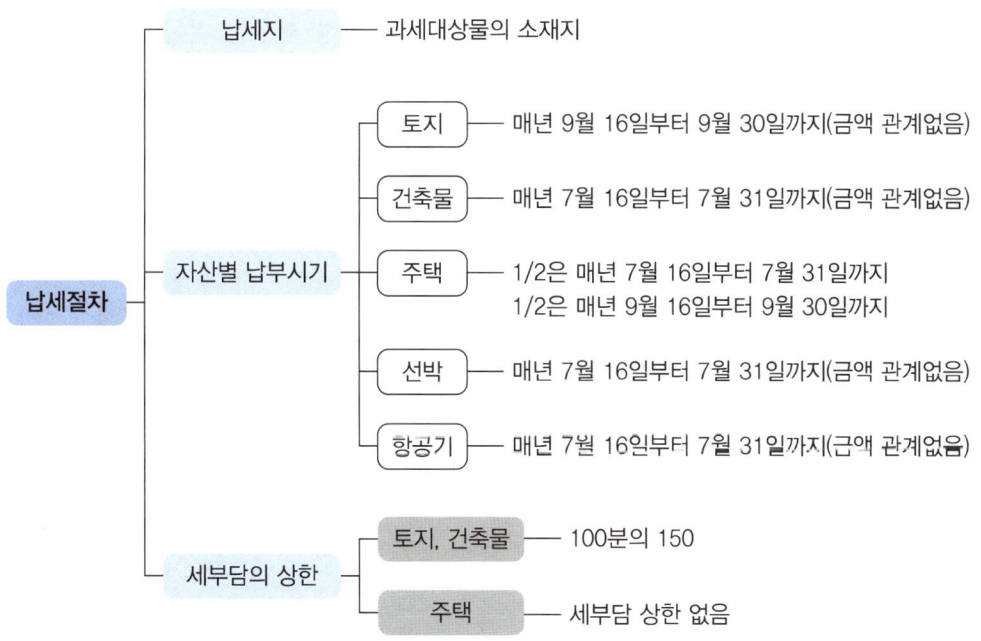

제1장 취득세

> 취득세는 「지방세법」의 대부분에 연결되는 개념이 정리되는 단원이고 세법이라는 난해한 사항을 처음 접하는 부분이다. 그러므로 취득세에서 정리를 잘한다면 지방세 전체를 이해하기 쉽게 된다.
>
> 취득세는 매년 전반적인 흐름을 묻는 문제로 3문제 정도가 출제되는데, 앞·뒤 흐름을 파악하면서 정리를 하면 충분히 해결할 수 있다. 과세대상물·납세의무자·취득시기·과세표준·세율을 순서대로 정리하고 마지막으로 납세절차를 파악하면서 취득세의 전반적인 사항을 흐름으로 정리하여야 한다.

제1절 | 의의 및 과세대상물

1 개요

핵심 취득세와 등록면허세

구분	취득세	등록면허세
인세	×	×
물세	○	○
합산과세	×	×
개별과세	○	○
초과누진세율	×	×
비례세율	○	○
표준세율	±50%	±50%
유통과세	○	○
보유과세	×	×
사실주의	○	×
형식주의	×	○
성립시기	취득하는 때	등록하는 때
확정	신고하는 때	신고하는 때
기한 후 신고	○	○
가산세	○	○
물납	×	×
분할납부	×	×
면세점	○	×
소액징수면제	×	×

(1) 의의

취득세는 열거된 과세대상물을 사실상 취득하는 경우 취득자가 취득일로부터 60일[증여(부담부증여를 포함한다)로 인한 경우는 취득일이 속하는 달의 말일부터 3개월, 상속으로 인한 경우는 상속개시일이 속하는 달의 말일부터 6개월(외국에 주소를 둔 상속인이 있는 경우에는 9개월)] 이내에 납세지 관할 지방자치단체장에 신고하고 납부하는 지방세이다.

```
과세대상물              사실상      신고·납부        납세지 관할
• 열거주의              취득       취득일로부터      지방자치단체
• 유형과 무형                      60일 이내
                                 (무상취득 제외)

① 유통과세                        ① 지방세
② 행위세                          ② 특·광역시세, 도세
③ 사실주의                        ③ 직접세
④ 물세(개별과세)                   ④ 보통세(일반경비)
⑤ 비례세율                        ⑤ 독립세
```

(2) 특징

① 취득세는 취득 단계마다 과세되는 개별과세인 물세(비례세율: 표준세율)이다. 제34회

② 취득세는 유통과세(취득 + 양도)이면서 행위세(行爲稅)이다.

③ 취득세는 등기·등록을 불문한 사실상 취득시 과세한다.

④ 취득세는 취득하는 때 성립(추상적)하고 신고하는 때 확정된다.
⑤ 취득세는 신고납부 불이행시 가산세(10%, 20%, 40%, 80%)가 부과된다.
⑥ 취득세는 기한 후 신고(결정 통지하기 전까지)가 가능하다. ⇨ 확정효력 없음(신고일로부터 3개월 이내 세액 결정 통보)
⑦ 취득세는 금액에 관계없이 물납은 불가능하다.
⑧ 취득세는 금액에 관계없이 분할납부는 불가능하다.
⑨ 취득세는 면세점(취득가액 50만원 이하)이 적용된다.

(3) 과세취지

취득세는 과세대상물인 부동산·차량 등의 소유권이 이전되는 유통과정에서 담세력(擔稅力)이 노출되는 취득자에게 조세를 부담시키고자 하는 데 그 취지가 있다. 과세의 근거는 특정자산의 취득사실에 내재하는 조세부담능력, 즉 응능과세원칙에 입각한 조세이다.

> **용어**
>
> **응능과세**
> 각종 과세에 있어서 납세자의 부담능력에 맞게 공평한 과세를 하는 것을 말한다.
>
> **응익과세**
> 보유하는 중에 수익발생의 가능성이나 발생한 수익을 보고 과세하는 것을 말한다.

예제

「지방세기본법」및「지방세법」상 취득세와 관련하여 시행되고 있는 제도는 모두 몇 개인가?

| • 특별징수 | • 신고납부 | • 분할납부 |
| • 면세점 | • 소액징수면제 | |

① 1개 ② 2개 ③ 3개
④ 4개 ⑤ 5개

해설 특별징수, 분할납부와 소액징수면제는 현행 취득세에서 시행되고 있는 제도가 아니다.

정답 ②

2 취득의 범위

1. 취득의 의미 및 특징 제32회, 제34회

(1) 취득의 의미

과세대상물건에 대한 소유권을 주장하는 것으로 취득자가 소유권이전등기·등록 등 완전한 내용의 소유권을 취득하는가의 여부에 관계없이 사실상의 취득행위(잔금지급, 연부금완납 등) 그 자체를 말한다(「지방세법 기본통칙」 6-8).

> **참고 📖 취득의 특징**
> 1. 유상 · 무상을 불문한다.
> 2. 등기 · 등록을 불문한다.
>
> 제32회

> **용어 🔊**
>
> **현물출자**
> 주주가 금전 이외의 현물을 출자하는 것을 말한다.
>
> **공유수면매립**
> 국가나 공공단체의 소유인 바다, 강, 하천 등의 수면을 국가의 면허를 얻어 매립하는 일을 말한다.
>
> **대물변제**
> 채무자가 부담하고 있는 본래의 급부에 갈음하여 다른 급부를 함으로써 기존 채권을 소멸시키는 채권자와 변제자 간 계약을 말한다.

> **용어 🔊**
>
> **간주(看做)**
> 사실은 그렇지 않은 경우에도 분쟁을 방지하고 법률적용을 명확히 하기 위하여 법령으로 그렇다고 의제하여 버리는 것을 말한다. 그러므로 간주되는 것에 대하여는 법령상 확정된 것이므로 반대증거를 제출하더라도 법률적 효과를 소멸시킬 수 없다.
>
> **추정(推定)**
> 어느 쪽인지 증거가 분명하지 않을 경우에 그러하리라고 판단을 내려놓은 것을 말한다. 그러므로 당사자가 반대증거를 제출할 경우에는 추정된 사실에 대한 법률적 효과가 소멸된다.

(2) 특징

① 취득이란 매매, 교환, 상속, 증여, 기부, 법인에 대한 현물출자, 건축, 개수(改修), 공유수면의 매립, 간척에 의한 토지의 조성 등과 그 밖에 이와 유사한 취득으로서 원시취득(수용재결로 취득한 경우 등 과세대상이 이미 존재하는 상태에서 취득하는 경우는 제외한다), 승계취득 또는 유상 · 무상의 모든 취득을 말한다(「지방세법」 제6조 제1호). 제36회

② 부동산등의 취득은 「민법」 등 관계 법령에 따른 등기 · 등록 등을 하지 아니한 경우라도 사실상 취득하면 각각 취득한 것으로 보고, 해당 취득물건의 소유자 또는 양수인을 각각 취득자로 한다(「지방세법」 제7조 제2항).

2. 취득의 유형

(1) 원시취득

① 의의: 존재하지 않았던 소유권을 새로 창출시켜 특정인에게 배타적인 권리가 주어지는 것을 원시취득이라 말한다.

② 과세 제외: 차량 · 기계장비 · 항공기 및 주문을 받아 건조하는 선박은 원시취득인 경우 과세하지 않고 승계취득인 경우에만 과세한다(「지방세법」 제7조 제2항 단서).

(2) 승계취득

① 의의: 이미 존재하고 있던 권리(소유권) 등을 유상으로 취득하거나, 권리(소유권)를 무상으로 취득하는 것을 승계취득(承繼取得)이라 말한다.

② 종류: 유상(매매, 교환, 현물출자, 대물변제)으로 취득하든 무상(상속, 유증, 증여, 기부)으로 취득하든 관계없이 취득세 과세대상이 된다(「지방세법」 제6조 제1호).

(3) 의제취득 제32회, 제35회, 제36회

사회통념상 원시취득에 해당하지 않지만 사실상 취득으로 보도록 법률에 의하여 의제(擬制)된 것을 의제취득이라 말하는데, 그 유형은 다음과 같다.

① 토지의 지목(地目)을 사실상 변경함으로써 그 가액이 증가한 경우에는 이를 취득으로 본다(「지방세법」 제7조 제4항). 즉, 소유권 이전형식이 없는 토지의 지목변경에 있어서는 사회통념상 취득이라고 볼 수 없으나, 지목변경 등으로 해당 토지의 경제적 효용가치가 증가되었기 때문에 「지방세법」상 취득으로 의제하여 취득세 과세대상에 해당되는 것이다.

② 차량·기계장비·선박의 종류를 변경함으로써 그 가액이 증가한 경우에는 이를 취득으로 본다(「지방세법」 제7조 제4항).

③ 법인(유가증권시장에 상장된 법인은 제외한다)의 주식 또는 지분을 취득함으로써 과점주주(지분율이 50% 초과) 되었을 때에는 그 과점주주는 해당 법인의 부동산등(법인이 「신탁법」에 따라 신탁한 재산으로서 수탁자 명의로 등기·등록이 되어 있는 부동산등을 포함한다)을 취득한 것으로 본다. 다만, 법인설립 시에 발행하는 주식 또는 지분을 취득함으로써 과점주주가 된 경우에는 취득으로 보지 아니한다. 이 경우 과점주주의 연대납세의무에 관하여는 「지방세기본법」 제44조를 준용한다(「지방세법」 제7조 제5항).

> ㉠ 최초 과점주주 = 해당 법인의 취득세 과세대상물 × 지분율(모두)
> ㉡ 이미 과점주주 = 해당 법인의 취득세 과세대상물 × 지분율(증가분)
> ㉢ 다시 과점주주 = 해당 법인의 취득세 과세대상물 × 지분율(증가분)

용어 ◁)) 과점주주
주주 1명과 그의 특수관계인으로서 그들의 소유주식수의 합계가 해당 법인의 발행주식총수의 50%를 초과하면서 그에 관한 권리를 실질적으로 행사하는 자들을 말한다.

예제

「지방세법」상 취득세가 과세될 수 있는 것은 몇 개인가? 　　　제20회

㉠ 보유 토지의 지목이 전(田)에서 대지(垈地)로 변경되어 가액이 증가한 경우
㉡ 건축물의 이전으로 인한 취득으로서 이전한 건축물의 가액이 종전 건축물의 가액을 초과하지 않는 경우
㉢ 토지를 사실상 취득하였지만 등기하지 않은 경우
㉣ 공유수면을 매립하거나 간척하여 토지를 조성한 경우
㉤ 법인설립 시에 발행하는 주식을 취득함으로써 과점주주가 된 경우
㉥ 기계장비의 관련 부품을 구입하여 자체 제작하여 취득하는 경우
㉦ 건설현장에서 설치한 1년 초과 존속하는 컨테이너 사무실의 경우

① 1개　　② 2개　　③ 3개
④ 4개　　⑤ 5개

해설 ㉠ 보유 토지의 지목이 전에서 대지로 변경되어 가액이 증가한 경우 – 의제취득: 과세
㉡ 건축물의 이전으로 인한 취득으로서 이전한 건축물의 가액이 종전 건축물의 가액을 초과하지 않는 경우 – 등기분만 과세
㉢ 토지를 사실상 취득하였지만 등기하지 않은 경우 – 사실상 취득으로 과세
㉣ 공유수면을 매립하거나 간척하여 토지를 조성한 경우 – 원시취득: 과세
㉦ 건설현장에서 설치한 1년 초과 존속하는 컨테이너 사무실의 경우 – 과세
㉤ 법인설립 시에 발행하는 주식을 취득함으로써 과점주주가 된 경우 – 과세 제외
㉥ 기계장비의 관련 부품을 구입하여 자체 제작하여 취득하는 경우 – 원시취득: 과세제외
　　　　　　　　　　　　　　　　　　　　　　　　　　　　　　　　　정답 ⑤

기출
1. 부동산의 취득은 「민법」 등 관계 법령에 따른 등기 등록 등을 하지 아니한 경우라도 사실상 취득하면 취득한 것으로 본다. 　제32회, 제34회
2. 토지의 지목을 사실상 변경함으로써 그 가액이 증가한 경우에는 취득으로 본다. 　제32회, 제36회

❸ 과세대상물(과세객체)

취득세는 부동산, 차량, 기계장비, 항공기, 선박, 입목, 광업권, 어업권, 양식업권, 골프회원권, 승마회원권, 콘도미니엄 회원권, 종합체육시설 이용회원권 또는 요트회원권을 취득한 자에게 부과한다(「지방세법」 제7조 제1항).

> **참고** 취득세 과세대상물
>
> | 구분 | | 과세대상물 |
> |---|---|---|
> | 유형재산 | 부동산 | 토지(지적공부의 등록대상이 되는 토지와 그 밖에 사용되고 있는 사실상의 토지) · 건축물 |
> | | 부동산에 준하는 것 | 차량 · 기계장비 · 항공기 · 선박 · 입목 |
> | 무형재산 | 권리 | 광업권 · 어업권 · 양식업권 |
> | | 회원권 및 시설이용권 | 골프회원권 · 승마회원권 · 콘도미니엄 회원권 · 종합체육시설 이용회원권 · 요트회원권 |

> 참고 「**지방세법 시행령**」 제13조(취득세 과세대상물 판정)
> 부동산, 차량, 기계장비 또는 항공기는 특별한 규정이 있는 경우를 제외하고는 해당 물건을 취득하였을 때의 사실상의 현황에 따라 부과한다. 다만, 취득하였을 때의 사실상 현황이 분명하지 아니한 경우에는 공부(公簿)상의 등재 현황에 따라 부과한다.

1. 부동산

「지방세법」에서 부동산이라 함은 토지 및 건축물을 말한다(「지방세법」 제6조 제2호). 그러나 「민법」 제99조 제1항에서는 토지 및 그 지상정착물로 규정하고 있으므로 과세대상으로서의 부동산의 범위에는 차이가 있다. 즉, 「민법」상 부동산의 범위가 「지방세법」보다 더 광범위하다.

(1) 토지

「지방세법」에서는 토지의 개념을 별도로 규정하지 않고, 「공간정보의 구축 및 관리 등에 관한 법률」에 따라 지적공부(地籍公簿)의 등록대상이 되는 토지와 그 밖에 사용되고 있는 사실상의 토지를 말한다(「지방세법」 제6조 제3호).

> 참고 **사실상 토지**
> 지적공부에 등록되기 전이라도 사실상 토지로 사용되는 경우를 포함한다.

(2) 건축물

「지방세법」상 취득세 과세대상물이 되는 건축물은 「건축법」 제2조 제1항 제2호에 따른 건축물(이와 유사한 형태의 건축물을 포함한다)과 토지에 정착하거나 지하 또는 다른 구조물에 설치하는 레저시설, 저장시설, 도크(dock)시설, 접안시설, 도관시설, 급수 · 배수시설, 에너지 공급시설 및 그 밖에 이와 유사한 시설(이에 딸린 시설을 포함한다)을 말한다(「지방세법」 제6조 제4호).

2. 부동산에 준하는 것

(1) 차량

차량(車輛)이란 원동기를 장치한 모든 차량(원동기로 육상을 이동할 목적으로 제작된 모든 용구를 말한다)과 피견인차 및 궤도로 승객 또는 화물을 운반하는 모든 기구를 말한다(「지방세법」 제6조 제7호).

(2) 기계장비

기계장비란 건설공사용, 화물하역용 및 광업용으로 사용되는 기계장비로서 「건설기계관리법」에서 규정한 건설기계 및 이와 유사한 기계장비를 말한다(「지방세법」 제6조 제8호).

(3) 항공기

항공기란 사람이 탑승·조정하여 항공에 사용하는 비행기·비행선·활공기(滑空機)·회전익(回轉翼)항공기 및 그 밖에 이와 유사한 비행기구로서 항공에 사용할 수 있는 것을 말한다(「지방세법」 제6조 제9호).

(4) 선박

선박이란 기선·범선(帆船: 돛단배)·부선(艀船) 및 그 밖에 명칭에 관계없이 모든 배(선박)를 말한다(「지방세법」 제6조 제10호).

(5) 입목

입목(立木)이란 지상의 과수, 임목, 죽목(竹木)을 말한다(「지방세법」 제6조 제11호). 따라서 지상에 식재되어 있는 상태의 나무를 말한다.

3. 권리, 회원권 및 시설이용권

(1) 광업권

광업권(鑛業權)이란 등록을 한 일정한 토지의 구역에서 등록을 한 광물과 이와 동일 광상(鑛床: 땅속에 유용한 광물이 묻혀있는 부분) 중에 묻혀 있는 다른 광물을 채굴(採掘: 깨내다) 및 취득하는 권리를 말한다(「지방세법」 제6조 제12호).

(2) 어업권

어업권이란 「수산업법」 또는 「내수면어업법」의 규정에 의한 어업권으로서 면허를 받아 어업권을 말한다(「지방세법」 제6조 제13호).

참고 차량의 과세 여부
차량의 개념은 「지방세법」에서 고유하게 정의하고 있기 때문에 「자동차관리법」 등에 의한 등록 유·무에 상관없이 과세대상이 된다.

참고 생산설비에 고정·부착된 기계장비
기계장비 중 단순히 생산설비에 고정·부착되어 제품제작 공정 중에 사용되는 공기압축기·천정크레인·호이스트·컨베이어 등은 과세대상에서 제외한다.

참고 무인항공기
항공기는 사람이 탑승하여 조정하는 것만 과세대상이 되므로 사람이 탑승하지 않고 원격조정되는 항공기(농약살포항공기 등)는 과세대상이 되지 않는다.

참고 「지방세특례제한법」 제9조 제2항(소형어선)
과세대상이 되는 배는 사람이나 짐을 싣고 물 위를 이동하는 물건이면 그것이 「선박법」에 의하여 등기가 되지 않더라도 과세대상이 되는 것이다. 그러나 20톤 미만의 소형어선에 대하여는 취득세 과세를 2028년 12월 31일까지 면제한다.

(3) 양식업권

양식업권이란 「양식산업발전법」에 따른 양식업권을 말한다(「지방세법」 제6조 제13호의2).

(4) 골프회원권

골프회원권이란 「체육시설의 설치·이용에 관한 법률」에 따른 회원제 골프장의 회원으로서 골프장을 이용할 수 있는 권리를 말한다(「지방세법」 제6조 제14호).

(5) 승마회원권

승마회원권이란 「체육시설의 설치·이용에 관한 법률」에 따른 회원제 승마장의 회원으로서 승마장을 이용할 수 있는 권리를 말한다(「지방세법」 제6조 제15호).

(6) 콘도미니엄 회원권

콘도미니엄 회원권이란 「관광진흥법」에 따른 콘도미니엄과 「관광진흥법 시행령」에 따라 숙박과 취사에 적합한 시설을 갖추어 해당 시설을 휴양·피서·위락·관광 등의 목적으로 이용하게 하되 그 운영을 회원제로 하는 시설을 말한다(「지방세법」 제6조 제16호).

(7) 종합체육시설 이용회원권

종합체육시설 이용회원권이란 「체육시설의 설치·이용에 관한 법률」에 따른 회원제 종합체육시설업에서 그 시설을 이용할 수 있는 회원의 권리를 말한다(「지방세법」 제6조 제17호).

(8) 요트회원권

요트회원권이란 「체육시설의 설치·이용에 관한 법률」에 따른 회원제 요트장의 회원으로서 요트장을 이용할 수 있는 권리를 말한다(「지방세법」 제6조 제18호).

핵심 🎯 지상권 등 과세구분

구분	취득세	양도소득세
지상권	×	○
전세권	×	○
부동산임차권	×	○
광업권	○	×
어업권	○	×
부동산을 취득할 수 있는 권리	×	○

> **참고 | 취득세 과세대상물**
>
> 1. 과세대상: 부동산, 차량, 기계장비, 항공기, 선박, 입목, 광업권, 어업권, 양식업권, 골프회원권, 승마회원권, 콘도미니엄 회원권, 종합체육시설 이용회원권, 요트회원권
> 2. 과세대상 제외: 지상권, 전세권, 부동산임차권, 부동산을 취득할 수 있는 권리

제2절 | 납세의무자

❶ 원칙적인 납세의무자

(1) 사실상 취득자

부동산등의 취득은 「민법」 등 관계 법령에 따른 등기·등록 등을 하지 아니한 경우라도 사실상 취득하면 각각 취득한 것으로 보고 해당 취득물건의 소유자 또는 양수인을 각각 취득자로 한다(「지방세법」 제7조 제2항).

(2) 승계취득자

차량·기계장비·항공기 및 주문을 받아 건조하는 선박은 원시취득인 경우는 과세하지 않고 승계취득인 경우에만 납세의무를 진다.

> **➕ 보충** 대위등기 납세의무자 등(「지방세법 기본통칙」 7-6)
>
> 1. "甲"소유의 미등기건물에 대하여 "乙"이 채권확보를 위하여 법원의 판결에 의한 소유권보존등기를 "甲"의 명의로 등기할 경우의 취득세 납세의무는 "甲"에게 있다.
> 2. 법원의 가압류결정에 의한 가압류등기의 촉탁에 의하여 그 전제로 소유권보존등기가 선행된 경우 취득세 미납부에 대한 가산세 납세의무자는 소유권보존등기자이다.

❷ 의제납세의무자

(1) 건축물의 부속물이나 부대설비: 주체구조부 취득자 제33회, 제34회, 제36회

건축물 중 조작(造作)설비, 그 밖의 부대설비에 속하는 부분으로서 그 주체구조부(主體構造部)와 하나가 되어 건축물로서의 효용가치를 이루고 있는 것에 대하여는 주체구조부 취득자 외의 자가 가설(加設: 설치하다)한 경우에도 주체구조부의 취득자가 함께 취득한 것으로 본다(「지방세법」 제7조 제3항).

(2) 선박·차량·기계장비의 종류변경: 변경시점의 소유자

선박·차량 및 기계장비의 종류를 변경함으로써 그 가액이 증가한 경우는 그 종류변경시점의 차량·기계장비 또는 선박의 소유자를 납세의무자로 본다(「지방세법」 제7조 제4항).

기출

1. 토지의 지목을 사실상 변경함으로써 그 가액이 증가한 경우에는 사실상으로 지목이 변경된 시점의 해당 토지 소유자를 납세의무자로 본다.
2. 상속(피상속인이 상속인에게 한 유증 및 포괄유증과 신탁재산의 상속을 포함한다)으로 인하여 취득하는 경우에는 상속인 각자가 상속받는 취득물건(지분을 취득하는 경우에는 그 지분에 해당하는 취득물건을 말한다)을 취득한 것으로 본다.

제34회, 제36회

(3) 토지의 지목변경: 변경시점의 소유자 제34회

토지의 지목을 사실상 변경함으로써 그 가액이 증가한 경우에는 사실상으로 지목이 변경된 시점의 해당 토지의 소유자를 납세의무자로 본다. 이 경우 「도시개발법」에 따른 도시개발사업(환지방식만 해당한다)의 시행으로 토지의 지목이 사실상 변경된 때에는 그 환지계획에 따라 공급되는 환지는 조합원이, 체비지 또는 보류지는 사업시행자가 각각 취득한 것으로 본다(「지방세법」 제7조 제4항).

(4) 환지계획 또는 관리처분계획에 따라 공급

「도시개발법」에 따른 도시개발사업과 「도시 및 주거환경정비법」에 따른 정비사업의 시행으로 해당 사업의 대상이 되는 부동산의 소유자(상속인을 포함한다)가 환지계획 또는 관리처분계획에 따라 공급받거나 토지상환채권으로 상환받는 건축물은 그 소유자가 원시취득한 것으로 보며, 토지의 경우에는 그 소유자가 승계취득한 것으로 본다. 이 경우 토지는 당초 소유한 토지 면적을 초과하는 경우로서 그 초과한 면적에 해당하는 부분에 한정하여 취득한 것으로 본다(「지방세법」 제7조 제16항).

(5) 시설대여물건의 수입으로 인한 취득: 수입하는 자

외국인 소유의 취득세 과세대상 물건(차량, 기계장비, 항공기 및 선박만 해당한다)을 다음의 목적으로 임차하여 수입하는 경우로서 계약에 의한 것은 수입하는 자가 취득한 것으로 본다(「지방세법」 제7조 제6항).
① 수입하는 자가 직접 사용
② 수입하는 자가 국내의 대여시설 이용자에게 대여

(6) 상속으로 인한 취득: 상속인 각자 제34회, 제36회

상속(피상속인이 상속인에게 한 유증 및 포괄유증과 신탁재산의 상속을 포함한다)으로 인하여 취득하는 경우에는 상속인 각자가 상속받는 취득물건(지분을 취득하는 경우에는 그 지분에 해당하는 취득물건을 말한다)을 취득한 것으로 본다(「지방세법」 제7조 제7항). 이 경우 공동상속의 경우에는 공유자가 연대하여 납부할 의무를 진다(「지방세기본법」 제44조 제1항).

기출

1. 「도시개발법」에 따른 도시개발사업(환지방식만 해당한다)의 시행으로 토지의 지목이 사실상 변경된 때에는 그 환지계획에 따라 공급되는 환지는 조합원이, 체비지 또는 보류지는 사업시행자가 각각 취득한 것으로 본다. 제34회

2. 상속으로 인하여 단독주택을 상속인이 공동으로 취득하는 경우에는 상속인 각자가 상속받는 취득물건을 취득한 것으로 보고, 공동상속인이 그 취득세를 연대하여 납부할 의무를 진다. 제34회, 제36회

(7) 조합주택용 부동산의 취득: 조합원 제36회

「주택법」 제11조에 따른 주택조합과 「도시 및 주거환경정비법」 제35조 제3항 및 「빈집 및 소규모주택 정비에 관한 특례법」 제23조에 따른 재건축조합 및 소규모재건축조합이 해당 조합원용으로 취득하는 조합주택용 부동산(공동주택과 부대시설·복리시설 및 그 부속토지를 말한다)은 그 조합원이 취득한 것으로 본다. 다만, 조합원에게 귀속되지 아니하는 부동산(비조합원용 부동산이라 한다)은 제외한다(「지방세법」 제7조 제8항).

> **기출**
> 「주택법」 제32조에 따른 주택조합과 「도시 및 주거환경정비법」에 따른 주택재건축조합이 해당 조합원용으로 취득하는 조합주택용 부동산(공동주택과 부대시설·복리시설 및 그 부속토지를 말한다)은 그 조합원이 취득한 것으로 본다. 다만, 조합원에게 귀속되지 아니하는 부동산(비조합원용 부동산이라 한다)은 제외한다. 제36회

(8) 시설대여에 의한 취득: 시설대여업자

「여신전문금융업법」에 따른 시설대여업자가 건설기계나 차량의 시설대여 등을 하는 경우로서 대여시설이용자의 명의로 등록하는 경우라도 그 건설기계 등은 시설대여업자가 취득한 것으로 본다(「지방세법」 제7조 제9항).

(9) 취득대금을 지급한 자가 따로 있음이 입증되는 운수업체 명의로 등록된 차량의 경우: 취득대금을 지급한 자

기계장비나 차량을 기계장비대여업체 또는 운수업체의 명의로 등록하여 일반의 수요에 제공하는 경우로서 해당 기계장비나 차량의 구매계약서, 세금계산서, 차주대장(車主臺帳) 등에 비추어 기계장비나 차량의 취득대금을 지급한 자가 따로 있음이 입증되는 경우 그 기계장비나 차량은 취득대금을 지급한 자가 취득한 것으로 본다(「지방세법」 제7조 제10항).

(10) 배우자 또는 직계존비속이 부동산등을 취득하는 경우 제32회, 제34회

배우자 또는 직계존비속이 부동산등을 취득하는 경우에는 증여로 취득한 것으로 본다. 다만, 다음의 어느 하나에 해당하는 경우에는 객관적으로 대가지급 사실이 확인되어 유상으로 취득한 것으로 본다(「지방세법」 제7조 제11항).

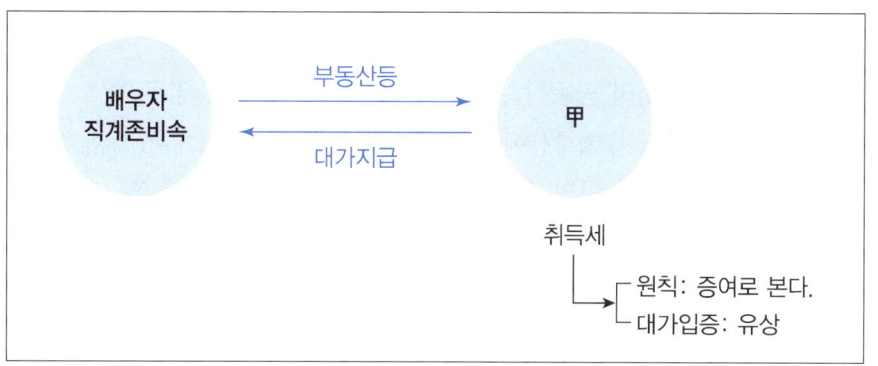

용어 공매
압류한 재산이나 물건 따위를 공공기관이 일반인에게 입찰이나 경매 등의 방법으로 파는 일을 말한다.

참고 배우자·직계존비속 유상거래 제외 기준
배우자 또는 직계존비속의 부동산등을 취득하기 위해 대가를 지급한 경우라도 증여로 간주하는 대가와 시가인정액(시가인정액을 산정하기 어려운 경우에는 시가표준액으로 한다)의 차액을 3억원 또는 시가인정액의 100분의 30에 상당하는 금액

참고 부담부증여
1. 채무인수
   - 일반적인 경우: 유상
   - 배우자 등
     - 원칙: 증여
     - 인수사실 입증: 유상
2. 채무인수 이외: 증여

① 공매(경매를 포함한다)를 통하여 부동산등을 취득한 경우
② 파산선고로 인하여 처분되는 부동산등을 취득한 경우
③ 권리의 이전이나 행사에 등기 또는 등록이 필요한 부동산등을 서로 교환한 경우
④ 해당 부동산등의 취득을 위하여 그 대가를 지급한 사실이 다음의 어느 하나에 의하여 증명되는 경우
　㉠ 그 대가를 지급하기 위한 취득자의 소득이 증명되는 경우
　㉡ 소유재산을 처분 또는 담보한 금액으로 해당 부동산을 취득한 경우
　㉢ 이미 상속세 또는 증여세를 과세받았거나 신고한 경우로서 그 상속 또는 수증 재산의 가액으로 그 대가를 지급한 경우
　㉣ ㉠부터 ㉢까지에 준하는 것으로서 취득자의 재산으로 그 대가를 지급한 사실이 입증되는 경우

(11) 증여자의 채무를 인수하는 부담부(負擔附)증여의 경우 제32회, 제34회

① 증여자의 채무를 인수하는 부담부증여의 경우에는 그 채무액에 해당하는 부분은 부동산등을 유상으로 취득하는 것으로 본다.
② 배우자 또는 직계존비속으로부터의 부동산등의 부담부증여의 경우에는 채무액을 인수하는 경우에도 증여로 보나 객관적으로 채무액 인수 사실이 확인되는 경우 유상으로 취득한 것으로 본다.

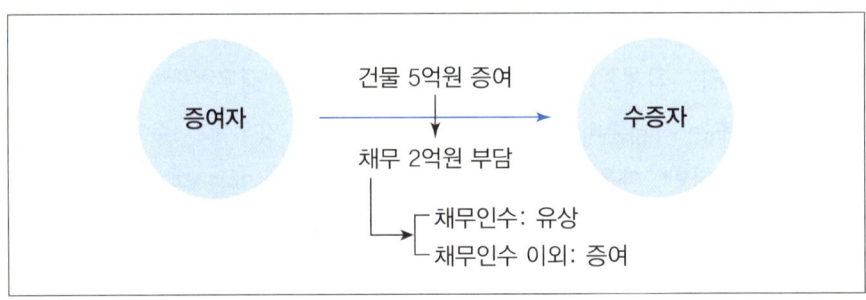

(12) 상속재산에 대하여 공동상속인이 협의하여 재분할하는 경우 제32회

① 상속개시 후 상속재산에 대하여 등기·등록·명의개서(名義改書) 등에 의하여 각 상속인의 상속분이 확정되어 등기 등이 된 후, 그 상속재산에 대하여 공동상속인이 협의하여 재분할한 결과 특정 상속인이 당초 상속분을 초과하여 취득하게 되는 재산가액은 그 재분할에 의하여 상속분이 감소한 상속인으로부터 증여받아 취득한 것으로 본다(「지방세법」 제7조 제13항).

② 다음의 어느 하나에 해당하는 경우에는 특정 상속인이 당초 상속분을 초과하여 취득하게 되는 재산가액이라도 증여취득으로 보지 아니한다(「지방세법」 제7조 제13항 단서).

㉠ 법정신고납부기한[상속개시일이 속하는 달의 말일부터 6개월(외국에 주소를 둔 상속인이 있는 경우에는 9개월) 이내] 내에 재분할에 의한 취득과 등기 등을 모두 마친 경우

㉡ 상속회복청구의 소에 의한 법원의 확정판결에 의하여 상속인 및 상속재산에 변동이 있는 경우

㉢ 「민법」 제404조에 따른 채권자대위권의 행사에 의하여 공동상속인들의 법정상속분대로 등기 등이 된 상속재산을 상속인 사이의 협의분할에 의하여 재분할하는 경우

> **용어 채권자대위권**
> 채무자가 자신의 권리를 행사하지 않고 있을 경우 채권자가 채무자를 대신하여 권리를 행사할 수 있도록 하는 권리이다.

⊕ 보충 상속분할 협의분할 후 상속등기

1. 상속개시일이 속하는 달의 말일부터 6개월 내 협의 분할 + 등기: 당초 지분 초과 증여취득 아님
2. 상속개시일이 속하는 달의 말일부터 6개월 후 협의 분할 + 6개월 후 등기: 당초 지분초과 증여취득
3. 상속회복청구 소로 지분변동: 당초 지분 초과 증여취득 아님
4. 대위등기 후 협의분할: 법정지분 초과시 증여취득 아님

(13) **택지공사가 준공된 토지를 건축물과 그 건축물에 접속된 정원 및 부속시설물의 부지로 사실상 변경하는 경우**(「지방세법」 제7조 제14항)

① 준공된 토지에 정원 또는 부속시설물 등을 조성·설치하는 경우: 그 정원 또는 부속시설물 등은 토지에 포함되는 것으로서 토지의 지목을 사실상 변경하는 것으로 보아 토지의 소유자기 취득한 것으로 본다.

② 건축물을 건축하면서 그 건축물에 부수되는 정원 또는 부속시설물 등을 조성·설치하는 경우: 그 정원 또는 부속시설물 등은 건축물에 포함되는 것으로 보아 건축물을 취득하는 자가 취득한 것으로 본다.

(14) **신탁재산의 위탁자 지위의 이전이 있는 경우**

「신탁법」에 따라 신탁재산의 위탁자 지위의 이전이 있는 경우에는 새로운 위탁자가 해당 신탁재산을 취득한 것으로 본다. 다만, 위탁자 지위의 이전에도 불구하고 신탁재산에 대한 실질적인 소유권 변동이 있다고 보기 어려운 경우에는 소유권이 이전되지 않은 것으로 본다(「지방세법」 제7조 제15항).

> **참고 소유권 변동이 없는 위탁자 지위의 이전 범위**
> 「자본시장과 금융투자업에 관한 법률」에 따른 부동산집합투자기구의 집합투자업자가 그 위탁자의 지위를 다른 집합투자업자에게 이전하는 경우를 말한다.

❸ 과점주주의 납세의무자

1. 과점주주의 개념

과점주주란 법인(주식을 유가증권시장에 상장한 법인은 제외한다)의 주주 또는 사원 1인과 그 특수관계인의 소유주식금액 합계액이 해당 법인의 발행주식 총액 또는 출자총액의 100분의 50을 초과하는 자이다(「지방세기본법」 제46조 제2호).

> **심화** 과점주주의 상호간 거래(대판 2021두12495)
>
> 과점주주 집단 내부 및 특수관계자 간의 주식거래가 발생하여 과점주주가 소유한 총주식의 비율에 변동이 없다면 과점주주 간주취득세의 납세의무는 없다.
> 1. 과점주주 집단 내부에서 주식이 이전되는 경우
> 2. 해당 법인의 주주가 아니었던 자가 기존의 과점주주와 친족 기타 특수관계에 있거나 그러한 특수관계를 형성하면서 기존의 과점주주로부터 그 주식의 일부 또는 전부를 이전받아 새로이 과점주주가 되는 경우

> **참고** 과점주주의 범위
> 과점주주의 주식소유 비율 산정시 의결권이 없는 주식은 제외하는 것이다.

> **참고** 과점주주 상호간 거래
> 과점주주 상호간의 주식이동인 경우에는 개별 주주의 경우 주식을 양도·양수함으로써 주식의 증감이 있겠으나, 과점주주 전체 지분의 경우에는 증가되지 아니하였으므로 취득세 납세의무는 발생하지 않는다.

2. 성립요건

(1) 비상장법인의 사실상 주주·사원이어야 한다.

① 상장법인: 유가증권시장에 주식을 상장한 법인의 주식을 취득하여 과점주주가 된 경우에는 취득세 과세문제가 발생하지 아니한다.

② 비상장법인: 비상장법인(코스닥시장에 주식을 상장한 법인을 포함한다)의 사실상 주주·사원이 과점주주가 된 경우에는 취득세 과세문제가 발생한다.

(2) 법인의 주식·지분을 취득하거나 증자 등으로 과점주주가 된 경우이어야 한다.

① 설립시 과점주주: 법인설립 시에 발행하는 주식 또는 지분을 취득함으로써 과점주주가 된 경우에는 취득세 납세의무가 발생하지 않는다(「지방세법」 제7조 제5항).

② 설립일 이후 과점주주
  ㉠ 증자 또는 주주·유한책임사원으로부터 주식을 취득하여 과점주주가 되면 취득세 납세의무가 발생한다.
  ㉡ 다른 주주의 주식이 감자(減資: 자본금 감소)됨으로써 과점주주가 되는 경우에는 납세의무가 발생하지 않는다.

> **참고** 설립시 과점주주
> 설립시 과점주주가 되는 경우라도 그 회사의 과세대상물이 없기 때문에 납세의무가 발생하지 않는다. 그러나 과점주주의 지분비율만큼은 과세된 것으로 간주하고 증자 등으로 과점주주의 지분이 증가한 경우에는 설립시 지분을 공제한 증가된 지분율만큼 취득한 것으로 본다.

(3) **납세의무의 성립시기는 과점주주가 된 시점이다.**

개인이 과점주주가 된 후에 법인이 취득하는 부동산등에 대하여는 법인은 취득세 납세의무가 있으나, 과점주주는 지분비율이 증가하지 않는 한 취득세 납세의무가 발생하지 않는다. 즉, 과점주주가 된 당시에는 없었던 부동산이기 때문에 과점주주는 취득세 납세의무가 발생하지 않는다.

> **심화** 과점주주의 납세의무(「지방세법 기본통칙」 7-3)
>
> 1. 과점주주의 납세의무성립 당시 해당 법인의 취득시기가 도래되지 아니한 물건에 대하여는 과점주주에게 납세의무가 없다.
> 2. 연부취득 중인 물건에 대하여는 연부취득시기가 도래된 부분에 한하여 과점주주에게 납세의무가 있다.

3. 납세의무의 범위

(1) **최초로 과점주주가 된 경우: 지분 전체**

법인의 과점주주가 아닌 주주 또는 유한책임사원이 다른 주주 또는 유한책임사원의 주식 또는 지분을 취득하거나 증자 등으로 최초로 과점주주가 된 경우에는 최초로 과점주주가 된 날 현재 해당 과점주주가 소유하고 있는 법인의 주식 등을 모두 취득한 것으로 보아 취득세를 부과한다(「지방세법 시행령」 제11조 제1항).

> 과세표준 = 해당 법인의 취득세 과세대상물 × 지분율(지분율 모두)

(2) **이미 과점주주가 된 자의 지분비율이 증가한 경우**

① 이미 과점주주가 된 주주 또는 유한책임사원이 해당 법인의 주식 등을 취득하여 해당 법인의 주식 등의 총액에 대한 과점주주가 가진 주식 등의 비율이 증가된 경우에는 그 증가된 분을 취득으로 보아 취득세를 부과한다(「지방세법 시행령」 제11조 제2항).

> 과세표준 = 해당 법인의 취득세 과세대상물 × 지분율(증가된 지분율)

② 증가된 후의 주식 등의 비율이 해당 과점주주가 이전에 가지고 있던 주식 등의 최고비율보다 증가되지 아니한 경우에는 취득세를 부과하지 아니한다(「지방세법 시행령」 제11조 제2항 단서).

(3) 과점주주이던 자가 비과점주주가 된 후에 다시 과점주주가 된 경우

과점주주였으나 주식 등의 양도, 해당 법인의 증자 등으로 과점주주에 해당되지 아니하는 주주 또는 유한책임사원이 된 자가 해당 법인의 주식 등을 취득하여 다시 과점주주가 된 경우에는 다시 과점주주가 된 당시의 주식 등의 비율이 그 이전에 과점주주가 된 당시의 주식 등의 비율보다 증가된 경우에만 그 증가분만을 취득으로 보아 취득세를 부과한다(「지방세법 시행령」 제11조 제3항).

> 과세표준 = 해당 법인의 취득세 과세대상물 × 지분율(증가된 지분율)

기출
1. 이미 과점주주가 된 주주가 해당 법인의 주식을 취득하여 해당 법인의 주식의 총액에 대한 과점주주가 가진 주식의 비율이 증가된 경우 그 증가된 분을 취득으로 보아 취득세를 과세한다.
2. 과점주주 집단 내부에서 주식이 이전되었으나 과점주주 집단이 소유한 총주식의 비율에 변동이 없는 경우 전체 지분이 변경되지 않아 취득세를 과세하지 않는다.

예제 과점주주

「지방세법령」상 취득세를 납부해야 하는 과점주주의 간주취득에 대한 설명으로 옳지 <u>않은</u> 것은?

① 법인설립 시 100분의 40의 주식을 가진 주주가 추가로 100분의 20의 주식을 취득하여 총 100분의 60의 주식을 소유하게 되었다면, 취득으로 간주되는 비율은 100분의 60이다.
② 법인설립 시 100분의 60의 주식을 가진 주주가 추가로 100분의 10의 주식을 취득하여 총 100분의 70의 주식을 소유하게 되었다면, 취득으로 간주되는 비율은 100분의 10이다.
③ 법인설립 후 100분의 60의 주식을 가진 주주가 추가로 100분의 10의 주식을 취득하여 총 100분의 70의 주식을 소유하게 되었다면, 취득으로 간주되는 비율은 100분의 10이다.
④ 법인설립 후 100분의 60의 주식을 가진 주주가 100분의 15의 주식을 양도하여 총 100분의 45의 주식을 소유하던 중 추가로 100분의 10의 주식을 취득하여 총 100분의 55의 주식을 소유하게 되었다면, 취득으로 간주되는 비율은 100분의 5이다.
⑤ 법인설립 후 100분의 60의 주식을 가진 주주가 100분의 20의 주식을 양도하여 총 100분의 40의 주식을 소유하던 중 추가로 100분의 25의 주식을 취득하여 총 100분의 65의 주식을 소유하게 되었다면, 취득으로 간주되는 비율은 100분의 5이다.

해설 법인설립 후 100분의 60의 주식을 가진 주주가 100분의 15의 주식을 양도하여 총 100분의 45의 주식을 소유하던 중 추가로 100분의 10의 주식을 취득하여 총 100분의 55의 주식을 소유하게 되었다면, 취득으로 간주되는 비율은 없다. 다시 과점주주가 되는 경우로 당초 지분보다 증가되지 않았기 때문에 취득으로 간주되는 지분비율은 없다. **정답 ④**

제3절 | 취득시기

❶ 승계취득의 경우

1. 유상승계 취득시기 제34회

(1) 원칙

사실상의 잔금지급일에 취득한 것으로 본다(「지방세법 시행령」 제20조 제2항 제1호).

(2) 사실상의 잔금지급일을 확인할 수 있는 자료를 제출하지 않은 경우

그 계약상의 잔금지급일(계약상 잔금지급일이 명시되지 않은 경우에는 계약일부터 60일이 경과한 날을 말한다)에 취득한 것으로 본다(「지방세법 시행령」 제20조 제2항 제2호).

(3) 계약을 해제한 경우

유상승계 취득물건을 등기·등록하지 않고 다음의 어느 하나에 해당하는 서류로 계약이 해제된 사실이 입증되는 경우에는 취득한 것으로 보지 않는다(「지방세법 시행령」 제20조 제2항 제2호 단서).

① 화해조서·인낙조서(해당 조서에서 취득일부터 60일 이내에 계약이 해제된 사실이 입증되는 경우만 해당한다)
② 공정증서(공증인이 인증한 사서증서를 포함하되, 취득일부터 60일 이내에 공증받은 것만 해당한다)
③ 행정안전부령으로 정하는 계약해제신고서(취득일부터 60일 이내에 제출된 것만 해당한다)
④ 부동산 거래신고 관련 법령에 따른 부동산거래계약 해제 등 신고서(취득일부터 60일 이내에 등록관청에 제출한 경우만 해당한다)

(4) 연부취득(취득가액의 총액이 50만원 이하의 것은 제외한다)

그 사실상의 연부금 지급일을 취득일로 본다(「지방세법 시행령」 제20조 제5항).

(5) 사실상의 잔금지급일, 사실상의 연부금 지급일 전에 등기·등록을 한 경우

그 등기일 또는 등록일에 취득한 것으로 본다(「지방세법 시행령」 제20조 제14항).

용어 연부(年賦)
매매계약서상 연부계약 형식을 갖추고 일시에 완납할 수 없는 대금을 2년 이상에 걸쳐 일정액씩 분할하여 지급하는 것을 말한다.

(6) 차량·기계장비·항공기 및 선박의 경우

다음에 따른 날을 최초의 취득일로 본다(「지방세법 시행령」 제20조 제3항).

① 주문을 받거나 판매하기 위하여 차량 등을 제조·조립·건조하는 경우: 실수요자가 차량 등을 인도받는 날과 계약서상의 잔금지급일 중 **빠른 날**

② 차량 등을 제조·조립·건조하는 자가 그 차량 등을 직접 사용하는 경우: 차량 등의 등기 또는 등록일과 사실상의 사용일 중 **빠른 날**

2. 무상승계 취득시기 제32회, 제34회

(1) 원칙

무상취득의 경우에는 그 계약일(상속 또는 유증으로 인한 취득의 경우에는 상속 또는 유증개시일을 말한다)에 취득한 것으로 본다(「지방세법 시행령」 제20조 제1항).

① 상속: 상속개시일 또는 유증개시일

② 증여: 계약일

(2) 등기·등록을 먼저한 경우

증여취득한 경우에는 계약일에 취득한 것으로 보나, 계약일 전에 취득세 과세대상 물건의 등기·등록시에는 등기일 또는 등록일에 취득한 것으로 본다(「지방세법 시행령」 제20조 제14항).

(3) 계약을 해제한 경우

무상승계 취득물건을 등기·등록하지 않고 다음의 어느 하나에 해당하는 서류로 계약이 해제된 사실이 입증되는 경우에는 취득한 것으로 보지 않는다(「지방세법 시행령」 제20조 제1항 단서). 제32회, 제34회

① 화해조서·인낙조서(해당 조서에서 취득일이 속하는 달의 말일부터 3개월 이내에 계약이 해제된 사실이 입증되는 경우만 해당한다)

② 공정증서(공증인이 인증한 사서증서를 포함하되, 취득일이 속하는 달의 말일부터 3개월 이내에 공증받은 것만 해당한다)

③ 행정안전부령으로 정하는 계약해제신고서(취득일이 속하는 달의 말일부터 3개월 이내에 제출된 것만 해당한다)

비교 ➡ 취득세와 양도소득세

구분	취득세	양도소득세
상속	상속개시일	상속개시일
증여	계약일	증여를 받은 날

기출

1. 상속으로 인한 취득은 상속개시일에 취득한 것으로 본다. 제32회, 제34회
2. 증여로 인한 승계취득의 경우 해당 취득물건을 등기·등록하지 아니하고 취득일이 속하는 달의 말일부터 3개월 이내에 공증받은 공정증서에 의하여 계약이 해제된 사실이 입증되는 경우에는 취득한 것으로 보지 아니한다. 제32회, 제34회

❷ 원시취득의 경우 제32회, 제34회

(1) 토지의 매립·간척 등
① 관계 법령에 따라 매립·간척 등으로 토지를 원시취득하는 경우에는 공사준공인가일을 취득일로 본다(「지방세법 시행령」 제20조 제8항).
② 공사준공인가일 전에 사용승낙·허가를 받거나 사실상 사용하는 경우에는 사용승낙일·허가일 또는 사실상 사용일 중 **빠른** 날을 취득일로 본다(「지방세법 시행령」 제20조 제8항 단서).

(2) 건축물의 건축
① 건축물을 건축 또는 개수하여 취득하는 경우에는 사용승인서(「도시개발법」에 따른 준공검사 증명서, 「도시 및 주거환경정비법 시행령」에 따른 준공인가증 및 그 밖에 건축 관계 법령에 따른 사용승인서에 준하는 서류를 포함한다)를 내주는 날(사용승인서를 내주기 전에 임시사용승인을 받은 경우에는 그 임시사용승인일을 말하고, 사용승인서 또는 임시사용승인서를 받을 수 없는 건축물의 경우에는 사실상 사용이 가능한 날을 말한다)과 사실상의 사용일 중 **빠른** 날을 취득일로 본다(「지방세법 시행령」 제20조 제6항).
② 주택조합이 주택건설사업을 하면서 조합원으로부터 취득하는 토지 중 조합원에게 귀속되지 아니하는 토지를 취득하는 경우에는 사용검사를 받은 날에 그 토지를 취득한 것으로 본다(「지방세법 시행령」 제20조 제7항).
③ 재건축조합이 재건축사업을 하거나 소규모재건축조합이 소규모재건축사업을 하면서 조합원으로부터 취득하는 토지 중 조합원에게 귀속되지 아니하는 토지를 취득하는 경우에는 소유권이전 고시일의 다음 날에 그 토지를 취득한 것으로 본다(「지방세법 시행령」 제20조 제7항).

❸ 기타취득의 경우 제34회

(1) 차량·기계장비·선박의 종류변경
차량·기계장비 또는 선박의 종류변경에 따른 취득은 사실상 변경한 날과 공부상 변경한 날 중 **빠른** 날을 취득일로 본다(「지방세법 시행령」 제20조 제9항).

(2) 토지의 지목변경
① 토지의 지목변경에 따른 취득은 토지의 지목이 사실상 변경된 날과 공부상 변경된 날 중 **빠른** 날을 취득일로 본다.

용어 공사준공인가일
준공이란 사업계획승인을 신청한 건설사의 공정상 마무리(끝) 단계이며, 준공인가일은 승인의 주체가 계획에 따라 준공이 되었는지를 검사하여 인가하여 주는 시점을 의미한다.

기출
1. 유상승계취득의 경우 사실상의 잔금지급일을 확인할 수 있는 자료를 제출하는 경우에는 사실상의 잔금지급일이 납세의무의 성립시기이다. 제34회
2. 「민법」에 따른 이혼시 재산분할로 인한 부동산 취득의 경우에는 취득물건의 등기일이 납세의무의 성립시기이다. 제34회
3. 「도시 및 주거환경정비법」에 따른 재건축조합이 재건축사업을 하면서 조합원으로부터 취득하는 토지 중 조합원에게 귀속되지 아니하는 토지를 취득하는 경우에는 「도시 및 주거환경정비법」에 따른 소유권이전 고시일의 다음 날에 그 토지를 취득한 것으로 본다. 제34회

② 토지의 지목변경일 이전에 사용하는 부분에 대해서는 그 사실상의 사용일을 취득일로 본다(「지방세법 시행령」 제20조 제10항 단서).

(3) 재산분할로 인한 취득

「민법」 제839조의2 및 제843조에 따른 재산분할로 인한 취득의 경우에는 취득물건의 등기일 또는 등록일을 취득일로 본다(「지방세법 시행령」 제20조 제13항).

> **참고 📖 재산분할**
> 1. 취득세: 등기분만 과세(표준세율 − 중과기준세율)
> 2. 양도소득세: 양도에 해당하지 않음

(4) 점유취득

「민법」 제245조 및 제247조에 따른 점유로 인한 취득의 경우에는 취득물건의 등기일 또는 등록일을 취득일로 본다(「지방세법 시행령」 제20조 제12항).

> **참고 📖 점유취득**
> 1. 취득세: 등기일
> 2. 양도소득세: 점유개시일

(5) 수입에 따른 취득

① 해당 물건을 우리나라에 반입하는 날(보세구역을 경유하는 것은 수입신고필증 교부일을 말한다)(「지방세법 시행령」 제20조 제4항).
② 차량 등의 실수요자가 따로 있는 경우에는 실수요자가 차량 등을 인도받는 날과 계약상의 잔금지급일 중 **빠른 날**을 승계취득일로 보며, 취득자의 편의에 따라 수입물건을 우리나라에 반입하지 않거나 보세구역을 경유하지 않고 외국에서 직접 사용하는 경우에는 그 수입물건의 등기 또는 등록일을 취득일로 본다(「지방세법 시행령」 제20조 제4항 단서).

> **용어 🔊 보세구역**
> 수입 절차를 받지 않은 화물이나 수출 절차를 받은 화물에 관세를 매기지 않고 놓아둘 수 있는 지역을 말한다.

예제

「지방세법」상 취득의 시기에 관한 설명으로 **틀린** 것은? 　　제30회

① 상속으로 인한 취득의 경우: 상속개시일
② 「민법」 제245조 및 제247조에 따른 점유로 인한 취득의 경우: 취득물건의 등기일 또는 등록일
③ 건축물(주택 아님)을 건축하여 취득하는 경우로서 사용승인서를 내주기 전에 임시사용승인을 받은 경우: 그 임시사용승인일과 사실상의 사용일 중 빠른 날
④ 「민법」 제839조의2 및 제843조에 따른 재산분할로 인한 취득의 경우: 취득물건의 등기일 또는 등록일
⑤ 관계 법령에 따라 매립으로 토지를 원시취득하는 경우: 취득물건의 등기일

해설 관계 법령에 따라 매립·간척 등으로 토지를 원시취득하는 경우에는 공사준공인가일을 취득일로 본다. 다만, 공사준공인가일 전에 사용승낙·허가를 받거나 사실상 사용하는 경우에는 사용승낙일·허가일 또는 사실상 사용일 중 빠른 날을 취득일로 본다. **정답 ⑤**

제4절 | 과세표준

1 과세표준의 기준

취득세의 과세표준은 취득 당시의 가액으로 한다. 다만, 연부(年賦)로 취득하는 경우에는 연부금액(매회 사실상 지급되는 금액을 말하며, 취득금액에 포함되는 계약보증금을 포함한다)으로 한다(「지방세법」 제10조).

2 유상승계취득의 과세표준

1. 취득가격의 범위

(1) 부동산등을 유상거래(매매 또는 교환 등 취득에 대한 대가를 지급하는 거래를 말한다)로 승계취득하는 경우 취득 당시 가액은 취득시기를 기준으로 해당 물건을 취득하기 위하여 소요되는 일체의 비용(「신탁법」에 따른 수탁자가 신탁재산을 취득하는 경우 위탁자의 소요비용도 포함한다)으로서 사실상의 취득가격으로 한다(「지방세법」 제10조의3 제1항).

(2) 지방자치단체의 장은 특수관계인 간의 거래로 그 취득에 대한 조세부담을 부당하게 감소시키는 행위 또는 계산을 한 것으로 인정되는 경우(부당행위계산)에는 시가인정액(시가인정액을 산정하기 어려운 경우에는 시가표준액으로 한다)을 취득 당시 가액으로 결정할 수 있다(「지방세법」 제10조의3 제2항).

2. 사실상 취득가격

사실상의 취득가격이란 해당 물건을 취득하기 위하여 거래 상대방 또는 제3자에게 지급했거나 지급해야 할 직접비용과 간접비용의 합계액을 말한다. 다만, 취득대금을 일시급 등으로 지급하여 일정액을 할인받은 경우에는 그 할인된 금액으로 한다(「지방세법 시행령」 제18조 제1항).

(1) **사실상 취득가격에 포함되는 경우**(「지방세법 시행령」 제18조 제1항)

① 건설자금에 충당한 차입금의 이자 또는 이와 유사한 금융비용. 다만, 법인이 아닌 자가 취득하는 경우는 취득가격에서 제외한다.

② 「농지법」에 따른 농지보전부담금, 「문화예술진흥법」에 따른 미술작품의 설치 또는 문화예술진흥기금에 출연하는 금액, 「산지관리법」에 따른 대체산림자원조성비 등 관계 법령에 따라 의무적으로 부담하는 비용

참고 **부당행위계산 유형**

부당행위계산은 특수관계인으로부터 시가인정액(시가인정액을 산정하기 어려운 경우에는 시가표준액으로 한다)보다 낮은 가격으로 부동산을 취득한 경우로서 시가인정액과 사실상 취득가격의 차액이 3억원 이상이거나 시가인정액의 100분의 5에 상당하는 금액 이상인 경우로 한다.

참고 **시가인정액**

취득일 전 6개월부터 취득일 후 3개월 이내의 기간에 취득대상이 된 부동산등에 대하여 매매, 감정, 경매 또는 공매한 사실이 있는 경우의 가액으로서 다음에 따른 가액을 말한다. 시가인정액이 둘 이상인 경우에는 취득일 전후로 가장 가까운 날의 가액을 적용한다.

1. 취득한 부동산등의 매매 사실이 있는 경우: 그 거래가액
2. 취득한 부동산등에 대하여 둘 이상의 감정기관이 평가한 감정가액이 있는 경우: 그 감정가액의 평균액
3. 취득한 부동산등의 경매 또는 공매사실이 있는 경우: 그 경매가액 또는 공매가액

③ 취득에 필요한 용역을 제공받은 대가로 지급하는 용역비·수수료(건축 및 토지조성공사로 수탁자가 취득하는 경우 위탁자가 수탁자에게 지급하는 신탁수수료를 포함한다)

④ 취득대금 외에 당사자의 약정에 따른 취득자 조건 부담액과 채무인수액

⑤ 부동산을 취득하는 경우「주택도시기금법」에 따라 매입한 국민주택채권을 해당 부동산의 취득 이전에 양도함으로써 발생하는 매각차손. 이 경우 행정안전부령으로 정하는 금융회사 등 외의 자에게 양도한 경우에는 동일한 날에 금융회사 등에 양도하였을 경우 발생하는 매각차손을 한도로 한다.

⑥ 할부 또는 연부계약에 따른 이자상당액 및 연체료. 다만, 법인이 아닌 자가 취득하는 경우는 취득가격에서 제외한다.

⑦「공인중개사법」에 따른 공인중개사에게 지급한 중개보수. 다만, 법인이 아닌 자가 취득하는 경우는 취득가격에서 제외한다. 제35회

⑧ 붙박이 가구·가전제품 등 건축물에 부착되거나 일체를 이루면서 건축물의 효용을 유지 또는 증대시키기 위한 설비·시설 등의 설치비용

⑨ 정원 또는 부속시설물 등을 조성·설치하는 비용

(2) 사실상 취득가격에 포함하지 않는 경우(「지방세법 시행령」제18조 제2항)

① 취득하는 물건의 판매를 위한 광고선전비 등의 판매비용과 그와 관련한 부대비용

②「전기사업법」,「도시가스사업법」,「집단에너지사업법」, 그 밖의 법률에 따라 전기·가스·열 등을 이용하는 자가 분담하는 비용

③ 이주비, 지장물(支障物) 보상금 등 취득물건과는 별개의 권리에 관한 보상 성격으로 지급되는 비용

④ 부가가치세

핵심 사실상 취득가격 포함 여부

구분	개인	법인	구분	개인	법인
건설자금 이자	×	○	광고선전비	×	×
의무적으로 부담하는 비용	○	○	전기·가스·열 등의 시설물 이용에 따라 지급하는 분담금	×	×
취득에 필요한 용역을 제공받은 대가로 지급하는 용역비·수수료	○	○			
할부이자, 연체료	×	○	취득물건과는 별개로 지급되는 비용	×	×
공인중개사에게 지급한 중개보수	×	○			

| 취득대금 외에 당사자의 약정에 따른 취득자 조건 부담액과 채무인수액 | ○ | ○ | 부가가치세(간접세) | × | × |
| 주택채권 매각차손 | ○ | ○ | 할인액 | × | × |

❸ 무상취득의 과세표준 제35회

(1) 증여취득

① 원칙: 취득시기 현재 불특정 다수인 사이에 자유롭게 거래가 이루어지는 경우 통상적으로 성립된다고 인정되는 시가인정액(매매사례가액, 감정가액, 공매가액 등 대통령령으로 정하는 바에 따라 시가로 인정되는 가액을 말한다)으로 한다.

② 취득물건에 대한 시가표준액(지분을 취득한 경우에는 전체 지분에 해당하는 시가표준액을 말하고, 주택의 부속 토지를 취득한 경우에는 전체 주택의 시가표준액을 말한다)이 1억원 이하인 부동산등(부담부증여로 취득하는 부동산등을 포함)을 증여취득하는 경우: 시가인정액과 시가표준액 중에서 납세자가 정하는 가액

③ 증여자의 채무를 인수하는 부담부증여의 경우 유상으로 취득한 것으로 보는 채무액에 상당하는 부분(채무부담액)에 대해서는 유상승계취득에서의 과세표준을 적용하고, 취득물건의 시가인정액에서 채무부담액을 뺀 잔액에 대해서는 무상취득에서의 과세표준을 적용한다.

(2) 상속에 따른 무상취득의 경우: 시가표준액

(3) (1) 및 (2)에 해당하지 아니하는 경우: 시가인정액으로 하되, 시가인정액을 산정하기 어려운 경우에는 시가표준액으로 한다.

핵심 🎯 부담부증여
1. 채무인수액: 유상승계취득의 과세표준 적용
2. 채무인수액 이외: 무상승계취득의 과세표준 적용

❹ 원시취득의 과세표준 제35회

(1) 부동산등을 원시취득하는 경우 취득 당시 가액은 사실상의 취득가격으로 한다(「지방세법」 제10조의4 제1항).

(2) 법인이 아닌 자가 건축물을 건축하여 취득하는 경우로서 사실상 취득가격을 확인할 수 없는 경우의 취득 당시가액은 시가표준액으로 한다(「지방세법」 제10조의4 제2항).

❺ 유상승계취득·무상취득·원시취득의 경우 과세표준에 대한 특례

(1) 차량 또는 기계장비를 취득하는 경우

① 차량 또는 기계장비를 무상취득하는 경우: 시가표준액
② 차량 또는 기계장비를 유상승계취득하는 경우: 사실상 취득가격. 다만, 사실상 취득가격에 대한 신고 또는 신고가액의 표시가 없거나 그 신고가액이 시가표준액보다 적은 경우 취득 당시가액은 시가표준액으로 한다.
③ 차량 제조회사가 생산한 차량을 직접 사용하는 경우: 사실상 취득가격

(2) 천재지변으로 피해를 입은 차량 또는 기계장비를 취득하여 그 사실상 취득가격이 시가표준액보다 낮은 다음의 경우 그 차량 또는 기계장비의 취득당시가액은 사실상 취득가액으로 한다. 다만, 중고 차량 또는 중고 기계장비로서 그 취득가격이 시가표준액보다 낮은 경우에는 해당 시가표준액을 취득당시가액으로 한다(「지방세법」 제10조의5 제2항).

① 천재지변, 화재, 교통사고 등으로 중고 차량이나 중고 기계장비의 가액이 시가표준액보다 낮은 것으로 시장·군수·구청장이 인정하는 경우
② 국가, 지방자치단체 또는 지방자치단체조합으로부터 취득하는 경우
③ 수입으로 취득하는 경우
④ 민사소송 및 행정소송의 확정 판결(화해·포기·인낙 또는 자백간주에 의한 것은 제외한다)에 따라 취득가격이 증명되는 경우
⑤ 법인장부에 따라 취득가격이 증명되는 경우
⑥ 경매 또는 공매로 취득하는 경우

(3) 대물변제, 교환, 양도담보 등 유상거래를 원인으로 취득하는 경우의 가액은 다음의 구분에 따른 가액으로 한다. 다만, 특수관계인으로부터 부동산 등을 취득하는 경우로서 부당행위계산을 한 것으로 인정되는 경우 취득당시가액은 시가인정액으로 한다(「지방세법 시행령」 제18조 제1항 제1호).

① 대물변제: 대물변제액(대물변제액 외에 추가로 지급한 금액이 있는 경우에는 그 금액을 포함한다). 다만, 대물변제액이 시가인정액보다 적을 경우 취득당시가액은 시가인정액으로 한다. 제35회
② 교환: 교환을 원인으로 이전받는 부동산등의 시가인정액과 이전하는 부동산등의 시가인정액(상대방에게 추가로 지급하는 금액과 상대방으로부터 승계받는 채무액이 있는 경우 그 금액을 더하고, 상대방으로부터 추가로 지급받는 금액과 상대방에게 승계하는 채무액이 있는 경우 그 금액을 차감한다) 중 높은 가액 제35회

용어 🔊

인낙
피고가 원고의 청구 내용인 권리, 주장을 긍정하는 진술을 말한다.

자백간주
당사자가 상대편이 주장한 사실에 대하여 반박하지 않거나 당사자 중 한쪽이 정해진 날에 출석하지 않은 경우에 그 사실을 자백한 것으로 인정하는 것을 말한다.

용어 🔊 **대물변제**
채무자가 부담하고 있는 본래의 채무 대신 다른 물품 따위로 채무를 소멸시키는 것을 말한다.

③ 양도담보: 양도담보에 따른 채무액(채무액 외에 추가로 지급한 금액이 있는 경우 그 금액을 포함한다). 다만, 그 채무액이 시가인정액보다 적을 경우 취득당시가액은 시가인정액으로 한다.

④ 법인의 합병·분할 및 조직변경을 원인으로 취득하는 경우: 시가인정액(감정가액으로 하는 경우에는 하나의 감정가액으로 한다). 다만, 시가인정액을 산정하기 어려운 경우 취득당시가액은 시가표준액으로 한다.

⑤ 「도시 및 주거환경정비법」의 사업시행자, 「빈집 및 소규모주택 정비에 관한 특례법」의 사업시행자 및 「주택법」의 주택조합이 취득하는 경우: 다음 계산식에 따라 산출한 가액

> 가액 = A × [B − (C × B / D)]
> A: 해당 토지의 제곱미터당 분양가액
> B: 해당 토지의 면적
> C: 사업시행자 또는 주택조합이 해당 사업 진행 중 취득한 토지면적(조합원으로부터 신탁받은 토지는 제외한다)
> D: 해당 사업 대상 토지의 전체 면적

용어 양도담보
채권의 담보가 되는 담보물의 소유권을 채권자에게 양도하고, 일정 기간 내에 변제하면 그 담보물의 소유권을 넘겨받는 담보를 말한다.

6 취득으로 보는 경우에 대한 과세표준

(1) 토지의 지목을 사실상 변경한 경우 취득 당시가액은 그 변경으로 증가한 가액에 해당하는 사실상 취득가격으로 한다. 다만, 법인이 아닌 자가 사실상 취득가격을 확인할 수 없는 경우의 취득당시가액은 토지의 지목이 사실상 변경된 때를 기준으로 ①의 가액에서 ②의 가액을 뺀 가액으로 한다.

① 지목변경 이후의 토지에 대한 시가표준액(해당 토지에 대한 개별공시지가의 공시기준일이 지목변경으로 인한 취득일 전인 경우에는 인근 유사토지의 가액을 기준으로 「부동산 가격공시에 관한 법률」에 따라 국토교통부장관이 제공한 토지가격비준표를 사용하여 시장·군수·구청장이 산정한 가액을 말한다)

② 지목변경 전의 토지에 대한 시가표준액(지목변경으로 인한 취득일 현재 해당 토지의 변경 전 지목에 대한 개별공시지가를 말한다. 다만, 변경 전 지목에 대한 개별공시지가가 없는 경우에는 인근 유사토지의 가액을 기준으로 「부동산 가격공시에 관한 법률」에 따라 국토교통부장관이 제공한 토지가격비준표를 사용하여 시장·군수·구청장이 산정한 가액을 말한다)

용어 토지가격비준표
대량의 토지에 대한 가격을 간편하게 산정할 수 있도록 계량적으로 고안된 간이 지가 산정표를 말한다.

(2) 선박, 차량 또는 기계장비의 용도 등을 변경(선박의 선질(船質)·용도·기관·정원 또는 최대적재량이나 차량 또는 기계장비의 원동기·승차정원·최대적재량·차체를 말한다)한 경우 취득 당시가액은 그 변경으로 증가한 가액에 해당하는 사실상 취득가격으로 한다(「지방세법」 제10조의6 제1항 제2호). 다만, 법인이 아닌 자가 사실상 취득가격을 확인할 수 없는 경우의 취득당시가액은 시가표준액으로 한다(「지방세법 시행령」 제18조의6 제2호).

(3) 건축물을 개수하는 경우 취득 당시가액은 사실상 취득가격으로 한다(「지방세법」 제10조의6 제3항). 다만, 법인이 아닌 자가 건축물을 건축하여 취득하는 경우로서 사실상 취득가격을 확인할 수 없는 경우의 취득당시가액은 시가표준액으로 한다(「지방세법」 제10조의4 제2항).

(4) 과점주주가 취득한 것으로 보는 해당 법인의 부동산등의 취득 당시가액은 해당 법인의 결산서와 그 밖의 장부 등에 따른 그 부동산등의 총가액을 그 법인의 주식 또는 출자의 총수로 나눈 가액에 과점주주가 취득한 주식 또는 출자의 수를 곱한 금액으로 한다(「지방세법」 제10조의6 제4항).

7 시가표준액의 산정방법

1. 의의

시가표준액이란 보통징수에 의한 지방세 계산의 기초가 되는 가액과 신고납부를 원칙으로 하는 지방세의 무신고시 지방세 계산의 기초가 되는 가액을 말한다.

2. 자산별 시가표준액 제32회

(1) 토지

① 「부동산 가격공시에 관한 법률」에 따라 공시된 취득일 현재의 개별공시지가로 한다(「지방세법」 제4조 제1항).
② 취득일 현재 해당 연도에 적용할 개별공시지가가 결정·공시되지 아니한 때에는 직전 연도에 적용되던 개별공시지가로 한다.
③ 개별공시지가가 공시되지 아니한 경우에는 특별자치시장·특별자치도지사·시장·군수 또는 구청장이 「부동산 가격공시에 관한 법률」의 규정에 의하여 국토교통부장관이 제공한 토지가격비준표를 사용하여 산정한 가액으로 한다(「지방세법」 제4조 제1항 단서).

용어

시가표준액
부동산의 가액을 기준으로 하여 과세되는 지방세의 과세표준이 되는 금액을 말한다.

기준시가
토지·건물 등 부동산을 팔거나 상속 또는 증여할 때 양도소득세나 상속세, 증여세 등의 과세액을 부과하는 기준이 되는 가격을 말한다.

(2) 주택

① 「부동산 가격공시에 관한 법률」에 따라 공시된 취득일 현재의 개별주택가격 또는 공동주택가격으로 한다(「지방세법」 제4조 제1항).

② 취득일 현재 해당 연도에 적용할 개별주택가격 또는 공동주택가격이 결정·공시되지 아니한 때에는 직전 연도에 적용되던 개별주택가격 또는 공동주택가격으로 한다(「지방세법」 제4조 제1항).

③ 개별주택가격이 공시되지 아니한 경우에는 특별자치시장·특별자치도지사·시장·군수 또는 구청장이 국토교통부장관이 제공한 주택가격비준표를 사용하여 산정한 가액으로 한다(「지방세법」 제4조 제1항 단서).

④ 공동주택가격이 공시되지 아니한 경우에는 지역별·단지별·면적별·층별 특성 및 거래가격 등을 고려하여 행정안전부장관이 정하는 기준에 따라 특별자치시장·특별자치도지사·시장·군수 또는 구청장이 산정한 가액으로 한다(「지방세법」 제4조 제1항 단서).

> **참고 자산별 시가표준액**
> 1. 토지: 개별공시지가 제32회
> 2. 주택
>   - 단독주택: 개별주택가격
>   - 공동주택: 공동주택가격

(3) 건축물

건축물에 대한 시가표준액은 신축·건조·제조가격 등을 고려하여 정한 기준가격에 종류, 구조, 용도, 경과연수 등 매년 1월 1일 현재를 기준으로 과세대상별 구체적 특성을 고려하여 행정안전부장관이 정하는 기준에 따라 지방자치단체의 장이 결정한 가액으로 한다.

① 오피스텔: 행정안전부장관이 고시하는 표준가격기준액에 다음의 사항을 적용한다.
  ㉠ 오피스텔의 용도별·층별 지수
  ㉡ 오피스텔의 규모·형태·특수한 부대설비 등의 유무 및 그 밖의 여건에 따른 가감산율(加減算率)

② 건축물: 건설원가 등을 고려하여 행정안전부장관이 산정·고시하는 건물신축가격기준액에 다음의 사항을 적용한다.
  ㉠ 건물의 구조별·용도별·위치별 지수
  ㉡ 건물의 경과연수별 잔존가치율
  ㉢ 건물의 규모·형태·특수한 부대설비 등의 유무 및 그 밖의 여건에 따른 가감산율

③ 선박: 선박의 종류·용도 및 건조가격을 고려하여 톤수 간에 차등을 둔 단계별 기준가격에 해당 톤수를 차례대로 적용하여 산출한 가액의 합계액에 다음의 사항을 적용한다.

㉠ 선박의 경과연수별 잔존가치율

㉡ 급랭시설 등의 유무에 따른 가감산율

④ 차량: 차량의 종류별·승차정원별·최대적재량별·제조연도별 제조가격(수입하는 경우에는 수입가격을 말한다) 및 거래가격 등을 고려하여 정한 기준가격에 차량의 경과연수별 잔존가치율을 적용한다.

⑤ 기계장비: 기계장비의 종류별·톤수별·형식별·제조연도별 제조가격(수입하는 경우에는 수입가격을 말한다) 및 거래가격 등을 고려하여 정한 기준가격에 기계장비의 경과연수별 잔존가치율을 적용한다.

⑥ 입목(立木): 입목의 종류별·수령별 거래가격 등을 고려하여 정한 기준가격에 입목의 목재 부피, 그루 수 등을 적용한다.

⑦ 항공기: 항공기의 종류별·형식별·제작회사별·정원별·최대이륙중량별·제조연도별 제조가격 및 거래가격(수입하는 경우에는 수입가격을 말한다)을 고려하여 정한 기준가격에 항공기의 경과연수별 잔존가치율을 적용한다.

⑧ 광업권: 광구의 광물매장량, 광물의 톤당 순 수입가격, 광업권 설정비, 광산시설비 및 인근 광구의 거래가격 등을 고려하여 정한 기준가격에서 해당 광산의 기계 및 시설취득비, 기계설비이전비 등을 뺀다.

⑨ 어업권·양식업권: 인근 같은 종류의 어장·양식장의 거래가격과 어구 설치비 등을 고려하여 정한 기준가격에 어업·양식업의 종류, 어장·양식장의 위치, 어구 또는 장치, 어업·양식업의 방법, 채취물 또는 양식물 및 면허의 유효기간 등을 고려한다.

⑩ 골프회원권, 승마회원권, 콘도미니엄 회원권, 종합체육시설 이용회원권 및 요트회원권: 분양 및 거래가격을 고려하여 정한 기준가격에 「소득세법」에 따른 기준시가 등을 고려한다.

⑪ 토지에 정착하거나 지하 또는 다른 구조물에 설치하는 시설: 종류별 신축가격 등을 고려하여 정한 기준가격에 시설의 용도·구조 및 규모 등을 고려하여 가액을 산출한 후, 그 가액에 다시 시설의 경과연수별 잔존가치율을 적용한다.

⑫ 건축물에 딸린 시설물: 종류별 제조가격(수입하는 경우에는 수입가격을 말한다), 거래가격 및 설치가격 등을 고려하여 정한 기준가격에 시설물의 용도·형태·성능 및 규모 등을 고려하여 가액을 산출한 후, 그 가액에 다시 시설물의 경과연수별 잔존가치율을 적용한다.

제5절 | 세율

❶ 표준세율 제35회

1. 부동산 취득의 세율

부동산에 대한 취득세는 취득 원인별·취득 물건별로 구분한 과세표준에 다음에 해당하는 표준세율을 적용하여 계산한 금액을 그 세액으로 한다(「지방세법」 제11조 제1항). 취득세의 세율은 비례세율로 초과누진세율은 적용하지 않는다.

① 지방자치단체의 장은 조례로 정하는 바에 따라 표준세율을 100분의 50 범위에서 가감할 수 있다(「지방세법」 제14조).
  ✔ 주의: 중과세율은 100분의 50 범위에서 가감조정할 수 없다.
② 같은 취득물건에 대하여 둘 이상의 세율이 해당되는 경우에는 그중 높은 세율을 적용한다(「지방세법」 제16조 제5항).
③ 유상승계취득, 무상승계(상속·증여)취득으로 취득한 부동산이 공유물일 때에는 그 취득지분의 가액을 과세표준으로 하여 각각의 세율을 적용한다(「지방세법」 제11조 제2항).

(1) 상속으로 인한 취득
① 농지: 1천분의 23
② 농지 외의 것: 1천분의 28

(2) 증여로 인한 취득
① 일반적인 경우: 1천분의 35
② 비영리사업자의 취득: 1천분의 28

> **참고** 비영리사업자(「지방세법 시행령」 제22조)
> 1. 종교 및 제사를 목적으로 하는 단체
> 2. 「초·중등교육법」 및 「고등교육법」에 따른 학교, 「경제자유구역 및 제주국제자유도시의 외국교육기관 설립·운영에 관한 특별법」 또는 「기업도시개발 특별법」에 따른 외국교육기관을 경영하는 자 및 「평생교육법」에 따른 교육시설을 운영하는 평생교육단체
> 3. 「사회복지사업법」에 따라 설립된 사회복지법인
> 4. 「지방세특례제한법」에 따른 사회복지법인 등
> 5. 「정당법」에 따라 설립된 정당

참고 농지의 범위
1. 취득 당시 공부상 지목이 논, 밭 또는 과수원인 토지로서 실제 농작물의 경작이나 다년생식물의 재배지로 이용되는 토지로서, 이 경우 농지 경영에 직접 필요한 농막(農幕)·농사짓는 데 편리하도록 논·밭 근처에 간단하게 지은 집)·두엄간·양수장·못·늪·농도(農道)·수로(水路) 등이 차지하는 토지 부분을 포함한다.
2. 취득 당시 공부상 지목이 논·밭 또는 과수원 및 목장용지인 토지로서 실제 축산용으로 사용되는 축사와 그 부대시설로 사용되는 토지, 초지 및 사료밭을 포함한다.

(3) 원시취득

① 일반적인 원시취득의 경우: 1천분의 28

② 건축(신축과 재축은 제외한다) 또는 개수로 인하여 건축물 면적이 증가할 때에는 그 증가된 부분에 대하여 원시취득으로 보아 세율을 적용한다(「지방세법」 제11조 제3항).

(4) 합유물 및 총유물의 분할로 인한 취득: 1천분의 23

(5) 공유물의 분할 또는 「부동산 실권리자명의 등기에 관한 법률」에서 규정하고 있는 부동산의 공유권 해소를 위한 지분이전(등기부등본상 본인 지분을 초과하는 부분의 경우에는 제외한다): 1천분의 23

(6) 유상승계취득

① 농지: 1천분의 30

② 농지 외의 것: 1천분의 40

> **참고 📖 법인 합병 등 세율**
> 법인이 합병 또는 분할에 따라 부동산 취득하는 경우 유상승계취득의 세율을 적용한다.
> 제35회

(7) 유상거래를 원인으로 주택을 취득하는 경우

① 유상취득 주택의 세율은 다음과 같다(「지방세법」 제11조 제1항).

과세표준	세율
취득 당시 가액 6억원 이하	1천분의 10
취득 당시 가액 6억원 초과 9억원 이하	(취득 당시 가액 × 2 / 3억원 − 3) × 1/100 소수점 이하 다섯째자리에서 반올림하여 소수점 넷째자리까지 계산한다.
취득 당시 가액 9억원 초과	1천분의 30

> **참고 📖 건축물대장에 기재되지 아니한 주택**
> 건축허가 또는 건축신고 없이 건축이 가능하였던 주택으로서 건축물대장에 기재되어 있지 아니한 주택의 경우에도 건축물대장에 주택으로 기재된 것으로 본다.

② 주택을 신축 또는 증축한 이후 해당 주거용 건축물의 소유자(배우자 및 직계존비속을 포함한다)가 해당 주택의 부속토지를 취득하는 경우에는 주택의 유상취득 세율을 적용하지 않는다(「지방세법」 제11조 제4항).

③ 부동산이 공유물일 때에는 그 취득지분의 가액을 과세표준으로 하여 세율을 적용한다(「지방세법」 제11조 제2항). 다만, 주택의 경우 적용할 세율은 과세표준을 기준으로 하는 것이 아니라 다음의 산식에 따라 산출한 전체 주택의 취득 당시의 가액을 기준으로 한다.

> **참고 📖 주택신축 후 부속토지 취득**
> 주택을 신축하기 위한 토지를 먼저 취득할 때에는 토지에 대한 세율을 적용받는 것과 과세형평을 유지하기 위해 주택을 신축한 후 그 부속토지를 취득하는 경우에도 토지에 대한 취득세율을 적용하여 취득시기에 따라 취득세율이 달라지는 불합리함을 제거하였다.

$$\text{전체 주택의 취득 당시 가액} = \text{취득 지분에 따른 취득 당시 가액} \times \frac{\text{전체 주택의 시가표준액}}{\text{취득 지분의 시가표준액}}$$

핵심 취득세 세율 정리

구분				취득세 세율
유상승계 취득	농지(논, 밭, 과수원, 목장용지)			1천분의 30
	농지 이외	주택 이외 부동산		1천분의 40
		1주택	6억원 이하	1천분의 10
			6억원 초과 9억원 이하	(취득 당시 가액 ×2/3억원−3)×1/100
			9억원 초과	1천분의 30
상속취득	농지(논, 밭, 과수원, 목장용지)			1천분의 23
	농지 이외			1천분의 28
증여취득	개인, 영리사업자			1천분의 35
	비영리사업자			1천분의 28
원시취득				1천분의 28
공유 · 합유 · 총유물의 분할				1천분의 23

예제

1. 「지방세법」상 부동산 취득에 대한 취득세의 표준세율로 틀린 것은? (「지방세특례제한법」은 고려하지 않음)   제23회

① 원시취득: 1천분의 28
② 상속으로 인한 농지의 취득: 1천분의 23
③ 상속으로 인한 농지 외의 토지 취득: 1천분의 28
④ 매매로 인한 농지 외의 토지 취득: 1천분의 30
⑤ 합유물 및 총유물의 분할로 인한 취득: 1천분의 23

해설 매매로 인한 농지 외의 토지를 취득한 경우 취득세 세율은 1천분의 40이다.

정답 ④

2. 「지방세법」상 부동산 취득시 취득세 과세표준에 적용되는 표준세율로 옳은 것을 모두 고른 것은?   제26회

㉠ 상속으로 인한 농지취득: 1천분의 23
㉡ 합유물 및 총유물의 분할로 인한 취득: 1천분의 23
㉢ 원시취득(공유수면의 매립 또는 간척으로 인한 농지취득 제외): 1천분의 28
㉣ 법령으로 정한 비영리사업자의 상속 외의 무상취득: 1천분의 28

① ㉠, ㉡   ② ㉠, ㉢   ③ ㉡, ㉢
④ ㉡, ㉢, ㉣   ⑤ ㉠, ㉡, ㉢, ㉣

해설 모두 올바른 지문이다.

정답 ⑤

기출

1. 농지를 상속으로 취득한 경우 취득세 세율은 1천분의 23이나, 기타 부동산을 상속으로 취득한 경우 취득세 세율은 1천분의 28이다.
2. 개인이 부동산을 증여로 취득한 경우 취득세 세율은 1천분의 35이다. 나만, 비영리사업자의 취득은 1천분의 28로 한다.
3. 원시취득의 경우 취득세 세율은 1천분의 28을 적용하여 과세한다. 다만, 건축(신축과 재축은 제외한다) 또는 개수로 인하여 건축물 면적이 증가할 때에는 그 증가된 부분에 대하여 원시취득으로 보아 세율을 적용한다.
4. 합유물 및 총유물의 분할로 인한 취득의 경우 취득세 세율은 1천분의 23이다.

2. 세율의 특례

(1) 형식적인 소유권을 취득하는 경우

다음의 어느 하나에 해당하는 취득에 대한 취득세는 표준세율에서 중과기준세율을 뺀 세율로 산출한 금액을 그 세액으로 하되, 유상으로 취득하는 주택을 취득하는 경우에는 해당 세율에 100분의 50을 곱한 세율을 적용하여 산출한 금액을 그 세액으로 한다. 다만, 취득물건이 대도시 내에서 법인 설립이나, 공장 신설·증설에 해당하는 경우에는 산출한 세율(표준세율 - 중과기준세율)의 100분의 300을 적용한다(「지방세법」 제15조 제1항).

> 취득세율 = 표준세율 - 중과기준세율(2%)
> = [(구)취득세 + (구)등록세] - (구)취득세 = (구)등록세

① 환매등기를 병행하는 부동산의 매매로서 환매기간 내에 매도자가 환매한 경우의 그 매도자와 매수자의 취득
② 상속으로 인한 취득 중 다음의 어느 하나에 해당하는 취득
  ㉠ 1가구 1주택의 취득
  ㉡ 「지방세특례제한법」 제6조 제1항에 따라 취득세의 감면대상이 되는 농지의 취득
③ 법인의 합병으로 인한 취득. 다만, 법인의 합병으로 인하여 취득한 과세물건이 합병 후에 과세물건에 해당하게 되는 경우 또는 합병등기일부터 3년 이내에 합병법인이 피합병법인으로부터 승계받은 사업을 폐지나 피합병법인의 주주 등이 합병법인으로부터 받은 주식 등을 처분하는 등의 사유가 발생하는 경우에는 그러하지 아니하다.
④ 공유물·합유물의 분할 또는 「부동산 실권리자명의 등기에 관한 법률」에서 규정하고 있는 부동산의 공유권 해소를 위한 지분이전으로 인한 취득(등기부등본상 본인 지분을 초과하는 부분의 경우에는 제외한다)
⑤ 건축물의 이전으로 인한 취득. 다만, 이전한 건축물의 가액이 종전 건축물의 가액을 초과하는 경우에 그 초과하는 가액에 대하여는 그러하지 아니하다.
⑥ 「민법」 제834조, 제839조의2, 제840조에 따른 재산분할로 인한 취득
⑦ 벌채하여 원목을 생산하기 위한 입목의 취득

(2) 등기·등록의 대상이 아닌 취득

다음의 어느 하나에 해당하는 취득에 대한 취득세는 중과기준세율을 적용하여 계산한 금액을 그 세액으로 한다. 다만, 취득물건이 과밀억제권역 내 부동산 취득 또는 공장의 신설·증설을 위한 부동산 취득의 경우에는 중과기준세율의 100분의 300을, 사치성재산에 해당하는 경우에는 중과기준세율의 100분의 500을 각각 적용한다(「지방세법」 제15조 제2항).

① 건축물의 개수로 인한 취득. 그러나 개수로 인하여 면적이 증가한 경우에는 원시취득으로 보아 1천분의 28의 세율을 적용한다(「지방세법」 제11조 제3항).
② 선박·차량과 기계장비의 종류변경으로 가액 증가 및 토지의 지목변경으로 가액 증가
③ 과점주주의 취득
④ 외국인 소유의 취득세 과세대상 물건(차량, 기계장비, 항공기 및 선박만 해당한다)을 임차하여 수입하는 경우의 취득(연부로 취득하는 경우로 한정한다)
⑤ 시설대여업자의 건설기계 또는 차량 취득
⑥ 취득대금을 지급한 자의 기계장비 또는 차량 취득. 다만, 기계장비 또는 차량을 취득하면서 기계장비대여업체 또는 운수업체의 명의로 등록하는 경우로 한정한다.
⑦ 택지공사가 준공된 토지에 정원 또는 부속시설물 등을 조성·설치하는 경우에는 그 정원 또는 부속시설물 등은 토지에 포함되는 것으로서 토지의 지목을 사실상 변경하는 것으로 보아 토지의 소유자의 취득
⑧ 레저시설, 서장시설, 도크시설, 접안시설, 도관시설, 급수·배수시설 및 에너지 공급시설의 취득
⑨ 무덤과 이에 접속된 부속시설물의 부지로 사용되는 토지로서 지적공부상 지목이 묘지인 토지의 취득
⑩ 임시흥행장 등 존속기간이 1년을 초과하는 임시건축물의 취득
⑪ 「여신전문금융업법」 규정에 따라 건설기계나 차량을 등록한 대여시설 이용자가 그 시설대여업자로부터 취득하는 건설기계 또는 차량의 취득
⑫ 건축물을 건축하여 취득하는 경우로서 그 건축물에 대하여 소유권의 보존등기 또는 소유권의 이전등기에 대한 등록면허세 납세의무가 성립한 후 취득세 규정에 따른 취득시기가 도래하는 건축물의 취득

참고 무덤
1. 취득세: 과세(중과기준세율)
2. 등록면허세: 비과세
3. 재산세: 비과세

참고 임시사용 건축물
1. 1년 이하
  • 원칙: 비과세
  • 사치성 재산: 과세
2. 1년 초과: 과세(중과기준세율)

기출

1. 환매등기를 병행하는 부동산의 매매로서 환매기간 내에 매도자가 환매한 경우의 그 매도자와 매수자의 취득에 대한 취득세는 표준세율에서 중과기준세율을 뺀 세율로 산출한 금액을 그 세액으로 한다.
2. 1가구 1주택의 상속취득에 대한 취득세는 표준세율에서 중과기준세율을 뺀 세율로 산출한 금액을 그 세액으로 한다.
3. 공유물·합유물의 분할 또는 부동산의 공유권 해소를 위한 지분 이전으로 인한 취득(등기부등본상 본인 지분을 초과하는 부분의 경우에는 제외)에 대한 취득세는 표준세율에서 중과기준세율을 뺀 세율로 산출한 금액을 그 세액으로 한다.
4. 「민법」 제834조, 제839조의2, 제840조에 따른 재산분할로 인한 취득에 대한 취득세는 표준세율에서 중과기준세율을 뺀 세율로 산출한 금액을 그 세액으로 한다.
5. 임시흥행장 등 존속기간이 1년을 초과하는 임시건축물의 취득에 대한 취득세는 중과기준세율을 적용하여 계산한 금액을 그 세액으로 한다.
6. 건축물의 개수로 인한 취득에 대하여는 그 가액 증가분에 대하여 중과기준세율을 적용한다. 그러나 개수로 인하여 면적이 증가한 경우에는 원시취득으로 보아 1천분의 28의 세율을 적용한다.

핵심 특례세율

표준세율에서 중과기준세율을 뺀 세율				중과기준세율(2%)			
구분		취득	등기	구분		취득	등기
환매등기를 병행하는 부동산의 매매로서 환매기간 내에 매도자가 환매한 경우		×	○	건축물 개수	가액증가	○	×
					면적증가	○	○
상속 취득	1가구 1주택	×	○	선박·차량과 기계장비의 종류변경으로 가액증가		○	×
	감면대상 농지	×	○				
공유물·합유물의 분할		×	○	토지의 지목변경으로 가액증가		○	×
벌채하여 원목을 생산하기 위한 입목의 취득		×	○	과점주주의 간주취득		○	×
건축물이전	가액증가	○	○	외국인 소유의 취득세 과세대상 물건을 임차하여 수입하는 경우의 취득(연부로 취득하는 경우로 한정한다)		○	×
	가액증가 없음	×	○	레저시설, 저장시설, 도크시설, 접안시설, 도관시설, 급수·배수시설 및 에너지 공급시설의 취득		○	×
「민법」에 따른 재산분할로 인한 취득		×	○	임시사용 건축물	1년 이하	×	×
					1년 초과	○	×

예제

「지방세법」상 취득세 표준세율에서 중과기준세율을 뺀 세율로 산출한 금액을 취득세액으로 하는 경우가 아닌 것은? (단, 취득물건은 취득세 중과대상이 아님) 제22회

① 상속으로 인한 취득 중 법령으로 정하는 1가구 1주택 및 그 부속토지의 취득
② 공유물·합유물의 분할로 인한 취득(등기부등본상 본인지분을 초과하지 아니함)
③ 건축물의 이전으로 인한 취득(이전한 건축물의 가액이 종전 건축물의 가액을 초과하지 아니함)
④ 「민법」 제834조, 제839조의2, 제840조에 따른 재산분할로 인한 취득
⑤ 개수로 인한 건축물의 취득(개수로 인하여 건축물 면적이 증가하지 아니함)

해설 개수로 인한 건축물의 취득(면적 증가는 증가된 부분에 대한 원시취득은 제외한다)은 중과기준세율(2%)을 적용한다. **정답 ⑤**

② 중과세율

1. 표준세율과 중과기준세율의 100분의 400 중과세

(1) 중과세 취지

지나친 낭비와 사치풍조를 억제하고 검소한 생활기풍을 진작시키기 위하여 골프장 · 고급오락장 · 고급선박 · 고급주택을 취득할 경우에는 표준세율과 중과기준세율의 100분의 400을 합한 세율을 적용한다(「지방세법」 제13조 제5항).

> 취득세율 = 표준세율 + 중과기준세율(2%) × 100분의 400

(2) 중과세 대상자산

골프장 · 고급오락장 · 고급선박 · 고급주택을 취득할 경우에는 표준세율과 중과기준세율의 100분의 400을 합한 세율을 적용하나, 고급승용차 · 법인의 비업무용 토지에 대하여는 사치성재산으로 보지 아니하기 때문에 표준세율을 적용한다(「지방세법」 제13조 제5항).

핵심 🎯 사치성재산 종류
1. 골프장
2. 고급오락장
3. 고급선박
4. 고급주택

예제

「지방세법」상 취득세 표준세율에 중과기준세율의 100분의 400을 합한 중과세율이 적용되는 취득세 과세대상은 다음 중 모두 몇 개인가? (다만, 「지방세법」상 중과세율의 적용요건을 모두 충족하는 것으로 가정함) 제21회 변형

- 회원제 골프장
- 고급주택
- 고급오락장
- 과밀억제권역 안에서 법인 본점으로 사용하는 사업용 부동산
- 과밀억제권역(「산업집적활성화 및 공장설립에 관한 법률」을 적용받는 산업단지 · 유치지역 및 「국토의 계획 및 이용에 관한 법률」을 적용받는 공업지역은 제외한다)에서 공장을 신설하거나 증설하기 위한 사업용 과세물건을 취득

① 1개   ② 2개   ③ 3개
④ 4개   ⑤ 5개

해설
- 골프장, 고급오락장, 고급선박, 고급주택은 사치성재산이므로 표준세율에 중과기준세율의 100분의 400을 합한 중과세율이 적용된다.
- 과밀억제권역 안에서 법인의 본점으로 사용하는 사업용 부동산, 공장을 신설하거나 증설하기 위한 사업용 과세물건 취득은 표준세율에 중과기준세율의 100분의 200을 합한 중과세율이 적용된다.   **정답 ③**

2. 사치성재산의 범위

(1) 골프장

① 「체육시설의 설치·이용에 관한 법률」에 따른 회원제 골프장용 부동산 중 구분등록의 대상이 되는 토지와 건축물 및 그 토지 상(上)의 입목을 말한다(「지방세법」 제13조 제5항 제2호).

② 골프장은 그 시설을 갖추어 「체육시설의 설치·이용에 관한 법률」에 따라 체육시설업의 등록(시설을 증설하여 변경등록하는 경우를 포함한다)을 하는 경우뿐만 아니라 등록을 하지 아니하더라도 사실상 골프장으로 사용하는 경우에도 적용한다(「지방세법」 제13조 제5항).

③ 일반골프장, 간이골프장, 골프연습장을 취득하는 경우는 표준세율을 적용한다.

(2) 고급선박

비업무용 자가용 선박으로서 시가표준액이 3억원을 초과하는 선박은 사치성재산으로 한다(「지방세법」 제13조 제5항 제5호). 다만, 실험·실습 등의 용도에 사용할 목적으로 취득하는 것은 제외한다(「지방세법 시행령」 제28조 제6항).

(3) 고급오락장

① 고급오락장의 개념

㉠ 도박장, 유흥주점영업장, 특수목욕장, 그 밖에 이와 유사한 용도에 사용되는 건축물과 그 부속토지를 말한다(「지방세법」 제13조 제5항 제4호).

㉡ 고급오락장이 건축물의 일부에 시설되었을 때에는 해당 건축물에 부속된 토지 중 그 건축물의 연면적에 대한 고급오락장용 건축물의 연면적의 비율에 해당하는 토지를 고급오락장의 부속토지로 본다(「지방세법 시행령」 제28조 제5항 단서)

㉢ 고급오락장에 부속된 토지의 경계가 명백하지 아니할 때: 그 건축물의 바닥면적의 10배에 해당하는 토지를 그 부속된 토지로 본다(「지방세법」 제13조 제5항 단서).

㉣ 고급오락장을 2명 이상이 구분하여 취득하거나 1명 또는 여러 명이 시차를 두고 구분하여 취득하는 경우에도 이를 고급오락장으로 본다(「지방세법 시행령」 제28조 제1항).

② 고급오락장의 종류: 고급오락장에는 카지노장·자동도박기 설치장소·미용실·유흥주점영업장소 등이 있는데, 이를 살펴보면 다음과 같다(「지방세법 시행령」 제28조 제5항).
　㉠ 당사자 상호간에 재물을 걸고 우연한 결과에 따라 재물의 득실을 결정하는 카지노장(「관광진흥법」에 따라 허가된 외국인전용 카지노장은 제외한다)
　㉡ 사행행위 또는 도박행위에 제공될 수 있도록 자동도박기[파친코, 슬롯머신(slot machine), 아케이드 이퀴프먼트(arcade equipment) 등을 말한다]를 설치한 장소
　㉢ 머리와 얼굴에 대한 미용시설 외에 욕실 등을 부설한 장소로서 그 설비를 이용하기 위하여 정해진 요금을 지급하도록 시설된 미용실
　㉣ 「식품위생법」 제37조에 따른 허가 대상인 유흥주점영업으로서 다음의 어느 하나에 해당하는 영업장소(공용면적을 포함한 영업장의 면적이 100제곱미터를 초과하는 것만 해당한다)
　　ⓐ 손님이 춤을 출 수 있도록 객석과 구분된 무도장을 설치한 영업장소(카바레·나이트클럽·디스코클럽 등을 말한다)
　　ⓑ 유흥접객원(남녀를 불문하며, 임시로 고용된 사람을 포함한다)을 두는 경우로, 별도로 반영구적으로 구획된 객실의 면적이 영업장 전용면적의 100분의 50 이상이거나 객실 수가 5개 이상인 영업장소(룸살롱, 요정 등을 말한다)

③ 중과세 제외 고급오락장: 고급오락장용 건축물을 취득한 날부터 60일[상속으로 인한 경우는 상속개시일이 속하는 달의 말일부터, 실종으로 인한 경우는 실종선고일이 속하는 달의 말일부터 각각 6개월(납세자가 외국에 주소를 둔 경우에는 각각 9개월)] 이내에 고급오락장이 아닌 용도로 사용하거나 고급오락장이 아닌 용도로 사용하기 위하여 용도변경 공사를 착공하는 경우는 제외한다(「지방세법」 제13조 제5항 제4호 단서).

(4) 고급주택

① 고급주택 요건: 고급주택으로 보는 주거용 건축물과 그 부속토지는 다음의 어느 하나에 해당하는 것으로 한다(「지방세법 시행령」 제28조 제4항).

> 참고 📖 고급오락장
> 1. 원칙: 중과세
> 2. 중과세 제외: 취득일로부터 60일 이내
>   • 고급오락장이 아닌 용도로 사용한 경우
>   • 고급오락장이 아닌 용도로 사용하기 위하여 용도변경공사를 착공하는 경우

> 참고 📖 **고가주택**
> 1. 양도소득세 고가주택: 실지양도가액 12억원 초과
> 2. 주택임대소득 고가주택: 기준시가 12억원 초과

구분		면적 또는 시설	주택 가액
단독주택	건물	1구의 건축물의 연면적(주차장 면적 제외)이 $331m^2$를 초과하는 주거용 건축물과 그 부속토지	시가표준액 9억원 초과
	대지	1구의 건축물의 대지면적이 $662m^2$를 초과하는 주거용 건축물과 그 부속토지	시가표준액 9억원 초과
	시설	1구의 건축물에 엘리베이터(적재하중 200kg 이하의 소형엘리베이터 제외)가 설치된 주거용 건축물과 그 부속토지(공동주택과 그 부속토지는 제외한다)	시가표준액 9억원 초과
		1구의 건축물에 에스컬레이터 또는 $67m^2$ 이상의 수영장 중 1개 이상의 시설이 설치된 주거용 건축물과 그 부속토지(공동주택과 그 부속토지는 제외한다)	–
공동주택		1구의 공동주택(여러 가구가 한 건축물에 거주할 수 있도록 건축된 다가구용 주택을 포함하되, 이 경우 한 가구가 독립하여 거주할 수 있도록 구획된 부분을 각각 1구의 건축물로 본다)의 건축물 연면적(공용면적 제외)이 $245m^2$(복층형은 $274m^2$로 하되, 한 층의 면적이 $245m^2$를 초과하는 것은 제외한다)를 초과하는 공동주택과 그 부속토지	시가표준액 9억원 초과

> 참고 📖 **고급주택**
> 1. 원칙: 중과세
> 2. 중과세 제외: 취득일로부터 60일 이내
>   • 주거용이 아닌 용도로 사용한 경우
>   • 고급주택이 아닌 용도로 사용하기 위하여 용도변경공사를 착공하는 경우

② 중과세 제외 고급주택: 주거용 건축물을 취득한 날부터 60일[상속으로 인한 경우는 상속개시일이 속하는 달의 말일부터, 실종으로 인한 경우는 실종선고일이 속하는 달의 말일부터 각각 6개월(납세자가 외국에 주소를 둔 경우에는 각각 9개월)] 이내에 주거용이 아닌 용도로 사용하거나 고급주택이 아닌 용도로 사용하기 위하여 용도변경공사를 착공하는 경우는 제외한다(「지방세법」 제13조 제5항 제3호 단서).

3. 중과세율 적용방법

(1) **5년 이내에 사치성재산이 된 경우**: 토지나 건축물을 취득한 후 5년 이내에 해당 토지나 건축물이 골프장·고급주택 또는 고급오락장이 된 경우에는 중과세율을 적용하여 취득세를 추징한다(「지방세법」 제16조 제1항).

(2) 고급주택, 골프장 또는 고급오락장용 건축물을 증축·개축 또는 개수한 경우와 일반건축물을 증축·개축 또는 개수하여 고급주택 또는 고급오락장이 된 경우에 그 증가되는 건축물의 가액에 대하여 중과세율을 적용한다(「지방세법」 제16조 제2항).

4. 과밀억제권역에 대한 중과세

다음에 해당하는 경우의 취득세율은 표준세율에 중과기준세율의 100분의 200을 합한 세율을 적용한다(「지방세법」 제13조 제1항).

> 취득세율 = 표준세율 + 중과기준세율(2%) × 100분의 200

(1) 「수도권정비계획법」 제6조에 따른 과밀억제권역에서 본점이나 주사무소의 사업용으로 신축하거나 증축하는 건축물(「신탁법」에 따른 수탁자가 취득한 신탁재산 중 위탁자가 신탁기간 중 또는 신탁종료 후 위탁자의 본점이나 주사무소의 사업용으로 사용하기 위하여 신축하거나 증축하는 건축물을 포함한다)과 그 부속토지를 취득하는 경우

(2) 과밀억제권역(「산업집적활성화 및 공장설립에 관한 법률」을 적용받는 산업단지·유치지역 및 「국토의 계획 및 이용에 관한 법률」을 적용받는 공업지역은 제외한다)에서 공장을 신설하거나 증설하기 위하여 사업용 과세물건을 취득하는 경우

(3) 과밀억제권역 안 취득 중과에 따른 공장 신설 또는 증설의 경우에 사업용 과세물건의 소유자와 공장을 신설하거나 증설한 자가 다를 때에는 그 사업용 과세물건의 소유자가 공장을 신설하거나 증설한 것으로 보아 같은 항의 세율을 적용한다. 다만, 취득일부터 공장 신설 또는 증설을 시작한 날까지의 기간이 5년이 지난 사업용 과세물건은 제외한다(「지방세법」 제16조 제3항).

5. 대도시에서의 부동산 취득에 대한 중과세

다음에 해당하는 부동산(「신탁법」에 따른 수탁자가 취득한 경우를 포함한다)을 취득하는 경우 취득세율은 표준세율의 100분의 300에서 중과기준세율의 100분의 200을 뺀 세율을 적용한다(「지방세법」 제13조 제2항). 다만, 「수도권정비계획법」에 따른 과밀억제권역(「산업집적활성화 및 공장설립에 관한 법률」을 적용받는 산업단지는 제외한다)에 설치가 불가피하다고 인정되는 업종(대도시 중과 제외업종)에 직접 사용할 목적으로 부동산을 취득하는 경우에는 중과세를 적용하지 않는다(「지방세법」 제13조 제2항 단서).

> 취득세율 = 표준세율 × 100분의 300 − 중과기준세율(2%) × 100분의 200

용어 과밀억제권역
수도권의 인구와 산업을 적정하게 배치하기 위해 구분한 권역의 하나로 인구와 산업이 지나치게 집중되었거나 집중될 우려가 있어 이전하거나 정비할 필요가 있는 지역을 말한다.

1. 서울특별시
2. 인천광역시(강화군, 옹진군, 서구 대곡동·불로동·마전동·금곡동·오류동·왕길동·당하동·원당동·인천경제자유구역 및 남동 국가산업단지는 제외한다)
3. 의정부시, 구리시, 남양주시(호평동, 평내동, 금곡동, 일패동, 이패동, 삼패동, 가운동, 수석동, 지금동 및 도농동만 해당한다), 하남시, 고양시, 수원시, 성남시, 안양시, 부천시, 광명시, 과천시, 의왕시, 군포시, 시흥시[반월특수지역(반월특수지역에서 해제된 지역을 포함한다)은 제외한다]

(1) 대도시에서 법인을 설립(휴면법인을 인수하는 경우 포함한다)하거나 지점 또는 분사무소를 설치하는 경우 및 법인의 본점·주사무소·지점 또는 분사무소를 대도시 밖에서 대도시로 전입(「수도권정비계획법」에 따른 수도권의 경우에는 서울특별시 외의 지역에서 서울특별시로의 전입도 대도시로의 전입으로 본다)함에 따라 대도시의 부동산을 취득(그 설립·설치·전입 이후의 부동산 취득을 포함한다)하는 경우. 대도시에서의 법인설립, 지점·분사무소 설치 및 법인의 본점·주사무소·지점·분사무소의 대도시 전입에 따른 부동산 취득은 해당 법인 또는 사무소 또는 사업장이 그 설립·설치·전입 이전에 법인의 본점·주사무소·지점 또는 분사무소의 용도로 직접 사용하기 위한 부동산 취득으로 하고, 그 설립·설치·전입 이후의 부동산 취득은 법인 또는 사무소 등이 설립·설치·전입 이후 5년 이내에 하는 업무용·비업무용 또는 사업용·비사업용의 모든 부동산 취득으로 한다. 이 경우 부동산 취득에는 공장의 신설·증설, 공장의 승계취득, 해당 대도시에서의 공장 이전 및 공장의 업종변경에 따르는 부동산 취득을 포함한다(「지방세법 시행령」 제27조 제3항).

> **심화** 중과세 제외대상
>
> 1. 「산업집적활성화 및 공장설립에 관한 법률」을 적용받는 산업단지 안의 부동산 취득
> 2. 대도시 중과 제외 업종에 직접 사용할 목적으로 부동산을 취득하는 경우
> 3. 사원에 대한 임대용으로 직접 사용할 목적으로 취득하는 주택으로서 1구의 건축물의 연면적(전용면적을 말한다)이 60제곱미터 이하인 공동주택. 다만, 다음의 어느 하나에 해당하는 주택은 제외한다(「지방세법 시행령」 제28조의2 제12호).
>   ① 취득하는 자가 개인인 경우로서 「지방세기본법 시행령」에 해당하는 특수관계인 사람에게 제공하는 주택
>   ② 취득하는 자가 법인인 경우로서 「지방세기본법」에 따른 과점주주에게 제공하는 주택
>   ③ 정당한 사유 없이 그 취득일부터 1년이 경과할 때까지 해당 용도에 직접 사용하지 않거나 해당 용도로 직접 사용한 기간이 3년 미만인 상태에서 매각·증여하거나 다른 용도로 사용하는 주택

핵심 대도시 중과 제외 업종
1. 사회기반시설사업
2. 은행업
3. 주택건설사업
4. 전기통신사업
5. 첨단기술산업과 첨단업종
6. 유통산업
7. 의료업 등

(2) 대도시(「산업집적활성화 및 공장설립에 관한 법률」을 적용받는 유치지역 및 「국토의 계획 및 이용에 관한 법률」을 적용받는 공업지역은 제외한다)에서 공장을 신설하거나 증설함에 따라 부동산을 취득하는 경우

6. 법인의 주택 취득 등 중과

(1) 주택(주택의 공유지분이나 부속토지만을 소유하거나 취득하는 경우에도 주택을 소유하거나 취득한 것으로 본다)을 유상거래를 원인으로 취득하는 경우로서 다음의 어느 하나에 해당하는 경우에는 중과세율을 적용한다(「지방세법」 제13조의2 제1항).

① 법인(「국세기본법」에 따른 법인으로 보는 단체, 「부동산등기법」에 따른 법인 아닌 사단·재단 등 개인이 아닌 자를 포함한다)이 주택을 취득하는 경우: 1천분의 40을 표준세율로 하여 해당 세율에 중과기준세율의 100분의 400을 합한 세율

② 1세대 2주택(일시적 2주택은 제외한다)에 해당하는 주택
   ㉠ 조정대상지역에 있는 주택을 취득하는 경우: 1천분의 40을 표준세율로 하여 해당 세율에 중과기준세율의 100분의 200을 합한 세율
   ㉡ 조정대상지역 이외에 있는 주택을 취득하는 경우: 표준세율

③ 1세대 3주택에 해당하는 주택
   ㉠ 조정대상지역에 있는 주택을 취득하는 경우: 1천분의 40을 표준세율로 하여 해당 세율에 중과기준세율의 100분의 400을 합한 세율
   ㉡ 조정대상지역 이외에 있는 주택을 취득하는 경우: 1천분의 40을 표준세율로 하여 해당 세율에 중과기준세율의 100분의 200을 합한 세율

④ 1세대 4주택 이상에 해당하는 주택
   ㉠ 조정대상지역에 있는 주택을 취득하는 경우: 1천분의 40을 표준세율로 하여 해당 세율에 중과기준세율의 100분의 400을 합한 세율
   ㉡ 조정대상지역 이외에 있는 주택을 취득하는 경우: 1천분의 40을 표준세율로 하여 해당 세율에 중과기준세율의 100분의 400을 합한 세율

다주택자, 법인 취득세 세율

구분		세율	
		조정대상지역	조정대상지역 이외
개인	1주택	주택가격에 따른 표준세율	
	2주택	표준세율 + 중과기준세율의 100분의 200	주택가격에 따른 표준세율
	3주택	표준세율 + 중과기준세율의 100분의 400	표준세율 + 중과기준세율의 100분의 200
	4주택	표준세율 + 중과기준세율의 100분의 400	표준세율 + 중과기준세율의 100분의 400
법인		표준세율 + 중과기준세율의 100분의 400	

> **참고** 일시적 2주택
> 1. 국내에 주택, 조합원입주권, 주택분양권 또는 오피스텔을 1개 소유한 1세대가 그 주택, 조합원입주권, 주택분양권 또는 오피스텔을 소유한 상태에서 이사·학업·취업·직장이전 및 이와 유사한 사유로 다른 1주택을 추가로 취득한 후 3년 이내에 종전 주택 등(신규 주택이 조합원입주권 또는 주택분양권에 의한 주택이거나 종전 주택 등이 조합원입주권 또는 주택분양권인 경우에는 신규 주택을 포함한다)을 처분하는 경우 해당 신규 주택을 말한다.
> 2. 조합원입주권 또는 주택분양권을 1개 소유한 1세대가 그 조합원입주권 또는 주택분양권을 소유한 상태에서 신규 주택을 취득한 경우에는 해당 조합원입주권 또는 주택분양권에 의한 주택을 취득한 날부터 일시적 2주택 기간을 기산한다.
> 3. 종전 주택이 관리처분계획의 인가 또는 사업시행계획인가를 받은 주택인 경우로서 관리처분계획인가 또는 사업시행계획인가 당시 해당 사업구역에 거주하는 세대가 신규 주택을 취득하여 그 신규 주택으로 이주한 경우에는 그 이주한 날에 종전 주택을 처분한 것으로 본다.

> **참고** 주거용 오피스텔을 취득한 경우
>
> 주거용 오피스텔은 「주택법」상의 다른 주택을 취득했을 때 중과세율 결정시 보유주택 수에 포함되는 것일 뿐, 그 자체를 취득했을 때에는 주택에 대한 세율이 아닌 일반 취득세율(1천분의 40)을 적용한다.

(2) 조정대상지역에 있는 주택으로서 공시가격 3억원 이상의 주택을 무상(증여)취득을 원인으로 취득하는 경우에는 1천분의 40을 표준세율로 하여 해당 세율에 중과기준세율의 100분의 400을 합한 세율을 적용한다. 다만, 1세대 1주택자가 소유한 주택을 배우자 또는 직계존비속이 무상취득하는 경우는 제외한다(「지방세법」 제13조의2 제2항).

(3) 조정대상지역 지정고시일 이전에 주택에 대한 매매계약(공동주택 분양계약을 포함한다)을 체결한 경우(다만, 계약금을 지급한 사실 등이 증빙서류에 의하여 확인되는 경우에 한정한다)에는 조정대상지역으로 지정되기 전에 주택을 취득한 것으로 본다(「지방세법」 제13조의2 제4항).

(4) **세대의 판단기준**
   ① 1세대란 주택 취득일 현재 주택을 취득하는 사람과 「주민등록법」에 따른 세대별 주민등록표 또는 「출입국관리법」에 따른 등록외국인기록표 및 외국인등록표에 함께 기재되어 있는 가족(동거인은 제외한다)으로 구성된 세대를 말하며 주택을 취득하는 사람의 배우자(사실혼은 제외하며, 법률상 이혼을 했으나 생계를 같이 하는 등 사실상 이혼한 것으로 보기 어려운 관계에 있는 사람을 포함한다), 취득일 현재 미혼인 30세 미만의 자녀 또는 부모(주택을 취득하는 사람이 미혼이고 30세 미만인 경우로 한정한다)는 주택을 취득하는 사람과 같은 세대별 주민등록표 또는 등록외국인기록표 등에 기재되어 있지 않더라도 1세대에 속한 것으로 본다(「지방세법 시행령」 제28조의3 제1항).
   ② 다음의 어느 하나에 해당하는 경우에는 각각 별도의 세대로 본다.
      ㉠ 부모와 같은 세대별 주민등록표에 기재되어 있지 않은 30세 미만의 자녀로서 주택 취득일이 속하는 달의 직전 12개월 동안 발생한 소득으로서 행정안전부장관이 정하는 소득이 「국민기초생활 보장법」에 따른 기준 중위소득을 12개월로 환산한 금액의 100분의 40 이상이고, 소유하고 있는 주택을 관리·유지하면서 독립된 생계를 유지할 수 있는 경우. 다만, 미성년자인 경우는 제외한다.

ⓛ 취득일 현재 65세 이상의 직계존속(배우자의 직계존속을 포함하며, 직계존속 중 어느 한 사람이 65세 미만인 경우를 포함한다)를 동거봉양(同居奉養)하기 위하여 30세 이상의 직계비속, 혼인한 직계비속 또는 기준 중위소득의 100분의 40 이상 소득요건을 충족하는 성년인 직계비속이 합가(合家)한 경우

ⓒ 취학 또는 근무상의 형편 등으로 세대전원이 90일 이상 출국하는 경우로서 「주민등록법」에 따라 해당 세대가 출국 후에 속할 거주지를 다른 가족의 주소로 신고한 경우

ⓔ 별도의 세대를 구성할 수 있는 사람이 주택을 취득한 날부터 60일 이내에 세대를 분리하기 위하여 그 취득한 주택으로 주소지를 이전하는 경우

(5) 주택 수의 산정방법 제33회

① 중과세율 적용의 기준이 되는 1세대의 주택 수는 주택 취득일 현재 취득하는 주택을 포함하여 1세대가 국내에 소유하는 주택, 조합원입주권, 주택분양권 및 오피스텔(주택으로 재산세가 부과되는 경우에 한정한다)의 수를 말한다. 이 경우 조합원입주권 또는 주택분양권에 의하여 취득하는 주택의 경우에는 조합원입주권 또는 주택분양권의 취득일(분양사업자로부터 주택분양권을 취득하는 경우에는 분양계약일)을 기준으로 해당 주택 취득시의 세대별 주택 수를 산정한다(「지방세법 시행령」 제28조의4 제1항).

② 주택, 조합원입주권, 주택분양권 또는 오피스텔을 동시에 2개 이상 취득하는 경우에는 납세의무자가 정하는 바에 따라 순차적으로 취득하는 것으로 본다(「지방세법 시행령」 제28조의4 제2항).

③ 1세대 내에서 1개의 주택, 조합원입주권, 주택분양권 또는 오피스텔을 세대원이 공동으로 소유하는 경우에는 1개의 주택, 조합원입주권, 주택분양권 또는 오피스텔을 소유한 것으로 본다(「지방세법 시행령」 제28조의4 제3항).

④ 상속으로 여러 사람이 공동으로 1개의 주택, 조합원입주권, 주택분양권 또는 오피스텔을 소유하는 경우 지분이 가장 큰 상속인을 그 주택, 조합원입주권, 주택분양권 또는 오피스텔의 소유자로 보고, 지분이 가장 큰 상속인이 두 명 이상인 경우에는 그중 다음의 순서에 따라 그 주택, 조합원입주권, 주택분양권 또는 오피스텔의 소유자를 판정한다.

참고 주택 수 판단 범위
1. 「신탁법」에 따라 신탁된 주택은 위탁자의 주택 수에 가산한다.
2. 「도시 및 주거환경정비법」에 따른 관리처분계획의 인가 및 「빈집 및 소규모주택 정비에 관한 특례법」에 따른 사업시행계획인가로 인하여 취득한 입주자로 선정된 지위는 해당 주거용 건축물이 멸실된 경우라도 해당 조합원입주권 소유자의 주택 수에 가산한다.
3. 「부동산 거래신고 등에 관한 법률」에 따른 부동산에 대한 공급계약을 통하여 주택을 공급받는 자로 선정된 지위(주택분양권)는 해당 주택분양권을 소유한 자의 주택 수에 가산한다.
4. 주택으로 과세하는 오피스텔은 해당 오피스텔을 소유한 자의 주택 수에 가산한다.

이 경우 미등기 상속 주택 또는 오피스텔의 소유지분이 종전의 소유지분과 변경되어 등기되는 경우에는 등기상 소유지분을 상속개시일에 취득한 것으로 본다(「지방세법 시행령」 제28조의4 제4항).

㉠ 그 주택 또는 오피스텔에 거주하는 사람

㉡ 나이가 가장 많은 사람

⑤ 1세대의 주택 수를 산정할 때 다음의 어느 하나에 해당하는 주택, 조합원입주권, 주택분양권 또는 오피스텔은 소유주택 수에서 제외한다.

㉠ 시가표준액(지분이나 부속토지만을 취득한 경우에는 전체 주택의 시가표준액을 말한다)이 1억원(수도권 외의 지역에 소재하는 경우 시가표준액이 2억원) 이하인 주택으로서 주택 수 산정일 현재 해당 주택의 시가표준액 기준을 충족하는 주택

㉡ 노인복지주택으로 운영하기 위하여 취득하는 주택으로서 주택 수 산정일 현재 해당 용도에 직접 사용하고 있는 주택

㉢ 지정문화재 또는 등록문화재에 해당하는 주택

㉣ 재개발사업 부지확보를 위해 멸실 목적으로 취득하는 주택. 다만, 주택의 시공자가 해당 주택의 공사대금으로 취득한 미분양 주택의 경우에는 그 주택의 취득일부터 3년 이내의 기간으로 한정한다.

㉤ 농어촌주택으로서 주택 수 산정일 현재 요건을 충족하는 주택(건축물의 가액이 6천 5백만원 이내일 것)

㉥ 「통계법」에 따라 통계청장이 고시하는 산업에 관한 표준분류에 따른 주거용 건물 건설업을 영위하는 자가 신축하여 보유하는 주택. 다만, 자기 또는 임대계약 등 권원을 불문하고 타인이 거주한 기간이 1년 이상인 주택은 제외한다.

㉦ 상속을 원인으로 취득한 주택, 조합원입주권, 주택분양권 또는 오피스텔로서 상속개시일부터 5년이 지나지 않은 주택, 조합원입주권, 주택분양권 또는 오피스텔

㉧ 주택 수 산정일 현재 시가표준액(지분이나 부속토지만을 취득한 경우에는 전체 건축물과 그 부속토지의 시가표준액을 말한다)이 1억원 이하인 오피스텔

㉨ 주택 수 산정일 현재 시가표준액이 1억원 이하인 부속토지만을 소유한 경우 해당 부속토지

㉩ 혼인한 사람이 혼인 전 소유한 주택분양권으로 주택을 취득하는 경우 다른 배우자가 혼인 전부터 소유하고 있는 주택

참고 중과세 대상에서 제외되는 주택

1. 가정어린이집으로 운영하기 위하여 취득하는 주택. 다만, 정당한 사유 없이 그 취득일부터 1년이 경과할 때까지 해당 용도에 직접 사용하지 않거나 해당 용도로 직접 사용한 기간이 3년 미만인 상태에서 매각·증여하거나 다른 용도로 사용하는 경우는 제외한다.

2. 사원에 대한 임대용으로 직접 사용할 목적으로 취득하는 주택으로서 1구의 건축물의 연면적(전용면적을 말한다)이 60제곱미터 이하인 공동주택. 다만, 다음의 어느 하나에 해당하는 주택은 제외한다.
   - 취득하는 자가 개인인 경우로서 특수관계인 사람에게 제공하는 주택
   - 취득하는 자가 법인인 경우로서 과점주주에게 제공하는 주택
   - 정당한 사유 없이 그 취득일부터 1년이 경과할 때까지 해당 용도에 직접 사용하지 않거나 해당 용도로 직접 사용한 기간이 3년 미만인 상태에서 매각·증여하거나 다른 용도로 사용하는 주택

제6절 | 납세절차

1 납세지

취득세의 납세지는 다음에서 정하는 바에 따른다. 다만, 납세지가 분명하지 아니한 경우에는 해당 취득물건의 소재지를 그 납세지로 한다.

구분	납세지
부동산	부동산 소재지
차량	「자동차관리법」에 따른 등록지. 다만, 등록지가 사용본거지와 다른 경우에는 사용본거지를 납세지로 하고, 철도차량의 경우에는 해당 철도차량의 청소, 유치(留置), 조성, 검사, 수선 등을 주로 수행하는 철도차량기지의 소재지를 납세지로 한다.
기계장비	「건설기계관리법」에 따른 등록지
항공기	항공기의 정치장(定置場) 소재지
선박	선적항 소재지. 다만, 「수상레저기구의 등록 및 검사에 관한 법률」에 해당하는 동력수상레저기구의 경우에는 등록지로 하고, 그 밖에 선적항이 없는 선박의 경우에는 정계장 소재지(정계장이 일정하지 아니한 경우에는 선박 소유자의 주소지)로 한다.
입목	입목 소재지
광업권	광구 소재지
어업권, 양식업권	어장 소재지
골프회원권, 승마회원권, 콘도미니엄회원권, 종합체육시설 이용회원권 또는 요트회원권	골프장·승마장·콘도미니엄·종합체육시설 및 요트보관소의 소재지

> **참고 취득세 안분 기준**
> 같은 취득물건이 둘 이상의 시·군·구에 걸쳐 있는 경우 각 시·군·구에 납부할 취득세를 산출할 때 그 과세표준은 취득 당시의 가액을 취득물건의 소재지별 시가표준액 비율로 나누어 계산한다.

> **용어**
> **정치장**
> 항공기의 등록지로 차고지와 비슷한 개념이다.
>
> **광구**
> 「광업법」에 의하여 등록을 받은 일정한 구획을 말하며 광업권자는 그 구역 내에서만 등록받은 광물과 이와 동일 광상(鑛床: 땅속에 유용한 광물이 천연적으로 모여서 채굴의 대상이 되는 부분) 중에 존재하는 다른 광물만을 채굴하며 취득할 수 있는 권리를 갖는다.

2 신고납부 제33회

(1) 일반적인 경우

① 취득세 과세물건을 취득한 자는 그 취득한 날(토지거래계약에 관한 허가구역에 있는 토지를 취득하는 경우로서 토지거래계약에 관한 허가를 받기 전에 거래대금을 완납한 경우에는 그 허가일이나 허가구역의 지정 해제일을 말한다)부터 60일 이내에 그 과세표준에 세율을 적용하여 산출한 세액을 신고하고 납부하여야 한다(「지방세법」제20조 제1항).

> **참고 허가구역 내 토지 취득**
> 토지거래 허가구역 내에서 토지를 취득한 경우 사실상 잔금지급일을 취득일로 본다. 다만, 그 신고납부는 토지거래 허가 및 해제 등의 사유로 그 매매계약이 확정적으로 유효하게 된 날로부터 60일 이내로 한다.

② 취득세를 신고하려는 자는 행정안전부령으로 정하는 신고서에 취득물건, 취득일 및 용도 등을 적어 납세지를 관할하는 시장·군수·구청장에게 신고하여야 한다(「지방세법 시행령」 제33조 제1항).

(2) 증여에 의한 경우

증여(부담부증여를 포함한다)로 인한 경우는 취득일이 속하는 달의 말일부터 3개월 이내에 과세표준에 세율을 적용하여 산출한 세액을 신고하고 납부하여야 한다(「지방세법」 제20조 제1항).

(3) 상속에 의한 경우

① 납세자가 국내에 주소를 둔 경우: 상속개시일이 속하는 달의 말일부터 실종선고로 인한 경우에는 실종선고일이 속하는 달의 말일부터 각각 6개월 이내에 과세표준에 세율을 적용하여 산출한 세액을 신고하고 납부하여야 한다(「지방세법」 제20조 제1항).

② 상속인 중 1인 이상이 외국에 주소를 둔 경우: 상속개시일이 속하는 달의 말일부터, 실종선고로 인한 경우에는 실종선고일이 속하는 달의 말일부터 각각 9개월 이내에 과세표준에 세율을 적용하여 산출한 세액을 신고하고 납부하여야 한다(「지방세법」 제20조 제1항).

(4) 신고납부기한 이내에 등기·등록하는 경우

법정신고납부기한 이내라도 재산권과 그 밖의 권리의 취득·이전에 관한 사항을 공부(公簿)에 등기하거나 등록[등재(登載)를 포함한다]하려는 경우에는 등기 또는 등록 신청서를 등기·등록관서에 접수하는 날까지 취득세를 신고납부하여야 한다(「지방세법」 제20조 제4항).

(5) 대위자 신고납부

① 「부동산등기법」에 따라 채권자대위권에 의한 등기신청을 하려는 채권자(채권자대위자)는 납세의무자를 대위하여 부동산의 취득에 대한 취득세를 신고납부할 수 있다. 이 경우 채권자대위자는 행정안전부령으로 정하는 바에 따라 납부확인서를 발급받을 수 있다(「지방세법」 제20조 제5항).

② 지방자치단체의 장은 채권자대위자의 신고납부가 있는 경우 납세의무자에게 그 사실을 즉시 통보하여야 한다(「지방세법」 제20조 제6항).

참고 매각 통보

다음의 자는 취득세 과세물건을 매각(연부로 매각한 것을 포함한다)하면 매각일부터 30일 이내에 그 물건 소재지를 관할하는 지방자치단체의 장에게 통보하거나 신고하여야 한다.
1. 국가, 지방자치단체 또는 지방자치단체조합
2. 국가 또는 지방자치단체의 투자기관(재투자기관을 포함한다)
3. 그 밖에 1 및 2에 준하는 기관 및 단체

❸ 추가 신고납부 제32회, 제33회

(1) 비과세 감면 배제시 납부방법

「지방세법」 또는 다른 법령에 따라 취득세를 비과세, 과세면제, 경감 또는 중과세 예외를 적용받은 후에 해당 과세물건이 취득세 부과대상, 추징대상 또는 중과세 대상이 되었을 때에는 그 사유발생일부터 60일 이내에 해당 과세표준에 세율을 적용하여 산출한 세액[경감받은 경우에는 이미 납부한 세액(가산세는 제외한다)을 공제한 세액을 말한다]을 신고하고 납부하여야 한다(「지방세법」 제20조 제3항).

(2) 취득 후 중과세된 경우

취득세 과세물건을 취득한 후에 그 과세물건이 중과세 세율의 적용대상이 되었을 때에는 중과세 대상이 된 날부터 60일 이내에 중과세율을 적용하여 산출한 세액에서 이미 납부한 세액(가산세는 제외한다)을 공제한 금액을 세액으로 하여 신고하고 납부하여야 한다(「지방세법」 제20조 제2항).

핵심 납세절차

구분		신고납부기한
일반적인 취득		취득한 날로부터 60일 이내
증여(부담부증여 포함) 취득		취득일이 속하는 달의 말일부터 3개월 이내
상속 취득	국내 주소	상속개시일이 속하는 달의 말일부터 6개월 이내
	국외 주소	상속개시일이 속하는 달의 말일부터 9개월 이내
허가받기 전에 거래대금을 완납한 경우		그 허가일이나 허가구역 지정 해제일로부터 60일 이내
신고납부기한 이내에 등기·등록하는 경우		등기 또는 등록 신청서를 등기·등록관시에 접수하는 날까지

> **참고 중과세대상이 되는 날**
> 1. 본점 또는 주사무소의 사업용 부동산을 취득한 경우: 사무소로 최초로 사용한 날
> 2. 공장의 신설 또는 증설을 위하여 사업용 과세물건을 취득하거나 공장의 신설 또는 증설에 따라 부동산을 취득한 경우: 그 생산설비를 설치한 날
> 3. 건축물을 증축하거나 개축하여 고급주택이 된 경우: 그 증축 또는 개축의 사용승인서 발급일
> 4. 골프장:「체육시설의 설치·이용에 관한 법률」에 따라 체육시설업으로 등록(변경등록을 포함한다)한 날
> 5. 건축물의 사용승인서 발급일 이후에 관계 법령에 따라 고급오락장이 된 경우: 그 대상 업종의 영업허가·인가 등을 받은 날

❹ 보통징수 및 가산세

1. 보통징수

(1) 취득세 납세의무자가 신고 또는 납부의무를 다하지 아니하는 경우에는 산출세액 또는 그 부족세액에 가산세를 합한 금액을 세액으로 하여 보통징수의 방법으로 징수한다.

(2) 납세의무자가 신고기한까지 취득세를 시가인정액 또는 시가표준액으로 신고한 후 지방자치단체의 장이 세액을 경정하기 전에 그 시가인정액 또는 시가표준액을 수정신고한 경우에는 「지방세기본법」 제54조(과소신고가산세) 및 제55조(납부지연가산세)에 따른 가산세를 부과하지 아니한다.

2. 가산세

(1) 일반가산세

① 무신고가산세: 납세의무자가 법정신고기한까지 지방세의 과세표준신고를 하지 아니한 경우에는 무신고납부세액의 100분의 20에 상당하는 금액을 가산세로 한다.

② 부정무신고가산세: 사기나 그 밖의 부정한 행위로 법정신고기한까지 지방세의 과세표준신고를 하지 아니한 경우에는 무신고납부세액의 100분의 40에 상당하는 금액을 가산세로 한다.

③ 과소신고가산세: 납세의무자가 법정신고기한까지 지방세의 과세표준신고를 한 경우로서 과세표준 또는 납부세액을 신고하여야 할 금액보다 적게 신고한 경우에는 과소신고납부세액의 100분의 10에 상당하는 금액을 가산세로 한다.

④ 부정과소신고가산세: 부정행위로 법정신고기한까지 지방세의 과세표준의 전부 또는 일부를 과소신고한 경우에는 부정행위로 인한 과소신고분 과세표준이 과세표준에서 차지하는 비율을 산출세액에 곱하여 계산한 금액의 100분의 40에 상당하는 금액을 가산세로 한다.

⑤ 납부지연가산세

㉠ 납부하지 아니한 세액 또는 과소납부분 세액 × 법정납부기한의 다음 날부터 납부일까지의 기간 × 22/100,000(100분의 75 한도)

㉡ 법정납부기한까지 납부하지 아니한 세액 또는 과소납부분 세액 × 3/100

㉢ 납세고지한 세액이 40만원 이상인 경우로서 지정납부기한까지 납부하여야 할 세액 중 납부하지 아니한 세액 또는 과소납부한 세액 × 지정납부기한의 다음 날부터 납부일까지 경과한 개월 수(60개월을 초과하는 경우 60개월로 보며, 1개월 미만은 없는 것으로 본다) × 1월 1만분의 75

> **참고** 가산세의 부과와 면제
> 지방자치단체의 장은 부과하였거나 부과할 가산세에 있어서 그 부과의 원인이 되는 사유가 천재·지변·사변·화재 그 밖에 이와 유사한 사유가 발생한 경우에는 가산세를 면제한다. 가산세 면제를 받고자 하는 자는 그 사유를 명시하여 지방자치단체의 장에게 신청하여야 한다.

(2) 중가산세 제33회

① 중가산세 대상: 납세의무자가 취득세 과세물건을 사실상 취득한 후 신고를 하지 아니하고 매각하는 경우에는 산출세액에 100분의 80을 가산한 금액을 세액으로 하여 보통징수의 방법으로 징수한다.

② 중가산세 제외: 다음의 경우에는 중가산세를 적용하지 않고 일반가산세를 적용한다(「지방세법 시행령」 제37조).

ⓐ 취득세 과세물건 중 등기 또는 등록이 필요하지 아니하는 과세물건(골프회원권, 승마회원권, 콘도미니엄 회원권, 종합체육시설 이용회원권 및 요트회원권은 제외한다)

ⓑ 지목변경, 차량·기계장비 또는 선박의 종류변경, 주식 등의 취득 등 취득으로 보는 과세물건

구분		가산세
과세물건을 사실상 취득한 후 신고를 하지 아니하고 매각		중가산세
등기 등이 필요하지 않는 과세물건	신고를 하지 아니하고 매각	일반가산세
	~ 회원권 신고를 하지 아니하고 매각	중가산세
토지의 지목변경 + 신고를 하지 아니하고 매각		일반가산세

> **참고** 중가산세
> 1. 원칙: 취득 후 신고 없이 매각 ⇨ 80% 가산세
> 2. 등기·등록이 불필요한 자산 신고를 하지 아니하고 매각하는 경우
>   • 원칙: 중가산세 적용 없음
>   • 골프회원권·승마회원권·콘도미니엄 회원권·종합체육시설 이용회원권 및 요트회원권: 중가산세 적용
> 3. 지목변경, 차량·기계장비 또는 선박의 종류변경, 주식 등의 취득 등 취득으로 보는 과세물건 신고를 하지 아니하고 매각하는 경우: 중가산세 적용 없음

(3) 장부 등의 작성과 보존 제33회

① 취득세 납세의무가 있는 법인은 취득당시가액을 증명할 수 있는 장부와 관련 증거서류를 작성하여 갖춰 두어야 한다(「지방세법」 제22조의2 제1항).

② 지방자치단체의 장은 취득세 납세의무가 있는 법인이 의무를 이행하지 아니하는 경우에는 산출된 세액 또는 부족세액의 100분의 10에 상당하는 금액을 징수하여야 할 세액에 가산한다(「지방세법」 제22조의2 제2항).

5 면세점 제33회

(1) 취득가액이 50만원 이하일 때에는 취득세를 부과하지 않는다(「지방세법」 제17조 제1항). 연부취득의 경우에는 연부금 총액이 50만원 이하인 경우 면세점이 적용된다.

(2) 토지나 건축물을 취득한 자가 그 취득한 날부터 1년 이내에 그에 인접한 토지나 건축물을 취득한 경우에는 각각 그 전·후의 취득에 관한 토지나 건축물의 취득을 1건의 토지 취득 또는 1구의 건축물 취득으로 보아 면세점을 적용한다(「지방세법」 제17조 제2항).

> **용어** 면세점(免稅點)
> 과세표준금액이 일정금액 이하에 대해 과세하지 않는다고 정할 때의 그 금액을 말한다.

❻ 미납부 통보

(1) 등기 또는 등록관서의 장은 등기 또는 등록 후에 취득세가 납부되지 아니하였거나 납부부족액을 발견하였을 때에는 다음 달 10일까지 납세지를 관할하는 시장·군수·구청장에게 통보하여야 한다(「지방세법 시행령」 제38조).

(2) 등기·등록관서의 장이 등기·등록을 마친 경우에는 취득세의 납세지를 관할하는 지방자치단체의 장에게 그 등기·등록의 신청서 부본(副本)에 접수연월일 및 접수번호를 기재하여 등기·등록일부터 7일 내에 통보하여야 한다. 다만, 등기·등록사업을 전산처리하는 경우에는 전산처리된 등기·등록자료를 행정안전부령으로 정하는 바에 따라 통보하여야 한다(「지방세법」 제22조 제2항).

❼ 취득세에 대한 부가세

(1) 농어촌특별세

취득세에 대한 농어촌특별세는 다음의 금액을 그 세액으로 한다(「농어촌특별세법」 제5조 제1항 제6호).

취득세 납부세액이 있는 경우	취득세의 표준세율을 100분의 2로 적용하여 「지방세법」, 「지방세특례제한법」 및 「조세특례제한법」에 따라 산출한 취득세액의 100분의 10
취득세 감면세액이 있는 경우	취득세 감면세액의 100분의 20

(2) 지방교육세

취득물건(중과기준세율이 적용되는 경우는 제외한다)에 대하여 과세표준에 표준세율에서 중과기준세율을 뺀 세율을 적용하여 산출한 취득세액의 100분의 20으로 한다(「지방세법」 제151조 제1항 제1호).

> 참고 농어촌특별세 비과세
> 서민주택 및 농가주택에 대한 취득세에 대한 농어촌특별세는 비과세한다.

제7절 | 비과세

(1) 국가등의 취득
① 국가 또는 지방자치단체, 지방자치단체조합, 외국정부 및 주한국제기구의 취득에 대해서 취득세를 부과하지 아니한다(「지방세법」 제9조 제1항).
② 대한민국 정부기관의 취득에 대하여 과세하는 외국정부의 취득에 대해서는 취득세를 부과한다(「지방세법」 제9조 제1항 단서). 제32회, 제35회

(2) 국가등에 기부·채납한 재산
① 국가, 지방자치단체 또는 지방자치단체조합에 귀속 또는 기부·채납(「사회기반시설에 대한 민간투자법」에 따른 방식으로 귀속되는 경우를 포함한다)을 조건으로 취득하는 부동산 및 사회기반시설에 대해서는 취득세를 부과하지 아니한다(「지방세법」 제9조 제2항).
② 다음에 해당하는 경우에는 그 해당 부분에 대해서는 취득세를 부과한다(「지방세법」 제9조 제2항 단서).
  ㉠ 국가등에 귀속 등의 조건을 이행하지 아니하고 타인에게 매각·증여하거나 귀속 등을 이행하지 아니하는 것으로 조건이 변경된 경우
  ㉡ 국가등에 귀속 등의 반대급부로 국가등이 소유하고 있는 부동산 및 사회기반시설을 무상으로 양여(讓與: 넘겨받음)받거나 기부채납 대상물의 무상사용권을 제공받는 경우 제35회

> **참고** 국가등에 기부채납 조건
> 1. 원칙: 비과세
> 2. 과세
>   - 무상사용권을 제공받는 경우
>   - 타인에게 매각·증여한 경우

(3) 신탁취득
① 신탁(「신탁법」에 따른 신탁으로서 신탁등기가 병행되는 것만 해당한다)으로 인한 신탁재산의 취득으로서 다음에 해당하는 경우에는 취득세를 부과하지 아니한다(「지방세법」 제9조 제3항).
  ㉠ 위탁자로부터 수탁자에게 신탁재산을 이전하는 경우
  ㉡ 신탁의 종료 또는 해지로 인하여 수탁자로부터 위탁자에게 신탁재산을 이전하는 경우
  ㉢ 수탁자가 변경되어 신수탁자에게 신탁재산을 이전하는 경우
② 신탁재산의 취득 중 주택조합 등과 조합원 간의 부동산 취득 및 주택조합 등의 비조합원용 부동산 취득은 취득세를 과세한다(「지방세법」 제9조 제3항 단서). 제35회

> **참고** 형식적 소유권취득에 대한 비과세
> 신탁은 「신탁법」에 의한 신탁으로서 신탁등기가 병행되는 것을 말하므로 명의신탁해지를 원인으로 하는 취득은 과세대상이다.

심화 환매권 행사

환매등기를 병행하는 부동산의 매매로서 환매기간 내에 매도자가 환매한 경우의 그 매도자와 매수자의 취득은 표준세율에서 중과기준세율을 뺀 세율로 산출한 금액을 그 세액으로 한다.

참고 임시용 건축물

임시용 건축물에 대한 '존속기간 1년 초과' 판단의 기산점은 시장·군수·구청장에게 신고한 가설건축물 축조신고서상 존치기간의 시기(그 이전에 사실상 사용한 경우에는 그 사실상 사용일)가 되고, 신고가 없는 경우에는 사실상 사용일이 된다.

참고 공동주택의 개수

1. 시가표준액 9억원 이하: 비과세
2. 대수선: 금액 관계없이 과세

(4) 환매권 행사의 취득

「징발재산정리에 관한 특별조치법」 또는 「국가보위에 관한 특별조치법 폐지 법률」 부칙 제2항에 따른 동원대상지역 내의 토지의 수용·사용에 관한 환매권의 행사로 매수하는 부동산의 취득에 대하여는 취득세를 부과하지 아니한다(「지방세법」 제9조 제4항).

(5) 임시사용 건축물 제33회, 제35회

① 임시흥행장, 공사현장사무소 등(사치성재산에 따른 과세대상은 제외한다) 임시건축물의 취득에 대하여는 취득세를 부과하지 아니한다(「지방세법」 제9조 제5항).

② 존속기간이 1년을 초과하는 임시건축물 취득의 경우에는 취득세를 부과한다(「지방세법」 제9조 제5항 단서).

취득세	재산세
① 1년 이하: 비과세(사치성재산은 1년 이하인 경우도 과세)	① 1년 미만: 비과세(사치성재산은 1년 미만인 경우도 과세)
② 1년 초과: 과세(중과기준세율)	② 1년 이상: 과세

(6) 공동주택의 노후 시설물 교체

「주택법」에 따른 공동주택의 개수(「건축법」에 따른 대수선은 제외한다)로 인한 취득 중 개수로 인한 취득 당시 주택의 시가표준액이 9억원 이하의 주택과 관련된 개수로 인한 취득에 대해서는 취득세를 부과하지 아니한다(「지방세법」 제9조 제6항, 「지방세법 시행령」 제12조의2). 제36회

(7) 사용할 수 없는 차량 상속

다음에 해당하는 차량에 대해서는 상속에 따른 취득세를 부과하지 아니한다(「지방세법」 제9조 제7항).

① 상속개시 이전에 천재지변·화재·교통사고·폐차·차령초과(車齡超過) 등으로 사용할 수 없는 차량

② 차령초과로 사실상 차량을 사용할 수 없는 경우 등의 사유로 상속으로 인한 이전등록을 하지 아니한 상태에서 폐차함에 따라 상속개시일이 속하는 달의 말일부터 6개월(외국에 주소를 둔 상속인이 있는 경우에는 9개월) 이내에 말소등록된 차량

제1장 메타인지 학습체크

01 차량·기계장비·항공기 및 주문을 받아 건조하는 선박은 [① 원시취득인 경우에만 / ② 승계취득인 경우에만] 취득세를 과세한다.

02 해당 건축물의 조작 기타 부대설비에 속하는 것으로서 그 주체구조부와 일체가 되어 하나의 효용가치를 이루는 것에 대하여는 주체구조부 취득자 이외의 자가 가설한 경우에도 주체구조부의 취득자가 함께 취득한 것으로 간주하여 [① 주체구조부 취득자 / ② 가설한 자]를 취득세 납세의무자로 본다.

03 상속(피상속인이 상속인에게 한 유증 및 포괄유증과 신탁재산의 상속을 포함한다)으로 인하여 취득하는 경우에는 [① 상속인 각자 / ② 상속인 중 지분이 가장 큰 자]가 상속받는 취득물건을 취득한 것으로 본다.

04 법인설립 시에 발행하는 주식 또는 지분을 취득함으로써 과점주주가 된 경우에는 취득세 납세의무가 [① 발생한다. / ② 발생하지 않는다.]

05 유상승계취득의 취득시기는 [① 사실상 잔금지급일 / ② 계약서상 잔금지급일]에 취득한 것으로 본다. 이 경우 사실상의 잔금지급일 전에 등기 또는 등록을 한 경우에는 그 등기일 또는 등록일에 취득한 것으로 본다.

06 무상승계취득의 경우 해당 취득물건을 [① 등기·등록을 하고 / ② 등기·등록을 하지 않고] 화해조서·인낙조서·공정증서에 의하여 취득일이 속하는 달의 말일부터 3개월 이내에 계약이 해제된 사실이 입증되는 경우에는 취득한 것으로 보지 아니한다.

07 이혼에 따른 재산분할로 부동산을 취득한 경우에는 과세물건의 [① 당초 취득일 / ② 등기일 또는 등록일]이 취득시기가 된다.

08 대물변제액(대물변제액 외에 추가로 지급한 금액이 있는 경우에는 그 금액을 [① 포함 / ② 제외]한다). 다만, 대물변제액이 시가인정액보다 적은 경우 취득당시가액은 시가인정액으로 한다.

정답
01 ② **02** ① **03** ① **04** ② **05** ① **06** ② **07** ② **08** ①

제1장 메타인지 학습체크

09 공인중개사에게 지급한 중개보수는 사실상 취득가격에 포함한다. 다만, [① 법인이 아닌 자 / ② 개인이 아닌 자]가 취득하는 경우는 사실상 취득가격에서 제외한다.

10 국민주택채권을 해당 부동산의 취득 이전에 금융회사에 양도함으로써 발생하는 매각차손은 사실상 취득가격에 [① 포함한다. / ② 포함하지 않는다.] 금융회사 외의 자에게 양도한 경우에는 동일한 날에 금융회사에 양도하였을 경우 발생하는 매각차손을 한도로 한다.

11 법인이 아닌 자가 건축물을 건축하여 취득하는 경우로서 사실상 취득가격을 확인할 수 없는 경우의 취득당시가액은 [① 시가인정액 / ② 시가표준액]으로 한다.

12 유상으로 농지를 취득한 경우 취득세 세율은 [① 1천분의 30 / ② 1천분의 40]이나, 농지 이외를 유상으로 취득한 경우 취득세 세율은 1천분의 40이다.

13 공유물, 합유물 및 총유물의 분할로 인한 취득의 경우 취득세 표준세율은 [① 1천분의 23 / ② 1천분의 25]이다.

14 공유물·합유물의 분할 또는 부동산의 공유권 해소를 위한 지분이전으로 인한 취득에 대한 취득세는 [① 표준세율에서 중과기준세율을 뺀 세율 / ② 중과기준세율]로 산출한 금액을 취득세 세액으로 한다.

15 건축물의 개수로 인한 취득에 대하여는 그 가액 증가분에 대하여 [① 표준세율에서 중과기준세율을 뺀 세율 / ② 중과기준세율]을 적용하여 계산한 금액을 취득세 세액으로 한다. 그러나 개수로 인하여 면적이 증가한 경우에는 원시취득으로 보아 1천분의 28의 취득세 세율을 적용한다.

16 1세대 4주택 이상에 해당하는 주택으로서 조정대상지역 외의 지역에 있는 주택을 취득하는 경우 1천분의 40의 세율을 표준세율로 하여 해당 세율에 중과기준세율의 [① 100분의 200 / ② 100분의 400]을 합한 세율을 적용한다.

정답

09 ① **10** ① **11** ② **12** ① **13** ① **14** ① **15** ② **16** ②

17 과밀억제권역에서 본점이나 주사무소의 사업용으로 신축하거나 증축하는 건축물과 그 부속토지를 취득하는 경우 취득세 세율은 [① 표준세율에 중과기준세율의 100분의 200을 합한 세율 / ② 표준세율에 중과기준세율의 100분의 300을 합한 세율]을 적용한다.

18 혼인한 사람이 혼인 전 소유한 주택분양권으로 주택을 취득하는 경우 다른 배우자가 혼인 전부터 소유하고 있는 주택은 1세대의 주택 수를 산정할 때 소유주택 수에 [① 포함한다. / ② 포함하지 않는다.]

19 주택 수 산정일 현재 시가표준액이 [① 1억원 / ② 3억원] 이하인 부속토지만을 소유한 경우 해당 부속토지는 1세대의 주택 수를 산정할 때 소유주택 수에서 제외한다.

20 증여(부담부증여를 포함한다)로 인한 경우 취득세는 [① 취득일로부터 3개월 / ② 취득일이 속하는 달의 말일부터 3개월] 이내에 과세표준에 세율을 적용하여 산출한 세액을 신고납부하여야 한다.

21 취득가액이 50만원 이하인 경우에는 면세점으로 취득세를 부과하지 않는다. 연부취득의 경우에는 [① 연부금 지급액 / ② 연부금 총액]이 50만원 이하인 경우 면세점이 적용된다.

22 등기·등록관서의 장은 취득세가 납부되지 아니하거나 납부부족액을 발견하였을 때에는 [① 다음 달 10일 / ② 다음 달 말일]까지 납세지를 관할하는 시장·군수·구청장에게 통보하여야 한다.

23 국가 또는 지방자치단체에 귀속 또는 기부채납할 것을 조건으로 부동산을 취득하는 경우라도 그 반대급부로 기부채납 대상물의 무상사용권을 제공받는 때에는 취득세를 [① 부과한다. / ② 부과하지 않는다.]

24 신탁재산의 취득 중 주택조합 등과 조합원 간의 부동산 취득 및 주택조합 등의 비조합원용 부동산 취득은 취득세를 [① 부과한다. / ② 부과하지 않는다.]

정답

17 ① 18 ② 19 ① 20 ② 21 ② 22 ① 23 ① 24 ①

제2장 등록에 대한 등록면허세

회독 Check 1회 2회 3회

- 등록에 대한 등록면허세는 재산권 기타 권리의 설정·변경·소멸에 관한 사항을 공부에 등록하는 경우에 부과하는 것으로 1문제 출제가 예상되는 단원이다.
- 2011년부터 예전의 등록세 중 설정·변경·소멸에 대한 등기·등록을 면허세에 통합하면서 새롭게 태어난 세목이다. 세율을 먼저 암기한 후에 납세절차와 납세의무자와 과세표준을 정리하는 방식으로 학습하는 것이 좋다.

제1절 | 의의 및 특징

❶ 의의

등록에 대한 등록면허세는 재산권과 그 밖의 권리의 설정·변경 또는 소멸에 관한 사항을 공부에 등록하는 경우에 그 등록을 하는 자가 등록을 하기 전까지 납세지를 관할하는 지방자치단체의 장에게 신고하고 납부하는 보통세인 지방세이다(「지방세법」 제30조 제1항).

핵심 🎯 취득세와 등록면허세

구분	취득세	등록면허세
인세	×	×
물세	○	○
합산과세	×	×
개별과세	○	○
초과누진세율	×	×
비례세율	○	○
표준세율	±50%	±50%
유통과세	○	○
보유과세	×	×
사실주의	○	×
형식주의	×	○
성립시기	취득하는 때	등록하는 때
확정	신고하는 때	신고하는 때
기한 후 신고	○	○
가산세	○	○
물납	×	×
분할납부	×	×
면세점	○	×
소액징수면제	×	×

과세대상물 → 등기·등록 이행 → 신고·납부(등록하기 전까지) → 납세지 관할 지방자치단체

설정, 변경, 소멸

① 유통과세
② 물세(개별과세)
③ 비례세율
④ 형식주의(명의자과세)

① 지방세
② 도세, 구세
③ 직접세
④ 보통세
⑤ 독립세

❷ 특징

(1) 등록면허세는 등록 단계마다 과세되는 개별과세인 물세(비례세율: 표준세율)이다.

(2) 등록면허세는 유통과세(流通稅)이면서 행위세(行爲稅)이다.

(3) 등록면허세는 등기·등록을 이행한 경우에 과세(형식주의 = 명의자과세)한다.

(4) 등록면허세는 등록하는 때 성립(추상적)하고, 신고하는 때 확정(신고납부)된다.

(5) 등록면허세는 신고납부 불이행시 가산세(10%, 20%, 40%)가 부과된다.

(6) 등록면허세는 금액 관계없이 물납이 불가능하다.

(7) 등록면허세는 금액 관계없이 분할납부가 불가능하다.

(8) 등록면허세는 면세점과 소액징수면제가 없다.
  ✔ 최저세액제: 세액이 6,000원 미만인 경우라도 6,000원을 징수한다.

③ 등록 제36회

(1) 등록이란 재산권과 그 밖의 권리의 설정·변경 또는 소멸에 관한 사항을 공부에 등기하거나 등록하는 것을 말한다(「지방세법」 제23조 제1항 제1호).

(2) 취득을 원인으로 이루어지는 등기 또는 등록은 취득세로 과세하되, 다음에 해당하는 등기나 등록은 취득세 부과할 수 없는 경우로 등록면허세의 등기나 등록에 포함한다(「지방세법」 제23조 제1항 제1호 단서). 제32회
  ① 광업권, 어업권 및 양식업권의 취득에 따른 등록
  ② 외국인 소유의 취득세 과세대상 물건(차량, 기계장비, 항공기 및 선박만 해당한다)의 연부취득에 따른 등기 또는 등록
  ③ 취득세 부과제척기간이 경과한 후 해당 물건에 대한 등기 또는 등록
  ④ 취득세 면세점에 해당하는 물건의 등기 또는 등록

용어 재산권 등
1. 재산권: 금전적 가치가 있는 물권·채권·무체재산권 등을 지칭하는 것이다.
2. 그 밖의 권리: 재산 이외의 권리로서 「부동산등기법」 등 기타 관계법령의 규정에 의하여 등기·등록하는 것을 말한다.

예제

「지방세법」상 등록면허세가 과세되는 등록 또는 등기가 아닌 것은? (단, 2026년 1월 1일 이후 등록 또는 등기한 것으로 가정함) 제29회
① 광업권의 취득에 따른 등록
② 외국인 소유의 선박을 직접 사용하기 위하여 연부취득 조건으로 수입하는 선박의 등록
③ 취득세 부과제척기간이 경과한 주택의 등기
④ 취득가액이 50만원 이하인 차량의 등록
⑤ 계약상의 잔금지급일을 2026년 12월 1일로 하는 부동산(취득가액 1억원)의 소유권이전등기

해설 취득가액이 1억원으로 취득세 면세점에 해당하지 않고, 취득일이 2026년 12월 1일이기 때문에 아직 제척기간이 경과하지도 않았기 때문에 부동산의 소유권 이전에 대한 등기는 취득세로 부과한다. **정답 ⑤**

제2절 | 납세의무자 및 과세표준

1 납세의무자 제32회

(1) 재산권과 그 밖의 권리의 설정·변경 또는 소멸에 관한 사항을 공부에 등기하거나 등록하는 경우에 그 등록을 하는 자가 등록면허세를 납부할 의무를 진다(「지방세법」제24조 제1호).

구분	납세의무자	구분	납세의무자
저당권설정등기	저당권자 = 채권자	지상권설정등기	지상권자
지역권설정등기	지역권자	가압류·가처분등기	채권자
전세권설정등기	전세권자 = 임차인	근저당권말소등기	저당권 설정자

> 용어 ▶ 등록을 하는 자
> 재산권 기타 권리의 설정·변경 또는 소멸에 관한 사항을 공부에 등기 또는 등록을 받는 등기·등록부상에 기재된 명의자(등기권리자)를 말한다.

(2) 등기·등록이 된 이후 법원의 판결 등에 의해 그 등기 또는 등록이 무효 또는 취소가 되어 등기·등록이 말소된다 하더라도 이미 납부한 등록면허세는 과오납으로 환급할 수 없다(「지방세법 기본통칙」 23-2…1).

2 과세표준 제34회, 제36회

(1) 신고한 경우

① 부동산의 등록에 대한 등록면허세의 과세표준은 등기·등록 당시의 신고가액으로 한다(「지방세법」제27조 제1항).

② 신고가 없거나 신고가액이 시가표준액보다 적은 경우에는 등기·등록 당시의 시가표준액을 과세표준으로 한다(「지방세법」제27조 제2항).

③ 주택의 토지와 건축물을 한꺼번에 평가하여 토지나 건축물에 대한 과세표준이 구분되지 아니하는 경우에는 한꺼번에 평가한 개별주택가격을 토지나 건축물의 가액 비율로 나눈 금액을 각각 토지와 건축물의 과세표준으로 한다(「지방세법 시행령」제42조 제2항).

> 비교 ▶ 취득세와 등록면허세의 과세표준
> 1. 취득세 과세표준: 취득 당시의 신고가액
> 2. 등록면허세 과세표준: 등기·등록 당시의 신고가액

(2) 취득을 원인으로 하는 등록의 경우

① 취득을 원인으로 하는 다음의 등록의 경우 취득세에서 정하는 취득당시가액을 과세표준으로 한다(「지방세법」제27조 제3항).
  ㉠ 광업권, 어업권 및 양식업권의 취득에 따른 등록
  ㉡ 외국인 소유의 취득세 과세대상 물건(차량, 기계장비, 항공기 및 선박만 해당한다)의 연부취득에 따른 등기 또는 등록

> 참고 ▶ 등록면허세 과세표준
> 취득세 부과제척기간이 경과한 물건의 등기 또는 등록의 과세표준은 등기·등록 당시의 가액과 취득당시가액 중 높은 금액을 과세표준으로 한다.

ⓒ 취득세 면세점에 해당하는 물건의 등기 또는 등록
② 등록 당시에 자산재평가 또는 감가상각 등의 사유로 그 가액이 달라진 경우에는 변경된 가액(등기일 또는 등록일 현재의 법인장부 또는 결산서 등으로 증명되는 가액)을 과세표준으로 한다.

(3) 저당권 등의 권리 취득 등기시 과세표준 제32회, 제33회

① 일정한 채권금액이 있을 경우에는 그 채권금액을 과세표준으로 한다.
② 일정한 채권금액이 없을 때에는 채권의 목적이 된 것의 가액 또는 처분의 제한의 목적이 된 금액을 그 채권금액으로 본다(「지방세법」 제27조 제4항).

구분	과세표준
지상권	부동산가액
가등기	부동산가액 또는 채권금액
저당권, 경매신청, 가압류, 가처분	채권금액
지역권	요역지가액
전세권	전세금액
임차권	월임대차금액

(4) 건수에 의한 과세표준(종량세)

① 말소등기
② 지목변경등기
③ 토지 합필등기
④ 건물 구조변경등기

예제

거주자인 개인 乙은 甲이 소유한 부동산(시가 6억원)에 전세기간 2년, 전세보증금 3억원으로 하는 전세계약을 체결하고, 전세권 설정등기를 하였다. 「지방세법」상 등록면허세에 관한 설명으로 옳은 것은? 제32회

① 과세표준은 6억원이다.
② 표준세율은 전세보증금의 1천분의 8이다.
③ 납부세액은 6천원이다.
④ 납세의무자는 乙이다.
⑤ 납세지는 甲의 주소지이다.

해설 ④ 납세의무자는 전세권자인 乙이다.
① 과세표준은 3억원이다.
② 표준세율은 전세보증금의 1천분의 2이다.
③ 납부세액은 600,000원이다.
⑤ 납세지는 甲의 부동산 소재지이다.

정답 ④

용어

자산재평가
물가 상승으로 인해 기업 자산의 현실적 가액이 장부가액과 현저한 차이를 보일 때 그 자산을 재평가하는 것을 말한다.

감가상각
시간이 경과함에 따라 노후되는 설비의 원가에 대해 사용기간 등에 의한 물리적·경제적 가치하락의 감소분을 감가상각이라 하고 감가상각된 금액이나 비율로 나온 금액을 감가상각비라 한다.

참고 지목변경

1. 취득세: 지목변경으로 가액이 증가된 경우 그 증가된 가액에 대하여 중과기준세율로 과세한다.
2. 등록면허세: 지목변경등기에 대하여 변경등기 1건당 6,000원을 징수한다.

제3절 | 세율

❶ 표준세율 제32회, 제34회

지방자치단체의 장은 조례로 정하는 바에 따라 등록면허세의 세율을 표준세율의 100분의 50의 범위에서 가감할 수 있다(「지방세법」 제28조 제6항).

구분			과세표준	세율	비고
소유권 보존등기			부동산가액	1천분의 8	
소유권 이전등기	유상		부동산가액	1천분의 20	• 취득세 유상승계취득에 대한 세율을 적용받는 주택의 경우에는 해당 주택의 취득세율에 50%를 곱한 세율을 적용하여 산출한 금액을 그 세액으로 한다. • 세액이 6,000원 미만일 때에는 6,000원으로 한다.
	무상	상속	부동산가액	1천분의 8	
		증여	부동산가액	1천분의 15	
소유권 외의 물권과 임차권의 설정 및 이전	지상권		부동산가액	1천분의 2	
	저당권		채권금액		
	지역권		요역지가액		
	전세권		전세금액		
	임차권		월 임대차금액		
경매신청, 가압류, 가처분			채권금액		
가등기			부동산가액 또는 채권금액		
그 밖의 등기(말소, 지목변경)			매 1건당	6,000원	

> **참고 📖 주택유상거래**
> 유상거래를 원인으로 주택을 취득하여 취득 당시의 가액에 따른 1%, 2%, 3%를 적용받는 주택의 경우에는 해당 주택의 취득세율에 50%를 곱한 세율(0.5%, 1%, 1.5%)을 적용하여 산출한 금액을 그 세액으로 한다.

❷ 중과세율(표준세율의 100분의 300)

다음의 어느 하나에 해당하는 등기를 할 때에는 표준세율의 100분의 300으로 한다. 다만, 「수도권정비계획법」 제6조에 따른 과밀억제권역에 설치가 불가피하다고 인정되는 업종(병원, 백화점, 은행 등)에 대하여는 중과세를 적용하지 않는다.

(1) 대도시에서 법인을 설립(설립 후 또는 휴면법인을 인수한 후 5년 이내에 자본 또는 출자액을 증가하는 경우를 포함한다)하거나 지점이나 분사무소를 설치함에 따른 등기

(2) 대도시 밖에 있는 법인의 본점이나 주사무소를 대도시로 전입(전입 후 5년 이내에 자본 또는 출자액을 증가하는 경우를 포함한다)함에 따른 등기. 이 경우 전입은 법인의 설립으로 보아 세율을 적용한다.

> **참고 📖 중과 대상 법인**
> 대도시지역 내 중과 대상인 법인은 영리법인과 비영리법인 모두를 포함한다.

제4절 | 납세절차

1 납세지 제32회, 제33회, 제34회, 제36회

(1) 등기 또는 등록에 대한 등록면허세의 납세지는 다음에서 정하는 바에 따른다(「지방세법」 제25조 제1항).

구분	납세지
부동산 등기	부동산 소재지
선박 등기 또는 등록	선적항 소재지
자동차 등록	「자동차관리법」에 다른 등록지. 다만, 등록지가 사용본거지와 다른 경우에는 사용본거지를 납세지로 한다.
건설기계 등록	「건설기계관리법」에 따른 등록지
항공기 등록	정치장 소재지
법인 등기	본점·지점 또는 주사무소·분사무소 등의 소재지
상호 등기	영업소 소재지
광업권·조광권 등록	광구 소재지
어업권·양식업권 등록	어장 소재지
저작권·출판권·저작인접권·컴퓨터프로그램저작권·데이터베이스제작자의 권리 등록	저작권자·출판권자·저작인접권자·컴퓨터프로그램 저작권자·데이터베이스 제작권자 주소지
특허권·실용신안권·디자인권 등록	등록권자 주소지
상표·서비스표 등록	주사무소 소재지
영업의 허가 등록	영입소 소재지
지식재산권담보권 등록	지식재산권자 주소지

(2) 같은 등록에 관계되는 재산이 둘 이상의 지방자치단체에 걸쳐 있어 등록면허세를 지방자치단체별로 부과할 수 없을 때에는 등록관청 소재지를 납세지로 한다(「지방세법」 제25조 제1항 제16호).

(3) 같은 채권의 담보를 위하여 설정하는 둘 이상의 저당권을 등록하는 경우에는 이를 하나의 등록으로 보아 그 등록에 관계되는 재산을 처음 등록하는 등록관청 소재지를 납세지로 한다(「지방세법」 제25조 제1항 제17호).

(4) 납세지가 분명하지 아니한 경우에는 등록관청 소재지를 납세지로 한다(「지방세법」 제25조 제1항 제18호).

용어 등록관청
등기·등록 신청을 하는 자가 신청서를 제출해야 하는 관청을 말한다.

> **참고** 취득세 신고납부
> 1. 일반적: 취득일로부터 60일 이내
> 2. 증여: 취득일이 속하는 달의 말일부터 3개월 이내
> 3. 상속: 상속개시일이 속하는 달의 말일부터 6개월(국외 주소 9개월)이내

> **참고** 중과세대상이 되는 날
> 1. 다음의 어느 하나에 해당하는 경우에는 해당 사무소나 사업장이 사실상 설치된 날
>   - 대도시에서 법인을 설립하는 경우
>   - 대도시에서 법인의 지점이나 분사무소를 설치하는 경우
>   - 대도시 밖에 있는 법인의 본점이나 주사무소를 대도시로 전입하는 경우
> 2. 법인등기를 한 중과 제외 업종 외의 업종으로 변경하여 중과세를 적용받게 되는 경우에는 그 사유가 발생한 날

> **기출**
> 1. 등록면허세 신고를 하지 아니하였으나 등록면허세 산출세액을 등록을 하기 전까지 납부한 경우에는 무신고가산세를 적용하지 아니한다.
> 2. 같은 등록에 관계되는 재산이 둘 이상의 지방자치단체에 걸쳐 있어 등록면허세를 지방자치단체별로 부과할 수 없을 때에는 등록 관청 소재지를 등록면허세 납세지로 한다.
> 제34회

❷ 신고납부 제34회

(1) 일반적인 경우

① 등록을 하려는 자는 과세표준에 세율을 적용하여 산출한 세액을 등록을 하기 전(등기 또는 등록 신청서를 등기·등록관서에 접수하는 날)까지 납세지를 관할하는 지방자치단체의 장에게 신고하고 납부하여야 한다(「지방세법」 제30조 제1항).

② 신고를 하지 아니한 경우에도 등록면허세 산출세액을 등록하기 전까지 납부하였을 때에는 신고를 하고 납부한 것으로 본다. 이 경우 무신고가산세나 과소신고가산세는 부과되지 않는다(「지방세법」 제30조 제4항).

(2) 추가신고납부

① 비과세 감면 배제시 납부방법: 등록면허세를 비과세·과세면제 또는 경감받은 후에 해당 과세물건이 등록면허세 부과대상 또는 추징대상이 되었을 때에는 그 사유발생일로부터 60일 이내에 해당 과세표준에 세율을 적용하여 산출한 세액[경감받은 경우에는 이미 납부한 세액(가산세는 제외한다)을 공제한 세액을 말한다]을 납세지를 관할하는 지방자치단체의 장에게 신고하고 납부하여야 한다(「지방세법」 제30조 제3항).

② 등록 후 중과세된 경우: 등록면허세 과세물건을 등록한 후에 해당 과세물건이 중과세대상이 된 때에는 중과세대상이 된 날로부터 60일 이내에 이미 납부한 세액(가산세를 제외한다)을 공제한 금액을 세액으로 하여 납세지를 관할하는 지방자치단체의 장에게 신고하고 납부하여야 한다(「지방세법」 제30조 제2항).

(3) 대위자 신고납부 제36회

① 채권자대위자는 납세의무자를 대위하여 부동산의 등기에 대한 등록면허세를 신고납부할 수 있다(「지방세법」 제30조 제5항).

② 「부동산등기법」에 따라 채권자대위권에 의한 등기신청을 하려는 채권자가 납세의무자를 대위하여 부동산의 등기에 대한 등록면허세를 신고납부한 경우에는 등록면허세 납부확인서를 발급받을 수 있다(「지방세법 시행규칙」 제13조 제6항).

③ 지방자치단체의 장은 채권자대위자의 신고납부가 있는 경우 납세의무자에게 그 사실을 즉시 통보하여야 한다(「지방세법」 제30조 제6항).

❸ 보통징수와 가산세

(1) 개요

등록면허세 납세의무자가 신고 또는 납부의무를 다하지 아니하면 산출한 세액 또는 그 부족세액에 가산세를 합한 금액을 세액으로 하여 보통징수방법으로 징수한다(「지방세법」 제32조).

(2) 가산세

① 무신고가산세: 납세의무자가 법정신고기한까지 지방세의 과세표준신고를 하지 아니한 경우에는 무신고납부세액의 100분의 20에 상당하는 금액을 가산세로 부과한다(「지방세기본법」 제53조 제1항).

② 부정무신고가산세: 부정한 행위로 법정신고기한까지 지방세의 과세표준신고를 하지 아니한 경우에는 무신고납부세액의 100분의 40에 상당하는 금액을 가산세로 부과한다(「지방세기본법」 제53조 제2항).

③ 과소신고가산세: 납세의무자가 법정신고기한까지 지방세의 과세표준신고를 한 경우로서 과세표준 또는 납부세액을 신고하여야 할 금액보다 적게 신고한 경우에는 과소신고납부세액의 100분의 10에 상당하는 금액을 가산세로 부과한다(「지방세기본법」 제54조 제1항).

④ 부정과소신고가산세: 부정행위로 법정신고기한까지 지방세의 과세표준의 전부 또는 일부를 과소신고한 경우에는 부정행위로 인한 과소신고분 과세표준이 과세표준에서 차지하는 비율을 산출세액에 곱하여 계산한 금액의 100분의 40에 상당하는 금액을 가산세로 부과한다.

⑤ 납부지연가산세
  ㉠ 납부하지 아니한 세액 또는 과소납부분 세액 × 법정납부기한의 다음 날부터 납부일까지의 기간 × 22/100,000(100분의 75 한도)
  ㉡ 법정납부기한까지 납부하지 아니한 세액 또는 과소납부분 세액 × 3/100(납세고지에 따른 납부기한까지 완납하지 아니한 경우에 한정함)
  ㉢ 납세고지한 세액(납세고지서별 세액을 말하며, 같은 납세고지서에 둘 이상의 세목을 함께 납세고지한 경우에는 세목별 세액을 말한다)이 40만원 이상인 경우로서 지정납부기한까지 납부하여야 할 세액 중 납부하지 아니한 세액 또는 과소납부한 세액 × 지정납부기한의 다음 날부터 납부일까지 경과한 개월 수(60개월을 초과하는 경우 60개월로 보며, 1개월 미만은 없는 것으로 본다) × 1월 1만분의 75

❹ 특별징수와 등록자료 통보

(1) 특별징수

① 특허권, 실용신안권, 디자인권 및 상표권 등록의 경우에는 특허청장이 산출한 세액을 특별징수하여 그 등록일이 속하는 달의 다음 달 말일까지 납세지를 관할하는 지방자치단체의 장에게 그 내용을 통보하고 해당 등록면허세를 납부하여야 한다(「지방세법」 제31조 제1항).

② 「저작권법」에 따른 등록에 대하여는 해당 등록기관의 장이 산출한 세액을 특별징수하여 그 등록일이 속하는 달의 다음 달 말일까지 납세지를 관할하는 지방자치단체의 장에게 그 내용을 통보하고 해당 등록면허세를 납부하여야 한다(「지방세법」 제31조 제2항).

③ 특별징수의무자가 특별징수한 등록면허세를 납부하기 전에 해당 권리가 등록되지 아니하였거나 잘못 징수하거나 더 많이 징수한 사실을 발견하였을 경우에는 특별징수한 등록면허세를 직접 환급할 수 있다. 이 경우 「지방세기본법」에 따른 지방세환급가산금을 적용하지 아니한다(「지방세법」 제31조 제3항).

④ 특별징수의무자가 징수하였거나 징수할 세액을 기한까지 납부하지 아니하거나 부족하게 납부하더라도 특별징수의무자에게 「지방세기본법」에 따른 특별징수 납부지연가산세는 부과하지 아니한다(「지방세법」 제31조 제4항). 제33회

(2) 등록자료 통보

등기·등록관서의 장은 등기 또는 등록 후에 등록면허세가 납부되지 아니하였거나 납부부족액을 발견한 경우에는 다음 달 10일까지 납세지를 관할하는 시장·군수·구청장에게 통보하여야 한다(「지방세법 시행령」 제50조 제1항).

❺ 등록면허세에 대한 부가세

(1) 등록에 대한 등록면허세 납부세액이 있는 경우 납부세액의 100분의 20의 지방교육세를 부과한다(「지방세법」 제151조 제1항 제2호).

(2) 등록에 대한 등록면허세 감면세액이 있는 경우 등록면허세 감면세액의 100분의 20의 농어촌특별세를 부과한다(「농어촌특별세법」 제5조 제1항 제1호).

용어 사업자등록신청 관련 자료 열람 요청
시장·군수·구청장이 대도시 법인등기 등에 대한 등록면허세를 중과하기 위하여 관할 세무서장에게 「부가가치세법 시행령」 제11조에 따른 법인의 지점 또는 분사무소의 사업자등록신청 관련 자료의 열람을 요청하거나 구체적으로 그 대상을 밝혀 관련 자료를 요청하는 경우에는 관할 세무서장은 특별한 사유가 없으면 그 요청에 따라야 한다.

제5절 | 비과세

1 국가등의 등록 제34회

(1) 국가, 지방자치단체, 지방자치단체조합, 외국정부 및 주한국제기구가 자기를 위하여 받는 등록에 대하여는 등록면허세를 부과하지 아니한다(「지방세법」 제26조 제1항).

(2) 대한민국 정부기관의 등록에 대하여 과세하는 외국정부의 등록의 경우에는 등록면허세를 부과한다(「지방세법」 제26조 제1항 단서).

(3) 지방세의 체납으로 인하여 압류의 등기 또는 등록을 한 재산에 대하여 압류해제의 등기 또는 등록을 할 경우에는 등록면허세를 부과하지 아니한다(「지방세법 기본통칙」 26-1…1).

용어 공공사업에 필요한 토지 등기
국가와 지방자치단체가 공익사업을 위한 토지 등의 취득 및 보상에 관한 법률에 따라 공공사업(도로신설 및 도로확장 등)에 필요한 토지를 수용하여 공공용지에 편입하기 위해 행하는 분필등기, 공유물분할등기는 국가와 지방자치단체가 자기를 위하여 하는 등기에 해당하므로 등록면허세가 비과세된다.

2 형식적 등록에 대한 비과세 제34회

다음의 어느 하나에 해당하는 등록에 대하여는 등록면허세를 부과하지 아니한다(「지방세법」 제26조 제2항).

(1) 「채무자 회생 및 파산에 관한 법률」상 법원사무관 등의 촉탁 또는 등기소의 직권으로 이루어지는 등기, 관리인이나 파산관재인 또는 개인회생절차에서의 부인권자의 부인의 등기 및 채무자의 재산, 파산재단 또는 개인회생재단에 속하는 권리의 등록

(2) 행정구역의 변경, 주민등록번호의 변경, 지적(地籍)소관청의 지번 변경, 계량단위의 변경, 등기 또는 등록 담당 공무원의 착오 및 이와 유사한 사유로 인한 등기 또는 등록으로서 주소, 성명, 주민등록번호, 지번, 계량단위 등의 단순한 표시변경·회복 또는 경정 등기 또는 등록

(3) 무덤과 이에 접속된 부속시설물의 부지로 사용되는 토지로서 지적공부상 지목이 묘지인 토지에 관한 등기(「지방세법 시행령」 제40조 제1항)

핵심 무덤 과세 구분
1. 취득세: 중과기준세율로 과세
2. 등록면허세: 비과세
3. 재산세: 비과세

제2장 메타인지 학습체크

01 재산권과 그 밖의 권리의 설정·변경 또는 소멸에 관한 사항을 공부에 등기하거나 등록하는 경우에 [① 그 등록을 하는 자 / ② 사실상 소유자]가 등록면허세를 납부할 의무를 진다.

02 부동산의 등록에 대한 등록면허세의 과세표준은 [① 취득 당시 / ② 등기·등록 당시]의 신고가액으로 한다. 다만, 신고가 없거나 신고가액이 시가표준액보다 적은 경우에는 등기·등록 당시의 시가표준액을 과세표준으로 한다.

03 저당권, 경매신청, 가압류(부동산에 관한 권리를 목적으로 등기하는 경우를 포함한다), 가처분(부동산에 관한 권리를 목적으로 등기하는 경우를 포함한다) 등기의 경우 등록면허세 과세표준은 [① 부동산가액 / ② 채권금액]이다.

04 임차권 설정등기의 경우 등록면허세 과세표준은 [① 월 임대차금액 / ② 임차보증금액]이다.

05 소유권 보존등기시 등록면허세 세율은 부동산가액의 [① 1천분의 8 / ② 1천분의 28]이다.

06 상속으로 인한 소유권 이전등기의 등록면허세 세율은 부동산가액의 [① 1천분의 8 / ② 1천분의 28]로 한다.

07 대도시에서 법인을 설립(설립 후 또는 휴면법인을 인수한 후 5년 이내에 자본 또는 출자액을 증가하는 경우를 포함한다)하거나 지점이나 분사무소를 설치함에 따른 등기에 해당하는 등기를 할 때에는 등록면허세 세율을 [① 표준세율의 100분의 200 / ② 표준세율의 100분의 300]으로 한다.

08 「여신전문금융업법」 제2조 제12호에 따른 할부 금융업을 영위하기 위하여 대도시에서 법인을 설립함에 따른 등기를 할 때에는 등록면허세 세율을 [① 표준세율 / ② 표준세율의 100분의 300]로/으로 한다.

09 등록을 하려는 자는 과세표준에 세율을 적용하여 산출한 세액을 [① 등기·등록하기 전 / ② 등록일로부터 60일]까지 납세지를 관할하는 지방자치단체의 장에게 등록면허세를 신고하고 납부하여야 한다.

10 무덤과 이에 접속된 부속시설물의 부지로 사용되는 토지로서 지적공부상 지목이 묘지인 토지에 관한 등기에 대하여는 등록면허세를 [① 부과한다. / ② 부과하지 않는다.]

정답
01 ① 02 ② 03 ② 04 ① 05 ① 06 ① 07 ② 08 ① 09 ① 10 ②

제3장 재산세

💬 재산세는 취득세 및 등록면허세와는 달리 보유과세 형식의 조세이기 때문에 자진신고는 필요하지 않고 보통징수로 과세하게 된다. 본 단원에서는 납세의무자를 정확히 이해한 상태에서 과세표준과 과세대상물별 세율을 정리하고 납세절차에 대한 내용을 숙지하여야 한다.

💬 재산세와 종합부동산세는 서로 비교하여야 하는 내용이 많기 때문에 재산세를 잘 이해하고 있으면 종합부동산세를 이해하는데 많은 도움이 된다.

제1절 | 의의 및 과세대상물

1 개요

(1) 의의

재산세는 과세기준일(6월 1일) 현재 열거된 과세대상물(토지·건축물·주택·선박·항공기)을 사실상 소유한 자에게 납세지를 관할하는 지방자치단체장이 매년 부과하는 보유과세로서 보통징수방법으로 징수하는 지방세이다.

```
과세대상물 → 보유 ← 보통징수    납세지 관할
• 열거주의과세   (6/1)           지방자치단체
• 유형재산

① 토지        ① 보유과세            ① 지방세
② 건축물      ② 대장과세            ② 시·군세, 구세
③ 주택        ③ 합산과세(토지)      ③ 직접세
④ 선박        ④ 개별과세(토지 이외) ④ 보통세
⑤ 항공기      ⑤ 인세(토지), 물세(토지 이외) ⑤ 독립세
```

핵심 🎯 재산세와 종합부동산세

구분	재산세	종합부동산세
인세	○	○
물세	○	×
합산과세	○	○
개별과세	○	×
초과누진세율	○	○ (토지)
비례세율	○	○ (법인소유 주택)
유통과세	×	×
보유과세	○	○
성립시기	과세기준일	과세기준일
확정	결정하는 때	• 원칙: 결정하는 때 • 선택: 신고하는 때
기한 후 신고	×	×
물납	○	×
분할납부	○	○

(2) 특징

① 재산세 과세대상물 중 토지는 소유자별로 합산과세하는 인세이고, 토지를 제외한 과세대상물은 개별과세인 물세이다. 제34회

② 재산세는 6월 1일 소유자에게 부과하는 보유과세(1년분 과세)이다.

③ 재산세는 과세기준일(6월 1일)에 성립하고, 지방자치단체가 결정하는 때 확정(보통징수)된다. 제34회, 제35회

④ 재산세는 납부할 세액이 1,000만원 초과하는 경우 물납(관할 내 부동산) 신청(납부기한 10일 전까지)이 가능하다.

⑤ 재산세는 납부할 세액이 250만원 초과하는 경우 분할납부(3개월 이내) 신청(납부기한까지)이 가능하다.
⑥ 재산세는 소액징수면제(세액이 2,000원 미만)가 적용된다. 제34회

❷ 과세대상물

1. 판정

(1) 재산세의 과세대상 물건이 토지대장, 건축물대장 등 공부상 등재되지 않았거나 공부상 등재현황과 사실상의 현황이 다른 경우에는 사실상 현황에 따라 재산세를 부과한다(「지방세법」제106조 제3항).

(2) 공부상 등재현황과 달리 이용함으로써 재산세 부담이 낮아지는 다음의 경우는 공부상 등재현황에 따라 재산세를 부과한다(「지방세법」제106조 제3항 단서). 제36회

① 관계 법령에 따라 허가 등을 받아야 함에도 불구하고 허가 등을 받지 않고 재산세의 과세대상 물건을 이용하는 경우로서 사실상 현황에 따라 재산세를 부과하면 오히려 재산세 부담이 낮아지는 경우
② 재산세 과세기준일 현재의 사용이 일시적으로 공부상 등재현황과 달리 사용하는 것으로 인정되는 경우

2. 과세대상물 종류(제외: 자동차, 기계장비)

재산세는 과세기준일 현재 시·군·구 내에 소재하는 토지·건축물·주택·선박·항공기를 과세대상으로 한다(「지방세법」제105조).

구분	과세방법	과세범위	세율
토지	합산과세	공부상 등록대상 토지 + 사실상 토지 ✔ 주택 부속 토지 제외	초과누진세율 비례세율
건축물	개별과세	건축물 + 토지에 정착하거나 지하 또는 다른 구조물에 설치하는 시설물 ✔ 주택용 건물 제외	비례세율
주택	개별과세	건물과 토지를 합하여 주택으로 과세 ✔ 경계표시 불명확 ⇨ 주택바닥면적의 10배	초과누진세율
선박	개별과세	기선, 범선, 부선 등 명칭여하를 불문한 모든 배	비례세율
항공기	개별과세	사람이 탑승·조종하여 항공에 사용하는 비행기구	비례세율

참고 취득세 과세대상물
부동산, 차량, 기계장비, 항공기, 선박, 입목, 광업권, 어업권, 양식업권, 골프회원권, 승마회원권, 콘도미니엄 회원권, 종합체육시설 이용회원권, 요트회원권

(1) 토지

토지란 「공간정보의 구축 및 관리 등에 관한 법률」에 따라 지적공부의 등록대상이 되는 토지와 그 밖에 사용되고 있는 사실상의 토지를 말한다(「지방세법」 제104조 제1호). 제36회

> **참고** 사실상 토지
> 매립·간척 등으로 준공인가 전에 사실상으로 사용하는 토지 등 토지대장에 등재되어 있지 않은 토지를 포함한다.

(2) 건축물

건축물이란 「건축법」에 따른 건축물(이와 유사한 형태의 건축물을 포함한다)과 토지에 정착하거나 지하 또는 다른 구조물에 설치하는 레저시설, 저장시설, 도크(dock)시설, 접안시설, 도관시설, 급수시설·배수시설, 에너지 공급시설 및 그 밖에 이와 유사한 시설(이에 딸린 시설을 포함한다)을 말한다(「지방세법」 제6조 제4호).

(3) 주택

① **의의**

주택이란 세대의 세대원이 장기간 독립된 주거생활을 영위할 수 있는 구조로 된 건축물의 전부 또는 일부 및 그 부속토지를 말하며, 이를 단독주택과 공동주택으로 구분한다. 이 경우 토지와 건축물의 범위에서 주택은 제외한다(「지방세법」 제104조 제3호 단서). 제36회

> **참고** 주거용 토지
> 주거용으로 사용되는 토지는 주택으로 보아 재산세를 과세를 하기 때문에 주거용 건물과 합산하여 주택분 재산세로 과세한다.

② 주거용과 주거 외의 용도를 겸하는 건물 등에서 주택의 범위를 구분하는 방법, 주택 부속토지의 범위 산정은 다음에서 정하는 바에 따른다(「지방세법」 제106조 제2항).

   ㉠ 1동(棟)의 건물이 주거와 주거 외의 용도로 사용되고 있는 경우에는 주거용으로 사용되는 부분만을 주택으로 본다. 이 경우 건물의 부속토지는 주거와 주거 외의 용도로 사용되는 건물의 면적비율에 따라 각각 나누어 주택의 부속토지와 건축물의 부속토지로 구분한다(「지방세법」 제106조 제2항 제1호). 제33회

   ㉡ 1구(構)의 건물이 주거와 주거 외의 용도로 사용되고 있는 경우에는 주거용으로 사용되는 면적이 전체의 100분의 50 이상인 경우에는 주택으로 본다(「지방세법」 제106조 제2항 제2호). 제33회

   ㉢ 건축물에서 허가 등이나 사용승인(임시사용승인을 포함한다)을 받지 아니하고 주거용으로 사용하는 면적이 전체 건축물 면적(허가 등이나 사용승인을 받은 면적을 포함한다)의 100분의 50 이상인 경우에는 그 건축물 전체를 주택으로 보지 아니하고, 그 부속토지는 종합합산대상토지로 본다(「지방세법」 제106조 제2항 제3호).

㉣ 주택 부속토지의 경계가 명백하지 아니한 경우에는 그 주택의 바닥면적의 10배에 해당하는 토지를 주택의 부속토지로 한다(「지방세법 시행령」 제105조). 제33회

③ 다가구주택: 다가구주택은 1가구가 독립하여 구분 사용할 수 있도록 분리된 부분을 1구의 주택으로 본다. 이 경우 그 부속토지는 건물면적의 비율에 따라 각각 나눈 면적을 1구의 부속토지로 본다(「지방세법 시행령」 제112조).

(4) 선박

선박이란 기선, 범선, 부선(艀船) 및 그 밖에 명칭에 관계없이 모든 배를 말한다(「지방세법」 제6조 제10호).

(5) 항공기

항공기란 사람이 탑승·조종하여 항공에 사용하는 비행기, 비행선, 활공기(滑空機), 회전익(回轉翼)항공기 및 그 밖에 이와 유사한 비행기구를 말한다(「지방세법」 제6조 제9호).

용어

기선
전동기, 내연 기관 따위와 같이 동력을 일으키는 기계에 의해서 움직이는 배를 말한다.

범선
주로 돛을 사용하여 운항하는 선박을 말한다.

부선
운하·하천·항내(港內)에서 사용하는 밑바닥이 편평한 화물 운반선을 말한다.

활공기
추진 장치가 없는 비행기로서 그 예로 글라이더가 있다.

회전익항공기
회전하는 날개에 의하여 비행에 필요한 양력의 전부 또는 일부를 발생하게 하는 항공기로서 통상적으로 헬리콥터를 의미한다.

예제

「지방세법」상 재산세의 과세대상에 관한 설명으로 옳지 <u>않은</u> 것은? (단, 비과세는 고려하지 않음)

① 1동의 건물이 주거와 주거 외의 용도로 사용되고 있는 경우에는 주거용으로 사용되는 부분만을 주택으로 본다.
② 토지에 대한 재산세 과세대상은 종합합산과세대상, 별도합산과세대상 및 분리과세대상으로 구분한다.
③ 재산세 과세기준일 현재의 사용이 일시적으로 공부상 등재현황과 달리 사용하는 것으로 인정되는 경우에는 사실상 현황에 따라 재산세를 부과한다.
④ 주택 부속토지의 경계가 명백하지 아니한 경우 그 주택의 바닥면적의 10배에 해당하는 토지를 주택의 부속토지로 한다.
⑤ 1구의 건물이 주거와 주거 외의 용도로 사용되고 있는 경우 주거용으로 사용되는 면적이 전체의 100분의 60인 경우에는 주택으로 본다.

해설 공부상 등재현황과 사실상의 현황이 다른 경우에는 사실상 현황에 따라 재산세를 부과한다. 다만 다음에 해당하는 경우에는 공부상 현황에 의한다.
- 관계 법령에 따라 허가 등을 받아야 함에도 불구하고 허가 등을 받지 않고 재산세의 과세대상 물건을 이용하는 경우로서 사실상 현황에 따라 재산세를 부과하면 오히려 재산세 부담이 낮아지는 경우
- 재산세 과세기준일 현재의 사용이 일시적으로 공부상 등재현황과 달리 사용하는 것으로 인정되는 경우

정답 ③

제2절 | 과세대상의 구분

❶ 의의 및 과세대상 구분

1. 의의

토지에 대한 재산세 과세대상은 종합합산과세대상·별도합산과세대상 및 분리과세대상으로 구분한다(「지방세법」 제106조 제1항). 제36회

구분			과세구분	세율구조
원칙	모든 토지를 소유자별로 합산하여 과세		종합합산토지	초과누진세율 (0.2 ~ 0.5%)
예외	일반건축물 부속토지를 소유자별로 합산하여 과세	기준면적 이내	별도합산토지	초과누진세율 (0.2 ~ 0.4%)
		기준면적 초과	종합합산토지	초과누진세율 (0.2 ~ 0.5%)
	생산활동에 사용하는 토지	농지, 목장용지, 임야	저율분리과세	비례세율(0.07%)
		공장용지, 염전, 터미널용 토지	저율분리과세	비례세율(0.2%)
	사치활동에 사용하는 토지	골프장, 고급오락장용 토지	고율분리과세	비례세율(4%)

2. 토지의 과세대상 구분

(1) 종합합산과세대상 토지

과세기준일 현재 납세의무자가 소유하고 있는 토지 중 별도합산과세대상 또는 분리과세대상이 되는 토지를 제외한 토지를 종합합산과세대상 토지라 말한다(「지방세법」 제106조 제1항 제1호).

> 종합합산토지 = 납세의무자가 소유하고 있는 토지 – 별도합산토지 – 분리과세토지

(2) 별도합산과세대상 토지

과세기준일 현재 납세의무자가 소유하고 있는 토지 중 다음에 해당하는 토지를 말한다(「지방세법」 제106조 제1항 제2호).

① 일반 건축물 부속토지: 바닥면적에 용도지역별 적용배율을 곱하여 산정한 기준면적 이내의 토지

핵심 ◎ 용도지역별 적용배율
1. 준주거지역, 상업지역: 3배
2. 공업지역, 일반주거지역, 미계획지역: 4배
3. 전용주거지역: 5배
4. 녹지지역, 도시지역 밖: 7배

㉠ 기준면적 이내: 별도합산과세대상 토지

　㉡ 기준면적 초과: 종합합산과세대상 토지

② 도시지역의 주거지역이나 상업지역에 소재하는 공장용 건축물 부속토지: 일반 건축물의 부속토지로 간주하여 기준면적 이내의 토지

　㉠ 기준면적 이내: 별도합산과세대상 토지

　㉡ 기준면적 초과: 종합합산과세대상 토지

③ 차고용 토지, 보세창고용 토지, 시험·연구·검사용 토지, 물류단지시설용 토지 등 공지상태(空地狀態)나 해당 토지의 이용에 필요한 시설 등을 설치하여 업무 또는 경제활동에 활용되는 일정한 토지

④ 철거·멸실된 건축물 또는 주택의 부속토지로서 과세기준일 현재 다음의 어느 하나에 해당하는 건축물 또는 주택의 부속토지. 이 경우「건축법」등 관계 법령에 따라 허가 등을 받아야 하는 건축물 또는 주택으로서 허가 등을 받지 않은 건축물 또는 주택이거나 사용승인을 받아야 하는 건축물 또는 주택으로서 사용승인(임시사용승인을 포함한다)을 받지 않은 건축물 또는 주택의 부속토지는 제외한다.

　㉠ 건축물 또는 주택이 사실상 철거·멸실된 날(사실상 철거·멸실된 날을 알 수 없는 경우에는 공부상 철거·멸실된 날을 말한다)부터 1년이 지나지 않은 건축물 또는 주택의 부속토지(건축물 또는 주택의 건축을 위한 용도 외의 다른 용도로 사용하는 부속토지는 제외한다). 이 경우 건축물의 부속토지는 철거·멸실되기 전 건축물의 바닥면적에 용도지역별 적용배율을 곱하여 산정한 면적 범위의 토지를 말한다.

　㉡ 「빈집 및 소규모주택 정비에 관한 특례법」에 따른 빈집정비사업 또는 「농어촌정비법」에 따른 생활환경정비사업(빈집의 정비에 관한 사업만 해당한다)의 시행으로 빈집이 사실상 철거된 날(사실상 철거된 날을 알 수 없는 경우에는 공부상 철거된 날을 말한다)부터 3년이 지나지 않은 빈집의 부속토지[건축물 또는 주택의 건축을 위한 용도 외의 다른 용도로 사용하는 부속토지는 제외하되, 국가, 지방자치단체 또는 지방자치단체조합이 1년 이상 공용 또는 공공용으로 사용(1년 이상 사용할 것이 계약서 등에 의하여 입증되는 경우를 포함한다)하는 부속토지로서 재산세의 부과 대상이 되는 부속토지를 포함한다]

> **참고 별도합산과세대상 조정**
> 과세기준일 현재 건축물 또는 주택이 사실상 철거·멸실된 날부터 6개월이 지나지 않은 건축물 또는 주택의 부속토지에 대해서도 별도합산과세 적용대상으로 명확히 규정하였다. 이 규정은 2016년 1월 1일 이후 납세의무가 성립하는 분부터 적용되었다.

(3) 분리과세대상 토지

과세기준일 현재 납세의무자가 소유하고 있는 토지 중 국가의 보호·지원 또는 중과(重課)가 필요한 대통령령으로 정하는 다음에 해당하는 토지를 말한다(「지방세법」 제106조 제1항 제3호).

① 공장용지·전·답·과수원 및 목장용지인 토지
② 산림의 보호육성을 위하여 필요한 임야 및 종중 소유 임야
③ 골프장용 토지와 고급오락장용 토지
④ 「산업집적활성화 및 공장설립에 관한 법률」에 따른 공장의 부속토지로서 개발제한구역의 지정이 있기 이전에 그 부지취득이 완료된 곳으로 정하는 토지
⑤ 국가 및 지방자치단체 지원을 위한 특정목적 사업용 토지로서 대통령령으로 정하는 토지
⑥ 에너지·자원의 공급 및 방송·통신·교통 등의 기반시설용 토지로서 대통령령으로 정하는 토지
⑦ 국토의 효율적 이용을 위한 개발사업용 토지로서 대통령령으로 정하는 토지
⑧ 그 밖에 지역경제의 발전, 공익성의 정도 등을 고려하여 분리과세하여야 할 타당한 이유가 있는 토지로서 대통령령으로 정하는 토지

> **참고 분리과세**
> 1. 저율분리과세
>   - 전·답·과수원(농지)인 토지: 0.07%
>   - 목장용지인 토지: 0.07%
>   - 특정목적 임야 및 종중 소유 임야: 0.07%
>   - 공장용지: 0.2%
>   - 염전, 터미널용 토지: 0.2%
> 2. 고율분리과세
>   - 골프장용 토지: 4%
>   - 고급오락장용 토지: 4%

② 분리과세대상 토지

1. 농지(전·답·과수원)

(1) 분리과세 농지

개인(농민)이 소유하는 농지로 도시지역 밖에서 과세기준일 현재 실제 영농에 사용하는 경우에 한한다(「지방세법 시행령」 제102조 제1항 제2호 가목).

(2) 자경농민 소유의 농지

① 도시지역 밖에 소재한 경우: 전·답·과수원(농지)으로서 과세기준일 현재 실제 영농에 사용되고 있는 개인이 소유하는 농지로서 도시지역 밖에 소재하는 경우에는 분리과세를 적용한다(「지방세법 시행령」 제102조 제1항 제2호).
  ㉠ 과세기준일 현재 실제 영농에 사용되고 있는 개인소유 농지: 분리과세
  ㉡ 과세기준일 현재 실제 영농을 목적으로 소유하지 않는 농지: 종합합산과세

> **핵심 농지분리과세 요건**
> (1 + 2 + 3)
> 1. 개인소유
> 2. 도시지역 밖
> 3. 경작사용

> **용어 분리과세되는 농지**
> 전·답 및 과수원으로 농작물의 경작 또는 다년생(多年生: 여러해살이) 식물재배지로 이용되는 토지를 말한다.

② 도시지역 내에 소재한 경우: 특별시·광역시(군 지역을 제외한다)·시 지역(읍·면 지역을 제외한다)의 도시지역의 농지는 원칙적으로는 종합합산과세 대상이 되나, 개발제한구역과 녹지지역(「국토의 계획 및 이용에 관한 법률」에 따른 도시지역 중 세부 용도지역이 지정되지 않은 지역을 포함한다)에 있는 것에 한하여 분리과세 요건을 갖추면 분리과세대상 농지가 된다(「지방세법 시행령」 제102조 제1항 제2호).

구분			과세대상	세율
도시지역 밖 소재	실제 영농에 사용		분리과세토지	0.07%
	실제 영농에 사용하지 않음		종합합산과세토지	0.2 ~ 0.5%
도시지역 내 소재	원칙(상업지역, 공업지역, 주거지역)		종합합산과세토지	0.2 ~ 0.5%
	개발제한구역, 녹지지역	실제 영농에 사용	분리과세토지	0.07%
		실제 영농에 사용하지 않음	종합합산과세토지	0.2 ~ 0.5%

(3) 법인 또는 단체소유의 농지

법인소유 농지는 원칙적으로 종합합산과세 대상이 되나 다음의 법인이 소유한 농지에 한하여 분리과세대상이 된다(「지방세법 시행령」 제102조 제1항 제2호).

① 농업법인이 소유하는 농지로서 과세기준일 현재 실제 영농에 사용되고 있는 농지. 다만, 특별시·광역시(군 지역은 제외한다)·특별자치시·특별자치도 및 시 지역(읍·면 지역은 제외한다)의 도시지역의 농지는 개발제한구역과 녹지지역에 있는 것으로 한정한다.

② 한국농어촌공사가 농가에 공급하기 위하여 소유하는 농지

③ 관계 법령에 따른 사회복지사업자가 복지시설이 소비목적으로 사용할 수 있도록 하기 위하여 소유하는 농지

④ 법인이 매립·간척으로 취득한 농지로서, 과세기준일 현재 실제 영농에 사용되고 있는 해당 법인소유 농지. 다만, 특별시·광역시(군 지역은 제외한다)·특별자치시·특별자치도 및 시 지역(읍·면 지역은 제외한다)의 도시지역의 농지는 개발제한구역과 녹지지역에 있는 것으로 한정한다.

용어 🔊 농업법인
「농어업경영체 육성 및 지원에 관한 법률」에 따라 설립된 영농조합법인과 같은 법에 따라 설립되고 업무집행권을 가진 자 중 3분의 1 이상이 농업인인 농업회사 법인을 말한다(「농지법」 제2조 제3호).

(4) 종중이 소유하는 농지

종중명의로 등기된 농지는 1990년 5월 31일 이전부터 소유(1990년 6월 1일 이후에 해당 농지를 상속받아 소유하는 경우와 법인의 합병으로 인하여 취득하는 경우를 포함한다)하는 경우에 분리과세대상이다(「지방세법 시행령」 제102조 제1항 제2호).

> **용어 종중**
> 공동선조의 분묘수호와 제사 및 종중원 상호간의 친목을 목적으로 하는 자연 발생적인 종족 집단체를 말하며, 종중원 개인명의로 등기된 종중재산은 신고한 경우에만 인정된다(「지방세법 기본통칙」 107-4).

2. 목장용지

개인이나 법인이 축산용으로 사용하는 도시지역 안의 개발제한구역 및 녹지지역과 도시지역 밖의 목장용지로서 과세기준일이 속하는 해의 직전 연도를 기준으로 법에서 정하는 축산용 토지 및 건축물의 기준을 적용하여 계산한 토지면적의 범위 안에서 소유하는 토지는 분리과세를 하고, 기준면적을 초과하는 면적은 종합합산대상 토지로 본다(「지방세법 시행령」 제102조 제1항 제3호).

구분			과세대상
군 지역, 도시지역 밖	모든 지역	기준면적 이내	분리과세토지
		기준면적 초과	종합합산과세토지
도시지역 내	개발제한구역, 녹지지역	기준면적 이내	분리과세토지
		기준면적 초과	종합합산과세토지
	상업지역, 공업지역, 주거지역 등		전부 종합합산과세토지

3. 임야

산림의 보호육성을 위하여 필요한 임야 및 종중 소유 임야로서 대통령령으로 정하는 다음에 해당하는 경우 분리과세를 적용한다(「지방세법 시행령」 제102조 제2항).

(1) 「산림자원의 조성 및 관리에 관한 법률」에 따라 특수산림사업지구로 지정된 임야와 「산지관리법」에 따른 보전산지에 있는 임야로서 「산림자원의 조성 및 관리에 관한 법률」에 따른 산림경영계획의 인가를 받아 실행 중인 임야. 다만, 도시지역의 임야는 제외하되, 도시지역으로 편입된 날부터 2년이 지나지 아니한 임야와 「국토의 계획 및 이용에 관한 법률 시행령」에 따른 보전녹지지역의 임야로서 「산림자원의 조성 및 관리에 관한 법률」에 따른 산림경영계획의 인가를 받아 실행 중인 임야를 포함한다.

> **용어 보전산지**
> 산림자원의 조성, 임업경영 기반의 구축 등 임업생산 기능의 증진과 재해 방지, 수원보호, 자연생태계 보전, 자연경관 보전, 국민보건휴양 증진 등의 공익 기능을 위하여 필요한 산지로서 산림청장이 「산지관리법」에 따라 지정·고시한 산지를 말한다.

(2) 「문화유산의 보존 및 활용에 관한 법률」에 따른 지정문화유산 안의 임야 및 그 보호구역 안의 임야 및 「자연유산의 보존 및 활용에 관한 법률」에 따른 천연기념물 등 안의 임야 및 보호구역 안의 임야

(3) 「자연공원법」에 따라 지정된 공원자연환경지구의 임야

(4) 1990년 5월 31일 이전부터 소유(1990년 6월 1일 이후에 해당 임야를 상속받아 소유하는 경우, 법인 합병으로 인하여 취득하여 소유하는 경우 및 농협경제지주회사가 농업협동조합중앙회로부터 취득하여 소유하는 경우를 포함한다)하는 종중이 소유하고 있는 임야

(5) 1989년 12월 31일 이전부터 소유(1990년 1월 1일 이후에 해당 임야를 상속받아 소유하는 경우와 법인 합병으로 인하여 취득하여 소유하는 경우를 포함한다)하는 다음의 어느 하나에 해당하는 임야

① 「개발제한구역의 지정 및 관리에 관한 특별조치법」에 따른 개발제한구역의 임야

② 「군사기지 및 군사시설 보호법」에 따른 군사기지 및 군사시설 보호구역 중 제한보호구역의 임야 및 그 제한보호구역에서 해제된 날부터 2년이 경과하지 아니한 임야

③ 「도로법」에 따라 지정된 접도구역의 임야

④ 「철도안전법」에 따른 철도보호지구의 임야

⑤ 「도시공원 및 녹지 등에 관한 법률」에 따른 도시공원의 임야

⑥ 「국토의 계획 및 이용에 관한 법률」에 따른 도시자연공원구역의 임야

⑦ 「하천법」에 따라 홍수관리구역으로 고시된 지역의 임야

(6) 1990년 5월 31일 이전부터 소유(1990년 6월 1일 이후에 해당 임야를 상속받아 소유하는 경우와 법인 합병으로 인하여 취득하여 소유하는 경우를 포함한다)하는 「수도법」에 따른 상수원보호구역의 임야

4. 공장용지

(1) 군 지역에 소재하는 공장용 건축물 부속토지

공장용 건축물의 부속토지(건축허가를 받았으나 「건축법」에 따라 착공이 제한된 건축물을 포함하되, 과세기준일 현재 정당한 사유 없이 6개월 이상 공사가 중단된 경우는 제외한다) 전체가 분리과세대상이 되는 것이 아니고, 공장입지기준면적 이내에 대하여는 분리과세대상이고, 공장입지기준면적을 초과하는 토지는 종합합산과세대상 토지가 된다(「지방세법 시행령」 제102조 제1항 제1호).

> 공장입지기준면적 = 공장 건축물 연면적 × 100/업종별 기준공장면적률

① 공장입지기준면적 이내: 분리과세대상 토지
② 공장입지기준면적 초과: 종합합산과세대상 토지

(2) 도시지역 내에 소재하는 공장용 건축물 부속토지

① 산업지역·공업지역: 공장용 건축물의 부속토지 전체가 분리과세대상이 되는 것이 아니고, 공장입지기준면적 이내에 대하여는 분리과세대상이고, 공장입지기준면적을 초과하는 토지는 종합합산과세대상 토지가 된다.
  ㉠ 입지기준면적 이내: 분리과세대상 토지
  ㉡ 입지기준면적 초과: 종합합산과세대상 토지

② 주거지역·상업지역: 도시의 주거지역이나 상업지역에 소재하는 공장용 건축물 부속토지는 일반건축물의 부속토지로 보아 기준면적 이내에 대하여는 별도합산과세대상이고, 기준면적을 초과하는 토지는 종합합산과세대상 토지가 된다.
  ㉠ 기준면적 이내: 별도합산과세대상 토지
  ㉡ 기준면적 초과: 종합합산과세대상 토지

구분			과세대상
군 지역	모든 지역	입지기준면적 이내	분리과세토지
		입지기준면적 초과	종합합산과세토지
특별시·광역시·시 지역	산업단지 공업지역	입지기준면적 이내	분리과세토지
		입지기준면적 초과	종합합산과세토지
	상업지역 주거지역	기준면적 이내	별도합산과세토지
		기준면적 초과	종합합산과세토지

5. 주택용·산업용 보유 토지(0.2%)

(1) 국가 및 지방자치단체 지원을 위한 특정목적 사업용 토지

① 국가나 지방자치단체가 국방상의 목적 외에는 그 사용 및 처분 등을 제한하는 공장 구내의 토지
② 「국토의 계획 및 이용에 관한 법률」, 「도시개발법」, 「도시 및 주거환경정비법」, 「주택법」 등에 따른 개발사업의 시행자가 개발사업의 실시계획승인을 받은 토지로서 개발사업에 제공하는 토지 중 다음의 어느 하나에 해당하는 토지

참고 **국가등 공장 구내 토지**
국가나 지방자치단체가 국방상의 목적 외에는 그 사용 및 처분 등을 제한하는 공장 구내의 토지는 분리과세대상 토지에 해당한다.

> **참고 📖 분리과세대상 적용 신청**
> 과세기준일 현재 납세의무자가 소유하고 있는 토지 중 용도, 면적 등 현황이 변경되어 분리과세 대상 토지의 범위에 포함되거나 제외되는 경우에는 그 납세의무자가 과세기준일로부터 15일 이내에 그 소재지를 관할하는 지방자치단체의 장에게 그 사실을 알 수 있는 증거자료를 갖추어 분리과세대상 토지 적용을 신청할 수 있다.

　　　㉠ 개발사업 관계법령에 따라 국가나 지방자치단체에 무상귀속되는 공공시설용 토지
　　　㉡ 개발사업의 시행자가 국가나 지방자치단체에 기부채납하기로 한 기반시설(「국토의 계획 및 이용에 관한 법률」의 기반시설을 말한다) 용 토지
　③ 「방위사업법」에 따라 허가받은 군용화약류시험장용 토지(허가받은 용도 외의 다른 용도로 사용하는 부분은 제외한다)와 그 허가가 취소된 날부터 1년이 지나지 아니한 토지
　④ 「한국농어촌공사 및 농지관리기금법」에 따라 설립된 한국농어촌공사가 「혁신도시 조성 및 발전에 관한 특별법」에 따라 국토교통부장관이 매입하게 함에 따라 타인에게 매각할 목적으로 일시적으로 취득하여 소유하는 종전부동산
　⑤ 「한국수자원공사법」에 따라 설립된 한국수자원공사가 「한국수자원공사법」 및 「댐건설·관리 및 주변지역지원 등에 관한 법률」에 따라 환경부장관이 수립하거나 승인한 실시계획에 따라 취득한 토지로서 「댐건설·관리 및 주변지역지원 등에 관한 법률」에 따른 특정용도 중 발전·수도·공업 및 농업 용수의 공급 또는 홍수조절용으로 직접 사용하고 있는 토지

(2) 에너지·자원의 공급 및 방송·통신·교통 등의 기반시설용 토지
　① 과세기준일 현재 계속 염전으로 실제 사용하고 있거나 계속 염전으로 사용하다가 사용을 폐지한 토지. 다만, 염전 사용을 폐지한 후 다른 용도로 사용하는 토지는 제외한다.
　② 「광업법」에 따라 광업권이 설정된 광구의 토지로서 산업통상자원부장관으로부터 채굴계획 인가를 받은 토지(채굴 외의 용도로 사용되는 부분이 있는 경우 그 부분은 제외한다)
　③ 「방송법」에 따라 설립된 한국방송공사의 소유 토지로서 업무에 사용되는 중계시설의 부속토지
　④ 「여객자동차 운수사업법」 및 「물류시설의 개발 및 운영에 관한 법률」에 따라 면허 또는 인가를 받은 자가 계속하여 사용하는 여객자동차터미널 및 물류터미널용 토지

⑤ 「전기사업법」에 따른 전기사업자가 「전원개발촉진법」에 따른 전원개발사업 실시계획에 따라 취득한 토지 중 발전시설 또는 송전·변전시설에 직접 사용하고 있는 토지(「전원개발촉진법」 시행 전에 취득한 토지로서 담장·철조망 등으로 구획된 경계구역 안의 발전시설 또는 송전·변전시설에 직접 사용하고 있는 토지를 포함한다)

⑥ 「전기통신사업법」에 따른 기간통신사업자가 기간통신역무에 제공하는 전기통신설비를 설치·보전하기 위하여 직접 사용하는 토지(한국전기통신공사법시행령 부칙 제5조에 따라 한국전기통신공사가 1983년 12월 31일 이전에 등기 또는 등록을 마친 것만 해당한다)

⑦ 「집단에너지사업법」에 따라 설립된 한국지역난방공사가 열생산설비에 직접 사용하고 있는 토지

⑧ 「집단에너지사업법」에 따른 사업자 중 한국지역난방공사를 제외한 사업자가 직접 사용하기 위하여 소유하고 있는 공급시설용 토지로서 2022년부터 2025년까지 재산세 납부의무가 성립하는 토지

⑨ 「한국가스공사법」에 따라 설립된 한국가스공사가 제조한 가스의 공급을 위한 공급설비에 직접 사용하고 있는 토지

⑩ 「한국석유공사법」에 따라 설립된 한국석유공사가 정부의 석유류비축계획에 따라 석유를 비축하기 위한 석유비축시설용 토지와 「석유 및 석유대체연료 사업법」에 따른 비축의무자의 석유비축시설용 토지, 「송유관 안전관리법」에 따른 송유관설치자의 석유저장 및 석유수송을 위한 송유설비에 직접 사용하고 있는 토지 및 「액화석유가스의 안전관리 및 사업법」에 따른 비축의무자의 액화석유가스 비축시설용 토지

⑪ 「한국철도공사법」에 따라 설립된 한국철도공사가 사업에 직접 사용하기 위하여 소유하는 철도용지

⑫ 「항만공사법」에 따라 설립된 항만공사가 소유하고 있는 항만시설용 토지 중 「항만공사법」에 따른 사업에 사용하거나 사용하기 위한 토지. 다만, 「항만법」 규정에 따른 시설용 토지로서 수익사업에 사용되는 부분은 제외한다.

⑬ 「한국공항공사법」에 따른 한국공항공사가 소유하고 있는 「공항시설법 시행령」의 공항시설용 토지로서 공항 이용객을 위한 주차시설(유료주차장으로 한정한다)용 토지와 지원시설용 토지 중 수익사업에 사용되는 부분을 제외한 토지로서 2022년부터 2025년까지 재산세 납부의무가 성립하는 토지

(3) 국토의 효율적 이용을 위한 개발사업용 토지

① 「공유수면 관리 및 매립에 관한 법률」에 따라 매립하거나 간척한 토지로서 공사준공인가일(공사준공인가일 전에 사용승낙·허가를 받거나 사실상 사용하는 경우에는 사용승낙일·허가일 또는 사실상 사용일 중 빠른 날을 말한다)부터 4년이 지나지 아니한 토지

② 「한국자산관리공사 설립 등에 관한 법률」에 따른 한국자산관리공사 또는 「농업협동조합의 구조개선에 관한 법률」에 따라 설립된 농업협동조합자산관리회사가 타인에게 매각할 목적으로 일시적으로 취득하여 소유하고 있는 토지

③ 「농어촌정비법」에 따른 농어촌정비사업 시행자가 다른 사람에게 공급할 목적으로 소유하고 있는 토지

④ 「도시개발법」에 따른 도시개발사업의 시행자가 그 도시개발사업에 제공하는 토지(주택건설용 토지와 산업단지용 토지로 한정한다)와 종전의 「토지구획정리사업법」에 따른 토지구획정리사업의 시행자가 그 토지구획정리사업에 제공하는 토지(주택건설용 토지와 산업단지용 토지로 한정한다) 및 「경제자유구역의 지정 및 운영에 관한 특별법」에 따른 경제자유구역 또는 해당 단위개발사업지구에 대한 개발사업시행자가 그 경제자유구역개발사업에 제공하는 토지(주택건설용 토지와 산업단지용 토지로 한정한다). 다만, 다음의 기간 동안만 해당한다.

　㉠ 도시개발사업 실시계획을 고시한 날부터 「도시개발법」에 따른 도시개발사업으로 조성된 토지가 공급 완료(매수자의 취득일을 말한다)되거나 공사 완료 공고가 날 때까지

　㉡ 토지구획정리사업의 시행인가를 받은 날 또는 사업계획의 공고일(토지구획정리사업의 시행자가 국가인 경우로 한정한다)부터 종전의 「토지구획정리사업법」에 따른 토지구획정리사업으로 조성된 토지가 공급 완료(매수자의 취득일을 말한다)되거나 공사 완료 공고가 날 때까지

　㉢ 경제자유구역개발사업 실시계획 승인을 고시한 날부터 「경제자유구역의 지정 및 운영에 관한 특별법」에 따른 경제자유구역개발사업으로 조성된 토지가 공급 완료(매수자의 취득일을 말한다)되거나 준공검사를 받을 때까지

⑤ 「산업입지 및 개발에 관한 법률」에 따른 산업단지개발사업의 시행자가 산업단지개발실시계획의 승인을 받아 산업단지조성공사에 제공하고 있는 토지. 다만, 산업단지조성공사 착공일부터 다음에 해당하는 날까지로 한정한다.
  ㉠ 사업시행자가 직접 사용하거나 산업단지조성공사 준공인가 전에 분양·임대 계약이 체결된 경우: 산업단지조성공사 착공일부터 다음의 날 중 빠른 날까지 ⓐ 준공인가일 ⓑ 토지 공급 완료일(매수자의 취득일, 임대차 개시일 또는 건축공사 착공일 등 해당 용지를 사실상 사용하는 날을 말한다.
  ㉡ 산업단지조성공사 준공인가 후에도 분양·임대 계약이 체결되지 않은 경우: 산업단지조성공사 착공일부터 다음의 날 중 빠른 날까지 ⓐ 준공인가일 후 5년이 경과한 날 ⓑ 토지 공급 완료일
⑥ 「산업집적활성화 및 공장설립에 관한 법률」에 따라 설립된 한국산업단지공단이 타인에게 공급할 목적으로 소유하고 있는 토지(임대한 토지를 포함한다)
⑦ 「주택법」에 따라 주택건설사업자 등록을 한 주택건설사업자(주택조합 및 고용자인 사업주체와 「도시 및 주거환경정비법」 또는 「빈집 및 소규모주택 정비에 관한 특례법」의 규정에 따른 사업시행자를 포함한다)가 주택을 건설하기 위하여 사업계획의 승인을 받은 토지로서 주택건설사업에 제공되고 있는 토지(「주택법」에 따른 지역주택조합·직장주택조합이 조합원이 납부한 금전으로 매수하여 소유하고 있는 「신탁법」에 따른 신탁재산의 경우에는 사업계획의 승인을 받기 전의 토지를 포함한다)
⑧ 「중소기업진흥에 관한 법률」에 따라 설립된 중소벤처기업진흥공단이 중소기업자에게 분양하거나 임대할 목적으로 소유하고 있는 토지
⑨ 「지방공기업법」에 따라 설립된 지방공사가 사업용 토지로서 타인에게 주택이나 토지를 분양하거나 임대할 목적으로 소유하고 있는 토지(임대한 토지를 포함한다)
⑩ 「한국수자원공사법」에 따라 설립된 한국수자원공사가 소유하고 있는 토지 중 다음의 어느 하나에 해당하는 토지(임대한 토지는 제외한다)
  ㉠ 「한국수자원공사법」에 따른 개발 토지 중 타인에게 공급할 목적으로 소유하고 있는 토지
  ㉡ 「친수구역 활용에 관한 특별법」에 따른 친수구역 내의 토지로서 친수구역조성사업 실시계획에 따라 주택건설에 제공되는 토지 또는 친수구역조성사업 실시계획에 따라 공업지역으로 결정된 토지

⑪ 「한국토지주택공사법」에 따라 설립된 한국토지주택공사가 타인에게 토지나 주택을 분양하거나 임대할 목적으로 소유하고 있는 토지(임대한 토지를 포함한다) 및 「자산유동화에 관한 법률」에 따라 설립된 유동화전문회사가 한국토지주택공사가 소유하던 토지를 자산유동화 목적으로 소유하고 있는 토지

⑫ 「한국토지주택공사법」에 따라 설립된 한국토지주택공사가 소유하고 있는 비축용 토지 중 다음의 어느 하나에 해당하는 토지
  ㉠ 「공공토지의 비축에 관한 법률」에 따라 공공개발용으로 비축하는 토지
  ㉡ 「한국토지주택공사법」에 따라 국토교통부장관이 우선 매입하게 함에 따라 매입한 토지(「자산유동화에 관한 법률」에 따른 유동화전문회사등에 양도한 후 재매입한 비축용 토지를 포함한다)
  ㉢ 「혁신도시 조성 및 발전에 관한 특별법」에 따라 국토교통부장관이 매입하게 함에 따라 매입한 종전부동산
  ㉣ 「부동산 거래신고 등에 관한 법률」에 따라 매수한 토지
  ㉤ 「공익사업을 위한 토지 등의 취득 및 보상에 관한 법률」에 따른 공익사업을 위하여 취득하였으나 해당 공익사업의 변경 또는 폐지로 인하여 비축용으로 전환된 토지
  ㉥ 비축용 토지로 매입한 후 공익사업에 편입된 토지 및 해당 공익사업의 변경 또는 폐지로 인하여 비축용으로 다시 전환된 토지
  ㉦ 국가·지방자치단체 또는 「지방자치분권 및 지역균형발전에 관한 특별법」에 따른 공공기관으로부터 매입한 토지
  ㉧ 2005년 8월 31일 정부가 발표한 부동산제도 개혁방안 중 토지시장 안정정책을 수행하기 위하여 매입한 비축용 토지
  ㉨ 1997년 12월 31일 이전에 매입한 토지

(4) 지역경제의 발전, 공익성의 정도 등을 고려하여 분리과세하여야 할 타당한 이유가 있는 토지
  ① 비영리사업자가 소유하고 있는 토지로서 교육사업에 직접 사용하고 있는 토지. 다만, 수익사업에 사용하는 토지는 제외한다.

② 「농업협동조합법」에 따라 설립된 조합, 농협경제지주회사 및 그 자회사, 「수산업협동조합법」에 따라 설립된 조합, 「산림조합법」에 따라 설립된 조합 및 「엽연초생산협동조합법」에 따라 설립된 조합이 과세기준일 현재 구판사업에 직접 사용하는 토지와 「농수산물 유통 및 가격안정에 관한 법률」에 따른 유통자회사에 농수산물 유통시설로 사용하게 하는 토지 및 「한국농수산식품유통공사법」에 따라 설립된 한국농수산식품유통공사가 농수산물 유통시설로 직접 사용하는 토지. 다만, 「유통산업발전법」에 따른 대규모점포로 사용하는 토지는 제외한다.
③ 「부동산투자회사법」에 따른 공모부동산투자회사가 목적사업에 사용하기 위하여 소유하고 있는 토지
④ 「산업입지 및 개발에 관한 법률」에 따라 지정된 산업단지와 「산업집적활성화 및 공장설립에 관한 법률」에 따른 유치지역 및 「산업기술단지 지원에 관한 특례법」에 따라 조성된 산업기술단지에서 다음의 어느 하나에 해당하는 용도에 직접 사용되고 있는 토지
　㉠ 「산업입지 및 개발에 관한 법률」에 따른 지식산업·문화산업·정보통신산업·자원비축시설용 토지 및 이와 직접 관련된 교육·연구·정보처리·유통시설용 토지
　㉡ 「산업집적활성화 및 공장설립에 관한 법률 시행령」에 따른 폐기물수집운반·처리 및 원료재생업, 폐수처리업, 창고업, 화물터미널이나 그 밖의 물류시설을 설치·운영하는 사업, 운송업(여객운송업은 제외한다), 산업용기계장비임대업, 전기업, 농공단지에 입주하는 지역특화산업용 토지, 「도시가스사업법」에 따른 가스공급시설용 토지 및 「집단에너지사업법」에 따른 집단에너지공급시설용 토지
　㉢ 「산업기술단지 지원에 관한 특례법」에 따른 연구개발시설 및 시험생산시설용 토지
　㉣ 「산업집적활성화 및 공장설립에 관한 법률」에 따른 관리기관이 산업단지의 관리, 입주기업체 지원 및 근로자의 후생복지를 위하여 설치하는 건축물의 부속토지(수익사업에 사용되는 부분은 제외한다)
⑤ 「산업집적활성화 및 공장설립에 관한 법률」에 따라 지식산업센터의 설립승인을 받은 자의 토지로서 다음의 어느 하나에 해당하는 토지. 다만, 지식산업센터의 설립승인을 받은 후 최초로 재산세 납세의무가 성립한 날부터 5년 이내로 한정하고, 증축의 경우에는 증축에 상당하는 토지 부분으로 한정한다.

⑤
    ㉠ 지식산업센터 입주시설용으로 직접 사용하거나 분양 또는 임대하기 위해 지식산업센터를 신축 또는 증축 중인 토지
    ㉡ 지식산업센터를 신축하거나 증축한 토지로서 지식산업센터 입주시설용으로 직접 사용(재산세 과세기준일 현재 60일 이상 휴업 중인 경우는 제외한다)하거나 임대할 목적으로 소유하고 있는 토지(임대한 토지를 포함한다)

⑥ 「산업집적활성화 및 공장설립에 관한 법률」에 따라 지식산업센터를 신축하거나 증축하여 설립한 자로부터 최초로 해당 지식산업센터를 분양받은 입주자(「중소기업기본법」에 따른 중소기업을 영위하는 자로 한정한다)로서 사업에 직접 사용(재산세 과세기준일 현재 60일 이상 휴업 중인 경우와 타인에게 임대한 부분은 제외한다)하는 토지(지식산업센터를 분양받은 후 최초로 재산세 납세의무가 성립한 날부터 5년 이내로 한정한다)

⑦ 「연구개발특구의 육성에 관한 특별법」에 따른 특구관리계획에 따라 원형지로 지정된 토지

⑧ 「인천국제공항공사법」에 따라 설립된 인천국제공항공사가 소유하고 있는 공항시설용 토지 중 「인천국제공항공사법」의 사업에 사용하거나 사용하기 위한 토지. 다만, 다음의 어느 하나에 해당하는 토지는 제외한다.
    ㉠ 「공항시설법」에 따른 기본계획에 포함된 지역 중 국제업무지역, 공항신도시, 유수지(수익사업에 사용되는 부분으로 한정한다), 물류단지(수익사업에 사용되는 부분으로 한정한다) 및 유보지
    ㉡ 「공항시설법 시행령」에 따른 지원시설용 토지(수익사업에 사용되는 부분으로 한정한다)

⑨ 「자본시장과 금융투자업에 관한 법률」에 따른 부동산집합투자기구[집합투자재산의 100분의 80을 초과하여 부동산에 투자하는 전문투자형 사모집합투자기구를 포함한다] 또는 종전의 「간접투자자산 운용업법」에 따라 설정·설립된 부동산간접투자기구가 목적사업에 사용하기 위하여 소유하고 있는 토지

⑩ 「전시산업발전법 시행령」에 따른 다음의 토지
    ㉠ 전시회 개최에 필요한 시설: 전시회를 개최하기 위한 면적 2천 제곱미터 이상의 시설(옥내와 옥외 시설을 모두 포함한다)
    ㉡ 전시회부대행사의 개최에 필요한 시설: 전시회부대행사를 개최하기 위한 연회장, 공연시설, 상담회장 및 설명회장 등

⑪ 「전통사찰의 보존 및 지원에 관한 법률」에 따른 전통사찰보존지 및 「향교재산법」에 따른 향교재산 중 토지. 다만, 수익사업에 사용되는 부분은 제외

6. 사치성 재산 관련 부속토지(4%)

(1) 골프장용 토지

회원제 골프장용 토지로서 「체육시설의 설치·이용에 관한 법률」에 의하여 구분 등록이 되는 모든 토지는 분리과세대상이다.

(2) 고급오락장용 토지

고급오락장으로 사용되는 건축물의 부속토지는 분리과세대상이다.

핵심 🎯 **일부가 고급오락장인 경우**
건축물의 일부에 고급오락장이 설치된 경우에는 해당 건축물의 부속토지 중 건축물 연면적에 대한 고급오락장용 건축물 면적의 비율에 해당하는 토지를 고급오락장용 건축물의 부속토지로 본다.

❸ 별도합산과세대상 토지

1. 대상토지 및 제외대상 토지

(1) 별도합산과세대상 토지

① 시·군·구의 모든 일반 건축물의 부속토지 중 종합합산과세 대상을 제외한 건축물 바닥면적에 용도지역별 적용배율을 곱하여 산정한 면적 이내의 토지
  ㉠ 기준면적 이내 토지: 별도합산과세대상 토지
  ㉡ 기준면적 초과 토지: 종합합산과세대상 토지

② 도시지역의 주거지역이나 상업지역에 소재하는 공장용 건축물 부속토지는 일반건축물의 부속토지로 간주하여 기준면적 이내의 토지(「지방세법」 제106조 제1항 제2호 가목)
  ㉠ 기준면적 이내 토지: 별도합산과세대상 토지
  ㉡ 기준면적 초과 토지: 종합합산과세대상 토지

③ 차고용 토지, 보세창고용 토지, 시험·연구·검사용 토지, 물류단지시설용 토지 등 공지상태(空地狀態)나 해당 토지의 이용에 필요한 시설 등을 설치하여 업무 또는 경제활동에 활용되는 일정한 토지(「지방세법」 제106조 제1항 제2호 나목)

④ 철거·멸실된 건축물 또는 주택의 부속토지로서 과세기준일 현재 다음의 어느 하나에 해당하는 건축물 또는 주택의 부속토지. 이 경우 「건축법」 등 관계 법령에 따라 허가 등을 받아야 하는 건축물 또는 주택으로서 허가 등을 받지 않은 건축물 또는 주택이거나 사용승인을 받아야 하는 건축물 또는 주택으로서 사용승인(임시사용승인을 포함한다)을 받지 않은 건축물 또는 주택의 부속토지는 제외한다.

핵심 🎯 **용도지역별 적용배율**
1. 준주거지역, 상업지역: 3배
2. 공업지역, 일반주거지역, 미계획지역: 4배
3. 전용주거지역: 5배
4. 녹지지역, 도시지역 밖: 7배

용어 🔊 **공지(空地)**
「건축법」상의 건폐율·용적률 제한 때문에 한 필지 내에 건물을 꽉 채워서 건축하지 않고 남겨둔 토지를 말한다.

㉠ 건축물 또는 주택이 사실상 철거·멸실된 날(사실상 철거·멸실된 날을 알 수 없는 경우에는 공부상 철거·멸실된 날을 말한다)부터 1년이 지나지 않은 건축물 또는 주택의 부속토지(건축물 또는 주택의 건축을 위한 용도 외의 다른 용도로 사용하는 부속토지는 제외한다). 이 경우 건축물의 부속토지는 철거·멸실되기 전 건축물의 바닥면적에 용도지역별 적용배율을 곱하여 산정한 면적 범위의 토지를 말한다.

㉡ 「빈집 및 소규모주택 정비에 관한 특례법」에 따른 빈집정비사업 또는 「농어촌정비법」에 따른 생활환경정비사업(빈집의 정비에 관한 사업만 해당한다)의 시행으로 빈집이 사실상 철거된 날(사실상 철거된 날을 알 수 없는 경우에는 공부상 철거된 날을 말한다)부터 3년이 지나지 않은 빈집의 부속토지[건축물 또는 주택의 건축을 위한 용도 외의 다른 용도로 사용하는 부속토지는 제외하되, 국가, 지방자치단체 또는 지방자치단체조합이 1년 이상 공용 또는 공공용으로 사용(1년 이상 사용할 것이 계약서 등에 의하여 입증되는 경우를 포함한다)하는 부속토지로서 재산세의 부과 대상이 되는 부속토지를 포함한다]

(2) 별도합산과세대상 제외대상 토지

① 건축물의 시가표준액이 해당 부속토지 시가표준액의 100분의 2에 미달하는 건축물의 부속토지 중 해당 건축물의 바닥면적을 제외한 부속토지: 종합합산과세대상 토지

② 「건축법」 등 관계 법령에 따라 허가 등을 받아야 할 건축물로서 허가 등을 받지 아니한 건축물 또는 사용승인을 받아야 할 건축물로서 사용승인(임시사용승인을 포함한다)을 받지 아니하고 사용 중인 건축물의 부속토지: 종합합산과세대상 토지

2. 별도합산과세대상 토지 계산

(1) 기준면적 이내 토지

① 건축물의 바닥면적에 용도지역별 적용배율을 곱하여 계산한 일정 기준면적의 범위까지는 별도합산과세를 하고, 기준면적을 초과하는 경우에는 종합합산과세를 한다(「지방세법」 제106조 제1항 제2호).

> 건축물의 기준면적 = 건축물 바닥면적 × 용도지역별 적용배율

기출
1. 허가 등을 받지 아니한 건축물 또는 사용승인을 받아야 할 건축물로서 사용승인을 받지 아니하고 사용 중인 건축물에 부속된 토지는 종합합산과세한다.
2. 차고용 토지, 보세창고용 토지, 시험·연구·검사용 토지, 물류단지시설용 토지 등 공지상태(空地狀態)나 해당 토지의 이용에 필요한 시설 등을 설치하여 업무 또는 경제활동에 활용되는 일정한 토지는 별도합산과세대상 토지이다.

② 용도지역별 적용배율은 다음과 같다(「지방세법 시행령」 제101조 제2항).

용도지역별		적용배율
도시지역	전용주거지역	5배
	준주거지역 · 상업지역	3배
	일반주거지역 · 공업지역, 미계획지역	4배
	녹지지역	7배
도시지역 외의 용도지역		7배

(2) 건축 중인 경우

건축물의 범위에는 다음의 건축물을 포함한다(「지방세법 시행령」 제103조 제1항).

① 건축허가를 받았으나 「건축법」에 따라 착공이 제한된 건축물
② 「건축법」에 따른 건축허가를 받거나 건축신고를 한 건축물로서 공사계획을 신고하고 공사에 착수한 건축물로서 건축물의 부속토지로 사용하기 위하여 토지조성공사에 착수하여 준공검사 또는 사용허가를 받기 전까지의 토지에 건축이 예정된 건축물을 포함한다. 다만, 과세기준일 현재 정당한 사유 없이 6개월 이상 공사가 중단된 경우는 제외한다.
③ 가스배관시설 등 행정안전부령으로 정하는 지상정착물

3. 별도합산과세대상 의제 토지

다음의 어느 하나에 해당하는 토지는 별도합산과세대상이 된다(「지방세법 시행령」 제101조 제3항).

(1) 「여객자동차 운수사업법」 또는 「화물자동차 운수사업법」에 따라 여객자동차 운송사업 또는 화물자동차 운송사업의 면허·등록 또는 자동차대여사업의 등록을 받은 자가 그 면허·등록조건에 따라 사용하는 차고용 토지로서 자동차운송 또는 대여사업의 최저보유차고면적기준의 1.5배에 해당하는 면적 이내의 토지

(2) 「건설기계관리법」에 따라 건설기계사업의 등록을 한 자가 그 등록조건에 따라 사용하는 건설기계대여업, 건설기계정비업, 건설기계매매업 또는 건설기계폐기업의 등록기준에 맞는 주기장 또는 옥외작업장용 토지로서 그 시설의 최저면적기준의 1.5배에 해당하는 면적 이내의 토지

용어 행정안전부령으로 정하는 지상정착물
1. 가스배관시설 및 옥외배전시설
2. 「전파법」에 따라 방송전파를 송수신하거나 전기통신 역무를 제공하기 위한 무선국 허가를 받아 설치한 송수신시설 및 중계시설

(3) 「도로교통법」에 따라 등록된 자동차운전학원의 자동차운전학원용 토지로서 같은 법에서 정하는 시설을 갖춘 구역 안의 토지

(4) 「항만법」에 따라 해양수산부장관 또는 시·도지사가 지정하거나 고시한 야적장 및 컨테이너 장치장용 토지와 「관세법」에 따라 세관장의 특허를 받는 특허보세구역 중 보세창고용 토지로서 해당 사업연도 및 직전 2개 사업연도 중 물품 등의 보관·관리에 사용된 최대면적의 1.2배 이내의 토지

(5) 「자동차관리법」에 따라 자동차관리사업의 등록을 한 자가 그 시설기준에 따라 사용하는 자동차관리사업용 토지로서 그 시설의 최저면적기준의 1.5배에 해당하는 면적 이내의 토지

(6) 「한국교통안전공단법」에 따른 한국교통안전공단이 자동차의 성능 및 안전도에 관한 시험·연구의 용도로 사용하는 토지 및 「자동차관리법」에 따라 자동차검사대행자로 지정된 자, 자동차 종합검사대행자로 지정된 자, 지정정비사업자로 지정된 자 및 종합검사 지정정비사업자로 지정된 자, 「건설기계관리법」에 따라 건설기계 검사대행 업무의 지정을 받은 자가 자동차 또는 건설기계 검사용 및 운행차 배출가스 정밀검사용으로 사용하는 토지

(7) 「물류시설의 개발 및 운영에 관한 법률」에 따른 물류단지시설용 토지 및 「유통산업발전법」에 따른 공동집배송센터로서 행정안전부장관이 산업통상자원부장관과 협의하여 정하는 토지

(8) 특별시·광역시·특별자치시·특별자치도 및 시 지역에 위치한 「산업집적활성화 및 공장설립에 관한 법률」의 적용을 받는 레미콘 제조업용 토지(「산업입지 및 개발에 관한 법률」에 따라 지정된 산업단지 및 「국토의 계획 및 이용에 관한 법률」에 따라 지정된 공업지역에 있는 토지는 제외한다)로서 공장입지기준면적 이내의 토지

(9) 경기 및 스포츠업을 경영하기 위하여 「부가가치세법」에 따라 사업자등록을 한 자의 사업에 이용되고 있는 「체육시설의 설치·이용에 관한 법률 시행령」에 따른 체육시설용 토지(골프장의 경우에는 「체육시설의 설치·이용에 관한 법률」에 따른 대중형 골프장용 토지로 한정한다)로서 사실상 운동시설에 이용되고 있는 토지(골프장의 경우에는 「체육시설의 설치·이용에 관한 법률」에 따른 대중형 골프장용 토지로 한정한다)

(10) 「관광진흥법」에 따른 관광사업자가 「박물관 및 미술관 진흥법」에 따른 시설기준을 갖추어 설치한 박물관·미술관·동물원·식물원의 야외전시장용 토지

기출

1. 「도로교통법」에 따라 등록된 자동차운전학원의 자동차운전학원용 토지로서 같은 법에서 정하는 시설을 갖춘 구역 안의 토지는 별도합산대상 토지이다.
2. 「체육시설의 설치·이용에 관한 법률 시행령」에 따른 회원제 골프장이 아닌 골프장용 토지 중 원형이 보전되는 임야는 별도합산 과세대상 토지이다.
3. 차고용 토지, 보세창고용 토지, 시험·연구·검사용 토지, 물류단지시설용 토지 등 공지상태(空地狀態)나 해당 토지의 이용에 필요한 시설 등을 설치하여 업무 또는 경제활동에 활용되는 일정한 토지는 별도합산과세대상 토지이다.

(11) 「주차장법 시행령」에 따른 부설주차장 설치기준면적 이내의 토지. 다만, 「관광진흥법 시행령」에 따른 전문휴양업·종합휴양업 및 유원시설업에 해당하는 시설의 부설주차장으로서 「도시교통정비 촉진법」에 따른 교통영향평가서의 심의 결과에 따라 설치된 주차장의 경우에는 해당 검토 결과에 규정된 범위 이내의 주차장용 토지를 말한다.

(12) 「장사 등에 관한 법률」에 따른 설치·관리허가를 받은 법인묘지용 토지로서 지적공부상 지목이 묘지인 토지

(13) 다음에 규정된 임야
① 「체육시설의 설치·이용에 관한 법률 시행령」에 따른 스키장 및 골프장용 토지 중 원형이 보전되는 임야
② 「관광진흥법」에 따른 관광단지 안의 토지와 전문휴양업·종합휴양업 및 유원시설업용 토지 중 환경영향평가의 협의 결과에 따라 원형이 보전되는 임야
③ 「산지관리법」에 따른 준보전산지에 있는 토지 중 「산림자원의 조성 및 관리에 관한 법률」에 따른 산림경영계획의 인가를 받아 실행 중인 임야. 다만, 도시지역의 임야는 제외한다.

(14) 「종자산업법」에 따라 종자업 등록을 한 종자업자가 소유하는 농지로서 종자연구 및 생산에 직접 이용되고 있는 시험·연구·실습지 또는 종자생산용 토지

(15) 「양식산업발전법」에 따라 면허·허가를 받은 자 또는 「수산종자산업육성법」에 따라 수산종자생산업의 허가를 받은 자가 소유하는 토지로서 양식어업 또는 수산종자생산업에 직접 이용되고 있는 토지

(16) 「도로교통법」에 따라 견인된 차를 보관하는 토지로서 시설을 갖춘 토지

(17) 「폐기물관리법」에 따라 폐기물 최종처리업 또는 폐기물 종합처리업의 허가를 받은 자가 소유하는 토지 중 폐기물 매립용에 직접 사용되고 있는 토지

제3절 | 납세의무자

1 납세의무자

(1) 일반적인 경우

재산세 과세기준일(매년 6월 1일) 현재 재산(토지·건축물·주택·선박·항공기)을 사실상 소유하고 있는 자는 재산세를 납부할 의무가 있다(「지방세법」 제107조 제1항).

> **심화 과세기준일 현재 소유자**
> 과세기준일 현재 재산세 과세대상물건의 소유권이 양도·양수된 때에는 양수인을 해당 연도의 납세의무자로 본다.
> 1. 6월 1일 이전(5/25)에 양도·양수: 양수인
> 2. 6월 1일 이후(6/25)에 양도·양수: 양도인
> 3. 6월 1일에 양도·양수: 양수인

> **예제**
>
> 다음 자료에 의하여 2026년 「지방세법」상 재산세 납세의무자로 옳은 것은? (단, 공부상 소유자는 과세기준일로부터 15일 이내에 사실상 소유자를 신고한 것으로 가정한다)
> 제14회
>
> ㉠ 매도인: 甲
> ㉡ 매수인: 乙
> ㉢ 계약금 지급일: 2026년 4월 25일
> ㉣ 사실상 잔금지급일: 2026년 5월 25일
>
> ① 甲
> ② 乙
> ③ 甲 50%와 乙 50%
> ④ 1월 1일부터 4월 25일까지는 甲, 4월 26일부터 12월 31일까지는 乙
> ⑤ 1월 1일부터 5월 31일까지는 甲, 6월 1일부터 12월 31일까지는 乙
>
> **해설** 과세기준일 현재의 사실상 소유자를 납세의무자로 하는데 사실상 잔금지급이 2026년 5월 25일에 이루어졌으므로 사실상 소유자인 매수자 乙은 2026년 재산세 100%에 대해서 납세의무를 진다.
> **정답 ②**

(2) 공유재산인 경우: 그 지분권자

재산세 과세기준일(매년 6월 1일) 현재 재산(토지·건축물·주택·선박·항공기)을 공유한 경우에는 그 지분에 해당하는 부분(지분의 표시가 없는 경우에는 지분이 균등한 것으로 본다)에 대하여 그 지분권자를 납세의무자로 본다(「지방세법」 제107조 제1항 제1호).

> **핵심 공유재산 납세의무**
> 1. 1단계: 공유재산에 대하여 총세액을 계산한다.
> 2. 2단계: 총세액을 지분비율로 다음과 같이 나눈다.
>   • 지분표시 존재: 지분율로 분배
>   • 지분표시 없는 경우: 균등하게 분배

(3) 주택의 건물과 부속토지의 소유자가 다를 경우: 그 소유자

주택의 건물과 부속토지의 소유자가 다를 경우에는 그 주택에 대한 산출세액을 건축물과 그 부속토지의 시가표준액 비율로 안분계산(按分計算)한 부분에 대해서는 그 소유자를 납세의무자로 본다.

❷ 의제납세의무자 제32회, 제33회, 제35회, 제36회

(1) 공부상 소유자

① 공부상의 소유자가 매매 등의 사유로 소유권이 변동되었는데도 신고하지 아니하여 사실상의 소유자를 알 수 없을 때에는 공부상 소유자를 납세의무자로 본다(「지방세법」 제107조 제2항 제1호).

② 공부상에 개인 등의 명의로 등재되어 있는 사실상의 종중재산으로서 종중소유임을 신고하지 아니하였을 때에는 공부상 소유자를 납세의무자로 본다(「지방세법」 제107조 제2항 제3호).

③ 「채무자 회생 및 파산에 관한 법률」에 따른 파산선고 이후 파산종결의 결정까지 파산재단에 속하는 재산의 경우 공부상 소유자를 납세의무자로 본다(「지방세법」 제107조 제2항 제8호).

(2) 상속재산: 주된 상속자 제35회

상속이 개시된 재산으로서 상속등기가 이행되지 아니하고 사실상의 소유자를 신고하지 아니하였을 때에는 주된 상속자를 납세의무자로 본다(「지방세법」 제107조 제2항 제2호).

> **핵심** 주된 상속자의 기준(「지방세법 시행규칙」 제53조)
>
> 주된 상속자의 판단은 다음과 같이 1. ⇨ 2. 순으로 재산세 납세의무를 판단한다.
> 1. 「민법」상 상속지분이 가장 높은 사람
> 2. 상속지분이 가장 높은 사람이 두 명 이상이면 그중 나이가 가장 많은 사람

(3) 매수계약자 제35회

국가 · 지방자치단체 · 지방자치단체조합과 재산세 과세대상 재산을 연부(年賦)로 매매계약을 체결하고 그 재산의 사용권을 무상으로 받은 경우는 그 매수계약자를 납세의무자로 본다(「지방세법」 제107조 제2항 제4호).

> **참고** 연부취득의 납세의무
>
> 1. 국가 · 지방자치단체 · 지방자치단체조합이 선수금을 받아 조성하는 매매용 토지로서 사실상 조성이 완료된 토지의 사용권을 무상으로 받는 자가 있는 경우는 그 자를 매수계약자로 본다(「지방세법 시행령」 제106조 제2항).
> 2. 연부취득에 의하여 무상사용권을 부여받은 토지는 국가지방자치단체조합 등으로부터 연부취득한 것에 한하므로 일반법인으로부터 연부취득 중인 때에는 매수인이 무상사용권을 부여받았다 하더라도 매도법인이 납세의무자가 된다(「지방세법 기본통칙」 107-2).

참고 신고의무

다음의 어느 하나에 해당하는 자는 과세기준일부터 15일 이내에 그 소재지를 관할하는 지방자치단체의 장에게 그 사실을 알 수 있는 증거자료를 갖추어 신고하여야 한다(「지방세법」 제120조). 제35회

1. 재산의 소유권 변동 또는 과세대상 재산의 변동 사유가 발생하였으나 과세기준일까지 그 등기 · 등록이 되지 아니한 재산의 공부상 소유자
2. 상속이 개시된 재산으로서 상속등기가 되지 아니한 경우의 주된 상속자
3. 사실상 종중 재산으로서 공부상에는 개인 명의로 등재되어 있는 재산의 공부상 소유자
4. 수탁자 명의로 등기된 신탁재산의 수탁자
5. 1세대가 둘 이상의 주택을 소유하고 있음에도 불구하고 1세대 1주택의 특례세율을 적용받으려는 경우에는 그 세대원
6. 공부상 등재현황과 사실상의 현황이 다르거나 사실상의 현황이 변경된 경우에는 해당 재산의 사실상 소유자 제32회

(4) 신탁재산: 위탁자

「신탁법」에 따른 수탁자 명의로 등기 또는 등록된 신탁재산의 경우에는 위탁자를 납세의무자로 본다. 이 경우 위탁자가 신탁재산을 소유한 것으로 본다.

> **심화** 신탁재산 수탁자의 물적 납세의무(「지방세법」 제119조의2)
>
> 1. 신탁재산의 위탁자가 신탁 설정일 이후에「지방세기본법」에 따른 법정기일이 도래하는 재산세로서 해당 신탁재산과 관련하여 발생한 재산세 또는 체납처분비를 체납한 경우로서 그 위탁자의 다른 재산에 대하여 체납처분을 하여도 징수할 금액에 미치지 못할 때에는 해당 신탁재산의 수탁자는 그 신탁재산으로써 위탁자의 재산세를 납부할 의무가 있다. 제36회
> 2. 고지가 있은 후 납세의무자인 위탁자가 신탁의 이익을 받을 권리를 포기 또는 이전하거나 신탁재산을 양도하는 등의 경우에도 고지된 부분에 대한 납세의무에는 영향을 미치지 아니한다.
> 3. 신탁재산의 수탁자가 변경되는 경우에 새로운 수탁자는 이전의 수탁자에게 고지된 납세의무를 승계한다.
> 4. 지방자치단체의 장은 최초의 수탁자에 대한 신탁 설정일을 기준으로 그 신탁재산에 대한 현재 수탁자에게 납세의무자의 재산세 등을 징수할 수 있다.
> 5. 신탁재산에 대하여「지방세징수법」에 따라 체납처분을 하는 경우「지방세기본법」에도 불구하고 수탁자는「신탁법」에 따른 신탁재산의 보존 및 개량을 위하여 지출한 필요비 또는 유익비의 우선변제를 받을 권리가 있다.

(5) 체비지 또는 보류지: 사업시행자 제35회

「도시개발법」에 따라 시행하는 환지(換地) 방식에 의한 도시개발사업 및「도시 및 주거환경정비법」에 따른 정비사업(재개발사업만 해당한다)의 시행에 따른 환지계획에서 일정한 토지를 환지로 정하지 아니하고 체비지 또는 보류지로 정한 경우에는 사업시행자를 납세의무자로 본다.

(6) 소유권 귀속이 불분명: 사용자 제33회, 제36회

재산세 과세기준일 현재 소유권의 귀속이 분명하지 아니하여 사실상의 소유자를 확인할 수 없는 경우에는 그 사용자가 재산세를 납부할 의무가 있다(「지방세법」 제107조 제3항).

(7) 외국인 소유의 항공기 등을 임차하여 수입

외국인 소유의 항공기 또는 선박을 임차하여 수입하는 경우에는 수입하는 자를 납세의무자로 본다(「지방세법」 제107조 제2항 제7호).

참고 신탁 설정일

「신탁법」 제4조에 따라 해당 재산이 신탁재산에 속한 것임을 제3자에게 대항할 수 있게 된 날로 한다. 다만, 다른 법률에서 제3자에게 대항할 수 있게 된 날을「신탁법」과 달리 정하고 있는 경우에는 그 달리 정하고 있는 날로 한다.

용어

체비지
도시개발사업으로 인하여 발생하는 사업비용을 충당하기 위하여 사업시행자가 취득하여 집행 또는 매각하는 토지를 말한다.

보류지
사업계획에 정하는 목적을 위하여 환지계획에서 일정한 토지를 환지로 정하지 않고 보류해 두는 토지를 말한다.

용어 소유권 귀속 불분명
소유권의 귀속이 분명하지 아니한 재산에 대하여 사용자를 납세의무자로 보아 재산세를 부과하려는 경우에는 그 사실을 사용자에게 미리 통지하여야 한다(「지방세법 시행령」 제106조 제3항).

제4절 | 과세표준 및 세율

1 과세표준 제32회

(1) 개요

① 재산세의 과세표준은 과세기준일 현재의 시가표준액에 의하는데 개인·법인소유에 관계없는 시가표준액을 적용한다. 이 경우 사실상 가액이 확인되는 경우에도 시가표준액에 의한다.

② 토지·건축물·주택에 대한 재산세의 과세표준은 과세기준일 현재의 시가표준액에 부동산 시장의 동향과 지방재정 여건 등을 고려하여 다음 어느 하나에서 정한 범위에서 정하는 공정시장가액비율을 곱하여 산정한 가액으로 한다(「지방세법」 제110조 제1항).

　㉠ 토지: 과세기준일 현재의 시가표준액 × 공정시장가액비율(100분의 70)

　㉡ 건축물: 과세기준일 현재의 시가표준액 × 공정시장가액비율(100분의 70)

　㉢ 주택: 과세기준일 현재의 시가표준액 × 공정시장가액비율(100분의 60). 다만, 2025년도에 납세의무가 성립하는 재산세의 과세표준을 산정하는 경우 1세대 1주택으로 인정되는 주택(시가표준액이 9억원을 초과하는 주택을 포함한다)에 대해서는 다음의 구분에 따른다(「지방세법 시행령」 제109조 제1항 제2호). 제36회

　　ⓐ 시가표준액이 3억원 이하인 주택: 시가표준액의 100분의 43

　　ⓑ 시가표준액이 3억원을 초과하고 6억원 이하인 주택: 시가표준액의 100분의 44

　　ⓒ 시가표준액이 6억원을 초과하는 주택: 시가표준액의 100분의 45

> 토지, 건축물, 주택분 과세표준액 = 과세기준일 현재의 시가표준액 × 공정시장가액비율 × 면적(m^2)

③ 선박·항공기에 대한 과세표준은 과세기준일 현재의 시가표준액으로 한다(「지방세법」 제110조 제2항). 즉, 선박과 항공기에 대한 과세표준을 계산시 공정시장가액비율은 곱하지 않는다.

참고 비과세·감면시 과세표준액

「지방세법」 또는 관계법령에 따라 재산세를 경감할 때에는 경감대상 토지의 과세표준액에 경감비율(비과세 또는 면제의 경우에는 100분의 100으로 본다)을 곱한 금액을 공제하여 세율을 적용한다.

참고 공정시장가액비율

토지·건축물·주택에 대한 재산세의 과세표준은 시가표준액에 부동산 시장의 동향과 지방재정 여건 등을 고려하여 다음의 어느 하나에서 정한 범위에서 대통령령으로 정하는 공정시장가액비율을 곱하여 산정한 가액으로 한다.
1. 토지 및 건축물: 시가표준액의 100분의 50부터 100분의 90까지 제32회
2. 주택: 시가표준액의 100분의 40부터 100분의 80까지. 다만, 1세대 1주택은 100분의 30부터 100분의 70까지

구분	과세표준
토지 · 건축물	과세기준일 현재의 시가표준액 × 공정시장가액비율(70%)
주택	과세기준일 현재의 시가표준액 × 공정시장가액비율(60%) ① 시가표준액이 3억원 이하인 1세대 1주택: 100분의 43 ② 시가표준액이 3억원을 초과하고, 6억원 이하인 1세대 1주택: 100분의 44 ③ 시가표준액이 6억원을 초과하는 1세대 1주택: 100분의 45 제36회
선박 · 항공기	과세기준일 현재의 시가표준액

④ 주택 과세표준상한액: 법령에 따라 산정한 주택의 과세표준이 다음에 따른 과세표준상한액보다 큰 경우에는 해당 주택의 과세표준은 과세표준상한액으로 한다.

> 과세표준(㉠과 ㉡ 중 작은 금액) × 세율 = 산출세액
> ㉠ 해당연도 과세표준 = 시가표준액 × 공정시장가액비율
> ㉡ 과세표준 상한액 = 직전 연도 해당 주택의 과세표준 상당액 + [과세기준일 당시 시가표준액으로 산정한 과세표준 × 과세표준상한율(100분의 5)]

✔ 직전 연도 해당 주택의 과세표준 상당액이란 해당 주택에 대한 과세기준일이 속하는 해의 직전 연도의 시가표준액(직전 연도의 시가표준액이 없는 경우에는 해당 연도의 시가표준액)에 과세기준일 현재 해당 주택에 대한 공정시장가액비율을 곱하여 계산한 금액을 말한다.

2024년부터는 공시가격 급등시 세부담을 안정적으로 관리하기 위한 주택 과세표준 상한제 제도를 신설하여, 매년 과세표준의 증가 한도를 설정하여 공시가격 급등 시에도 과세표준이 제한적으로 증가토록 하여 세부담을 안정적으로 관리할 수 있도록 하였다.

이에 따라 주택 재산세 세부담 상한제는 5년간 유지(2024 ~ 2028년) 후 폐지할 예정이다. 주택 과세표준 상한제는 2024.1.1.부터 시행한다.

(2) 자산별 시가표준액 제32회

① 토지의 시가표준액
   ㉠ 「부동산 가격공시에 관한 법률」에 따라 공시된 과세기준일 현재의 개별공시지가로 한다(「지방세법」 제4조 제1항).
   ㉡ 과세기준일 현재 해당 연도에 적용할 개별공시지가가 결정 · 공시되지 아니한 때에는 직전 연도에 적용되던 개별공시지가로 한다.

ⓒ 개별공시지가가 공시되지 아니한 경우에는 특별자치시장·특별자치도지사·시장·군수 또는 구청장이 「부동산 가격공시에 관한 법률」의 규정에 의하여 국토교통부장관이 제공한 토지가격비준표를 사용하여 산정한 가액으로 한다(「지방세법」 제4조 제1항 단서).

② 주택의 시가표준액
　　㉠ 「부동산 가격공시에 관한 법률」에 따라 공시된 과세기준일 현재의 개별주택가격 또는 공동주택가격으로 한다(「지방세법」 제4조 제1항).
　　㉡ 과세기준일 현재 해당 연도에 적용할 개별주택가격 또는 공동주택가격이 결정·공시되지 아니한 때에는 직전 연도에 적용되던 개별주택가격 또는 공동주택가격으로 한다.
　　ⓒ 개별주택가격이 공시되지 아니한 경우에는 특별자치시장·특별자치도지사·시장·군수 또는 구청장이 국토교통부장관이 제공한 주택가격비준표를 사용하여 산정한 가액으로 한다.
　　㉣ 공동주택가격이 공시되지 아니한 경우에는 지역별·단지별·면적별·층별 특성 및 거래가격 등을 고려하여 행정안전부장관이 정하는 기준에 따라 특별자치시장·특별자치도지사·시장·군수 또는 구청장이 산정한 가액으로 한다(「지방세법」 제4조 제1항 단서).

③ 건축물: 건설원가 등을 고려하여 행정안전부장관이 산정·고시하는 건물신축가격기준액에 다음의 사항을 적용한다(「지방세법 시행령」 제4조 제1항 제1호의2).
　　㉠ 건물의 구조별·용도별·위치별 지수
　　㉡ 건물의 경과연수별 잔존가치율
　　ⓒ 건물의 규모·형태·특수한 부대설비 등의 유무 및 그 밖의 여건에 따른 가감산율

> - 시가표준액 = m²당 금액 × 평가대상 건물의 면적(m²)
> - m²당 금액 = 건축물 신축가격기준액 × 구조지수 × 용도지수 × 위치지수 × 경과연수별 잔존가치율 × 개별 건축물의 특성에 따른 조정률

④ 오피스텔: 행정안전부장관이 고시하는 표준가격기준액에 다음의 사항을 적용한다(「지방세법 시행령」 제4조 제1항 제1호).
　　㉠ 오피스텔의 용도별·층별 지수
　　㉡ 오피스텔의 규모·형태·특수한 부대설비 등의 유무 및 그 밖의 여건에 따른 가감산율(加減算率)

> **참고** 시가표준액
> 1. 공동주택의 시가표준액은 공동주택가격이 공시되지 아니한 경우에는 지역별·단지별·면적별·층별 특성 및 거래가격을 고려하여 행정안전부장관이 정하는 기준에 따라 특별자치시장·특별자치도지사·시장·군수 또는 구청장이 산정한 가액으로 한다.
> 2. 건축물의 시가표준액은 소득세법령에 따라 매년 1회 이상 국세청장이 산정, 고시하는 건물신축가격기준액에 행정안전부장관이 정한 기준을 적용하여 지방자치단체의 장이 결정한 가액으로 한다.

2 세율 제32회, 제34회

(1) 개요

지방자치단체의 장은 특별한 재정수요나 재해 등의 발생으로 재산세의 세율 조정이 불가피하다고 인정되는 경우 조례로 정하는 바에 따라 표준세율의 100분의 50의 범위에서 가감할 수 있다. 다만, 가감한 세율은 해당 연도에만 적용한다(「지방세법」 제111조 제3항).

(2) 토지의 세율

① 종합합산과세대상 토지(소유자별 합산): 납세의무자가 소유하고 있는 해당 지방자치단체 관할 구역 안에 소재하는 종합합산과세대상이 되는 토지의 가액을 모두 합한 금액을 과세표준으로 하여 3단계 초과누진세율(0.2 ~ 0.5%)을 적용한다(「지방세법」 제111조 제1항 제1호 가목).

과세표준	세율
5천만원 이하	1,000분의 2
5천만원 초과 1억원 이하	10만원 + 5천만원 초과금액의 1,000분의 3
1억원 초과	25만원 + 1억원 초과금액의 1,000분의 5

② 별도합산과세대상 토지(소유자별 합산): 납세의무자가 소유하고 있는 해당 지방자치단체 관할 구역 안에 소재하는 별도합산과세대상이 되는 토지의 가액을 모두 합한 금액을 과세표준으로 하여 3단계 초과누진세율(0.2 ~ 0.4%)을 적용한다(「지방세법」 제111조 제1항 제1호 나목).

과세표준	세율
2억원 이하	1,000분의 2
2억원 초과 10억원 이하	40만원 + 2억원 초과금액의 1,000분의 3
10억원 초과	280만원 + 10억원 초과금액의 1,000분의 4

③ 분리과세대상 토지: 납세의무자가 소유하고 있는 해당 지방자치단체 관할 구역 안에 소재하는 분리과세대상이 되는 해당 토지의 가액을 과세표준으로 하여 비례세율을 적용한다(「지방세법」 제111조 제1항 제1호 다목).

구분	세율	과세대상
저율분리과세 토지	1,000분의 0.7	농지(전·답·과수원), 목장용지, 임야
	1,000분의 2	공장용지, 염전, 터미널용 토지 등
고율분리과세 토지	1,000분의 40	골프장용 토지 및 고급오락장용 토지

> **참고 경감대상 토지**
> 「지방세법」 또는 관계 법령에 따라 재산세를 경감할 때에는 과세표준에서 경감대상 토지의 과세표준액에 경감비율(비과세 또는 면제의 경우에는 이를 100분의 100으로 본다)을 곱한 금액을 공제하여 세율을 적용한다(「지방세법」 제113조 제1항).

> **기출**
> 1. 분리과세 요건을 충족한 농지(전·답·과수원), 목장용지, 임야의 재산세 세율은 1,000분의 0.7이다. 제32회
> 2. 회원제 골프장 및 고급오락장용 토지에 대한 재산세 세율은 1,000분의 40이다.
> 3. 과세표준이 5천만원인 종합합산과세대상토지에 대한 재산세 세율은 1,000분의 2이다. 제32회
> 4. 과세표준이 2억원인 별도합산과세대상토지에 대한 재산세 세율은 1,000분의 2이다. 제32회

(3) 건축물의 세율

건축물에 대한 재산세의 세율은 다음과 같다(「지방세법」 제111조 제1항 제2호).

① 사치성 재산인 골프장, 고급오락장용 건축물: 과세표준의 1천분의 40
② 특별시·광역시(군 지역은 제외한다)·특별자치시(읍·면 지역은 제외한다)·특별자치도(읍·면 지역은 제외한다) 또는 시(읍·면 지역은 제외한다) 지역에서 「국토의 계획 및 이용에 관한 법률」과 그 밖의 관계 법령에 따라 지정된 주거지역 및 해당 지방자치단체의 조례로 정하는 지역의 대통령령으로 정하는 공장용 건축물: 과세표준의 1천분의 5 제34회, 제35회
③ 그 밖의 건축물: 과세표준의 1천분의 2.5

과세대상	표준세율
골프장 및 고급오락장용 건축물	1천분의 40
특별시·광역시·시 지역에서 지정된 주거지역 및 조례로 정하는 지역의 공장용 건축물	1천분의 5
그 밖의 건축물	1천분의 2.5

> **참고 회원제골프장에 대중골프장이 병설된 경우**
> 재산세가 중과되는 회원제골프장에 대중골프장을 병설 운영하는 경우의 골프장용건축물에 대한 재산세부과는 회원제골프장과 대중골프장으로 사업승인된 각각의 토지의 면적에 따라 안분하여 중과세율과 일반세율을 적용한다(「지방세법 기본통칙」 111-1).

(4) 주택의 세율 제34회

① 주택(고급주택 포함): 납세의무자가 소유하고 있는 해당 시·군·구 관할 구역 안에 소재하는 주택에 대한 재산세는 주택별로 4단계 초과누진세율(0.1 ~ 0.4%)을 적용한다(「지방세법」 제111조 제1항 제3호).

과세표준	세율
6천만원 이하	1,000분의 1
6천만원 초과 1억 5천만원 이하	6만원 + 6천만원 초과금액의 1,000분의 1.5
1억 5천만원 초과 3억원 이하	19만 5천원 + 1억 5천만원 초과금액의 1,000분의 2.5
3억원 초과	57만원 + 3억원 초과금액의 1,000분의 4

② 1세대 1주택에 대한 특례세율
  ㉠ 과세기준일 현재 「주민등록법에 따른 세대별 주민등록표에 함께 기재되어 있는 가족(동거인은 제외한다)으로 구성된 1세대가 국내에 시가표준액이 9억원 이하인 주택 1개만 소유하는 경우에 대해서는 다음의 특례세율(0.05 ~ 0.35% 초과누진세율)을 적용한다(「지방세법」 제111조의2 제1항).

> **참고 고급주택 세율**
> 재산세에서는 고급주택을 별도로 구분하지 않고 일반주택으로 보아 4단계 초과누진세율을 적용한다.

> **기출**
> 1. 특별시 지역에서 「국토의 계획 및 이용에 관한 법률」과 그 밖의 관계 법령에 따라 지정된 주거지역 및 해당 지방자치단체의 조례로 정하는 지역의 대통령령으로 정하는 공장용 건축물의 표준세율은 과세표준의 1천분의 5이다. 제34회
> 2. 주택(법령으로 정하는 1세대 1주택 아님)의 경우 표준세율은 최저 1천분의 1에서 최고 1천분의 4까지 4단계 초과누진세율로 적용한다. 제34회

구분	세율
6천만원 이하	1,000분의 0.5
6천만원 초과 1억 5천만원 이하	3만원 + 6천만원 초과금액의 1,000분의 1
1억 5천만원 초과 3억원 이하	12만원 + 1억 5천만원 초과금액의 1,000분의 2
3억원 초과	42만원 + 3억원 초과금액의 1,000분의 3.5

ⓐ 종업원에게 무상이나 저가로 제공하는 사용자 소유의 주택으로서 과세기준일 현재 다음의 어느 하나에 해당하는 주택
  • 시가표준액이 3억원 이하인 주택
  • 면적이 「주택법」에 따른 국민주택규모 이하인 주택
ⓑ 「건축법 시행령」 별표 1의 기숙사
ⓒ 과세기준일 현재 사업자등록을 한 다음의 어느 하나에 해당하는 자가 건축하여 소유하는 미분양 주택으로서 재산세 납세의무가 최초로 성립한 날부터 5년이 경과하지 않은 주택. 다만, 「건축법」에 따른 허가를 받은 자가 건축하여 소유하는 미분양 주택으로서 「주택법」에 따라 공급하지 않은 주택인 경우에는 자기 또는 임대계약 등 권원을 불문하고 다른 사람이 거주한 기간이 1년 이상인 주택은 제외한다.
  • 「건축법」에 따른 허가를 받은 자
  • 「주택법」에 따른 사업계획승인을 받은 자
ⓓ 세대원이 「영유아보육법」에 따라 인가를 받고 「소득세법」에 따른 고유번호를 부여받은 이후 「영유아보육법」에 따른 가정어린이집으로 운영하는 주택(가정어린이집을 「영유아보육법」에 따른 국공립어린이집으로 전환하여 운영하는 주택을 포함한다)
ⓔ 주택의 시공자가 「건축법」에 따른 허가를 받은 자 또는 「주택법」에 따른 사업계획승인을 받은 자로부터 해당 주택의 공사대금으로 받은 주택(과세기준일 현재 해당 주택을 공사대금으로 받은 날 이후 해당 주택의 재산세의 납세의무가 최초로 성립한 날부터 5년이 경과하지 않은 주택으로 한정한다). 다만, 「건축법」에 따른 허가를 받은 자로부터 받은 주택으로서 「주택법」에 따라 공급하지 않은 주택인 경우에는 자기 또는 임대계약 등 권원을 불문하고 다른 사람이 거주한 기간이 1년 이상인 주택은 제외한다.

> **참고 세대 구성원**
> 배우자나 과세기준일 현재 미혼인 19세 미만의 자녀 또는 부모(주택의 소유자가 미혼이고 19세 미만인 경우로 한정한다)는 주택 소유자와 같은 세대별 주민등록표에 기재되어 있지 않더라도 1세대에 속한 것으로 보고, 다음에 해당하는 경우에는 각각 별도의 세대로 본다.
> 1. 과세기준일 현재 65세 이상의 직계존속(배우자의 직계존속을 포함하며, 직계존속 중 어느 한 사람이 65세 미만인 경우를 포함한다)를 동거봉양하기 위하여 19세 이상의 직계비속 또는 혼인한 직계비속이 합가한 경우
> 2. 취학 또는 근무상의 형편 등으로 세대 전원이 90일 이상 출국하는 경우로서 「주민등록법」 제10조의3 제1항 본문에 따라 해당 세대가 출국 후에 속할 거주지를 다른 가족의 주소로 신고한 경우

ⓕ 다음의 어느 하나에 해당하는 주택
- 「문화유산의 보존 및 활용에 관한 법률」에 따른 지정문화유산
- 「근현대문화유산의 보존 및 활용에 관한 법률」에 따른 등록문화유산
- 「자연유산의 보존 및 활용에 관한 법률」에 따른 천연기념물 등

ⓖ 「노인복지법」에 따른 노인복지주택으로서 설치한 사람이 소유한 해당 노인복지주택

ⓗ 상속을 원인으로 취득한 주택(조합원입주권 또는 주택분양권을 상속받아 취득한 신축주택을 포함한다)으로서 과세기준일 현재 상속개시일부터 5년이 경과하지 않은 주택

ⓘ 혼인 전부터 소유한 주택으로서 과세기준일 현재 혼인일로부터 5년이 경과하지 않은 주택. 다만, 혼인 전부터 각각 최대 1개의 주택만 소유한 경우로서 혼인 후 주택을 추가로 취득하지 않은 경우로 한정한다.

ⓙ 세대원이 소유하고 있는 토지 위에 토지를 사용할 수 있는 정당한 권원이 없는 자가 「건축법」에 따른 허가·신고 등(다른 법률에 따라 의제되는 경우를 포함한다)을 받지 않고 건축하여 사용(건축한 자와 다른 자가 사용하고 있는 경우를 포함한다) 중인 주택(부속토지만을 소유하고 있는 자로 한정한다)

ⓚ 2024년 1월 4일부터 2026년 12월 31일까지 인구감소지역에서 유상취득(부담부증여는 제외한다) 또는 원시취득한 주택으로서 과세기준일 현재 다음의 요건을 모두 갖춘 주택 중 1개의 주택
- 「수도권정비계획법」에 따른 수도권 중 「접경지역 지원 특별법」에 따른 접경지역을 제외한 지역, 광역시(군 지역은 제외한다), 특별자치시 및 「주택법」에 따른 조정대상지역에 소재하는 주택이 아닐 것
- 1세대 1주택에 해당하는 주택과 동일한 시·군·구의 관할구역에 소재하는 주택이 아닐 것
- 시가표준액이 9억원(수도권 중 「접경지역 지원 특별법」에 따른 접경지역에 소재하는 주택의 경우에는 4억원으로 한다) 이하일 것

ⓒ 1세대 1주택의 해당 여부를 판단할 때 「신탁법」에 따라 신탁된 주택은 위탁자의 주택 수에 가산한다(「지방세법」 제111조의2 제2항).

참고 상속주택 판정

상속이 개시된 재산으로서 상속등기가 이행되지 않은 공동소유 상속 주택(상속개시일부터 5년이 경과한 상속 주택으로 한정한다)의 경우 「지방세법」에 따른 납세의무자가 그 상속주택을 소유한 것으로 본다.

ⓒ 주택의 공유지분이나 부속토지만을 소유한 경우에도 각각 1개의 주택으로 보아 주택 수를 산정한다. 다만, 1개의 주택을 같은 세대 내에서 공동소유하는 경우에는 1개의 주택으로 본다.

> **핵심** 1세대 1주택 특례세율
>
> 1. 1세대 1주택에 재산세 특례세율 규정에도 불구하고 지방자치단체의 장이 조례를 정하는 바에 따라 가감한 세율을 적용한 세액이 특례세율을 적용한 세액보다 작은 경우에는 특례세율을 적용하지 않는다(「지방세법」 제111조의2 제3항).
> 2. 「지방세특례제한법」에도 불구하고 동일한 주택이 특례세율 규정과 「지방세특례제한법」에 따른 재산세 경감규정의 적용대상이 되는 경우에는 중복하여 적용하지 않고 둘 중 경감효과가 큰 것 하나만을 적용한다(「지방세법」 제111조의2 제4항).

기출
1. 주택의 토지와 건물소유자가 다를 경우 해당 주택에 대한 세율을 적용할 때 해당 주택의 토지와 건물의 가액을 합산한 과세표준에 주택의 재산세 세율을 적용한다. 제32회
2. 법령에서 정하는 고급선박 및 고급오락장용 건축물의 경우 고급선박의 표준세율이 고급오락장용 건축물의 표준세율보다 높다. 제34회

③ 주택을 2명 이상이 공동으로 소유하거나 토지와 건물의 소유자가 다를 경우 해당 주택에 대한 세율을 적용할 때 해당 주택의 토지와 건물의 가액을 합산한 과세표준에 세율을 적용한다(「지방세법」 제113조 제3항). 제32회, 제35회

④ 납세의무자가 2 이상의 주택을 소유하고 있는 경우 이를 납세의무자별로 합산하지 아니하고 주택별로 주택의 세율을 적용한다. 제32회

⑤ 1가구가 여러 개의 주택을 보유하는 경우 이를 가구별로 합산하지 아니하고 주택별로 주택의 세율을 적용한다.

(5) 선박과 항공기의 세율 제34회

납세의무자가 소유하고 있는 해당 지방자치단체 관할 구역 안에 소재하는 선박과 항공기의 세율은 다음과 같다(「지방세법」 제111조 제1항 제4호, 제5호).

구분		세율
선박	고급선박	과세표준액의 1,000분의 50(5%)
	이외 선박	과세표준액의 1,000분의 3(0.3%)
항공기		과세표준액의 1,000분의 3(0.3%)

참고 최초 과세기준일
공장용 건축물로 건축허가를 받아 건축하였거나 기존의 공장용 건축물을 공장용으로 사용하기 위하여 양수한 경우에는 취득세의 규정에 따른 취득일, 그 밖의 경우에는 공장시설의 설치를 시작한 날 이후에 최초로 도래하는 재산세 과세기준일로 한다(「지방세법 시행규칙」 제56조 제2항).

(6) 과밀억제권역 안에서 공장 신설·증설시의 세율

「수도권정비계획법」 제6조에 따른 과밀억제권역(「산업집적활성화 및 공장설립에 관한 법률」을 적용받는 산업단지 및 유치지역과 「국토의 계획 및 이용에 관한 법률」을 적용받는 공업지역은 제외한다)에서 공장 신설·증설에 해당하는 경우 그 건축물에 대한 재산세의 세율은 최초의 과세기준일부터 5년간 1천분의 2.5 세율의 100분의 500에 해당하는 세율로 한다(「지방세법」 제111조 제2항).

❸ 재산세 도시지역분

지방자치단체의 장은「국토의 계획 및 이용에 관한 법률」제6조 제1호에 따른 도시지역 중 해당 지방의회의 의결을 거쳐 고시한 지역 안에 있는 토지, 건축물 또는 주택에 대해서는 조례로 정하는 바에 따라 다음 (1)에 따른 세액에 (2)에 따른 세액을 합산하여 산출한 세액을 재산세액으로 부과할 수 있다(「지방세법」제112조 제1항).

> 재산세액 = 토지 등 재산세 과세표준 × 재산세 표준세율
> + 토지, 건축물, 주택의 과세표준 × 1.4 / 1,000

(1) 재산세의 과세표준에 재산세의 세율을 적용하여 산출한 세액
(2) 재산세 토지, 건축물 또는 주택의 과세표준에 1천분의 1.4를 적용하여 산출한 세액. 다만, 지방자치단체의 장은 해당 연도분의 세율을 조례로 정하는 바에 따라 1천분의 2.3을 초과하지 아니하는 범위에서 다르게 정할 수 있다(「지방세법」제112조 제2항).

❹ 세부담의 상한 제32회

해당 재산에 대한 재산세의 산출세액이 직전 연도의 해당 재산에 대한 재산세액 상당액의 100분의 150을 초과하는 경우에는 100분의 150에 해당하는 금액을 해당 연도에 징수할 세액으로 한다. 다만, 주택의 경우에는 세부담의 상한을 적용하지 아니한다(「지방세법」제122조).

> 세부담 상한 = 직전 연도 해당 재산에 대한 재산세액 상당액의 100분의 150

> **참고 주택 세부담 상한 폐지**
> 주택의 경우는 세부담 상한제를 폐지하고, 2024년부터는 과세표준상한제를 적용한다.

> **➕ 보충** 주택 세부담 상한제 폐지에 관한 경과조치
>
> 2024년부터는 공시가격 급등시 세부담을 안정적으로 관리하기 위한 주택 과세표준 상한제 제도를 신설하여, 매년 과세표준의 증가 한도를 설정하여 공시가격 급등시에도 과세표준이 제한적으로 증가토록 하여 세부담을 안정적으로 관리할 수 있도록 하였다.
> 이에 따라 주택 재산세 세부담 상한제는 5년간 유지(2024 ~ 2028년)후 폐지할 예정이다. 주택 과세표준 상한제는 2024.1.1.부터 시행한다.

제5절 | 납세절차

❶ 재산세의 납세지

재산세는 다음의 납세지를 관할하는 지방자치단체에서 부과한다(「지방세법」 제108조).

구분	납세지
토지	토지의 소재지
건축물	건축물의 소재지
주택	주택의 소재지
선박	「선박법」에 따른 선적항의 소재지. 다만, 선적항이 없는 경우에는 정계장(定繫場) 소재지(정계장이 일정하지 아니한 경우에는 선박 소유자의 주소지)
항공기	「항공안전법」에 따른 등록원부에 기재된 정치장의 소재지(「항공안전법」에 따라 등록을 하지 아니한 경우에는 소유자의 주소지)

❷ 징수방법 제33회, 제34회

1. 보통징수

재산세는 물건(토지, 건축물, 주택, 항공기, 선박)소재지를 관할하는 지방자치단체의 장이 과세표준과 세액을 산정하여 과세기준일 현재의 사실상 소유자에게 고지서를 발급하여 납부하는 방식인 보통징수방법으로 부과·징수한다(「지방세법」 제116조 제1항).

2. 과세기준일과 납부시기

(1) 과세기준일 및 고지서발부

① 재산세의 과세기준일은 매년 6월 1일 현재로 한다(「지방세법」 제114조).
② 지방자치단체의 장은 재산세를 징수하려면 토지, 건축물, 주택, 선박 및 항공기로 구분한 납세고지서에 과세표준과 세액을 적어 늦어도 납기개시 5일 전까지 발급하여야 한다(「지방세법」 제116조 제2항).

참고 고지서 발급
납세고지서를 발부하는 경우 토지에 대한 재산세는 한 장의 고지서로 발급하되, 토지 외의 재산에 대한 재산세는 건축물·주택·선박 및 항공기로 구분하여 과세대상 물건마다 각각 한 장의 납세고지서로 발급하거나, 물건의 종류별로 한 장의 고지서로 발급할 수 있다(「지방세법 시행규칙」 제58조 제4호).

(2) 납부기간 제33회, 제34회, 제35회

재산세의 납부기간은 재산의 종류에 따라 다음과 같이 달라진다(「지방세법」 제115조 제1항).

구분		납부기간	비고
토지		매년 9월 16일부터 9월 30일까지	–
주택	해당 연도에 부과·징수할 세액의 2분의 1	매년 7월 16일부터 7월 31일까지	해당 연도에 부과할 세액이 20만원 이하인 경우에는 조례로 정하는 바에 따라 납기를 7월 16일부터 7월 31일까지로 하여 한꺼번에 부과·징수할 수 있다.
	나머지 2분의 1	매년 9월 16일부터 9월 30일까지	
건축물, 선박, 항공기		매년 7월 16일부터 7월 31일까지	–

(3) 수시부과 제33회, 제35회

지방자치단체의 장은 과세대상의 누락·위법 또는 착오 등으로 인하여 이미 부과한 세액을 변경하거나 수시부과하여야 할 사유가 발생하면 수시로 부과·징수할 수 있다(「지방세법」 제115조 제2항).

> **참고 수시부과**
> 1. 성립시기: 수시부과할 사유가 발생하는 때
> 2. 납세의무 확정: 과세권자가 결정하는 때

(4) 소액 징수면제 제34회, 제36회

고지서 1장당 재산세로 징수할 세액이 2천원 미만인 경우에는 해당 재산세를 징수하지 아니한다(「지방세법」 제119조).

> **참고 소액징수면제**
> 고지서 1장당 재산세로 징수할 세액이 2천원 미만이라 함은 재산세 고지서상에 병기고지된 세액(지역자원시설세)을 제외한 재산세만을 지칭한다.

(5) 병기되는 조세 제36회

소방분 지역자원시설세의 납기와 재산세의 납기가 같을 때에는 재산세의 납세고지서에 나란히 적어 고지할 수 있다(「지방세법 시행령」 제139조).

3. 납부유예

(1) 지방자치단체의 장은 다음의 요건을 모두 충족하는 납세의무자가 주택에 대한 재산세액(해당 재산세를 징수하기 위하여 함께 부과하는 지방세를 포함한다)의 납부유예를 그 납부기한 만료 3일 전까지 신청하는 경우 이를 허가할 수 있다. 이 경우 납부유예를 신청한 납세의무자는 그 유예할 주택 재산세에 상당하는 담보를 제공하여야 한다(「지방세법」 제118조의2 제1항).
① 과세기준일 현재 1세대 1주택(시가표준액이 9억원을 초과하는 주택을 포함한다)의 소유자일 것

② 과세기준일 현재 60세 이상이거나 해당 주택을 5년 이상 보유하고 있을 것
③ 다음의 어느 하나에 해당하는 소득 기준을 충족할 것
  ㉠ 직전 과세기간의 총급여액이 7천만원 이하일 것(직전 과세기간에 근로소득만 있거나 근로소득 및 종합소득과세표준에 합산되지 아니하는 종합소득이 있는 자로 한정한다)
  ㉡ 직전 과세기간의 종합소득과세표준에 합산되는 종합소득금액이 6천만원 이하일 것(직전 과세기간의 총급여액이 7천만원을 초과하지 아니하는 자로 한정한다)
④ 해당 연도의 납부유예 대상 주택에 대한 재산세의 납부세액이 100만원을 초과할 것
⑤ 지방세, 국세 체납이 없을 것

(2) 지방자치단체의 장은 신청을 받은 경우 납부기한 만료일까지 납세의무자에게 납부유예 허가 여부를 통지하여야 한다(「지방세법」 제118조의2 제2항).

(3) 지방자치단체의 장은 주택 재산세의 납부가 유예된 납세의무자가 다음의 어느 하나에 해당하는 경우에는 그 납부유예 허가를 취소하여야 한다(「지방세법」 제118조의2 제3항).
① 해당 주택을 타인에게 양도하거나 증여하는 경우
② 사망하여 상속이 개시되는 경우
③ 과세기준일 현재 1세대 1주택의 소유자 요건을 충족하지 아니하게 된 경우
④ 담보의 변경 또는 그 밖에 담보 보전에 필요한 지방자치단체의 장의 명령에 따르지 아니한 경우
⑤ 납부유예와 관계되는 세액의 전액을 징수할 수 없다고 인정되는 경우
⑥ 납부유예된 세액을 납부하려는 경우

(4) 지방자치단체의 장은 주택 재산세의 납부유예 허가를 취소하는 경우 납세의무자(납세의무자가 사망한 경우에는 그 상속인 또는 상속재산관리인을 말한다)에게 그 사실을 즉시 통지하여야 한다(「지방세법」 제118조의2 제4항).

(5) 지방자치단체의 장은 주택 재산세의 납부유예 허가를 취소한 경우에는 해당 납세의무자에게 납부를 유예받은 세액과 이자상당가산액을 징수하여야 한다. 다만, 상속인 또는 상속재산관리인은 상속으로 받은 재산의 한도에서 납부를 유예받은 세액과 이자상당가산액을 납부할 의무를 진다(「지방세법」 제118조의2 제5항).

(6) 지방자치단체의 장은 납부유예를 허가한 날부터 징수할 세액의 고지일까지의 기간 동안에는 「지방세기본법」에 따른 납부지연가산세를 부과하지 아니한다(「지방세법」 제118조의2 제6항).

4. 재산세의 합산 및 세액산정

(1) 과세대장 등재

① 지방자치단체는 재산세 과세대장을 비치하고 필요한 사항을 기재하여야 한다(「지방세법」 제121조 제1항).
② 재산세 과세대장은 토지, 건축물, 주택, 선박 및 항공기 과세대장으로 구분하여 작성한다(「지방세법」 제121조 제2항).
③ 시장·군수·구청장은 재산 소유자의 신고, 분리과세대상 토지 적용의 신청이나 직권으로 매년 과세기준일 현재 모든 재산을 조사하고, 과세대상 또는 비과세·감면대상으로 구분하여 재산세 과세대장에 등재해야 한다(「지방세법 시행규칙」 제58조 제1호).

(2) 세액산정

시장·군수·구청장은 조사한 재산 중 토지는 종합합산과세대상 토지, 별도합산과세대상 토지와 분리과세대상 토지로 구분하고 납세의무자별로 합산하여 세액을 산출하여야 한다(「지방세법 시행규칙」 제58조 제2호).

5. 물납제도 제32회, 제35회, 제36회

(1) 신청 적격자

지방자치단체의 장은 재산세의 납부세액이 1천만원을 초과하는 경우에는 납세의무자의 신청을 받아 해당 지방자치단체의 관할 구역에 있는 부동산에 대하여만 물납을 허가할 수 있다(「지방세법」 제117조).

(2) 물납의 신청 및 허가

① 재산세를 물납하려는 자는 행정안전부령으로 정하는 서류를 갖추어 그 납부기한 10일 전까지 납세지를 관할하는 시장·군수·구청장에게 신청하여야 한다(「지방세법 시행령」 제113조 제1항).
② 물납신청을 받은 시장·군수·구청장은 신청을 받은 날부터 5일 이내에 납세의무자에게 그 허가 여부를 서면으로 통지하여야 한다(「지방세법 시행령」 제113조 제2항).

기출

1. 재산세는 물건소재지를 관할하는 지방자치단체의 장이 과세표준 과세액을 산정하여 과세기준일 현재의 사실상 소유자에게 고지서를 발급하여 납부하는 방식인 보통징수방법으로 부과·징수한다.
   제34회
2. 토지에 대한 재산세 납부기간은 매년 9월 16일부터 9월 30일까지이다.

참고 물납의 범위

물납신청 가능금액인 1천만원 초과 여부는 재산세액(「지방세법」에 따른 도시지역분을 포함한 금액을 말한다)에 병기고지되는 지역자원시설세와 부가세인 지방교육세를 제외한다.

③ 물납허가를 받은 부동산을 물납하였을 때(해당 지방자치단체의 장이 물납대상 부동산 소유권이전등기필증을 발급받은 때를 말한다)에는 납부기한 내에 납부한 것으로 본다(「지방세법 시행령」 제113조 제3항).

(3) 관리 · 처분이 부적당한 부동산의 처리

① 시장 · 군수 · 구청장은 물납신청을 받은 부동산이 관리 · 처분하기가 부적당하다고 인정되는 경우에는 허가하지 아니할 수 있다(「지방세법 시행령」 제114조 제1항).

② 시장 · 군수 · 구청장은 불허가 통지를 받은 납세의무자가 그 통지를 받은 날부터 10일 이내에 해당 시 · 군 · 구의 관할 구역에 있는 부동산으로서 관리 · 처분이 가능한 다른 부동산으로 변경신청하는 경우에는 변경하여 허가할 수 있다(「지방세법 시행령」 제114조 제2항).

③ ②에 따라 허가한 부동산을 행정안전부령으로 정하는 바에 따라 물납하였을 때에는 납부기한 내에 납부한 것으로 본다(「지방세법 시행령」 제114조 제3항).

> **핵심** 관리 · 처분이 부적당한 부동산 범위
> 1. 당해 부동산에 저당권 등의 우선순위 물권이 설정되어 처분하여도 배당의 실익이 없는 경우
> 2. 당해 부동산에 임차인이 거주하고 있어 부동산 인도 등에 어려움이 있는 경우
> 3. 물납에 제공된 부동산이 소송 등 다툼의 소지가 있는 경우

(4) 물납허가 부동산의 평가

① 물납을 허가하는 부동산의 가액은 재산세 과세기준일(6월 1일) 현재의 시가로 한다(「지방세법 시행령」 제115조 제1항).

② ①에 따른 시가는 다음의 어느 하나에서 정하는 가액에 따른다. 다만, 수용 · 공매가액 및 감정가액 등으로서 시가로 인정되는 것(재산세 과세기준일 전 6개월부터 과세기준일 현재까지의 기간 중에 확정된 가액)은 시가로 본다(「지방세법 시행령」 제115조 제2항). 시가로 인정되는 가액이 둘 이상인 경우에는 재산세의 과세기준일부터 가장 가까운 날에 해당하는 가액에 의한다.

㉠ 토지 및 주택: 시가표준액
㉡ 건축물: 시가표준액

③ ②를 적용할 때 「상속세 및 증여세법」에 따른 부동산의 평가방법이 따로 있어 국세청장이 고시한 가액이 증명되는 경우에는 그 고시가액을 시가로 본다(「지방세법 시행령」 제115조 제3항).

6. 분할납부제도

(1) 신청 적격자 제36회

① 지방자치단체의 장은 재산세의 납부세액이 250만원을 초과하는 경우에는 납부할 세액의 일부를 납부기한이 지난 날부터 3개월 이내에 분할납부하게 할 수 있다(「지방세법」 제118조).

② 분할납부하려는 자는 재산세의 납부기한까지 신청서를 시장·군수·구청장에게 제출하여야 한다(「지방세법 시행령」 제116조 제2항).

(2) 분할납부처리 방법

① 분할납부하게 하는 경우의 분할납부세액은 다음의 기준에 따른다(「지방세법 시행령」 제116조 제1항).
  ㉠ 납부할 세액이 500만원 이하인 경우: 250만원을 초과하는 금액
  ㉡ 납부할 세액이 500만원을 초과하는 경우: 그 세액의 100분의 50 이하의 금액

② 시장·군수·구청장은 분할납부신청을 받았을 때에는 이미 고지한 납세고지서를 납부기한 내에 납부하여야 할 납세고지서와 분할납부기간 내에 납부하여야 할 납세고지서로 구분하여 수정 고지하여야 한다(「지방세법 시행령」 제116조 제3항).

③ 재산세의 부가세

재산세가 과세되는 경우 그 재산세액(재산세 도시지역분은 제외한다)의 100분의 20을 지방교육세로 한다(「지방세법」 제151조 제1항 제6호).

참고 물납과 분할납부 신청
1. 물납: 납부기한 10일 전까지
2. 분할납부: 납부기한까지

참고 분할납부의 사례
1. 납부기한이 2026년 7월 31일인 재산세 납부세액이 400만원인 고지서를 받은 경우
   ⇨ 2026년 10월 31일까지 분할납부 가능한 세액은 150만원이다.
2. 납부기한이 2026년 7월 31일인 재산세 납부세액이 900만원인 고지서를 받은 경우
   ⇨ 2026년 10월 31일까지 분할납부 가능한 세액은 450만원이다.

제6절 | 비과세

❶ 국가등에 대한 비과세

(1) 국가등이 소유한 재산

① 국가·지방자치단체·지방자치단체조합, 외국정부 및 주한국제기구의 소유에 속하는 재산에 대해서는 재산세를 부과하지 아니한다.

② 다음에 해당하는 재산에 대하여는 재산세를 부과한다(「지방세법」 제109조 제1항 단서).

　㉠ 대한민국 정부기관의 재산에 대하여 과세하는 외국정부의 재산

　㉡ 국가·지방자치단체·지방자치단체조합과 재산세 과세대상물건을 연부로 매매계약을 체결하고 그 재산의 사용권을 무상으로 부여받은 경우로 그 매수계약자에게 납세의무가 있는 재산

(2) 국가등이 사용하는 재산 제32회, 제33회

① 국가·지방자치단체 또는 지방자치단체조합이 1년 이상 공용 또는 공공용으로 사용(1년 이상 사용할 것이 계약서 등에 의하여 입증되는 경우를 포함한다)하는 재산에 대하여는 재산세를 부과하지 아니한다(「지방세법」 제109조 제2항).

② 다음에 해당하는 경우에는 재산세를 부과한다.

　㉠ 유료로 사용하는 경우

　㉡ 소유권의 유상이전을 약정한 경우로서 그 재산을 취득하기 전에 미리 사용하는 경우

> **참고** 유료로 사용하는 경우
> 해당 재산사용에 대하여 대가가 지급되는 것을 말하고, 그 사용이 대가적 의미를 갖는다면 사용기간의 장단이나, 대가의 지급이 1회적인 것인지 또는 정기적이거나 반복적인 것인지, 대가의 다과 혹은 대가의 산출방식 여하를 묻지 아니한다.

❷ 용도구분에 의한 비과세

다음에 따른 재산(사치성재산은 제외한다)에 대하여는 재산세를 부과하지 아니한다. 다만, 수익사업에 사용하는 경우와 해당 재산이 유료로 사용되는 경우의 그 재산 및 해당 재산의 일부가 그 목적에 직접 사용되지 아니하는 경우의 그 일부 재산에 대하여는 재산세를 부과한다(「지방세법」 제109조 제3항).

(1) 토지에 대한 비과세
① 공공용지 등: 도로·하천·제방·구거·유지 및 묘지로 다음의 토지는 재산세를 비과세한다(「지방세법 시행령」 제108조 제1항).
  ㉠ 도로: 「도로법」에 따른 도로(도로의 부속물 중 도로관리시설, 휴게시설, 주유소, 충전소, 교통·관광안내소 및 도로에 연접하여 설치한 연구시설은 제외한다)와 그 밖에 일반인의 자유로운 통행에 제공할 목적으로 개설한 사설 도로. 다만, 대지 안의 공지는 제외한다.
  ㉡ 하천: 「하천법」에 따른 하천과 「소하천정비법」에 따른 소하천
  ㉢ 제방: 「공간정보의 구축 및 관리 등에 관한 법률」에 따른 제방. 다만, 특정인이 전용하는 제방은 과세한다.
  ㉣ 구거(溝渠): 농업용 구거와 자연유수의 배수처리에 제공하는 구거
  ㉤ 유지(溜池): 농업용 및 발전용에 제공하는 댐·저수지·소류지와 자연적으로 형성된 호수·늪
  ㉥ 묘지: 무덤과 이에 접속된 부속시설물의 부지로 사용되는 토지로서 지적공부상 지목이 묘지인 토지
② 산림보호구역 내의 토지 등: 「산림보호법」에 따른 산림보호구역, 그 밖에 공익상 재산세를 부과하지 아니할 타당한 이유가 있는 것으로서 다음의 토지는 재산세를 비과세한다(「지방세법 시행령」 제108조 제2항).
  ㉠ 「군사기지 및 군사시설 보호법」에 따른 군사기지 및 군사시설 보호구역 중 통제보호구역 안에 있는 토지. 다만, 전·답·과수원 및 대지는 과세한다.
  ㉡ 「산림보호법」에 따라 지정된 산림보호구역 및 「산림자원의 조성 및 관리에 관한 법률」에 따라 지정된 채종림·시험림
  ㉢ 「자연공원법」에 따른 공원자연보존지구 안의 임야
  ㉣ 「백두대간 보호에 관한 법률」 제6조에 따라 지정된 백두대간보호지역의 임야

(2) 건축물·선박에 대한 비과세
① 임시사용 건축물: 임시로 사용하기 위하여 건축된 건축물(사치성 재산은 제외한다)로서 재산세 과세기준일 현재 1년 미만의 것은 재산세를 부과하지 아니한다(「지방세법」 제109조 제3항 제3호). 즉, 건축물만 비과세되므로 부속토지는 비과세가 되지 아니한다.

핵심 도로 과세 구분
1. 도로법: 비과세
2. 사설도로
  • 원칙: 과세
  • 일반인 자유로운 통행: 비과세

용어 채종림
우량한 조림용 종자를 채취하기 위하여 산림청장이 지정한 산림이나 수목을 말한다.

용어 공원자연보존지구
생물다양성이 특히 풍부한 곳, 자연생태계가 원시성을 지니고 있는 곳, 특별히 보호할 가치가 높은 야생 동식물이 살고 있는 곳, 경관이 특히 아름다운 곳으로서 특별히 보호할 필요가 있는 지역을 말한다.

취득세	재산세
㉠ 1년 이하: 비과세(사치성재산은 1년 이하인 경우도 과세)	㉠ 1년 미만: 비과세(사치성재산은 1년 미만인 경우도 과세)
㉡ 1년 초과: 과세(중과기준세율)	㉡ 1년 이상: 과세

② 기타 재산

㉠ 비상재해구조용·무료도선용·선교(船橋)구성용 및 본선에 속하는 전마용(傳馬用) 등으로 사용하는 선박은 재산세를 비과세한다(「지방세법」 제109조 제3항 제4호).

㉡ 재산세를 부과하는 해당 연도에 철거하기로 계획이 확정되어 재산세 과세기준일 현재 행정관청으로부터 철거명령을 받았거나 행정관청과 철거보상계약이 체결된 건축물 또는 주택(「건축법」에 따른 건축물 부분으로 한정한다)은 재산세를 부과하지 아니한다. 이 경우 건축물 또는 주택의 일부분을 철거하는 때에는 그 철거하는 부분으로 한정한다. 즉, 철거명령을 받은 건축물만 비과세되므로 부속토지는 재산세를 부과한다.

용어 🔊 전마선
큰 배와 육지 또는 배와 배 사이를 다니며 연락을 하거나 짐을 나르는 작은 배를 말한다.

> **예제**
>
> 「지방세법」상 재산세의 비과세 대상이 아닌 것은? (단, 아래의 답항별로 주어진 자료 외의 비과세요건은 충족된 것으로 가정함) 　　　　　　　　　　　　　제28회 변형
>
> ① 임시로 사용하기 위하여 건축된 건축물로서 재산세 과세기준일 현재 1년 미만의 것
> ② 재산세를 부과하는 해당 연도에 철거하기로 계획이 확정되어 재산세 과세기준일 현재 행정관청으로부터 철거명령을 받았거나 행정관청과 철거보상계약이 체결된 주택과 그 부속토지인 대지
> ③ 농업용 구거와 자연유수의 배수처리에 제공하는 구거
> ④ 「군사기지 및 군사시설 보호법」에 따른 군사기지 및 군사시설 보호구역 중 통제보호구역 안에 있는 토지(전·답·과수원 및 대지는 제외)
> ⑤ 「도로법」에 따른 도로(도로의 부속물 중 도로관리시설, 휴게시설, 주유소, 충전소, 교통·관광안내소 및 도로에 연접하여 설치한 연구시설은 제외한다)와 그 밖에 일반인의 자유로운 통행에 제공할 목적으로 개설한 사설 도로(「건축법 시행령」 제80조의2에 따른 대지 안의 공지는 제외)
>
> **해설** 행정기관으로부터 철거명령을 받았거나 행정관청과 철거보상계약이 체결된 건축물 등 재산세를 부과하는 것이 적절하지 아니한 건축물은 재산세를 비과세하나, 그 부속토지인 대지는 비과세하지 않는다.　　　　　　　　　　　　　　　　　　　　　　　　**정답** ②

제3장 메타인지 학습체크

01 재산세는 과세기준일 현재 시·군·구 내에 소재하는 [① 토지·건축물·주택·선박·항공기 / ② 토지·건축물·주택·자동차·기계장비]에 대하여 과세한다.

02 재산세 과세기준일 현재의 사용이 일시적으로 공부상 등재현황과 달리 사용하는 것으로 인정되는 경우에는 [① 공부상 등재현황 / ② 사실상 현황]에 따라 재산세를 부과한다.

03 전·답·과수원으로서 과세기준일 현재 실제 영농에 사용되고 있는 개인이 소유하는 농지로서 도시지역 밖에 소재하는 경우에는 [① 분리과세 / ② 종합합산과세]를 적용한다.

04 종중명의로 등기된 농지는 1990년 5월 31일 이전부터 소유(1990년 6월 1일 이후에 해당 농지를 상속받아 소유하는 경우와 법인합병으로 인하여 취득하여 소유하는 경우를 포함)하는 경우에 [① 분리과세 / ② 종합합산과세]이다.

05 「여객자동차 운수사업법」 및 「물류시설의 개발 및 운영에 관한 법률」에 따라 면허 또는 인가를 받은 자가 계속하여 사용하는 여객자동차터미널 및 물류터미널용 토지는 [① 분리과세 / ② 종합합산과세]를 적용한다.

06 「체육시설의 설치·이용에 관한 법률 시행령」에 따른 회원제 골프장이 아닌 골프장용 토지 중 원형이 보전되는 임야는 [① 별도합산과세 / ② 종합합산과세]대상 토지이다.

07 허가 등을 받지 아니한 건축물 또는 사용승인을 받아야 할 건축물로서 사용승인을 받지 아니하고 사용 중인 건축물에 부속된 토지는 [① 별도합산과세 / ② 종합합산과세]한다.

08 재산세 과세기준일(매년 6월 1일) 현재 토지·건축물·주택·선박·항공기를 공유한 경우에는 그 지분에 해당하는 부분(지분의 표시가 없는 경우에는 지분이 균등한 것으로 본다)에 대하여 [① 그 지분권자 / ② 지분율이 큰 자]를 재산세 납세의무자로 본다.

09 상속이 개시된 재산으로서 상속등기가 이행되지 아니하고 사실상의 소유자를 신고하지 아니하였을 때에는 [① 주된 상속자 / ② 상속인 각자]를 재산세 납세의무자로 본다.

정답

01 ① 02 ② 03 ① 04 ① 05 ① 06 ① 07 ② 08 ① 09 ①

제3장 메타인지 학습체크

10 재산세 과세기준일 현재 소유권의 귀속이 분명하지 아니하여 사실상의 소유자를 확인할 수 없는 경우에는 그 [① 사용자 / ② 공부상 소유자]를 재산세 납세의무자로 한다.

11 주택이 아닌 건축물에 대한 재산세 과세표준은 과세기준일 현재의 건축물 시가표준액에 [① 100분의 60 / ② 100분의 70]의 공정시장가액비율을 곱하여 산정한다.

12 주택(법령으로 정하는 1세대 1주택 아님)에 대한 과세표준은 「지방세법」에 따른 시가표준액에 부동산 시장의 동향과 지방재정 여건 등을 고려하여 시가표준액의 100분의 40부터 100분의 80까지의 범위에서 대통령령으로 정하는 공정시장가액비율을 곱하여 산정한 가액으로 한다. 이 경우 주택의 재산세 과세표준은 과세기준일 현재의 시가표준액에 공정시장가액비율 [① 100분의 60 / ② 100분의 70]을 곱하여 계산한다.

13 골프장용 토지에 대한 재산세 세율은 납세의무자가 소유하고 있는 해당 지방자치단체 관할 구역 안에 소재하는 분리과세대상이 되는 해당 토지의 가액을 과세표준으로 하여 [① 1,000분의 40 / ② 1,000분의 50]의 세율을 적용한다.

14 주택을 2명 이상이 공동으로 소유하거나 토지와 건물의 소유자가 다를 경우 해당 주택에 대한 세율을 적용할 때 해당 주택의 토지와 건물의 가액을 [① 합산한 / ② 구분한] 과세표준에 재산세 주택에 대한 세율을 적용한다.

15 재산세는 물건소재지를 관할하는 지방자치단체의 장이 과세표준과 세액을 산정하여 과세기준일 현재의 사실상 소유자에게 고지서를 발급하여 납부하는 방식인 [① 보통징수방법 / ② 특별징수방법]으로 부과·징수한다.

16 지방자치단체의 장은 재산세를 징수하려면 토지, 건축물, 주택, 선박, 항공기로 각각 구분된 납세고지서에 과세표준과 세액을 적어 [① 납기개시 5일 / ② 납부개시 10일] 전까지 납세의무자에게 납세고지서를 발급하여 재산세를 징수하여야 한다.

> 정답
> 10 ①　　11 ②　　12 ①　　13 ①　　14 ①　　15 ①　　16 ①

17 토지에 대한 재산세 납부기간은 매년 [① 7월 16일부터 7월 31일 / ② 9월 16일부터 9월 30일]까지이다.

18 주택에 대한 재산세 납부기간은 해당 연도에 부과·징수할 세액의 2분의 1은 매년 7월 16일부터 7월 31일까지, 나머지 2분의 1은 9월 16일부터 9월 30일까지이다. 다만, 해당 연도에 부과할 세액이 20만원 이하인 경우에는 조례로 정하는 바에 따라 납기를 [① 7월 16일부터 7월 31일 / ② 9월 16일부터 9월 30일]까지로 하여 한꺼번에 부과·징수할 수 있다.

19 고지서 1장당 재산세로 징수할 세액이 [① 2천원 미만 / ② 6천원 미만]인 경우에는 소액징수면제로 해당 재산세를 징수하지 아니한다.

20 지방자치단체의 장은 재산세의 납부세액이 1천만원을 초과하는 경우에는 납세의무자의 신청을 받아 해당 지방자치단체의 [① 관할 구역에 있는 부동산 / ② 관할에 관계없는 부동산]에 대하여만 물납을 허가할 수 있다.

21 지방자치단체의 장은 재산세의 납부세액이 [① 250만원을 초과 / ② 500만원을 초과]하는 경우에는 납부할 세액의 일부를 납부기한이 지난 날부터 3개월 이내에 분할납부하게 할 수 있다.

22 국가·지방자치단체 또는 지방자치단체조합이 1년 이상 공용 또는 공공용으로 무상사용(1년 이상 사용할 것이 계약서 등에 의하여 입증되는 경우를 포함)하는 재산에 대해서는 재산세를 [① 부과한다. / ② 부과하지 아니한다.]

23 임시로 사용하기 위하여 건축된 건축물(사치성 재산은 제외한다)로서 재산세 과세기준일 현재 1년 미만의 것은 재산세를 [① 부과한다. / ② 부과하지 아니한다.]

24 행정기관으로부터 철거명령을 받았거나 행정관청과 철거보상계약이 체결된 건축물 등 재산세를 부과하는 것이 적절하지 아니한 건축물 또는 주택(「건축법」에 따른 건축물 부분으로 한정한다)은 재산세를 [① 부과한다. / ② 부과하지 아니한다.] 이 경우 건축물 또는 주택의 일부분을 철거하는 때에는 그 철거하는 부분으로 한정한다.

> **정답**
>
> **17** ② **18** ① **19** ① **20** ① **21** ① **22** ② **23** ② **24** ②

제 3 편
국세

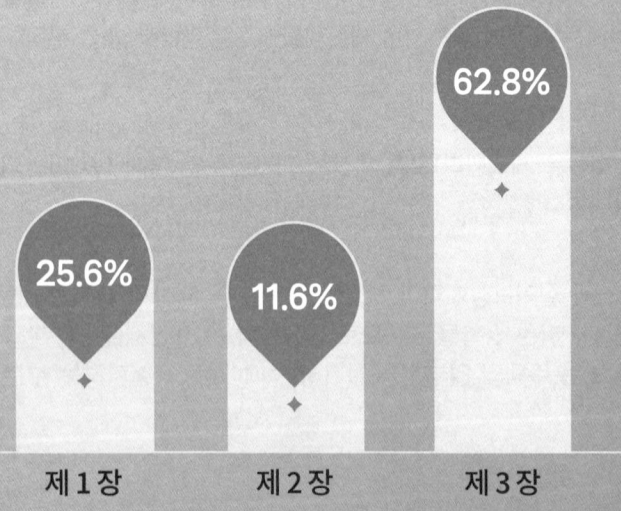

◆ 최근 5개년 출제경향 분석

www.megaland.co.kr

◆ 제 1 장 | 종합부동산세

◆ 제 2 장 | 일반소득세

◆ 제 3 장 | 양도소득세

제3편 국세

❖ **재산세와 종합부동산세의 연관성**

구분			재산세	종합부동산세
토지	종합합산토지	초과누진세율	○(0.2~0.5%: 3단계)	○(1~3%: 3단계)
	별도합산토지	초과누진세율	○(0.2~0.4%: 3단계)	○(0.5~0.7%: 3단계)
	저율분리과세토지	비례세율	○(0.07%, 0.2%)	×
	고율분리과세토지	비례세율	○(4%)	×
건축물	일반 건축물	비례세율	○(0.25%)	×
	공장용 건축물	비례세율	○(0.25%, 0.5%)	×
	사치성 건축물	비례세율	○(4%)	×
주택	고급주택	초과누진세율	○(0.1~0.4%: 4단계)	○
	일반주택	초과누진세율	○(0.1~0.4%: 4단계)	○ (2주택 이하: 0.5~2.7% 7단계) (3주택 이상: 0.5~5% 7단계)

❖ **종합부동산세**

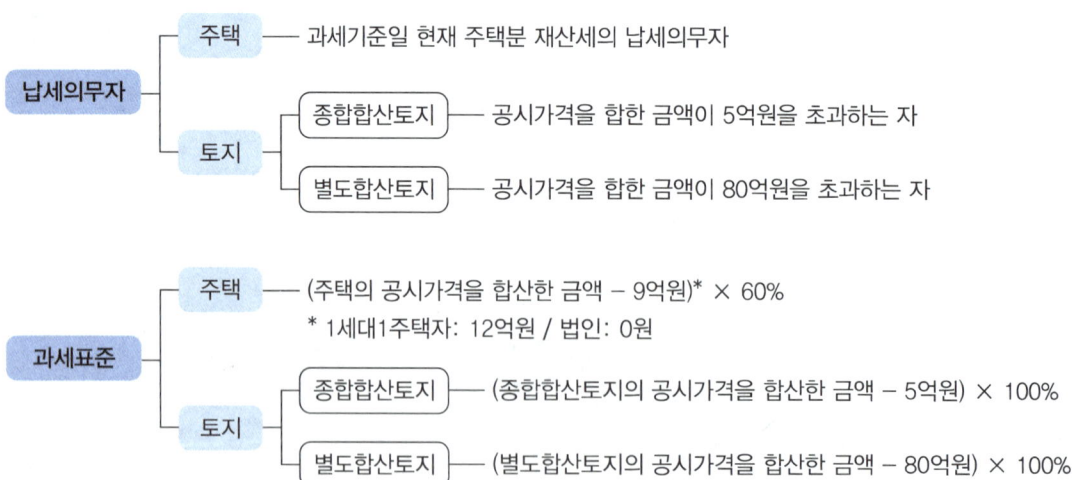

제3편 5개년 평균 출제문항 수 총 16문제 | 8문제

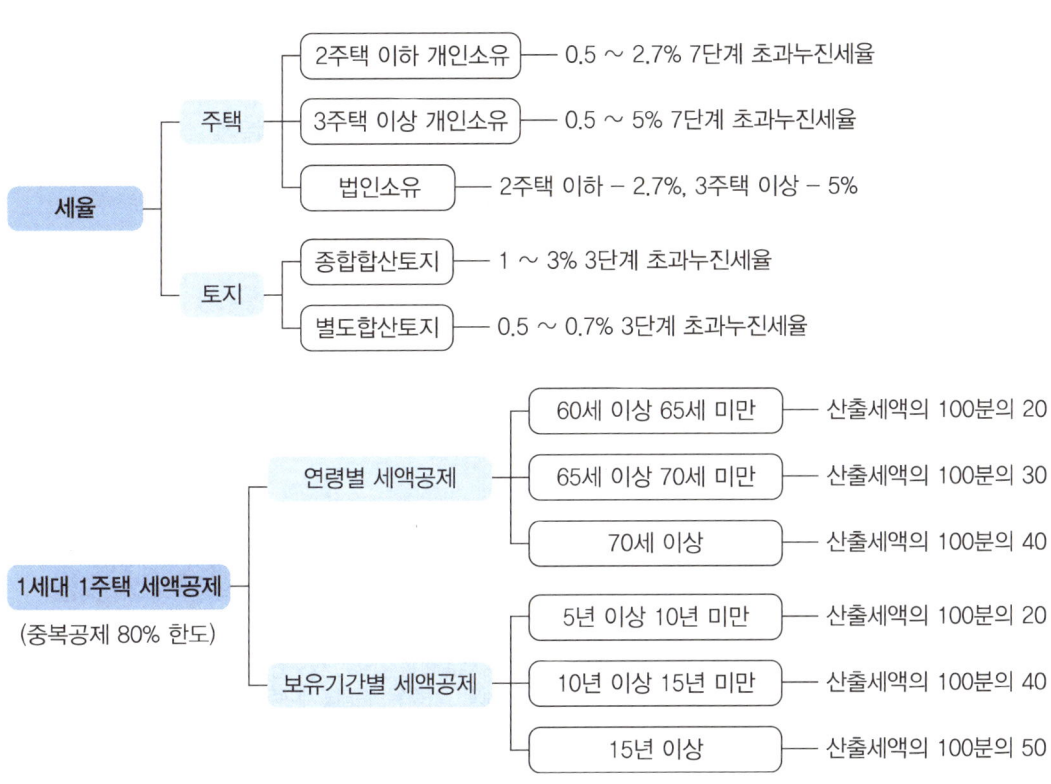

❖ 재산세와 종합부동산세 세부담의 상한

구분		재산세	종합부동산세
토지	종합합산토지	100분의 150	100분의 150
	별도합산토지	100분의 150	100분의 150
건축물		100분의 150	–
주택		–	100분의 150 (법인소유 주택 제외)

제3편 국세 | 189

제3편 국세

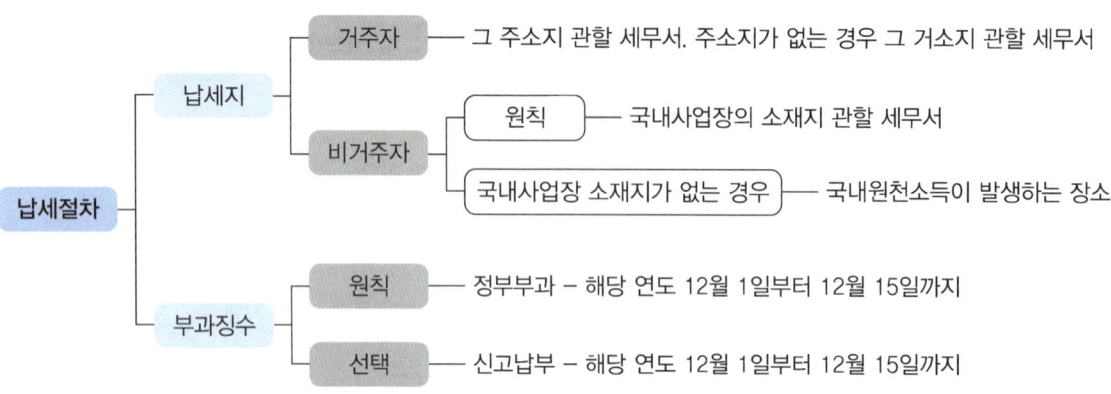

❖ 재산세와 종합부동산세 비교

구분	재산세(지방세)	종합부동산세(국세)
과세대상물	① 토지 = 등록된 토지 + 사실상 토지 ② 건축물: 건물과 토지를 구분과세 ③ 주택: 건물과 토지를 합하여 과세 ④ 선박, 항공기	① 주택(고급주택 포함) ② 토지(종합합산토지, 별도합산토지) ③ 제외: 건축물, 분리과세 토지, 선박, 항공기
재산귀속	① 토지: 소유자별 합산과세(인세) ② 토지 이외: 개별과세(물세)	① 개인별 합산과세(인세) ② 주의: 세대별 합산과세 없음
성립시기	과세기준일(매년 6월 1일)	과세기준일(매년 6월 1일)
세율	농지 등 0.07% / 건축물 0.25% 공장용지 0.2% / 고급주택 0.1 ~ 0.4% 골프장 4% / 주택 0.1 ~ 0.4% 초과누진세율(종합합산토지, 별도합산토지, 주택) 비례세율(분리과세토지, 건축물, 선박, 항공기) 표준세율(±50%) – 해당 연도에 한정	주택 2주택 이하: 7단계 초과누진세율(0.5 ~ 2.7%) 주택 3주택 이상: 7단계 초과누진세율(0.5 ~ 5%) 종합합산토지: 3단계 초과누진세율(1 ~ 3%) 별도합산토지: 3단계 초과누진세율(0.5 ~ 0.7%) 초과누진세율, 비례세율(법인소유 주택)
물납	납부할 세액 1천만원 초과 관할 구역에 있는 부동산	물납 불가능
분할납부	250만원 초과시 3개월 이내 분할납부 ① 500만원 이하: 250만원 초과 ② 500만원 초과: 그 세액의 50% 이하	250만원 초과시 6개월 이내 분할납부 ① 500만원 이하: 250만원 초과 ② 500만원 초과: 그 세액의 50% 이하
소액징수 면제	고지서 1장당 세액이 2,000원 미만	–
부가세	지방교육세: 재산세액의 20%	농어촌특별세: 종합부동산세액의 20%

❖ 양도소득세 과세대상물

구분	과세대상 자산	과세대상 제외
부동산 및 이에 준하는 것	① 토지와 건물(시설물과 구축물 포함) ② 부동산에 관한 권리 　㉠ 부동산을 이용할 수 있는 권리 　　ⓐ 지상권·전세권 　　ⓑ 등기된 부동산임차권 　㉡ 부동산을 취득할 수 있는 권리 　　ⓐ 아파트당첨권 　　ⓑ 토지상환채권 및 주택상환채권 　　ⓒ 계약금만 지급한 상태에서 양도하는 권리	① 기계장비 ② 지역권 ③ 미등기 부동산임차권 ④ 점포임차권 ⑤ 상표권
	③ 기타자산 　㉠ 특정주식 　㉡ 특정시설물이용권(골프회원권 등) 　㉢ 사업에 사용하는 토지·건물 및 부동산에 관한 권리와 함께 양도하는 영업권 　㉣ 토지·건물과 함께 양도하는 이축권	⑥ 영업권을 단독(분리)으로 이전: 기타소득 ⑦ 이축권 별도평가 신고: 기타소득

❖ 양도의 개념

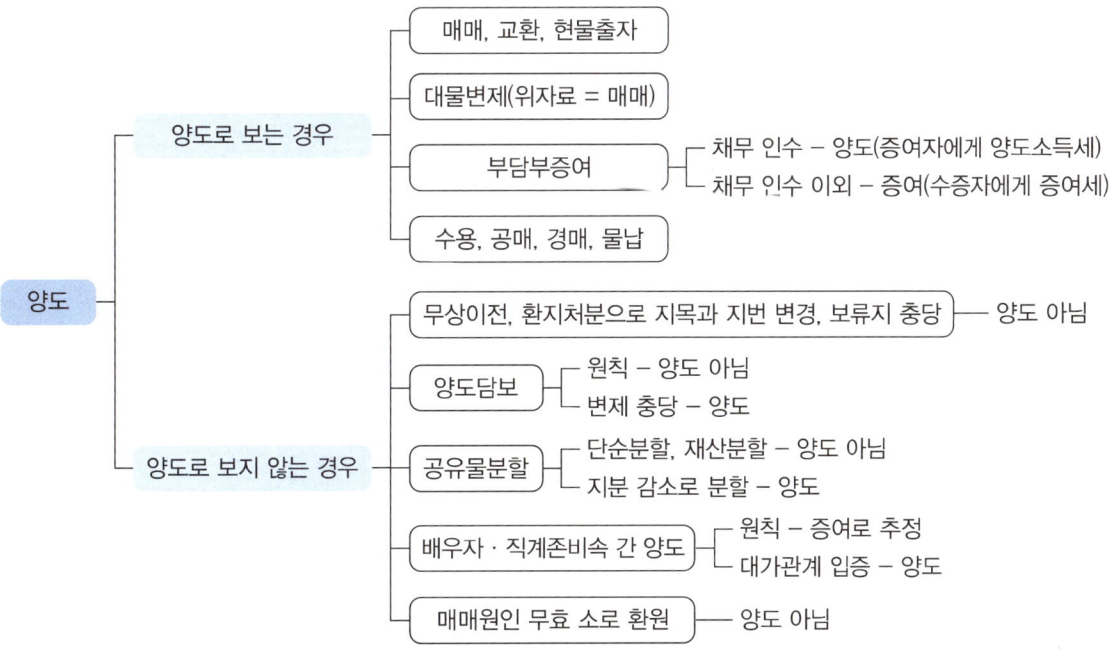

제3편 국세

❖ 양도소득세 계산구조

양도가액 — 자산의 양도대가로 계약에 의하여 받았거나 받기로 한 금액의 합계액

−

취득가액
1. 취득가액에 포함되는 경우
   ① 취득세·등록면허세·부동산중개보수·법무사비용·컨설팅비용
   ② 취득에 관한 쟁송이 있는 자산에 대하여 그 소유권 등을 확보하기 위하여 직접 소요된 소송비용·화해비용
   ③ 현재가치할인차금으로 계상
   ④ 당사자 약정에 의한 대금지급방법에 따라 취득원가에 이자상당액을 가산하여 거래가액을 확정하는 경우 해당 이자상당액
   ⑤ 사업자가 면세전용과 폐업시 잔존재화에 대하여 납부하였거나 납부할 부가가치세
2. 취득가액에 포함되지 않은 경우
   ① 재산세, 종합부동산세, 상속세
   ② 특수관계인 간 고가취득시 시가초과액
   ③ 취득일 이후 지급기일의 지연으로 인한 이자상당액
   ④ 「지적재조사에 관한 특별법」에 따른 경계의 확정으로 지적공부상의 면적이 증가되어 징수한 조정금
   ⑤ 타 소득금액 계산시 필요경비로 이미 산입된 금액
   ⑥ 부동산 취득 대금에 충당하기 위한 대출금 이자

−

필요경비 — 자본적 지출액, 양도직접비용, 개발부담금 및 재건축부담금

⇩

양도차익

−

장기보유특별공제액
1. 국내 소재 토지(비사업용 토지 포함)·건물로서 등기되고 보유기간이 3년 이상인 것
2. 조합원입주권(조합원으로부터 취득한 것은 제외하며, 「도시 및 주거환경정비법」에 따른 관리처분계획 인가 전 토지분 또는 건물분의 양도차익으로 한정한다)

−

⇩

양도소득금액

−

```
┌─────────────┐
│ 양도소득    │  1. 토지, 건물, 부동산에 관한 권리, 기타자산의 양도소득금액: 연 250만원
│ 기본공제액  │  2. 주식 등의 양도소득금액: 연 250만원
│             │  3. 신탁수익권 양도소득금액: 연 250만원
└─────────────┘
      ⇩
 양도소득과세표준
      ×
┌─────────────┐
│             │  1. 미등기: 70%
│             │  2. 토지, 건물, 부동산에 관한 권리: 1년 미만 − 50%, 1년 이상 2년 미만 − 40%
│    세율     │                                    2년 이상 − 6 ~ 45%
│             │  3. 주택, 조합원입주권: 1년 미만 − 70%, 1년 이상 2년 미만 − 60%, 2년 이상 − 6 ~ 45%
│             │  4. 분양권: 1년 미만 − 70%, 1년 이상 − 60%
└─────────────┘
      ⇩
  산출세액
      −
 세액공제 + 감면세액
      ⇩
  결정세액
      +
┌─────────┐
│ 가산세  │  예정신고 및 확정신고·납부 불이행시에 적용
└─────────┘
      ⇩
  총결정세액
      −
┌───────────┐
│ 기납부세액│  예정신고납부한 세액 + 수시부과세액
└───────────┘
      ⇩
  납부할 세액
```

제1장 종합부동산세

🔍 2005년부터 신설된 조세이다. 예전의 재산세와 종합토지세 대상 중 고액의 부동산 보유자에 대하여 부동산 보유세를 과세함에 있어서「지방세법」의 경우보다 높은 종합부동산세를 과세하고자 신설한 조세로 2문제 정도 출제가 가능한 부분이다.

🔍 재산세와 종합부동산세는 종합적으로 비교하면서 정리를 하여야 한다. 재산세와 비교되는 내용은 많으나 상호간에 다른 규정들이 많기 때문에 비교정리를 하여야 전체적인 이해를 할 수 있게 된다.

제1절 | 의의 및 용어정리

① 의의 및 취지

(1) 의의

과세기준일(매년 6월 1일) 현재 기준금액을 초과하는 부동산(주택, 토지)을 사실상 보유한 자에게 납세지 관할 세무서장이 납세고지서와 세액산출명세서를 발부하여 종합부동산세를 징수한다. 다만, 부과징수에도 불구하고 신고납부방식으로 신고하고자 하는 경우에는 납세의무자는 납세지 관할 세무서장에게 신고납부할 수 있다.

핵심 재산세와 종합부동산세

구분	재산세	종합부동산세
인세	○	○
물세	○	×
합산과세	○	○
개별과세	○	×
초과누진세율	○	○ (공익법인 소유주택)
비례세율	○	○ (법인소유 주택)
유통과세	×	×
보유과세	○	○
성립시기	과세기준일	과세기준일
확정	결정하는 때	• 원칙: 결정하는 때 • 선택: 신고하는 때
기한 후 신고	×	×
물납	○	×
분할납부	○	○

과세대상물
① 주택
② 토지(분리과세 토지 제외)
→ 보유(6/1) ← 정부부과 → 납세지 관할 세무서
                ⇢ 신고납부(선택) ⇢

① 보유과세
② 인별과세
③ 인세
④ 소유자별 합산과세
⑤ 초과누진세율

① 국세
② 직접세
③ 보통세
④ 독립세

(2) 특징

① 종합부동산세는 소유자별로 합산과세하는 인세(초과누진세율)이다. 제34회
② 종합부동산세는 6월 1일 소유자에게 부과하는 보유과세(1년분 과세)이다.
③ 종합부동산세는 과세기준일에 성립하고, 과세권자의 결정에 의하여 확정되나 납세의무자의 신고에 의하여 확정할 수 있다. 제32회

④ 종합부동산세는 금액에 관계없이 물납이 불가능(법 개정)하다.
⑤ 종합부동산세는 납부할 세액이 250만원 초과시 분할납부(6개월 이내)할 수 있다. 제33회, 제34회
⑥ 종합부동산세는 세부담의 상한(법인소유 주택 제외)이 적용된다.
⑦ 종합부동산세는 원칙이 정부부과과세방식이기 때문에 기한 후 신고를 할 수 없다.
⑧ 종합부동산세를 신고 후 무납부시 납부지연가산세가 부과되고, 과소신고한 경우 과소신고가산세가 부과된다.

> **참고** 종합부동산세 무신고
> 종합부동산세를 법정신고기한까지 신고하지 않은 경우라도 무신고가산세는 부과하지 않는다.

❷ 용어정리

(1) 주택

① '주택'이라 함은 세대의 세대원이 장기간 독립된 주거생활을 영위할 수 있는 구조로 된 건축물의 전부 또는 일부 및 그 부속토지를 말한다.
② "1구의 주택"은 소유상의 기준이 아니고 점유상의 독립성을 기준으로 판단하되, 합숙소·기숙사 등의 경우에는 방 1개를 1구의 주택으로 보며, 다가구주택은 침실, 부엌, 출입문이 독립되어 있어야 1구의 주택으로 보는 것이다(「종합부동산세법」 집행기준 2-0-2).

> **참고** 1구의 건물이 주거와 주거 외의 용도로 사용되는 경우
> 1구의 건물이 주거와 주거 외의 용도로 사용되는 경우로서 주거부분이 건물의 50% 이상인 경우에는 1구의 건물 전체를 주택으로 보며, 1동의 건물이 주거와 주거 외의 용도로 사용되는 경우에는 주거용에 사용되는 부분만을 주택으로 본다.

(2) 토지

① '토지'라 함은 「공간정보의 구축 및 관리 등에 관한 법률」에 따라 지적공부의 등록대상이 되는 토지와 그 밖에 사용되고 있는 사실상의 토지를 말한다(「종합부동산세법」 제2조 제4호).
② 종합부동산세 과세대상인 토지에는 주택의 부속토지(주택으로 종합부동산세 과세)를 제외한다(「종합부동산세법」 집행기준 2-0-4).

(3) 세대

① '세대'라 함은 주택 또는 토지의 소유자 및 그 배우자와 그들과 생계를 같이하는 가족으로서 주택 또는 토지의 소유자 및 그 배우자가 그들과 동일한 주소 또는 거소에서 생계를 같이하는 가족과 함께 구성하는 1세대를 말한다(「종합부동산세법 시행령」 제1조의2 제1항).
② '가족'이라 함은 주택 또는 토지의 소유자와 그 배우자의 직계존비속(그 배우자를 포함) 및 형제자매를 말하며, 취학, 질병의 요양, 근무상 또는 사업상의 형편으로 본래의 주소 또는 거소를 일시퇴거한 자를 포함한다.

③ 다음의 어느 하나에 해당하는 경우에는 배우자가 없는 때에도 이를 1세대로 본다(「종합부동산세법 시행령」 제1조의2 제3항).
  ㉠ 30세 이상인 경우
  ㉡ 배우자가 사망하거나 이혼한 경우
  ㉢ 「소득세법」 제4조에 따른 소득이 「국민기초생활 보장법」 제2조 제11호에 따른 기준 중위소득의 100분의 40 이상으로서 소유하고 있는 주택 또는 토지를 관리·유지하면서 독립된 생계를 유지할 수 있는 경우. 다만, 미성년자의 경우를 제외하되, 미성년자의 결혼, 가족의 사망 그 밖에 기획재정부령이 정하는 사유로 1세대의 구성이 불가피한 경우에는 그러하지 아니한다.
④ 혼인함으로써 1세대를 구성하는 경우에는 혼인한 날부터 10년 동안은 주택 또는 토지를 소유하는 자와 그 혼인한 자별로 각각 1세대로 본다(「종합부동산세법 시행령」 제1조의2 제4항).
⑤ 동거봉양(同居奉養)하기 위하여 합가(合家)함으로써 과세기준일 현재 60세 이상의 직계존속(직계존속 중 어느 한 사람이 60세 미만인 경우를 포함한다)과 1세대를 구성하는 경우에는 합가한 날부터 10년 동안(합가한 날 당시는 60세 미만이었으나, 합가한 후 과세기준일 현재 60세에 도달하는 경우는 합가한 날부터 10년의 기간 중에서 60세 이상인 기간 동안) 주택 또는 토지를 소유하는 자와 그 합가한 자별로 각각 1세대로 본다(「종합부동산세법 시행령」 제1조의2 제5항).

(4) 공시가격

'공시가격'이라 함은 「부동산 가격공시에 관한 법률」에 따라 가격이 공시되는 주택 및 토지에 대하여 공시된 가액을 말한다. 다만, 개별공시지가 또는 개별주택가격이 공시되지 아니한 경우에는 특별자치시장·특별자치도지사·시장·군수 또는 구청장(자치구의 구청장을 말한다)이 국토교통부장관이 제공한 토지가격비준표 또는 주택가격비준표를 사용하여 산정한 가액으로 하고, 공동주택가격이 공시되지 아니한 경우에는 지역별·단지별·면적별·층별 특성 및 거래가격 등을 참작하여 행정안전부장관이 정하는 기준에 따라 시장·군수가 산정한 가액으로 한다(「종합부동산세법」 제2조 제9호).

용어 ● 중위소득
중위소득이란 우리나라 전체 국민 가구소득의 중간쯤에 위치하는 국민 가구의 소득값, 즉 중위값을 말한다.

용어 ● 토지가격비준표
대량의 토지에 대한 가격을 간편하게 산정할 수 있도록 계량적으로 고안된 간이 지가산정표를 말한다.

제2절 | 과세대상물

❶ 과세대상

종합부동산세는 「지방세법」상 재산세 과세대상 재산(토지, 건축물, 주택, 선박, 항공기) 중 주택과 토지(분리과세대상 토지 제외)를 과세대상으로 한다.

참고 📖 종합부동산세 과세대상 제외
1. 분리과세대상 토지
   제32회, 제35회
2. 건축물 제32회

❷ 과세대상물의 범위 제32회, 제35회

구분			재산세	종합부동산세
토지	종합합산토지	초과누진세율	○ (0.2~0.5%: 3단계)	○ (1~3%: 3단계)
	별도합산토지	초과누진세율	○ (0.2~0.4%: 3단계)	○ (0.5~0.7%: 3단계)
	저율분리과세토지	비례세율	○(0.07%, 0.2%)	×
	고율분리과세토지	비례세율	○(4%)	×
건축물	일반 건축물	비례세율	○(0.25%)	×
	공장용 건축물	비례세율	○(0.25%, 0.5%)	×
	사치성 건축물	비례세율	○(4%)	×
주택	일반주택	초과누진세율	○ (0.1~0.4%: 4단계)	○ (0.5~2.7%: 7단계)

참고 📖 합산배제 주택 제32회

1. 「민간임대주택에 관한 특별법」에 따른 민간임대주택, 「공공주택 특별법」에 따른 공공임대주택
2. 종업원에게 무상이나 저가로 제공하는 사용자 소유의 주택으로서 국민주택규모 이하이거나 과세기준일 현재 공시가격이 6억원 이하인 주택
3. 종업원의 주거에 제공하기 위한 기숙사 및 사원용 주택
4. 주택건설사업자가 건축하여 소유하고 있는 미분양주택
5. 「근현대문화유산의 보존 및 활용에 관한 법률」에 따른 등록문화유산 주택
6. 가정어린이집으로 운영하는 주택
7. 주택의 시공사가 해당 주택의 공사대금으로 받은 미분양주택
8. 정부출연연구기관이 해당 연구기관의 연구원에게 제공하는 주택
9. 「노인복지법」에 따라 설치한 자가 소유한 해당 노인복지주택

기출 📖
1. 과세대상 토지가 매매로 유상이전되는 경우로서 매매계약서 작성일이 2026년 6월 1일이고, 잔금지급 및 소유권이전등기일이 2026년 6월 29일인 경우, 종합부동산세의 납세의무자는 매도인이다.
2. 「지방세법」상 재산세 과세대상 중 일반 건축물·별장·분리과세대상 토지·선박·항공기 등은 종합부동산세 과세대상에서 제외된다. 제32회

과세대상물 구분

구분		재산의 종류	재산세	종합부동산세
주택		주택(단독주택, 다가구주택, 연립주택), 주거용 오피스텔	○	○
		일정한 임대주택, 미분양주택, 사원용 주택, 기숙사, 가정어린이집용 주택	○	×
건축물		일반 건축물(상가, 사무실, 빌딩, 공장, 사업용 건물)	○	×
토지	종합합산	나대지, 잡종지	○	○
		재산세 분리과세대상 토지 중 기준초과 토지	○	○
		재산세 별도합산과세대상 토지 중 기준초과 토지	○	○
		분리과세·별도합산과세대상 토지가 아닌 모든 토지	○	○
	별도합산	일반건축물의 부속토지 중 기준면적 범위 내의 것	○	○
		차고용 토지, 보세창고용 토지, 물류단지시설용 토지 등	○	○
	분리과세	농지, 목장용지, 임야	○	×
		공장용지, 염전, 터미널 등	○	×
		골프장, 고급오락장용 토지	○	×

참고 미분양주택 등

1. 미분양 주택: 주택건설업자(「주택법」의 사업계획승인이나 「건축법」의 허가를 받은 자) 소유의 미분양 주택으로 재산세 납세의무가 최초로 성립하는 날부터 5년이 경과하지 아니한 주택
2. 가정어린이집용 주택: 과세기준일(6.1.) 현재 자치단체장의 인가 또는 운영을 위탁받고 세무서에서 고유번호를 부여받아 5년 이상 계속하여 어린이집로 운영하는 주택

예제 종합부동산세 과세대상물

「종합부동산세법」상 종합부동산세의 과세대상이 아닌 것을 모두 고른 것은? (단, 각각은 종합부동산세 기준금액을 초과하는 것으로 가정함)

㉠ 「지방세법」에 따라 재산세가 비과세되는 토지
㉡ 1990년 1월부터 소유하는 「수도법」에 따른 상수원보호구역의 임야
㉢ 「건축법」 등 관계 법령에 따라 허가 등을 받아야 할 건축물로서 허가 등을 받지 아니한 건축물의 부속토지
㉣ 「근현대문화유산의 보존 및 활용에 관한 법률」에 따른 등록문화유산에 해당하는 주택

① ㉠, ㉡   ② ㉡, ㉢   ③ ㉢, ㉣
④ ㉠, ㉡, ㉣   ⑤ ㉠, ㉡, ㉢, ㉣

해설 ㉠ 비과세, ㉡㉣ 과세 제외, ㉢ 과세대상   **정답 ④**

제3절 | 납세의무자

1 원칙

과세기준일(매년 6월 1일) 현재 과세기준금액을 초과하는 주택과 토지(분리과세대상 토지 제외)를 사실상 보유한 자를 종합부동산세 납세의무자로 한다.

2 납세의무자 구분 제33회, 제35회

(1) 주택분 납세의무자

① 과세기준일 현재 주택분 재산세의 납세의무자는 종합부동산세를 납부할 의무가 있다(「종합부동산세법」 제7조 제1항).

✓ **주택과세 구분**
세대별로 합산하지 않고 소유자별로 합산하여 과세한다.

② 「신탁법」에 따라 수탁자 명의로 등기·등록된 신탁주택의 경우에는 위탁자(「주택법」에 따른 지역주택조합 및 직장주택조합이 조합원이 납부한 금전으로 매수하여 소유하고 있는 신탁주택의 경우에는 해당 지역주택조합 및 직장주택조합을 말한다)가 종합부동산세를 납부할 의무가 있다. 이 경우 위탁자가 신탁주택을 소유하고 있다고 본다(「종합부동산세법」 제7조 제2항). 제36회

(2) 토지분 납세의무자 제36회

① 종합합산과세대상 토지: 종합합산과세대상인 토지의 경우에는 국내에 소재하는 해당 과세대상 토지의 공시가격을 합한 금액이 5억원을 초과하는 자는 해당 토지에 대한 종합부동산세를 납부할 의무가 있다(「종합부동산세법」 제12조 제1항 제1호).

② 별도합산과세대상 토지: 별도합산과세대상인 토지의 경우에는 국내에 소재하는 해당 과세대상 토지의 공시가격을 합한 금액이 80억원을 초과하는 자는 해당 토지에 대한 종합부동산세를 납부할 의무가 있다(「종합부동산세법」 제12조 제1항 제2호).

③ 「신탁법」에 따라 수탁자 명의로 등기·등록된 신탁토지의 경우에는 위탁자가 종합부동산세를 납부할 의무가 있다. 이 경우 위탁자가 신탁토지를 소유하고 있다고 본다(「종합부동산세법」 제12조 제2항).

참고 **신탁주택 관련 수탁자의 물적 납세의무**

신탁주택의 위탁자가 다음에 해당하는 종합부동산세 또는 강제징수비를 체납한 경우로서 그 위탁자의 다른 재산에 대하여 강제징수를 하여도 징수할 금액에 미치지 못할 때에는 해당 신탁주택의 수탁자는 그 신탁주택으로써 위탁자의 종합부동산세 등을 납부할 의무가 있다(「종합부동산세법」 제7조의2).

1. 신탁 설정일 이후에 「국세기본법」에 따른 법정기일이 도래하는 종합부동산세로서 해당 신탁주택과 관련하여 발생한 것
   제36회
2. 강제징수 과정에서 발생한 강제징수비

제4절 | 과세표준 및 세율

❶ 과세표준

1. 주택의 과세표준 제34회, 제35회

(1) 주택에 대한 종합부동산세의 과세표준은 납세의무자별로 주택의 공시가격을 합한 금액에서 다음의 공제한 금액에 공정시장가액비율(60%)을 곱한 금액으로 한다. 다만, 그 금액이 영(0)보다 작은 경우에는 영(0)으로 본다(「종합부동산세법」 제8조 제1항).

① 1세대 1주택자: 12억원

② 법인 또는 법인으로 보는 단체: 0원

③ ①과 ②에 해당하지 아니하는 자: 9억원

> 1. 1세대 1주택자 = (주택 공시가격 합계액 − 12억원) × 공정시장가액비율
> 2. 법인소유 주택 과세표준 = (주택 공시가격 합계액 − 0원) × 공정시장가액비율
> 3. 1과 2 외의 주택 = (주택 공시가격 합계액 − 9억원) × 공정시장가액비율

(2) 다음의 어느 하나에 해당하는 주택은 과세표준 합산의 대상이 되는 주택의 범위에 포함되지 아니하는 것으로 본다(「종합부동산세법」 제8조 제2항).

① 「민간임대주택에 관한 특별법」에 따른 민간임대주택, 「공공주택 특별법」에 따른 공공임대주택 또는 다가구 임대주택으로서 임대기간, 주택의 수, 가격, 규모 등을 고려하여 정하는 주택

② 종업원의 주거에 제공하기 위한 기숙사 및 사원용 주택, 주택건설사업자가 건축하여 소유하고 있는 미분양주택, 가정어린이집용 주택, 「수도권정비계획법」에 따른 수도권 외 지역에 소재하는 1주택 등 종합부동산세를 부과하는 목적에 적합하지 아니한 것으로 정하는 주택. 이 경우 수도권 외 지역에 소재하는 1주택의 경우에는 2009년 1월 1일부터 2011년 12월 31일까지의 기간 중 납세의무가 성립하는 분에 한정한다.

③ 과세표준 합산의 대상이 되는 주택의 범위에 포함되지 아니하는 주택을 보유한 납세의무자는 해당 연도 9월 16일부터 9월 30일까지 납세지 관할 세무서장에게 해당 주택의 보유현황을 신고하여야 한다(「종합부동산세법」 제8조 제3항). 제36회

기출

1. 대통령령으로 정하는 1세대 1주택자(공동명의 1주택자 제외)의 경우 주택에 대한 종합부동산세의 과세표준은 납세의무자별로 주택의 공시가격을 합산한 금액에서 12억원을 공제한 금액에 100분의 60을 곱한 금액으로 한다. 다만, 그 금액이 영(0)보다 작은 경우에는 영(0)으로 본다. 제34회

2. 2주택을 소유하여 1천분의 27의 세율이 적용되는 법인의 경우 주택에 대한 종합부동산세의 과세표준은 납세의무자별로 주택의 공시가격을 합산한 금액에서 0원을 공제한 금액에 100분의 60을 곱한 금액으로 한다. 다만, 그 금액이 영(0)보다 작은 경우에는 영(0)으로 본다. 제34회

(3) 주택에 대한 과세표준을 적용할 때 다음의 어느 하나에 해당하는 경우에는 1세대 1주택자로 본다(「종합부동산세법」 제8조 제4항). 아래 ②, ③, ④의 규정을 적용받으려는 납세의무자는 해당 연도 9월 16일부터 9월 30일까지 관할 세무서장에게 신청하여야 한다(「종합부동산세법」 제8조 제5항). 신청을 한 납세의무자는 최초의 신청을 한 연도의 다음 연도부터는 그 신청 사항에 변동이 없으면 신청하지 않을 수 있다(「종합부동산세법 시행령」 제4조의2 제5항).

① 1주택(주택의 부속토지만을 소유한 경우는 제외한다)과 다른 주택의 부속토지(주택의 건물과 부속토지의 소유자가 다른 경우의 그 부속토지를 말한다)를 함께 소유하고 있는 경우

② 1세대 1주택자가 1주택을 양도하기 전에 다른 주택을 대체취득하여 일시적으로 2주택이 된 경우로서 과세기준일 현재 신규주택을 취득한 날부터 3년이 경과하지 않은 경우

③ 1주택과 다음의 상속주택을 함께 소유하고 있는 경우
　㉠ 과세기준일 현재 상속개시일부터 5년이 경과하지 않은 주택
　㉡ 지분율이 100분의 40 이하인 주택
　㉢ 지분율에 상당하는 공시가격이 6억원(수도권 밖의 지역에 소재하는 주택의 경우에는 3억원) 이하인 주택

④ 1주택과 다음의 지방 저가주택을 함께 소유하고 있는 경우
　㉠ 공시가격이 4억원 이하일 것
　㉡ 수도권 밖의 지역 중 광역시 및 특별자치시가 아닌 지역
　㉢ 수도권 밖의 지역 중 광역시에 소속된 군
　㉣ 「세종특별자치시 설치 등에 관한 특별법」에 따른 읍·면
　㉤ 서울특별시를 제외한 수도권 중 인구감소지역이면서 접경지역에 해당하는 경기도 가평군 및 연천군, 인천광역시 강화군 및 옹진군

2. 토지의 과세표준 제35회, 제36회

(1) 종합합산과세대상 토지

납세의무자별로 해당 과세대상 토지의 공시가격을 합한 금액에서 5억원을 공제한 금액에 공정시장가액비율(100%)을 곱한 금액으로 한다. 다만, 그 금액이 영(0)보다 작은 경우에는 영(0)으로 본다(「종합부동산세법」 제13조 제1항).

> 종합합산과세대상 토지 = [토지공시가격 합계액 − 5억원] × 공정시장가액비율

기출 종합합산과세대상인 토지에 대한 종합부동산세의 과세표준은 납세의무자별로 해당 과세대상 토지의 공시가격을 합한 금액에서 5억원을 공제한 금액에 공정시장가액비율(100%)을 곱한 금액으로 한다. 다만, 그 금액이 영(0)보다 작은 경우에는 영(0)으로 본다. 제35회

기출 별도합산과세대상인 토지에 대한 종합부동산세의 과세표준은 납세의무자별로 해당 과세대상 토지의 공시가격을 합산한 금액에서 80억원을 공제한 금액에 100분의 100의 공정시장가액비율을 곱한 금액[영(0)보다 작은 경우에는 영(0)으로 본다]으로 한다.

제36회

참고 종합부동산세
종합부동산세는 인세이고 합산과세하는 세금이기 때문에 토지와 주택을 한 장의 고지서로 발급하여 고지한다.

(2) 별도합산과세대상 토지

납세의무자별로 해당 과세대상 토지의 공시가격을 합한 금액에서 80억원을 공제한 금액에 공정시장가액비율(100%)을 곱한 금액으로 한다. 다만, 그 금액이 영(0)보다 작은 경우에는 영(0)으로 본다(「종합부동산세법」 제13조 제2항).

> 별도합산과세대상 토지 = [토지공시가격 합계액 − 80억원] × 공정시장가액비율

❷ 과세구분 및 세율 제32회, 제33회, 제35회

1. 과세구분

(1) 종합부동산세는 주택에 대한 종합부동산세와 토지에 대한 종합부동산세의 세액을 합한 금액을 그 세액으로 한다(「종합부동산세법」 제5조 제1항).

(2) 토지에 대한 종합부동산세의 세액은 토지분 종합합산세액과 토지분 별도합산세액을 합한 금액으로 한다(「종합부동산세법」 제5조 제2항).

2. 주택의 세액 제33회

(1) 세율

주택에 대한 종합부동산세는 납세의무자가 소유한 주택 수에 따라 과세표준에 해당 세율을 적용하여 계산한 금액을 그 세액으로 한다(「종합부동산세법」 제9조 제1항).

참고 개인소유 주택 세율
1. 2주택 이하: 0.5∼2.7%
2. 3주택 이상: 0.5∼5%

① 납세의무자가 2주택 이하를 소유한 개인의 경우: 0.5∼2.7%

과세표준	세율
3억원 이하	1천분의 5
3억원 초과 6억원 이하	150만원 + (3억원 초과액의 1천분의 7)
6억원 초과 12억원 이하	360만원 + (6억원 초과액의 1천분의 10)
12억원 초과 25억원 이하	960만원 + (12억원 초과액의 1천분의 13)
25억원 초과 50억원 이하	2천 650만원 + (25억원 초과액의 1천분의 15)
50억원 초과 94억원 이하	6천 400만원 + (50억원 초과액의 1천분의 20)
94억원 초과	1억 5천 200만원 + (94억원 초과액의 1천분의 27)

② 납세의무자가 3주택 이상을 소유한 개인의 경우: 0.5 ~ 5%

과세표준	세율
3억원 이하	1천분의 5
3억원 초과 6억원 이하	150만원 + (3억원 초과액의 1천분의 7)
6억원 초과 12억원 이하	360만원 + (6억원 초과액의 1천분의 10)
12억원 초과 25억원 이하	960만원 + (12억원 초과액의 1천분의 20)
25억원 초과 50억원 이하	3천 560만원 + (25억원 초과액의 1천분의 30)
50억원 초과 94억원 이하	1억 1천 60만원 + (50억원 초과액의 1천분의 40)
94억원 초과	2억 8천 660만원 + (94억원 초과액의 1천분의 50)

③ 납세의무자가 법인 또는 법인으로 보는 단체인 경우 과세표준에 다음의 세율을 적용하여 계산한 금액을 주택분 종합부동산세액으로 한다(「종합부동산세법」 제9조 제2항). 제36회

　㉠ 「상속세 및 증여세법」에 따른 공익법인 등이 직접 공익목적사업에 사용하는 주택만을 보유한 경우와 「공공주택 특별법」에 따른 공공주택사업자 보유의 주택: 0.5 ~ 2.7%

　㉡ 공익법인 등으로서 직접 공익목적사업에 사용하지 않는 주택을 보유한 경우
　　ⓐ 2주택 이하를 소유한 경우: 0.5 ~ 2.7%
　　ⓑ 3주택 이상을 소유한 경우: 0.5 ~ 5%

　㉢ 일반법인이 소유하는 주택의 경우
　　ⓐ 2주택 이하를 소유한 경우: 1천분의 27
　　ⓑ 3주택 이상을 소유한 경우: 1천분의 50

(2) 주택분 과세표준 금액에 대하여 해당 과세대상 주택의 주택분 재산세로 부과된 세액(「지방세법」에 따라 가감조정된 세율이 적용된 경우에는 그 세율이 적용된 세액, 세부담 상한을 적용받은 경우에는 그 상한을 적용받은 세액을 말한다)은 주택분 종합부동산세액에서 이를 공제한다(「종합부동산세법」 제9조 제3항).

주택분 종합부동산세액에서 공제하는 주택분 과세표준 금액에 대한 주택분 재산세로 부과된 세액은 다음 계산식에 따라 계산한 금액으로 한다(「종합부동산세법 시행령」 제4조의3 제1항).

참고 법인소유 주택 세율
1. 공익법인 제36회
　• 공익목적사업에 직접 사용: 0.5 ~ 2.7%
　• 공익목적사업에 직접 사용하지 않은 경우
　　- 2주택 이하: 0.5 ~ 2.7%
　　- 3주택 이상: 0.5 ~ 5%
2. 공공주택사업자 소유 주택: 0.5 ~ 2.7%
3. 일반법인소유 주택 제35회
　• 2주택 이하: 2.7%
　• 3주택 이상: 5%

참고 재산세 공제액
주택분 종합부동산세액에서 공제되는 재산세액은 재산세 표준세율의 100분의 50의 범위에서 가감된 세율이 적용된 경우에는 그 세율이 적용된 세액으로 하고, 재산세 세부담 상한을 적용받은 경우에는 그 상한을 적용받는 세액으로 한다. 제32회

> 「지방세법」에 따라 주택분 재산세로 부과된 세액의 합계액 × [(주택분 종합부동산세의 과세표준 × 재산세 공정시장가액비율) × 재산세 표준세율] / 주택을 합산하여 주택분 재산세 표준세율로 계산한 재산세 상당액

(3) 주택분 종합부동산세액을 계산할 때 적용해야 하는 주택 수는 다음에 따라 계산한다(「종합부동산세법 시행령」 제4조의3 제3항).
① 1주택을 여러 사람이 공동으로 소유한 경우 공동소유자 각자가 그 주택을 소유한 것으로 본다. 제35회
② 「건축법 시행령」 별표 1에 따른 다가구주택은 1주택으로 본다.
③ 다음의 주택은 주택 수에 포함하지 않는다.
  ㉠ 합산배제임대주택 및 합산배제 사원용주택
  ㉡ 상속을 원인으로 취득한 주택으로서 다음의 어느 하나에 해당하는 주택
    ⓐ 과세기준일 현재 상속개시일부터 5년이 경과하지 않은 주택
    ⓑ 지분율이 100분의 40 이하인 주택
    ⓒ 지분율에 상당하는 공시가격이 6억원(수도권 밖의 지역에 소재한 주택의 경우에는 3억원) 이하인 주택
  ㉢ 토지의 소유권 또는 지상권 등 토지를 사용할 수 있는 권원이 없는 자가 「건축법」 등 관계 법령에 따른 허가 등을 받지 않거나 신고를 하지 않고 건축하여 사용 중인 주택(주택을 건축한 자와 사용 중인 자가 다른 주택을 포함한다)의 부속토지
  ㉣ 1세대 1주택자가 1주택을 양도하기 전에 다른 주택을 대체취득하여 일시적으로 2주택이 된 경우로서 과세기준일 현재 신규주택을 취득한 날부터 3년이 경과하지 않은 경우
  ㉤ 1주택과 다음의 지방 저가주택을 함께 소유하고 있는 경우
    ⓐ 공시가격이 4억원 이하일 것
    ⓑ 수도권 밖의 지역 중 광역시 및 특별자치시가 아닌 지역
    ⓒ 수도권 밖의 지역 중 광역시에 소속된 군
    ⓓ 「세종특별자치시 설치 등에 관한 특별법」에 따른 읍·면
    ⓔ 서울특별시를 제외한 수도권 중 인구감소지역이면서 접경지역에 해당하는 경기도 가평군 및 연천군, 인천광역시 강화군 및 옹진군

기출 주택 수 계산
거주자 甲이 2024년부터 보유한 3주택(주택 수 계산에서 제외되는 주택은 없음) 중 2주택을 2026년 6월 17일에 양도하고 동시에 소유권이전등기를 한 경우, 甲의 2026년도 주택분 종합부동산세액은 3주택 이상을 소유한 경우의 세율을 적용하여 계산한다.
제35회

(4) 1세대 1주택자 세액공제 제32회, 제33회

① 주택분 종합부동산세 납세의무자가 1세대 1주택자에 해당하는 경우의 주택분 종합부동산세액은 산출된 세액에서 연령별 세액공제액과 보유기간별 세액공제액을 공제한 금액으로 한다. 이 경우 공제율 합계 100분의 80의 범위에서 중복하여 적용할 수 있다(「종합부동산세법」 제9조 제5항).

② 연령별 세액공제율

㉠ 과세기준일 현재 60세 이상인 1세대 1주택자의 연령별 공제액은 산출된 세액에 다음에 따른 연령별 공제율을 곱한 금액으로 한다(「종합부동산세법」 제9조 제6항).

연령	공제율
60세 이상 65세 미만	100분의 20
65세 이상 70세 미만	100분의 30
70세 이상	100분의 40

㉡ 과세기준일 현재 60세 이상인 1세대 1주택자가 다음의 어느 하나에 해당하는 경우 해당 1세대 1주택자의 공제액은 산출된 세액에서 다음에 해당하는 산출세액을 제외한 금액에 연령별 공제율을 곱한 금액으로 한다(「종합부동산세법」 제9조 제7항).

ⓐ 1주택(주택의 부속토지만을 소유한 경우는 제외한다)과 다른 주택의 부속토지(주택의 건물과 부속토지의 소유자가 다른 경우의 그 부속토지를 말한다)를 함께 소유하고 있는 경우: 주택의 부속토지(주택의 건물과 부속토지의 소유자가 다른 경우의 그 부속토지를 말한다)분에 해당하는 산출세액

ⓑ 1세대 1주택자가 1주택을 양도하기 전에 다른 주택을 대체취득하여 일시적으로 2주택이 된 경우: 1주택을 양도하기 전 대체취득한 주택분에 해당하는 산출세액

ⓒ 1주택과 상속받은 주택을 함께 소유하고 있는 경우: 상속주택분에 해당하는 산출세액

ⓓ 1주택과 지방 저가주택을 함께 소유하고 있는 경우: 지방 저가주택분에 해당하는 산출세액

기출

1. 주택분 종합부동산세 납세의무자가 1세대 1주택자에 해당하는 경우의 주택분 종합부동산세액은 산출된 세액에서 연령별 세액공제와 보유기간별 세액공제액을 공제한 금액으로 한다. 이 경우 연령별 세액공제와 보유기간별 세액공제에 따른 세액공제는 공제율 합계 100분의 80의 범위에서 중복하여 적용할 수 있다. 제33회

2. 종합부동산세 과세대상 1세대 1주택자로서 과세기준일 현재 해당 주택을 12년 보유한 자의 보유기간별 세액공제에 적용되는 공제율은 100분의 40이다. 제33회

③ 보유기간별 공제율: 1세대 1주택자로서 해당 주택을 과세기준일 현재 5년 이상 보유한 자의 보유기간별 공제액은 산출된 세액에 다음에 따른 보유기간별 공제율을 곱한 금액으로 한다(「종합부동산세법」 제9조 제8항).

보유기간	공제율
5년 이상 10년 미만 보유	100분의 20
10년 이상 15년 미만 보유	100분의 40
15년 이상 보유	100분의 50

(5) 공동명의 1주택자에 대한 납세의무 특례 제32회, 제33회

① 공동명의 1주택자의 범위: 과세기준일 현재 세대원 중 1인이 그 배우자와 공동으로 1주택을 소유하고 해당 세대원 및 다른 세대원이 다른 주택을 소유하지 아니한 경우로서 배우자와 공동으로 1주택을 소유한 자 또는 그 배우자 중 공동명의 1주택자를 해당 1주택에 대한 납세의무자로 할 수 있다(「종합부동산세법」 제10조의2 제1항).

② 납세의무 특례신청
  ㉠ 공동명의 1주택자에 대한 납세의무 특례를 적용받으려는 납세의무자는 해당 연도 9월 16일부터 9월 30일까지 공동명의 1주택자 신청서를 제출하여야 한다(「종합부동산세법」 제10조의2 제2항).
  ㉡ 납세의무 특례신청한 공동명의 1주택자는 신청을 한 연도의 다음 연도부터는 1세대 1주택의 소유자 또는 지분율이 변경된 경우 해당 연도 9월 16일부터 9월 30일까지 변경신청을 해야 한다(「종합부동산세법 시행령」 제5조의2 제5항).

③ 납세의무의 특례: 공동명의 1주택자를 1세대 1주택자로 보아 다음의 규정을 적용하여 과세표준과 세액을 계산한다.
  ㉠ 주택에 대한 종합부동산세 과세표준 계산: 12억원 공제
  ㉡ 1세대 1주택자에 대한 세액공제: 고령자세액공제와 장기보유자세액공제 가능

④ 공동명의 1주택자에 대한 과세표준 및 세액을 산정하는 경우에는 그 배우자 소유의 주택지분을 합산하여 계산한다(「종합부동산세법 시행령」 제5조의2 제6항).

> 참고 공동명의 1주택자
> 해당 1주택을 소유한 세대원 1명과 그 배우자 중 주택에 대한 지분율이 높은 사람(지분율이 같은 경우에는 공동소유자 간 합의에 따른 사람을 말한다)을 말한다.

⑤ 공동명의 1주택자에 대하여 주택분 종합부동산세액에서 주택분 재산세로 부과된 세액을 공제하거나 세부담의 상한을 적용할 경우 적용되는 재산세 부과액 및 재산세상당액은 해당 과세대상 1주택 지분 전체에 대하여 계산한 금액으로 한다.

(6) 세부담의 상한

종합부동산세의 납세의무자가 해당 연도에 납부하여야 할 주택분 재산세액상당액과 주택분 종합부동산세액상당액의 합계액으로서 해당 납세의무자에게 직전 연도에 해당 주택에 부과된 주택에 대한 총세액상당액으로서 세액의 100분의 150을 초과하는 경우에는 그 초과하는 세액에 대하여는 이를 없는 것으로 본다. 다만, 납세의무자가 법인 또는 법인으로 보는 단체로서 세율이 적용되는 경우는 세부담 상한제를 적용하지 않는다(「종합부동산세법」 제10조). 제36회

> 참고 세부담 상한
> 주택에 대한 세부담 상한의 기준이 되는 직전 연도에 해당 주택에 부과된 주택에 대한 총세액상당액을 직전 연도 과세기준일에 실제로 소유하였는지의 여부를 불문하고 직전 연도 과세기준일 현재 소유한 것으로 보아 계산한다.

3. 종합합산과세대상 토지의 세액

(1) 세율 및 세액 제33회

① 종합합산과세대상인 토지에 대한 종합부동산세의 세액은 과세표준에 다음의 3단계 초과누진세율(1 ~ 3%)을 적용하여 계산한 금액으로 한다(「종합부동산세법」 제14조 제1항).

과세표준	세율
15억원 이하	1천분의 10
15억원 초과 45억원 이하	1천 500만원 + (15억원 초과액의 1천분의 20)
45억원 초과	7천 500만원 + (45억원 초과액의 1천분의 30)

② 종합합산과세대상인 토지의 과세표준 금액에 대하여 해당 과세대상 토지의 토지분 재산세로 부과된 세액(「지방세법」에 따라 가감조정된 세율이 적용된 경우에는 그 세율이 적용된 세액, 세부담 상한을 적용받은 경우에는 그 상한을 적용받은 세액을 말한다)은 토지분 종합합산세액에서 이를 공제한다(「종합부동산세법」 제14조 제3항).

> 참고 재산세 공제액
> 토지분 종합부동산세액에서 공제되는 재산세액은 재산세 표준세율의 100분의 50의 범위에서 가감된 세율이 적용된 경우에는 그 세율이 적용된 세액으로 하고, 재산세 세부담 상한을 적용받은 경우에는 그 상한을 적용받는 세액으로 한다.

(2) 세부담의 상한

종합부동산세의 납세의무자가 종합합산과세대상인 토지에 대하여 해당 연도에 납부하여야 할 재산세액상당액과 토지분 종합합산세액상당액의 합계액으로서 계산한 세액이 해당 납세의무자에게 직전 연도에 해당 토지에 부과된 종합합산과세대상인 토지에 대한 총세액상당액으로서 계산한 세액의 100분의 150을 초과하는 경우에는 그 초과하는 세액에 대하여는 이를 없는 것으로 본다(「종합부동산세법」 제15조 제1항).

4. 별도합산과세대상 토지의 세액

(1) 세율 및 세액 제33회

① 별도합산과세대상인 토지에 대한 종합부동산세의 세액은 과세표준에 다음의 3단계 초과누진세율(0.5 ~ 0.7%)을 적용하여 계산한 금액으로 한다(「종합부동산세법」 제14조 제4항).

과세표준	세율
200억원 이하	1천분의 5
200억원 초과 400억원 이하	1억원 + (200억원 초과액의 1천분의 6)
400억원 초과	2억 200만원 + (400억원 초과액의 1천분의 7)

② 별도합산과세대상인 토지의 과세표준 금액에 대하여 해당 과세대상 토지의 토지분 재산세로 부과된 세액(「지방세법」에 따라 가감조정된 세율이 적용된 경우에는 그 세율이 적용된 세액, 세부담 상한을 적용받은 경우에는 그 상한을 적용받은 세액을 말한다)은 토지분 별도합산세액에서 이를 공제한다(「종합부동산세법」 제14조 제6항).

(2) 세부담의 상한

종합부동산세의 납세의무자가 별도합산과세대상인 토지에 대하여 해당 연도에 납부하여야 할 재산세액상당액과 토지분 별도합산세액상당액의 합계액으로서 해당 납세의무자에게 직전 연도에 해당 토지에 부과된 별도합산과세대상인 토지에 대한 총세액상당액으로서 계산한 세액의 100분의 150을 초과하는 경우에는 그 초과하는 세액에 대하여는 이를 없는 것으로 본다(「종합부동산세법」 제15조 제2항).

참고 재산세 토지세율
1. 종합합산과세대상 토지: 0.2 ~ 0.5%
2. 별도합산과세대상 토지: 0.2 ~ 0.4%

5. 물적 납세의무에 대한 납부특례

(1) 고지가 있은 후 납세의무자가 신탁의 이익을 받을 권리를 포기 또는 이전하거나 신탁재산을 양도하는 등의 경우에도 고지된 부분에 대한 납세의무에는 영향을 미치지 아니한다(「종합부동산세법」 제16조의2 제2항).

(2) 신탁재산의 수탁자가 변경되는 경우에 새로운 수탁자는 이전의 수탁자에게 고지된 납세의무를 승계한다(「종합부동산세법」 제16조의2 제3항).

(3) 신탁재산에 대하여 「국세징수법」에 따라 강제징수를 하는 경우 「국세기본법」에도 불구하고 수탁자는 「신탁법」에 따른 신탁재산의 보존 및 개량을 위하여 지출한 필요비 또는 유익비의 우선변제를 받을 권리가 있다.

참고 신탁재산에 대한 종합부동산세 징수
납세의무자인 위탁자의 관할세무서장은 최초의 수탁자에 대한 신탁 설정일을 기준으로 그 신탁재산에 대한 현재 수탁자에게 위탁자의 종합부동산세 등을 징수할 수 있다.

제5절 | 납세절차

1 납세지 제33회

(1) 납세의무자가 개인 또는 법인으로 보지 아니하는 단체인 경우
  ① 거주자: 거주자의 납세지는 거주자의 주소지로 한다. 다만, 주소지가 없는 경우에는 그 거소지로 한다(「종합부동산세법」 제4조 제1항).
  ② 비거주자
    ㉠ 비거주자의 납세지는 국내사업장의 소재지로 한다. 다만, 국내사업장이 둘 이상 있는 경우에는 주된 국내사업장의 소재지로 하고, 국내사업장이 없는 경우에는 국내원천소득이 발생하는 장소로 한다(「소득세법」 제6조 제2항).
    ㉡ 국내사업장이 없고 국내원천소득이 발생하지 않는 주택 및 토지를 소유한 경우에는 주택 또는 토지의 소재지(주택 또는 토지가 둘 이상인 경우에는 공시가격이 가장 높은 주택 또는 토지의 소재지를 말한다)로 한다(「종합부동산세법」 제4조 제3항).

(2) 납세의무자가 법인 또는 법인으로 보는 단체인 경우
  ① 내국법인인 경우: 법인이 부동산을 소유하는 경우의 납세지는 그 법인의 등기부상의 본점 또는 주사무소의 소재지를 관할하는 세무서를 납세지로 한다(「종합부동산세법」 제4조 제2항).

참고 납세지 구분
주소지가 둘 이상인 경우에는 「주민등록법」에 의하여 등록된 곳으로 하고, 거소지가 둘 이상인 때에는 생활관계가 보다 밀접한 곳으로 한다.

참고 비거주자 납세지
1. 국내사업장 소재지
2. 국내사업장이 없는 경우 국내원천소득이 발생하는 장소
3. 국내사업장도 없고 국내원천소득이 발생하지 않는 주택 및 토지를 소유한 경우에는 주택 또는 토지의 소재지

기출

1. 거주자의 종합부동산세 납세지는 그 주소지 관할 세무서로 하되, 주소지가 없는 경우에는 그 거소지 관할 세무서로 한다.
2. 종합부동산세의 납세의무자가 비거주자인 개인 또는 외국법인으로서 국내사업장이 없고 국내원천소득이 발생하지 아니하는 주택 및 토지를 소유한 경우에는 그 주택 또는 토지의 소재지를 납세지로 정한다.
3. 종합부동산세를 신고납부 방식으로 납부하고자 하는 납세의무자는 종합부동산세의 과세표준과 세액을 해당 연도 12월 1일부터 12월 15일까지 대통령령으로 정하는 바에 따라 관할 세무서장에게 신고하여야 한다. 이 경우 관할 세무서장의 세액 결정은 없었던 것으로 본다.

제34회, 제36회

참고 가산세 적용

1. 과소신고: 과소신고 가산세 부과
2. 무신고: 무신고 가산세 부과되지 않음

② 법인으로 보는 단체인 경우: 법인으로 보는 법인이 아닌 단체의 납세지는 해당 단체의 사업장 소재지를 관할하는 세무서로 한다. 이 경우 둘 이상의 사업장을 가지고 있는 단체의 경우에는 주된 사업장 소재지를 말하며, 사업장이 없는 단체의 경우에는 해당 단체의 정관 등에 기재된 소재지(정관 등에 주사무소에 관한 규정이 없는 단체의 경우에는 그 대표자 또는 관리의 주소를 말한다)를 말한다(「종합부동산세법」 제4조 제2항).

2 부과·징수 제32회, 제33회, 제34회

(1) 과세기준일

종합부동산세의 과세기준일은 재산세의 과세기준일인 매년 6월 1일로 한다(「종합부동산세법」 제3조).

(2) 부과·징수 및 납부장소

① 정부부과
   ㉠ 관할 세무서장은 납부하여야 할 종합부동산세의 세액을 결정하여 해당 연도 12월 1일부터 12월 15일까지 부과·징수한다(「종합부동산세법」 제16조 제1항).
   ㉡ 관할 세무서장은 종합부동산세를 징수하려면 납부고지서에 주택 및 토지로 구분한 과세표준과 세액을 기재하여 납부기간 개시 5일 전까지 발급하여야 한다(「종합부동산세법」 제16조 제2항).
② 선택적 신고납부: 부과·징수에도 불구하고 종합부동산세를 신고납부 방식으로 납부하고자 하는 납세의무자는 종합부동산세의 과세표준과 세액을 해당 연도 12월 1일부터 12월 15일까지 관할 세무서장에게 신고하여야 한다. 이 경우 관할 세무서장의 결정은 없었던 것으로 본다(「종합부동산세법」 제16조 제3항). 제36회

(3) 납부유예 제34회, 제36회

① 관할 세무서장은 다음의 요건을 모두 충족하는 납세의무자가 주택분 종합부동산세액의 납부유예를 그 납부기한 만료 3일 전까지 신청하는 경우 이를 허가할 수 있다. 이 경우 납부유예를 신청한 납세의무자는 그 유예할 주택분 종합부동산세액에 상당하는 담보를 제공하여야 한다(「종합부동산세법」 제20조의2 제1항).

㉠ 과세기준일 현재 1세대 1주택자(공동명의 1주택자 포함)일 것
㉡ 과세기준일 현재 60세 이상이거나 해당 주택을 5년 이상 보유하고 있을 것
㉢ 다음에 해당하는 소득 기준을 충족할 것
　ⓐ 직전 과세기간의 총급여액이 7천만원 이하일 것(직전 과세기간에 근로소득만 있거나 근로소득 및 종합소득과세표준에 합산되지 아니하는 종합소득이 있는 자로 한정한다)
　ⓑ 직전 과세기간의 종합소득과세표준에 합산되는 종합소득금액이 6천만원 이하일 것(직전 과세기간의 총급여액이 7천만원을 초과하지 아니하는 자로 한정한다)
㉣ 해당 연도의 주택분 종합부동산세액이 100만원을 초과할 것
② 관할 세무서장은 신청을 받은 경우 납부기한 만료일까지 납세의무자에게 납부유예 허가 여부를 통지하여야 한다. 제36회
③ 관할 세무서장은 주택분 종합부동산세액의 납부가 유예된 납세의무자가 다음에 해당하는 경우에는 그 납부유예 허가를 취소하여야 한다.
㉠ 해당 주택을 타인에게 양도하거나 증여하는 경우
㉡ 사망하여 상속이 개시되는 경우
㉢ 과세기준일 현재 1세대 1주택자 요건을 충족하지 아니하게 된 경우
㉣ 담보의 변경 또는 그 밖에 담보 보전에 필요한 관할 세무서장의 명령에 따르지 아니한 경우
㉤ 납부유예와 관계되는 세액의 전액을 징수할 수 없다고 인정되는 경우
㉥ 납부유예된 세액을 납부하려는 경우
④ 관할 세무서장은 납부유예의 허가를 취소하는 경우 납세의무자(납세의무자가 사망한 경우에는 그 상속인 또는 상속재산관리인을 말한다)에게 그 사실을 즉시 통지하여야 한다(「종합부동산세법」 제20조의2 제4항).
⑤ 관할 세무서장은 주택분 종합부동산세액의 납부유예 허가를 취소한 경우에는 해당 납세의무자에게 납부를 유예받은 세액과 이자상당가산액을 징수하여야 한다. 다만, 상속인 또는 상속재산관리인은 상속으로 받은 재산의 한도에서 납부를 유예받은 세액과 이자상당가산액을 납부할 의무를 진다(「종합부동산세법」 제20조의2 제5항).
⑥ 관할 세무서장은 납부유예를 허가한 연도의 납부기한이 지난 날부터 징수할 세액의 고지일까지의 기간 동안 납부지연가산세를 부과하지 않는다(「종합부동산세법」 제20조의2 제6항).

기출

1. 관할 세무서장은 납세의무자가 과세기준일 현재 1세대 1주택자가 아닌 경우 주택분 종합부동산세액의 납부유예를 허가할 수 없다. 제34회, 제36회
2. 관할 세무서장은 주택분 종합부동산세액의 납부가 유예된 납세의무자가 해당 주택을 타인에게 양도하거나 증여하는 경우에는 그 납부유예 허가를 취소하여야 한다. 제34회

3 분할납부 및 물납 제32회, 제33회, 제34회

(1) 분할납부기간

관할 세무서장은 종합부동산세로 납부하여야 할 세액이 250만원을 초과하는 경우에는 그 세액의 일부를 납부기한이 지난 날부터 6개월 이내에 분납하게 할 수 있다(「종합부동산세법」 제20조).

(2) 분할납부금액

분납할 수 있는 세액은 다음의 금액을 말한다(「종합부동산세법 시행령」 제16조 제1항).
① 납부하여야 할 세액이 250만원 초과 5백만원 이하인 때에는 해당 세액에서 250만원을 차감한 금액
② 납부하여야 할 세액이 5백만원을 초과하는 때에는 해당 세액의 100분의 50 이하의 금액

(3) 물납

종합부동산세는 금액 관계없이 물납신청이 불가능하다.

> **참고 분납신청**
> 1. 납부고지서를 받은 자가 분납하려는 때에는 종합부동산세의 납부기한까지 신청서를 관할 세무서장에게 제출해야 한다.
> 2. 관할 세무서장은 분납신청을 받은 때에는 이미 고지한 납부고지서를 납부기한까지 납부해야 할 세액에 대한 납부고지서와 분납기간 내에 납부해야 할 세액에 대한 납부고지서로 구분하여 수정 고지해야 한다.

4 결정과 경정

(1) 관할 세무서장 또는 납세지 관할 지방국세청장은 과세대상 누락, 위법 또는 착오 등으로 인하여 종합부동산세를 새로 부과할 필요가 있거나 이미 부과한 세액을 경정할 경우에는 다시 부과·징수할 수 있다(「종합부동산세법」 제17조 제1항).

(2) 관할 세무서장 또는 관할 지방국세청장은 신고를 한 자의 신고내용에 탈루 또는 오류가 있는 때에는 해당 연도의 과세표준과 세액을 경정한다(「종합부동산세법」 제17조 제2항).

> **참고 재경정**
> 관할 세무서장 또는 관할 지방국세청장은 과세표준과 세액을 결정 또는 경정한 후 그 결정 또는 경정에 탈루 또는 오류가 있는 것이 발견된 때에는 이를 경정 또는 재경정하여야 한다.

5 종합부동산세 부가세

종합부동산세 납세의무가 있는 경우는 해당 종합부동산세액에 대하여 100분의 20을 곱하여 계산한 금액을 농어촌특별세액으로 한다(「농어촌특별세법」 제5조 제1항 제8호).

제6절 | 비과세

(1) 법률규정에 따른 비과세

「지방세법」,「지방세특례제한법」또는「조세특례제한법」에 따른 재산세의 비과세·과세면제 또는 경감에 관한 규정은 종합부동산세를 부과하는 경우에 준용한다(「종합부동산세법」제6조 제1항).

(2) 조례규정 등에 따른 비과세

「지방세특례제한법」제4조에 따른 시·군의 감면조례에 의한 재산세의 감면규정은 종합부동산세를 부과하는 경우에 준용한다(「종합부동산세법」제6조 제2항).

> 기출
> 1. 관할 세무서장은 종합부동산세로 납부하여야 할 세액이 250만원을 초과하는 경우에는 그 세액의 일부를 납부기한이 지난 날부터 6개월 이내에 분할납부하게 할 수 있다.
> 2. 관할 세무서장은 납부하여야 할 종합부동산세액이 1천만원을 초과하는 경우라도 물납을 허가할 수 없다. 제32회

예제

「종합부동산세법」상 토지 및 주택에 대한 과세와 부과징수에 관한 설명으로 옳은 것은?
제33회

① 종합합산과세대상인 토지에 대한 종합부동산세의 세액은 과세표준에 1~5%의 세율을 적용하여 계산한 금액으로 한다.
② 종합부동산세로 납부해야 할 세액이 200만원인 경우 관할 세무서장은 그 세액의 일부를 납부기한이 지난 날부터 6개월 이내에 분납하게 할 수 있다.
③ 관할 세무서장이 종합부동산세를 징수하려면 납부기간 개시 5일 전까지 주택분과 토지분을 합산한 과세표준과 세액을 납부고지서에 기재하여 발급하여야 한다.
④ 종합부동산세를 신고납부방식으로 납부하고자 하는 납세의무자는 종합부동산세의 과세표준과 세액을 해당 연도 12월 1일부터 12월 15일까지 관할 세무서장에게 신고하여야 한다.
⑤ 별도합산과세대상인 토지에 대한 종합부동산세의 세액은 과세표준에 0.5~0.8%의 세율을 적용하여 계산한 금액으로 한다.

해설 ① 종합합산과세대상인 토지에 대한 종합부동산세의 세액은 과세표준에 1~3%의 세율을 적용하여 계산한 금액으로 한다.
② 종합부동산세로 납부해야 할 세액이 250만원 초과인 경우 관할 세무서장은 그 세액의 일부를 납부기한이 지난 날부터 6개월 이내에 분납하게 할 수 있다.
③ 관할 세무서장이 종합부동산세를 징수하려면 납부기간 개시 5일 전까지 주택 및 토지로 구분한 과세표준과 세액을 납부고지서에 기재하여 발급하여야 한다.
⑤ 별도합산과세대상인 토지에 대한 종합부동산세의 세액은 과세표준에 0.5~0.7%의 세율을 적용하여 계산한 금액으로 한다.
정답 ④

제1장 메타인지 학습체크

01 종합합산과세대상인 토지의 경우에는 국내에 소재하는 해당 과세대상 토지의 공시가격을 합한 금액이 [① 5억원 초과 / ② 6억원 초과]하는 자는 해당 토지에 대한 종합부동산세를 납부할 의무가 있다.

02 개인소유 2주택에 대한 종합부동산세의 과세표준은 납세의무자별로 주택의 공시가격을 합한 금액에서 [① 9억원 / ② 12억원]을 공제한 금액에 공정시장가액비율 100분의 60을 곱한 금액으로 한다. 다만, 그 금액이 영(0)보다 작은 경우에는 영(0)으로 본다.

03 종합합산과세대상 토지의 재산세로 부과된 세액이 세부담 상한을 적용받는 경우 [① 그 상한을 적용받는 세액 / ② 그 상한을 적용받기 전의 세액]을 종합합산과세대상 토지분 종합부동산세액에서 공제한다.

04 주택분 종합부동산세 납세의무자가 1세대 1주택자에 해당하는 경우의 주택분 종합부동산세액은 산출된 세액에서 연령별 세액공제와 보유기간별 세액공제에 따른 1세대 1주택자에 대한 공제액을 공제한 금액으로 한다. 이 경우 연령별 세액공제와 보유기간별 세액공제에 따른 세액공제는 공제율 합계 [① 100분의 70 / ② 100분의 80]의 범위에서 중복하여 적용할 수 있다.

05 과세기준일 현재 65세 이상 70세 미만인 1세대 1주택(단독 소유)자에 대한 연령별 세액공제액은 산출된 세액에 [① 100분의 20 / ② 100분의 30]을 곱한 금액으로 한다.

06 1세대 1주택(단독 소유)자로서 해당 주택을 과세기준일 현재 10년 이상 15년 미만 보유한 자의 보유기간별 세액공제액은 산출된 세액에 [① 100분의 20 / ② 100분의 40]을 곱한 금액으로 한다.

07 과세기준일 현재 세대원 중 1인과 그 배우자만이 공동으로 1주택을 소유하고 해당 세대원 및 다른 세대원이 다른 주택을 소유하지 아니한 경우 해당 연도 [① 9월 16일부터 9월 30일 / ② 10월 16일부터 10월 31일]까지 신청한 경우에는 공동명의 1주택자를 해당 1주택에 대한 납세의무자로 한다.

08 납세의무자가 법인(공익법인은 아님)이며 3주택 이상을 소유한 경우 소유한 주택 수에 따라 과세표준에 [① 1천분의 27 / ② 1천분의 50] 세율을 적용하여 계산한 금액을 주택분 종합부동산세액으로 한다.

> 정답
>
> **01** ①　**02** ①　**03** ①　**04** ②　**05** ②　**06** ②　**07** ①　**08** ②

09 관할 세무서장은 납부하여야 할 종합부동산세의 세액을 결정하여 해당 연도 [① 12월 1일부터 12월 15일 / ② 12월 16일부터 12월 31일]까지 부과·징수한다. 종합부동산세를 신고납부방식으로 납부하고자 하는 납세의무자는 종합부동산세의 과세표준과 세액을 해당 연도 12월 1일부터 12월 15일까지 관할 세무서장에게 신고하여야 한다. 이 경우 관할 세무서장의 결정은 없었던 것으로 본다.

10 관할 세무서장은 종합부동산세로 납부하여야 할 세액이 250만원 초과하는 경우에는 그 세액의 일부를 납부기한이 지난 날부터 [① 3개월 / ② 6개월] 이내에 분할납부하게 할 수 있다.

11 「지방세법」, 「지방세특례제한법」 또는 「조세특례제한법」에 따른 재산세의 비과세·과세면제 또는 경감에 관한 규정은 종합부동산세를 부과하는 경우에 [① 준용한다. / ② 준용하지 않는다.]

12 관할 세무서장은 납부하여야 할 종합부동산세액이 1천만원을 초과하는 경우 [① 물납을 허가할 수 있다. / ② 물납을 허가할 수 없다.]

13 납세의무자는 선택에 따라 신고·납부할 수 있으나, 신고를 함에 있어 납부세액을 과소하게 신고한 경우 과소신고가산세가 [① 적용된다. / ② 적용되지 않는다.]

14 종합부동산세는 주택에 대한 종합부동산세와 토지에 대한 종합부동산세의 세액을 [① 합한 금액 / ② 구분한 금액]을 그 세액으로 한다.

15 납세자에게 부정행위가 없으며 특례제척기간에 해당하지 않는 경우 원칙적으로 납세의무 성립일부터 [① 3년 / ② 5년]이 지나면 종합부동산세를 부과할 수 없다.

16 관할 세무서장은 요건을 모두 충족하는 납세의무자가 주택분 종합부동산세액의 납부유예를 그 납부기한 만료 [① 3일 / ② 5일] 전까지 신청하는 경우 이를 허가할 수 있다.

17 관할 세무서장은 종합부동산세를 징수하고자 하는 때에는 납세고지서에 주택 및 토지로 [① 구분한 / ② 합산한] 과세표준과 세액을 기재하여 납부기간 개시 5일 전까지 발급하여야 한다.

정답

09 ①　10 ②　11 ①　12 ②　13 ①　14 ①　15 ②　16 ①　17 ①

제2장 일반소득세

회독 Check 1회 2회 3회

- 소득세의 기본이론에 대한 내용으로 납세의무자와 소득의 구분에 대한 전반적인 흐름을 정리하여야 한다. 특히 부동산임대 관련 사업소득에 대하여는 자주 출제되기 때문에 정확한 학습이 필요하겠다.
- 양도소득세를 학습할 때 기본이 되는 부분이기 때문에 소득의 구분과 납세의무자에 대한 정리는 필수적으로 하여야 한다.

제1절 | 총칙

1 개요

소득세란 개인이 과세기간(1/1 ~ 12/31) 동안 벌어들인 소득에 대하여 그 과세기간의 다음 연도 5월 1일부터 5월 31일까지 납세지 관할 세무서장에게 신고납부하는 국세이다.

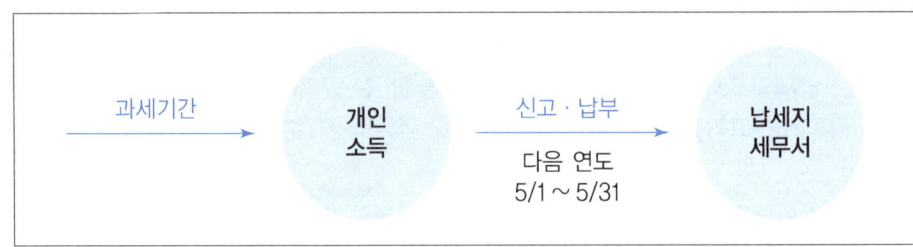

참고 소득 구분
1. 종합소득: 이자소득, 배당소득, 사업소득, 근로소득, 연금소득, 기타소득
2. 분류소득: 양도소득, 퇴직소득

2 납세의무자 및 과세기간

1. 거주자와 비거주자의 납세의무

(1) 거주자

① 의의: 거주자란 국내에 주소를 두거나 183일(1과세기간 동안 또는 2과세기간에 걸쳐) 이상 거소를 둔 개인을 말한다(「소득세법」 제1조의2 제1항 제1호).

② 납세의무: 거주자에게는 「소득세법」에서 규정하는 모든 소득(국내소득과 국외소득 모두를 포함한다)에 대해서 과세한다.

(2) 비거주자

① 의의: 거주자가 아닌 개인을 말한다(「소득세법」 제1조의2 제1항 제2호).

용어 거주자 판정
거주자란 국적이나 외국 영주권의 취득 여부와는 관계없이 판정한다.

용어
주소
국내에서 생계를 같이 하는 가족 및 국내에 소재하는 자산의 유무 등 생활관계의 객관적 사실에 따라 판정한다.

거소
주소지 외의 장소 중 상당기간에 걸쳐 거주하는 장소로서 주소와 같이 밀접한 일반적 생활관계가 형성되지 아니한 장소로 한다.

② 납세의무: 비거주자는 국내원천소득에 대해서만 과세한다.

> **핵심** 거주자와 비거주자

구분	거주자	비거주자
판정	국적이나 외국 영주권의 취득 여부와는 관계없이 국내에 주소나 183일(1과세기간 동안 또는 2과세기간에 걸쳐) 이상 거소를 둔 자	거주자가 아닌 자
근거주의	속인주의	속지주의
납세의무	국내·국외소득(무제한납세의무)	국내원천소득(제한납세의무)

> **보충** 거주기간의 계산(「소득세법 시행령」 제4조)

1. 국내에 거소를 둔 기간은 입국하는 날의 다음 날부터 출국하는 날까지로 한다.
2. 국내에 거소를 두고 있던 개인이 출국 후 다시 입국한 경우에 생계를 같이하는 가족의 거주지나 자산소재지 등에 비추어 그 출국목적이 관광, 질병의 치료 등으로서 명백하게 일시적인 것으로 인정되는 때에는 그 출국한 기간도 국내에 거소를 둔 기간으로 본다.
3. 국내에 거소를 둔 기간이 1과세기간 동안 183일 이상인 경우에는 국내에 183일 이상 거소를 둔 것으로 본다.
4. 재외동포가 입국한 경우 생계를 같이 하는 가족의 거주지나 자산소재지 등에 비추어 그 입국목적이 관광, 질병의 치료 등의 사유에 해당하여 그 입국한 기간이 명백하게 일시적인 것으로 인정되는 때에는 해당 기간은 국내에 거소를 둔 기간으로 보지 아니한다.

용어 속인주의
거주자인 경우에는 국내·국외 모든 소득에 대하여 우리나라 세법을 적용한다는 것을 말한다.

용어 속지주의
우리나라 영토 내에서 발생한 소득은 비거주자에게도 우리나라 세법을 적용한다는 것을 말한다.

2. 특수한 경우의 납세의무

(1) 공동소유자산 양도시 제34회

공동으로 소유한 자산에 대한 양도소득금액을 계산하는 경우에는 해당 자산을 공동으로 소유하는 각 거주자가 납세의무를 진다(「소득세법」 제2조의2 제5항). 즉, 공동소유자산을 양도하는 경우 공동소유자 상호간의 연대납세의무는 없는 것이다.

용어 공동소유자산 양도
1. 납세의무자: 공동으로 소유하는 각 거주자
2. 연대납세의무: 없음

(2) 상속인 등의 납세의무

① 피상속인의 소득금액에 대해서 과세하는 경우에는 그 상속인이 납세의무를 진다(「소득세법」 제2조의2 제2항).

용어 🔊 **상속으로 인하여 얻은 재산**
상속으로 인하여 얻은 자산총액에서 부채총액과 그 상속으로 인하여 부과되거나 납부할 상속세를 공제한 가액을 말한다.

용어 🔊 **신탁재산을 실질적으로 통제하는 신탁**
1. 위탁자가 신탁을 해지할 수 있는 권리, 수익자를 지정하거나 변경할 수 있는 권리, 신탁 종료 후 잔여재산을 귀속 받을 권리를 보유하는 등 신탁재산을 실질적으로 지배·통제할 것
2. 신탁재산 원본을 받을 권리에 대한 수익자는 위탁자로, 수익을 받을 권리에 대한 수익자는 그 배우자 또는 같은 주소 또는 거소에서 생계를 같이 하는 직계존비속(배우자의 직계존비속을 포함한다)으로 설정했을 것

참고 📖 **증여 후 양도행위 부인규정에 따라 증여자가 자산을 직접 양도한 것으로 보는 경우**
1. 납세의무자: 증여자
2. 증여받은 자는 연대납세의무를 진다.

참고 📖 **이월과세(증여받은 날로부터 10년 이내 양도하는 경우)**
1. 납세의무자: 수증자
2. 증여자는 연대납세의무가 없다.

② 소득이 발생한 피상속인이 사망하면 그 상속인에게 납세의무가 승계되고, 상속인은 상속으로 인하여 얻은 재산을 한도로 하여 납부할 의무를 지게 된다(「국세기본법」 제24조).

③ 피상속인의 소득금액에 대한 소득세로서 상속인에게 과세할 것과 상속인의 소득금액에 대한 소득세는 구분하여 계산하여야 한다(「소득세법」 제44조 제1항).

(3) 신탁재산 귀속 소득에 대한 납세의무

① 신탁재산에 귀속되는 소득은 그 신탁의 이익을 받을 수익자(수익자가 사망하는 경우에는 그 상속인)에게 귀속되는 것으로 본다(「소득세법」 제2조의3 제1항).

② 수익자가 특별히 정하여지지 아니하거나 존재하지 아니하는 신탁 또는 위탁자가 신탁재산을 실질적으로 통제하는 신탁의 경우에는 그 신탁재산에 귀속되는 소득은 위탁자에게 귀속되는 것으로 본다(「소득세법」 제2조의3 제2항).

(4) 양도소득의 부당행위계산시 납세의무 제33회

① 거주자가 특수관계인(이월과세 적용받는 배우자 및 직계존비속의 경우는 제외한다)에게 자산을 증여한 후 그 자산을 증여받은 자가 그 증여일부터 10년 이내에 다시 타인에게 양도한 경우로서 ㉠에 따른 세액이 ㉡에 따른 세액보다 적은 경우에는 증여자가 그 자산을 직접 양도한 것으로 보아 증여자를 납세의무자로 한다(「소득세법」 제101조 제2항).
   ㉠ 증여받은 자의 증여세와 양도소득세를 합한 세액
   ㉡ 증여자가 직접 양도하는 경우로 보아 계산한 양도소득세

② 증여자가 자산을 직접 양도한 것으로 보는 경우 그 양도소득에 대해서는 증여자와 증여받은 자가 연대하여 납세의무를 진다.

(5) 이월과세의 경우 양도소득 납세의무

① 거주자가 양도일부터 소급하여 10년(주식: 1년) 이내에 그 배우자 또는 직계존비속으로부터 증여받은 자산을 양도하는 경우 증여받은 배우자 또는 직계존비속(수증자)을 납세의무자로 한다. 다만, 증여자가 배우자인 경우 양도 당시 혼인관계가 소멸된 경우는 포함하되 사망으로 혼인관계가 소멸된 경우는 제외하며, 증여자가 직계존비속인 경우 양도 당시 증여한 직계존비속이 사망한 경우는 제외한다. 제32회

② 증여자는 연대납세의무를 부담하지 않는다.

> **예제**
>
> 「소득세법」상 납세의무에 대한 설명으로 옳지 <u>않은</u> 것은?
> ① 피상속인의 소득금액에 대해서 과세하는 경우에는 그 상속인이 납세의무를 진다.
> ② 비거주자는 국내에 있는 건물의 양도로 인하여 발생하는 소득에 대하여는 양도소득세 납세의무를 진다.
> ③ 신탁재산에 귀속되는 소득의 수익자가 특별히 정하여지지 아니한 경우에는 그 신탁재산에 귀속되는 소득은 수탁자에게 귀속되는 것으로 본다.
> ④ 거주자가 특수관계인(이월과세 적용받는 배우자 및 직계존비속의 경우는 제외한다)에게 자산을 증여한 후 그 자산을 증여받은 자가 그 증여일부터 10년 이내에 다시 타인에게 양도하여 증여자가 자산을 직접 양도한 것으로 보는 경우, 그 양도소득에 대해서는 증여자와 증여받은 자가 연대하여 납세의무를 진다.
> ⑤ 공동으로 소유한 자산에 대한 양도소득금액을 계산하는 경우에는 해당 자산을 공동으로 소유하는 각 거주자가 납세의무를 진다.
>
> **해설** 신탁재산에 귀속되는 소득은 그 신탁의 이익을 받을 수익자(수익자가 사망하는 경우에는 그 상속인)에게 귀속되는 것으로 본다. 다만, 수익자가 특별히 정해지지 아니하거나 존재하지 아니하는 신탁의 경우에는 그 신탁재산에 귀속되는 소득은 위탁자에게 귀속되는 것으로 본다. **정답 ③**

3. 과세기간

(1) 원칙

① 과세기간이란 개인에게 귀속되는 소득에 대하여 과세표준을 계산하는 시간적 단위를 말하는 것으로 소득세의 과세기간은 1월 1일부터 12월 31일까지 1년으로 한다(「소득세법」제5조 제1항).

② 소득세는 과세기간을 임의로 설정하는 것이 허용되지 않고 있다. 즉, 과세기간 중에 사업을 개시하거나 사업을 폐업하는 경우에도 매년 1월 1일부터 12월 31일까지로 하는 것이다.

(2) 예외

다음의 경우에만 소득세 과세기간의 예외를 인정한다(「소득세법」제5조 제2항, 제3항).

① 거주자가 사망한 경우: 1월 1일부터 사망한 날까지
② 거주자가 주소 및 거소를 국외로 이전(출국)하여 비거주자가 되는 경우: 1월 1일부터 출국한 날까지

> **참고** 과세기간 임의변경 불가능 이유
> 개업 전이나 폐업 후에도 과세소득이 발생할 수 있기 때문에 과세기간을 임의로 변경할 수 없다.

제2절 | 부동산임대 관련 사업소득

❶ 부동산임대 관련 사업소득의 범위 제35회, 제36회

부동산임대 관련 사업소득은 해당 과세기간에 부동산을 대여함으로써 발생한 다음의 소득을 말한다(「소득세법」 제19조 제1항 제12호).

(1) 부동산(미등기 부동산 포함) 또는 부동산상의 권리를 대여하는 사업. 다만, 「공익사업을 위한 토지 등의 취득 및 보상에 관한 법률」에 따른 공익사업(지하철, 고압선 설치 등)과 관련하여 지역권·지상권(지하 또는 공중에 설정된 권리를 포함한다)을 설정하거나 대여함으로써 발생하는 소득은 기타소득으로 한다.

(2) 공장재단 또는 광업재단을 대여하는 사업

(3) 광업권자·조광권자 또는 덕대가 채굴 시설과 함께 광산을 대여하는 사업

(4) 자기소유부동산을 타인의 담보물로 사용하게 하고 받은 그 사용대가

(5) 광고용으로 토지·가옥의 옥상 또는 측면 등을 사용하게 하고 받은 대가

❷ 부동산임대 사업소득금액 계산

(1) 총수입금액 계산

부동산임대소득의 총수입금액은 부동산 또는 부동산상의 권리 등을 대여하고 그 대가로 해당 과세기간에 수입하였거나 수입할 금액의 합계액으로 한다. 이 경우 금전 외의 것을 수입할 때에는 그 수입금액을 그 거래 당시의 가액에 의하여 계산한다.

> 총수입금액 = 임대료 등 + 간주임대료 + 기타 수입 등

① 임대료 등

㉠ 부동산을 임대하고 받은 선세금(先貰金)의 총수입금액: 부동산을 임대하고 받은 선세금(先貰金)에 대한 총수입금액은 그 선세금을 계약기간의 월수로 나눈 금액의 각 과세기간의 합계액으로 한다(「소득세법 시행령」 제51조 제3항 제1호).

> 선세금의 총수입금액 = 선세금 × (해당 과세기간 임대기간 월수 / 계약기간의 월수)

용어 🔊

지역권
자기의 토지의 이용가치를 증가시키기 위하여 타인의 토지를 일정한 방법으로 이용하는 권리를 말한다.

지상권
타인의 토지에 건물 기타 공작물이나 수목을 소유하기 위하여 그 토지를 사용할 수 있는 권리를 말한다.

공장재단
공장에 딸린 토지와 공작물, 기계, 기구, 기타 부속물 및 권리의 일부 또는 전부로써 이루어진 재단을 말한다.

광업재단
광물 채굴권자가 공장재단 등 「공장 및 광업재단 저당법」에 의거하여 저당권을 목적으로 설정한 재단을 말한다.

용어 🔊 **선세금(先貰金)**
2년치 임대료를 한 번에 미리 받은 임대료를 선세금이라 한다. 부동산을 임대하고 임대료를 일시에 받은 경우라도 계약기간에 안분하여 총수입금액을 계산한다.

용어 🔊 **월수의 계산**
당해 계약기간의 개시일이 속하는 달이 1월 미만인 경우는 1월로 하고 당해 계약기간의 종료일이 속하는 달이 1월 미만인 경우에는 이를 산입하지 아니한다.

ⓒ 사업과 관련하여 해당 사업용 자산의 손실로 취득하는 보험차익: 총수입금액에 산입한다(「소득세법 시행령」 제51조 제3항 제4의2호).

ⓒ 사업자가 부동산을 임대하고 임대료 외에 유지비나 관리비 등의 명목으로 지급받는 금액이 있는 경우에는 전기료·수도료 등의 공공요금을 제외한 청소비·난방비 등은 부동산임대업에서 발생하는 소득의 총수입금액에 산입한다(「소득세법」 집행기준 24-51-5).

ⓔ 전기료·수도료 등의 공공요금의 명목으로 지급받은 금액이 공공요금의 납부액을 초과할 때 그 초과하는 금액은 부동산임대 관련 사업소득의 총수입금액에 산입한다(「소득세법」 집행기준 24-51-5).

ⓜ 부동산임대업자가 임대료 외에 장래에 발생할 수 있는 피해에 따른 분쟁을 사전에 방지하고자 임차인으로부터 지급받는 금액 등은 부동산임대업에서 발생하는 소득의 총수입금액에 산입한다(「소득세법」 집행기준 24-51-5).

② 간주임대료 제33회, 제34회

㉠ 부동산 또는 부동산상의 권리 등을 대여하고 받은 보증금에 대한 총수입금액 계산의 특례: 거주자가 부동산 또는 그 부동산상의 권리 등을 대여하고 보증금·전세금 등을 받은 경우에는 다음에 따라 계산한 금액을 사업소득금액을 계산할 때에 총수입금액에 산입(算入)한다(「소득세법」 제25조 제1항). 이 경우 총수입금액에 산입할 금액이 영(0)보다 적은 때에는 없는 것으로 보며, 적수의 계산은 매월 말 현재의 보증금 등의 잔액에 경과일수를 곱하여 계산할 수 있다(「소득세법 시행령」 제53조 제3항).

> 1. 일반적인 경우 제33회
>   총수입금액에 산입할 금액 = (해당 과세기간의 보증금 등의 적수 − 임대용 부동산의 건설비 상당액의 적수) × 1 / 365(윤년의 경우에는 366) × 정기예금이자율 − 해당 과세기간의 해당 임대사업부분에서 발생한 수입이자와 할인료 및 배당금의 합계액
> 2. 추계신고하거나 추계조사결정하는 경우
>   총수입금액에 산입할 금액 = 해당 과세기간의 보증금 등의 적수 × 1 / 365(윤년의 경우에는 366) × 정기예금이자율

✔ 임대부동산의 건설비상당액: 해당 임대용 건축물의 취득가액(토지가액을 제외한다)을 말하며 자본적 지출액을 포함하고 재평가차액을 제외한 금액으로 한다(「소득세법 시행령」 제53조 제5항).

용어 청소비, 난방비
청소·난방 등의 사업이 부동산임대업과 객관적으로 구분되는 경우(청소·난방 등의 사업을 독립적으로 운영하면서 자기소유 건물의 세입자에게 청소·난방 등의 용역을 제공하는 경우)에는 청소관련 수입금액은 사업시설관리 및 사업지원 서비스업 중 건물·산업설비 청소업, 난방 관련 수입금액은 전기·가스·증기 및 수도사업 중 증기, 냉온수 및 공기조절 공급업의 총수입금액에 산입한다.

용어 적수(積數)
서로 곱한 수를 말하며, 임대보증금 적수계산에서는 임대보증금과 일수를 곱하는 것을 말한다.

용어 수입이자·할인료 및 배당금
비치·기장한 장부나 증빙서류에 의하여 당해 임대보증금등으로 취득한 것이 확인되는 금융자산으로부터 발생한 것에 한한다.

용어 추계신고
증빙 자료를 준비하지 못하여 소득금액을 계산할 수 없는 경우 정부에서 정한 방법을 기준으로 소득금액을 추정하여 계산하는 방법을 말한다.

> **예제**
>
> 다음은 거주자 甲이 소유하고 있는 상가건물 임대에 관한 자료이다. 부동산임대업의 사업소득을 장부에 기장하여 신고하는 경우 2026년도 부동산임대업의 총수입금액은? (단, 법령에 따른 적격증명서류를 수취·보관하고 있으며, 주어진 조건 이외에는 고려하지 않음)　　　　　　　　　　　　　　　　　　　　　　　　　　제33회
>
> - 임대기간: 2026.1.1. ~ 2027.12.31.
> - 임대계약 내용: 월임대료 1,000,000원
>   　　　　　　　 임대보증금 500,000,000원
> - 임대부동산(취득일자: 2024.1.23.)
>   - 건물 취득가액: 200,000,000원
>   - 토지 취득가액: 300,000,000원
> - 기획재정부령으로 정하는 이자율: 연 6%
> - 임대보증금 운용수익: 수입이자 1,000,000원
>   　　　　　　　　　　 유가증권처분이익 2,000,000원
>
> ① 18,000,000원　　② 29,000,000원　　③ 30,000,000원
> ④ 39,000,000원　　⑤ 40,000,000원
>
> **해설**
> 1. 간주임대료 = (해당 과세기간의 임대보증금 등의 적수 − 임대용 부동산의 건설비 상당액의 적수) × 1 / 365 × 정기예금이자율 − 해당 과세기간의 해당 임대사업부분에서 발생한 수입이자와 할인료 및 배당금의 합계액
>   = (500,000,000원 × 365 − 200,000,000원 × 365) × 1 / 365 × 6% − 1,000,000원
>   = 17,000,000원
>   * 임대부동산의 건설비상당액: 해당 건축물의 취득가액(토지가액을 제외한다)을 말하며 자본적 지출액을 포함하고 재평가차액을 제외한 금액으로 한다.
> 2. 월임대료: 1,000,000원 × 12개월 = 12,000,000원
> 3. 부동산임대업의 총수입금액 = 간주임대료 + 월임대료
>   　　　　　　　　　　　　　= 17,000,000원 + 12,000,000원
>   　　　　　　　　　　　　　= 29,000,000원　　　　　　　**정답 ②**

ⓒ 주택(부수토지 포함)을 대여하고 받은 보증금에 대한 총수익금액 계산의 특례: 다음의 주택[주거의 용도로만 쓰이는 면적이 1호(戶) 또는 1세대당 40제곱미터 이하인 주택으로서 해당 과세기간의 기준시가가 2억원 이하인 주택은 2026년 12월 31일까지는 주택 수에 포함하지 아니한다]을 대여하고 보증금 등을 받은 경우에는 그 보증금 등의 간주임대료를 사업소득금액을 계산할 때에 총수입금액에 산입한다. 제33회, 제34회

ⓐ 3주택 이상을 소유하고 해당 주택의 보증금 등의 합계액이 3억원을 초과하는 경우

용어 🔊 **소형주택**
주거의 용도로만 쓰이는 면적이 1호(戶) 또는 1세대당 40제곱미터 이하인 주택으로서 해당 과세기간의 기준시가가 2억원 이하인 주택을 말한다. 이 소형주택은 2026년 12월 31일까지는 주택 수에 포함하지 아니한다.
제33회, 제34회

ⓑ 2주택(해당 과세기간의 기준시가가 12억원 이하인 주택은 주택수에 포함하지 아니한다)을 소유하고 해당 주택의 보증금 등의 합계액이 3억원 이상의 금액으로서 대통령령으로 정하는 금액을 초과하는 경우

> 1. 일반적인 경우 제34회
>   총수입금액에 산입할 금액 = {해당 과세기간의 보증금등 − 3억원(보증금 등을 받은 주택이 2주택 이상인 경우에는 보증금 등의 적수가 가장 큰 주택의 보증금등부터 순서대로 뺀다)}의 적수 × 60/100 × 1/365(윤년의 경우에는 366) × 정기예금이자율 − 해당 과세기간의 해당 임대사업부분에서 발생한 수입이자와 할인료 및 배당금의 합계액
> 2. 추계신고하거나 추계조사결정하는 경우
>   총수입금액에 산입할 금액 = {해당 과세기간의 보증금 등 − 3억원(보증금 등을 받은 주택이 2주택 이상인 경우에는 보증금 등의 적수가 가장 큰 주택의 보증금 등부터 순서대로 뺀다)}의 적수 × 60 / 100 × 1 / 365(윤년의 경우에는 366) × 정기예금이자율

(2) 필요경비

① 사업소득금액을 계산할 때 필요경비에 산입할 금액은 해당 과세기간의 총수입금액에 대응하는 비용으로서 일반적으로 용인되는 통상적인 것의 합계액으로 한다(「소득세법」 제27조 제1항).

② 해당 과세기간 전의 총수입금액에 대응하는 비용으로서 그 과세기간에 확정된 것에 대해서는 그 과세기간 전에 필요경비로 계상하지 아니한 것만 그 과세기간의 필요경비로 본다(「소득세법」 제27조 제2항).

③ 부동산임대 사업소득금액 과세방식

(1) 원칙: 종합과세

부동산임대업에서 발생하는 사업소득금액은 다른 종합소득금액과 합산하여 기본세율로 과세한다.

(2) 예외: 선택적 분리과세 제35회

① 해당 과세기간에 주거용 건물 임대업에서 발생하는 총수입금액의 합계액이 2천만원 이하인 경우에는 다른 종합소득금액에 합산하지 아니하고 분리과세를 선택할 수 있다(「소득세법」 제14조 제3항 제7호).

참고 구분 기장
사업소득에 부동산임대업에서 발생한 소득이 포함되어 있는 사업자는 그 소득별로 구분하여 회계처리하여야 한다.
제33회, 제35회

참고 분리과세 취지
소규모 주택임대소득자의 세부담을 완화하기 위한 것이다.

② 분리과세 주택임대소득이 있는 거주자는 ③과 ⓒ의 세액 중 하나를 선택하여 적용한다(「소득세법」 제64조의2 제1항).
  ③ 분리과세를 적용하기 전의 종합소득 결정세액
  ⓒ 다음의 세액을 더한 금액
    ⓐ 분리과세 주택임대소득에 대한 사업소득금액[분리과세 주택임대소득을 제외한 해당 과세기간의 종합소득금액이 2천만원 이하인 경우에는 400만원(주택임대미등록의 경우에는 200만원)을 차감한 금액]에 100분의 14를 곱하여 산출한 금액
    ⓑ ⓐ 이외의 종합소득 결정세액
ⓒ 분리과세를 선택하는 경우 필요경비는 주택임대 등록을 하는 경우에는 수입금액의 100분의 60(주택임대 미등록의 경우에는 100분의 50)으로 한다. 분리과세 주택임대소득을 제외한 해당 과세기간의 종합소득금액이 2천만원 이하인 경우에는 추가로 기본공제 400만원(주택임대 미등록의 경우 200만원)을 차감한 금액으로 한다(「소득세법」 제64조의2 제2항).

> 분리과세를 선택한 경우 계산구조
> • 임대 등록: [총수입금액(1 − 60%) − 기본공제 400만원] × 14%
> • 임대 미등록: [총수입금액(1 − 50%) − 기본공제 200만원] × 14%

용어 🔊 등록임대주택
다음의 요건을 모두 충족하는 임대주택을 말한다.
1. 「민간임대주택에 관한 특별법」에 따른 임대사업자 등록을 한 임대 중인 공공지원민간임대주택, 장기일반민간임대주택 또는 단기민간임대주택일 것
2. 「소득세법」에 따른 사업자등록을 한 사업자의 임대주택
3. 임대보증금 또는 임대료의 증가율이 100분의 5를 초과하지 않을 것

❹ 수입시기(「소득세법 시행령」 제48조 제10의4호)

(1) 계약 또는 관습에 따라 지급일이 정해진 것: 그 정해진 날
(2) 계약 또는 관습에 따라 지급일이 정해지지 않은 것: 그 지급을 받은 날

❺ 비과세 대상 사업소득

(1) 논·밭의 임대소득

　논·밭을 작물 생산에 이용하게 함으로써 발생하는 소득에 대해서는 소득세를 과세하지 않는다(「소득세법」 제12조 제2호 가목).

(2) 1개의 주택을 소유하는 자의 주택임대소득

　① 1개의 주택을 소유하는 자의 주택임대소득에 대해서는 소득세를 과세하지 않는다(「소득세법」 제12조 제2호 나목).

② 다음에 해당하는 경우에는 1개의 주택을 소유하는 자의 주택임대소득에 대해서도 소득세를 과세한다(「소득세법」 제12조 제2호). 제36회
  ㉠ 기준시가가 12억원을 초과하는 주택(고가주택)
  ㉡ 국외에 소재하는 주택

> **참고** 고가주택
> 1. 양도소득세: 양도 당시 실지양도가액 12억원 초과
> 2. 주택임대소득세: 과세기간 종료일 또는 해당 주택 양도일 현재 기준시가 12억원 초과

> **참고** 주택부수토지
> 주택이란 상시 주거용(사업을 위한 주거용의 경우는 제외한다)으로 사용하는 건물을 말하고, 주택부수토지란 주택에 딸린 토지로서 다음에 해당하는 면적 중 넓은 면적 이내의 토지를 말한다(「소득세법 시행령」 제8조의2 제2항).
> 1. 건물의 연면적
> 2. 건물이 정착된 면적에 5배(도시지역 밖의 토지의 경우에는 10배)를 곱하여 산정한 면적

(3) 비과세 판정시 주택 수 계산

① 다가구주택: 1개의 주택으로 보되, 구분 등기된 경우에는 각각을 1개의 주택으로 계산한다(「소득세법 시행령」 제8조의2 제3항 제1호).

② 공동소유의 주택
  ㉠ 공동소유하는 주택은 지분이 가장 큰 사람의 소유로 계산(지분이 가장 큰 사람이 2인 이상인 경우로서 그들이 합의하여 그들 중 1인을 해당 주택의 임대수입의 귀속자로 정한 경우에는 그의 소유로 계산)한다(「소득세법 시행령」 제8조의2 제3항 제2호).
  ㉡ 다음의 구분 중 어느 하나에 해당하는 사람은 해당 공동소유하는 주택을 소유하는 것으로 계산되지 아니하는 경우라도 그 사람의 소유로 계산한다(「소득세법 시행령」 제8조의2 제3항 제2호 단서).
    ⓐ 해당 공동소유하는 주택을 임대하여 얻은 수입금액이 연간 6백만원 이상인 사람
    ⓑ 해당 공동소유하는 주택의 기준시가가 12억원을 초과하는 경우로서 그 주택의 지분을 100분의 30 초과 보유하는 사람

③ 임차 또는 전세받은 주택을 전대(轉貸)하거나 전전세(轉專貰)하는 경우: 해당 임차 또는 전세받은 주택을 임차인 또는 전세받은 자의 주택으로 계산한다(「소득세법 시행령」 제8조의2 제3항 제3호).

> **참고** 공동소유 주택
> 1. 양도소득세: 각각 개개인이 1주택을 소유한 것으로 본다.
> 2. 주택임대소득세
>   • 1순위: 지분이 가장 큰 자의 주택으로 본다.
>   • 2순위: 지분이 가장 큰 자가 2인 이상인 경우에는 각각의 소유로 본다.

> **참고** 주택 수 계산
> 1. 본인과 배우자가 각각 주택을 소유하는 경우: 본인과 배우자가 각각 주택을 소유하는 경우에는 이를 합산하여 주택 수를 계산
> 2. 직계존비속이 각각 주택을 소유하는 경우: 합산하지 않고 각각 주택 수를 계산

④ 본인과 배우자가 각각 주택을 소유하는 경우: 본인과 배우자가 각각 주택을 소유하는 경우에는 이를 합산하여 주택 수를 계산한다. 다만, 공동소유하는 주택 하나에 대하여 본인과 배우자가 각각 소유하는 주택으로 계산되는 경우 다음에 따라 본인과 배우자 중 1인의 주택으로 보아 합산한다(「소득세법 시행령」 제8조의2 제3항 제4호).
㉠ 본인과 배우자 중 지분이 더 큰 사람의 소유로 계산
㉡ 본인과 배우자의 지분이 같은 경우, 그들 중 1인을 당해 주택의 임대수입의 귀속자로 합의해 정하는 경우에는 그의 소유로 계산

❻ 결손금 공제 제33회, 제35회, 제36회

부동산 또는 부동산상의 권리를 대여하는 사업에서 발생한 결손금은 종합소득 과세표준을 계산할 때 공제하지 아니한다. 다만, 주거용 건물 임대업에서 발생한 결손금은 종합소득 과세표준을 계산할 때 공제한다(「소득세법」 제45조 제2항).

> **예제**
>
> 「소득세법」상 거주자의 주택임대소득의 과세에 관한 설명으로 옳지 않은 것은? (단, 소득세법령에 정한 해당 요건을 모두 충족하며, 공동소유 및 공동사업자인 경우는 고려하지 않음)
> ① 해당 과세기간에 주거용 건물 임대업에서 발생한 총수입금액의 합계액이 2천만원 이하인 자의 주택임대소득에 대한 세액 계산의 특례가 적용된다.
> ② 1개의 주택을 소유하는 자(부부 합산 제외)의 주택임대소득은 소득세를 과세하지 아니하지만, 과세기간 종료일 또는 해당 주택의 양도일 현재 기준시가가 12억원을 초과하는 주택 및 국외에 소재하는 주택의 임대소득은 과세한다.
> ③ 주택을 대여하고 보증금 등을 받은 경우에는 3주택(법령에 정한 요건을 충족한 주택 제외) 이상을 소유하고 해당 주택의 보증금 등의 합계액이 3억원을 초과하는 경우에는 총수입금액 계산의 특례가 적용된다.
> ④ 임차 또는 전세받은 주택을 전대하거나 전전세하는 경우에는 당해 임차 또는 전세받은 주택을 임차인 또는 전세받은 자의 주택으로 계산한다.
> ⑤ 등록임대주택의 임대사업에서 발생한 사업소득금액은 총수입금액에서 필요경비(총수입금액의 100분의 60)를 차감한 금액으로 하되, 분리과세 주택임대소득을 제외한 해당 과세기간의 종합소득금액이 2천만원 이하인 경우에는 추가로 200만원을 차감한 금액으로 한다.
>
> **해설** 등록임대주택의 임대사업에서 발생한 사업소득금액은 총수입금액에서 필요경비(총수입금액의 100분의 60)를 차감한 금액으로 하되, 분리과세 주택임대소득을 제외한 해당 과세기간의 종합소득금액이 2천만원 이하인 경우에는 추가로 기본공제 400만원을 차감한 금액으로 한다.
> **정답** ⑤

기출
1. 1개의 주택을 소유하는 자가 고가주택(과세기간 종료일 또는 해당 주택 양도일 현재의 기준시가가 12억원을 초과하는 주택)과 국외 소재주택을 임대하고 받은 월임대료소득에 대해서는 과세한다. 제36회
2. 거주자가 3주택(소형주택 제외) 이상을 소유하고 주택과 주택 부수토지를 임대하고 받은 전세보증금 등의 합계액이 3억원을 초과하는 경우에는 간주임대료를 계산하여 사업소득 총수입금액에 산입한다. 제33회
3. 주거용 건물 임대업에서 발생한 결손금은 종합소득 과세표준을 계산할 때 공제한다. 제33회, 제35회, 제36회

제2장 메타인지 학습체크

01 양도소득에 대한 과세표준은 종합소득 및 퇴직소득에 대한 과세표준과 [① 구분하여 / ② 합산하여] 계산한다.

02 공동으로 소유한 자산에 대한 양도소득금액을 계산하는 경우에는 해당 자산을 공동으로 소유하는 [① 각 거주자 / ② 지분율이 큰 거주자]가 납세의무를 진다.

03 피상속인의 소득금액에 대한 소득세로서 상속인에게 과세할 것과 상속인의 소득금액에 대한 소득세는 [① 구분하여 / ② 합산하여] 계산하여야 한다.

04 「공익사업을 위한 토지 등의 취득 및 보상에 관한 법률」에 따른 공익사업과 관련하여 지상권·지역권을 설정 또는 대여하는 사업에서 얻은 소득은 [① 사업소득 / ② 기타소득]으로 과세한다.

05 1개의 주택(고가주택과 국외 소재 주택 제외)을 소유하는 자의 주택임대로 인하여 얻은 월임대료 소득은 소득세를 [① 과세한다. / ② 과세하지 않는다.]

06 과세기간 종료일 현재 또는 해당 주택 양도일 현재의 기준시가가 12억원을 초과하는 1주택(주택 부수토지 포함)을 임대하고 지급받은 월임대료 소득은 소득세를 [① 과세한다. / ② 과세하지 않는다.]

07 거주자가 3주택(소형주택 제외) 이상을 소유하고 주택과 주택 부수토지를 임대하고 받은 전세보증금 등의 합계액이 [① 3억원 / ② 5억원]을 초과하는 경우에는 간주임대료를 계산하여 그 금액을 사업소득 총수입금액에 산입한다.

08 해당 과세기간의 주거용 건물 임대업에서 발생한 수입금액의 합계액이 2천만원 이하인 자의 주택임대소득은 [① 종합과세와 분리과세 중 선택 / ② 종합과세]한다.

09 주택임대로 인하여 발생하는 소득에 대한 총수입금액의 수입할 시기는 계약에 의하여 지급일이 정해진 경우 [① 그 정해진 날로 한다. / ② 그 지급을 받은 날로 한다.]

10 주거용 건물 임대업에서 발생한 결손금은 종합소득 과세표준을 계산할 때 [① 공제한다. / ② 공제하지 않는다.]

정답

01 ①　02 ①　03 ①　04 ②　05 ②　06 ①　07 ①　08 ①　09 ①　10 ①

제3장 양도소득세

회독 Check 1회 2회 3회

> 양도소득세는 실무에서도 가장 중요한 부분이며 시험에서는 5~6문제가 출제된다. 양도소득세는 하나의 계산과정에 불과한데 계산상 필요한 절차들을 숙지하는 것 때문에 어렵게 느껴질 뿐이다. 양도소득세 계산구조를 이론적으로 설명하는 것이기 때문에 처음에는 부담스럽지만 체계를 잡으면 쉽게 해결할 수 있는 단원이다.
>
> 이 단원은 부동산세법상 가장 중요한 부분으로 반드시 학습하여야 한다. 양도의 개념과 과세대상물을 먼저 이해한 후 계산과정을 이해한다면 양도소득세에 쉽게 접근할 수 있을 것이다.

제1절 | 의의 및 과세대상물

1 개요

(1) 의의

양도소득세는 열거된 과세대상물을 사실상 양도하는 경우 양도자가 해당 과세기간(1/1~12/31) 동안 양도로 인하여 얻은 소득을 그 과세기간의 다음 연도 5월 1일부터 5월 31일까지 납세지 관할 세무서에 신고하고 납부하는 국세이다.

핵심 🎯 취득세와 양도소득세

구분	취득세	양도소득세
인세	×	○
물세	○	×
합산과세	×	○
개별과세	○	×
초과누진세율	×	○
비례세율	○	○
유통과세	○	○
보유과세	×	×
성립시기	취득하는 때	과세기간이 끝나는 때
확정	신고하는 때	신고하는 때
기한 후 신고	○	○
가산세	○	○
물납	×	×
분할납부	×	○

과세대상물
- 열거주의
- 유형과 무형

→ 사실상 양도

신고·납부
양도한 다음 연도
5/1~5/31

→ 납세지 관할 세무서

① 유통과세
② 개인단위과세
③ 사실주의
④ 인세(합산과세)
⑤ 분류과세

① 국세
② 직접세
③ 보통세
④ 독립세

(2) 특징

① 양도소득세는 양도자별로 합산과세(1/1~12/31)되는 인세이다. ^{제34회}
② 양도소득세는 유통과세(취득+양도)에 속한다.
③ 양도소득세는 사업성이 없기 때문에 종합소득에 합산하지 않고 분류과세한다.
  ✔ 양도소득은 사업성이 없기 때문에 사업성이 있는 종합소득과 분류한다.

④ 양도소득세는 과세기간이 끝나는 때 성립하고, 납세의무자가 신고하는 때 확정된다.
⑤ 양도소득세는 신고납부 불이행시 가산세(10%, 20%, 40%)가 부과된다.
⑥ 양도소득세는 금액에 관계없이 물납 신청은 불가능하다. 제33회
⑦ 양도소득세는 납부할 세액이 1,000만원 초과시 분할납부(2개월 이내)를 신청할 수 있다.
⑧ 양도소득세는 신고납부세목이기 때문에 기한 후 신고를 할 수 있다.

> **참고** 물납과 분할납부
> 1. 물납가능 세목: 재산세
> 2. 분할납부 가능 세목: 재산세, 종합부동산세, 양도소득세

> **참고** 기한 후 신고
> 1. 가능 세목: 취득세, 등록면허세, 양도소득세
> 2. 불가능 세목: 재산세, 종합부동산세

❷ 과세대상물 제34회, 제35회

1. 개요

양도소득 과세대상물은 열거주의를 원칙으로 하기 때문에 「소득세법」상 열거되지 않는 부분에 대하여는 과세를 하지 않는다. 이때 과세대상물의 판정은 사실상 현황에 따라 판단하게 된다.

2. 과세대상물의 종류

(1) 토지

토지라 함은 「공간정보의 구축 및 관리 등에 관한 법률」에 따라 지적공부(토지대장·지적도·임야대장·임야도 등)에 등록하여야 할 지목에 해당하는 것을 말한다(「소득세법」 제94조 제1항 제1호).

> **참고** 등록하여야 할 지목
> 지적공부상 지목에 관계없이 사실상의 지목을 말하며, 사실상의 지목이 불분명한 경우에는 지적공부상 지목에 의한다.

(2) 건물

건물이라 함은 지붕과 벽 또는 기둥이 있는 것으로 건물에 부속된 시설물과 구축물을 포함한다(「소득세법」 제94조 제1항 제1호).

> **참고** 무허가 건축물
> 건물이 무허가로 건축되었거나 「건축법」 위반 또는 공부상 등재되어 있지 않더라도 건물로 보아 양도소득세 과세대상에 포함된다.

(3) 부동산에 관한 권리

부동산을 이용할 수 있는 권리	부동산을 취득할 수 있는 권리
① 지상권 ② 전세권 ③ 등기된 부동산임차권	① 건물이 완성되는 때에 그 건물과 이에 딸린 토지를 취득할 수 있는 권리(아파트분양권 등) ② 지방자치단체·한국토지주택공사가 발행하는 주택상환채권, 토지상환채권 ③ 부동산매매계약을 체결한 자가 계약금만 지급한 상태에서 양도하는 권리

✔ 주의: 부동산임차권의 경우 국내 소재한 경우에는 등기를 반드시 하여야 하지만, 국외에 소재하는 경우에는 등기여부를 불문한다.

참고 영업권
1. 사업에 사용하는 토지·건물과 함께 양도하는 경우: 양도소득
2. 사업에 사용하는 토지·건물과 함께 양도하지 않은 경우: 기타소득

용어 별도로 평가하여 신고하는 경우
감정평가업자가 감정한 가액이 있는 경우 그 가액을 구분하여 신고하는 경우를 말한다.

(4) 기타자산

① 사업에 사용하는 토지·건물과 함께 양도하는 영업권

㉠ 사업에 사용하는 토지·건물 및 부동산에 관한 권리와 함께 양도하는 영업권(영업권을 별도로 평가하지 아니하였으나 사회통념상 자산에 포함되어 함께 양도된 것으로 인정되는 영업권과 행정관청으로부터 인가·허가·면허 등을 받음으로써 얻는 경제적 이익을 포함한다)은 양도소득세 과세대상이 된다(「소득세법」 제94조 제1항 제4호).

㉡ 영업권을 단독으로 양도함으로써 발생하는 소득은 종합소득 중 기타소득에 해당한다(「소득세법」 제21조 제1항 제7호).

② 이축권: 토지·건물과 함께 양도하는 「개발제한구역의 지정 및 관리에 관한 특별조치법」에 따른 이축을 할 수 있는 권리는 양도소득세 과세대상이 된다. 다만, 해당 이축권 가액을 별도로 평가하여 신고하는 경우는 기타소득에 해당한다(「소득세법」 제94조 제1항 제4호).

③ 특정시설물이용권: 이용권·회원권, 그 밖에 그 명칭과 관계없이 시설물을 배타적으로 이용하거나 일반이용자보다 유리한 조건으로 이용할 수 있도록 약정한 단체의 구성원이 된 자에게 부여되는 시설물 이용권(법인의 주식 등을 소유하는 것만으로 시설물을 배타적으로 이용하거나 일반이용자보다 유리한 조건으로 시설물 이용권을 부여받게 되는 경우 그 주식 등을 포함한다)(「소득세법」 제94조 제1항 제4호).

(5) 신탁 수익권

신탁의 이익을 받을 권리(「자본시장과 금융투자업에 관한 법률」에 따른 수익증권 및 투자신탁의 수익권은 제외한다)의 양도로 발생하는 소득은 양도소득세 과세대상이 된다. 다만, 신탁 수익권의 양도를 통하여 신탁재산에 대한 통제권이 사실상 이전되는 경우는 신탁재산 자체의 양도로 본다(「소득세법」 제94조 제1항 제6호).

(6) 주식 및 출자지분

국내주식	국외주식
① 상장주식 중 대주주 양도분 ② 상장주식 중 장외거래 양도분 ③ 비상장주식	① 외국법인이 발행한 주식 ② 내국법인이 발행한 주식으로서 해외 증권시장에 상장된 것

> **예제**
>
> 소득세법령상 거주자의 양도소득세 과세대상은 모두 몇 개인가? (단 국내소재 자산을 양도한 경우임)
> 제34회
>
> - 전세권
> - 등기되지 않은 부동산임차권
> - 사업에 사용하는 토지 및 건물과 함께 양도하는 영업권
> - 토지 및 건물과 함께 양도하는 「개발제한구역의 지정 및 관리에 관한 특별조치법」에 따른 이축권(해당 이축권의 가액을 대통령령으로 정하는 방법에 따라 별도로 평가하여 신고함)
>
> ① 0개 ② 1개 ③ 2개 ④ 3개 ⑤ 4개
>
> **해설**
> - 전세권: 양도소득세 과세대상
> - 등기되지 않은 부동산임차권: 양도소득세 과세대상 아님
> - 사업에 사용하는 토지 및 건물과 함께 양도하는 영업권: 양도소득세 과세대상
> - 토지 및 건물과 함께 양도하는 「개발제한구역의 지정 및 관리에 관한 특별조치법」에 따른 이축권(해당 이축권의 가액을 대통령령으로 정하는 방법에 따라 별도로 평가하여 신고함): 양도소득세 과세대상 아님(기타소득)
>
> **정답** ③

과세대상물 종합

과세대상 자산	과세대상 제외

① 토지와 건물(시설물과 구축물 포함)
② 부동산에 관한 권리
  ㉠ 부동산을 이용할 수 있는 권리
    ⓐ 지상권·전세권
    ⓑ 등기된 부동산임차권
  ㉡ 부동산을 취득할 수 있는 권리
    ⓐ 아파트당첨권
    ⓑ 토지상환채권 및 주택상환채권
    ⓒ 계약금만 지급한 상태에서 양도하는 권리
	① 기계장비, 자동차
	② 지역권
	③ 미등기 부동산임차권
	④ 점포임차권
	⑤ 상표권

③ 기타자산
  ㉠ 특정주식
  ㉡ 특정시설물이용권(골프회원권 등)
  ㉢ 사업에 사용하는 토지·건물 및 부동산에 관한 권리와 함께 양도하는 영업권
  ㉣ 토지·건물과 함께 양도하는 「개발제한구역의 지정 및 관리에 관한 특별조치법」에 따른 이축을 할 수 있는 권리
	⑥ 영업권을 단독(분리)으로 이전: 기타소득
	⑦ 이축권 가액을 대통령령으로 정하는 방법에 따라 별도로 평가하여 신고하는 경우: 기타소득

④ 신탁의 이익을 받을 권리(신탁 수익권)	–
⑤ 상장주식(대주주 양도, 장외거래), 비상장주식	–

참고 양도소득과 사업소득의 구별
1. 사업성이 있는 경우: 사업소득
2. 사업성이 없는 경우: 양도소득

참고 지상권·전세권
1. 지상권
   - 대여
     - 일반적인 경우: 사업소득
     - 공익사업관련: 기타소득
   - 양도: 양도소득
2. 전세권
   - 대여: 사업소득
   - 양도: 양도소득

참고 주식 및 출자지분 양도소득세 과세대상
1. 국내주식
   - 상장주식 중 대주주 양도분
   - 상장주식 중 장외거래 양도분
   - 비상장주식
2. 국외주식
   - 외국법인이 발행한 주식
   - 내국법인이 발행한 주식으로서 해외 증권시장에 상장된 것

제2절 | 양도의 개념

❶ 양도의 정의

양도란 자산에 대한 등기 또는 등록과 관계없이 매도, 교환, 법인에 대한 현물출자 등을 통하여 그 자산을 유상으로 사실상 이전하는 것을 말한다(「소득세법」 제88조 제1호). 이 경우 부담부증여 시 수증자가 부담하는 채무액(배우자 간 또는 직계존비속 간의 부담부증여로서 수증자에게 인수되지 아니한 것으로 추정되는 채무액은 제외한다)에 해당하는 부분은 양도로 본다(「소득세법 시행령」 제151조 제3항 단서).

> 참고 📖 양도(1 + 2)
> 1. 과세대상물을 사실상 이전
> 2. 그 대가를 유상으로 받는 경우

❷ 양도로 보는 경우

(1) 매매

매매는 당사자 간에 사실상 유상이전이 이루어진 것으로 양도에 해당한다(「소득세법」 제88조 제1호).

(2) 교환

양도소득세 과세대상 자산을 상호 교환하는 경우에는 이를 각각 양도로 보아 쌍방 모두 양도소득세 과세대상이 된다(「소득세법」 제88조 제1호). 이 경우 토지의 합필을 목적으로 한 교환의 경우에도 양도에 해당한다.

(3) 법인에 대한 현물출자

과세대상물을 법인에 현물로 제공하고 주식으로 그 대가를 지급받은 경우에는 사실상 유상이전으로 보아 양도소득세를 과세한다(「소득세법」 제88조 제1호). 법인이 아닌 본인의 개인사업체에 출자하는 경우에는 양도로 보지 아니한다.

> 용어 🔊 현물출자
> 회사의 설립 또는 신주의 발행시에 현금 이외의 재산을 출자하여 주식을 배정받는 것을 말한다.

(4) 대물변제

손해배상에 있어서 당사자 간의 합의에 의하거나 법원의 확정판결에 의하여 일정액의 위자료를 지급하기로 하고, 동 위자료 지급에 갈음하여 당사자 일방이 소유하고 있던 부동산으로 대물변제한 때에는 그 자산을 양도한 것으로 본다(「소득세법 기본통칙」 88-0…3). 즉, 당사자 간 이혼에 따른 위자료에 갈음하여 과세대상 자산의 소유권을 이전한 경우는 양도에 해당한다.

> 용어 🔊 대물변제
> 채무자가 부담하고 있는 본래의 급부에 갈음하여 다른 급부를 제공함으로써 채권을 소멸시키는 채권자와 채무자 간의 계약을 말한다.

(5) 부담부증여 제36회

① 일반적인 경우

㉠ 수증자가 인수한 채무액 상당액은 그 자산이 유상으로 사실상 이전되는 것으로 보아 증여자에게 양도소득세를 과세한다(「소득세법」 제88조 제1호).

㉡ 채무인수 이외의 자산에 대하여는 유상이전이 되지 않았기 때문에 수증자에게 증여세를 과세한다.

② 배우자 또는 직계존비속 간의 부담부증여: 배우자 또는 직계존비속 간의 부담부증여에 대하여는 수증자가 증여자의 채무를 인수한 경우에도 해당 채무액은 수증자에게 채무가 인수되지 아니한 것으로 추정하여 증여세를 과세할 수 있다(「소득세법 시행령」 제151조 제3항 단서). 다만, 그 채무액이 국가 및 지방자치단체에 대한 채무 등으로 객관적으로 인정되는 경우에는 유상이전으로 본다(「상속세 및 증여세법」 제47조).

> **참고** 부담부증여에 대한 양도가액과 취득가액 계산
>
> 1. 양도로 보는 부분에 대한 양도차익을 계산할 때 양도가액 및 취득가액은 다음의 가액에 따른다(「소득세법 시행령」 제159조 제1항).
>
>   ① 취득가액 = 취득가액 × (인수한 채무상당액 / 증여가액)
>   ② 양도가액 = 증여평가액 × (인수한 채무상당액 / 증여가액)
>
> 2. 양도소득세 과세대상에 해당하는 자산과 해당하지 아니하는 자산을 함께 부담부증여하는 경우로서 증여자의 채무를 수증자가 인수하는 경우 채무액은 다음 계산식에 따라 계산한다(「소득세법 시행령」 제159조 제2항).
>
>   채무액 = 총 채무액 × (양도소득세 과세대상 자산가액 / 총 증여 자산가액)

> **예제**
>
> 乙은 취득 당시 실지거래가액이 8,000만원인 건물(증여일 현재 「상속세 및 증여세법」에 따른 평가액은 5억원이고, 금융기관으로부터의 차입금 1억원에 대한 저당권이 설정되어 있음) 1채를 특수관계 없는 丙에게 부담부증여하였다. 丙이 乙의 차입금을 인수하는 경우 乙의 양도차익 계산시 건물의 취득가액은? 제23회
>
> ① 8,000,000원 ② 16,000,000원 ③ 24,000,000원
> ④ 40,000,000원 ⑤ 80,000,000원
>
> **해설** 부담부증여시 취득가액 = 취득 당시의 가액 × (인수한 채무상당액 / 증여가액)
> = 80,000,000원 × (1억원 / 5억원) = 16,000,000원 **정답** ②

용어 부담부증여
수증자가 증여를 받는 동시에 일정한 부담, 즉 일정한 급부를 하여야 할 채무를 부담하는 것을 조건으로 하는 증여계약을 말한다.

참고 국가 및 지방자치단체에 대한 채무 등으로 객관적으로 인정되는 경우
상속개시 당시 피상속인의 채무로서 상속인이 실제로 부담하는 사실이 다음의 어느 하나에 따라 증명되는 것을 말한다.

1. 국가·지방자치단체 및 금융회사 등에 대한 채무는 해당 기관에 대한 채무임을 확인할 수 있는 서류
2. 1외의 자에 대한 채무는 채무부담계약서, 채권자확인서, 담보설정 및 이자지급에 관한 증빙 등에 의하여 그 사실을 확인할 수 있는 서류

(6) 담보로 제공한 자산이 경락된 경우

채무보증을 위하여 담보로 제공한 자산이 경락되어 타인에게 소유권이 이전되는 경우 이는 직접 대가를 받고 양도한 것이 아니더라도 그에 상당하는 금액만큼 채무를 면하게 되므로 자산을 양도한 것으로 본다.

(7) 기타 양도로 보는 경우

① 공매(경매 포함): 임의 공매 또는 경매절차에 의하여 부동산에 대한 경락 허가 결정이 확정되고 그 대금이 완납된 것이라면 양도소득세 과세대상인 양도에 해당한다.
② 수용: 수용을 당하는 토지의 지상 건물을 철거하고 「공익사업을 위한 토지 등의 취득 및 보상에 관한 법률」에 의하여 이전료를 보상받는 것도 사실상 유상으로 이전하는 것으로 보아 양도에 해당한다.
③ 물납: 재산세로 납부할 세액을 부동산으로 물납을 하는 경우라도 대물변제에 해당하여 양도에 해당한다.

> **참고** 당초 소유자명의로 경락
> 소유자산을 경매·공매로 인하여 자기가 재취득하는 경우에는 양도로 보지 아니한다.

❸ 양도로 보지 않는 경우

(1) 무상 이전

양도란 등기·등록 유무를 불문한 사실상 유상으로 이전하는 것을 말하므로, 무상으로 이전하는 경우에는 증여에 해당되어 증여세가 과세된다.

(2) 양도담보

① 양도로 보지 아니하는 경우: 양도담보 계약시에는 양도담보사실을 등기하고, 채무자가 채무의 변제를 담보하기 위하여 자산을 양도하는 계약을 체결한 경우에 다음의 요건을 갖춘 계약서의 사본을 과세표준신고서에 첨부하여 신고하는 때에는 양도로 보지 아니한다(「소득세법 시행령」 제151조 제1항). 즉, 등기형식은 양도이나, 실질은 담보이전이므로 양도소득세가 과세되지 않는다.
  ㉠ 당사자 간에 채무의 변제를 담보하기 위하여 양도한다는 의사표시가 있을 것
  ㉡ 해당 자산을 채무자가 원래대로 사용·수익한다는 의사표시가 있을 것
  ㉢ 원금·이율·변제기한·변제방법 등에 관한 약정이 있을 것

> **참고** 양도담보
> 양도담보의 경우는 양도로 보지 않는다. 다만, 양도담보 계약을 체결한 후 양도담보 요건에 위배하거나 채무불이행으로 인하여 해당 자산을 채무변제에 충당한 때에는 양도로 본다.

② 양도로 보는 경우: 양도담보계약을 체결한 후 그 계약을 위배하거나 채무불이행으로 인하여 양도담보된 해당 자산을 변제에 충당한 때에는 대물변제로 보아 이를 양도한 것으로 본다(「소득세법 시행령」 제151조 제2항).

(3) 환지처분

① 양도로 보지 아니하는 경우
  ㉠ 「도시개발법」이나 그 밖의 법률에 따른 환지처분으로 지목 또는 지번이 변경되거나 보류지로 충당되는 경우에는 양도로 보지 않는다(「소득세법」 제88조 제1호 가목).

  > **핵심** 환지처분 또는 보류지 충당
  >
  > 환지처분시 보류지로 충당되는 경우 유상양도에 해당함에도 환지사업의 원활한 시행 등을 위하여 양도로 보지 않는다(양도소득세 집행기준 88-151-1).

  ㉡ 토지의 경계를 변경하기 위하여 「공간정보의 구축 및 관리 등에 관한 법률」에 따른 토지의 분할 등으로 다음에 해당하는 토지 교환의 경우에는 양도로 보지 아니한다(「소득세법」 제88조 제1호 나목).
    ⓐ 토지 이용상 불합리한 지상(地上) 경계(境界)를 합리적으로 바꾸기 위하여 「공간정보의 구축 및 관리 등에 관한 법률」이나 그 밖의 법률에 따라 토지를 분할하여 교환할 것
    ⓑ 분할된 토지의 전체 면적이 분할 전 토지의 전체 면적의 100분의 20을 초과하지 아니할 것

② 양도로 보는 경우: 환지처분시 교부받은 토지의 면적이 환지처분에 의한 권리면적보다 감소되어 감소된 면적에 대해 금전적으로 보상(환지청산금)을 받은 경우 유상으로 이전되는 것이므로 양도한 것으로 본다.

(4) 공유물의 분할

① 양도로 보지 아니하는 경우
  ㉠ 공동소유의 토지를 소유지분별로 단순 분할하는 경우에는 양도로 보지 않는다.
  ㉡ 공유자지분 변경없이 2개 이상의 공유토지로 분할하였다가 그 공유토지를 소유지분별로 단순히 재분할하는 경우에는 양도로 보지 아니한다(「소득세법 기본통칙」 88-0…1).

용어 환지처분
사업시행자가 사업완료 후에 사업지구 내의 토지소유자 또는 관계인에게 종전의 토지 대신 그 구역 내의 다른 토지로 바꾸어 주는 것을 말한다.

용어 보류지
사업시행자가 해당 법률에 따라 일정한 토지를 환지로 정하지 아니하고 다음의 토지로 사용하기 위하여 보류한 토지를 말한다.
1. 해당 법률에 따른 공공용지
2. 해당 법률에 따라 사업구역 내의 토지 소유자 또는 관계인에게 그 구역 내의 토지로 사업비용을 부담하게 하는 경우의 해당 토지인 체비지

참고 공유물 분할
공동소유의 토지를 소유 지분별로 단순히 분할하는 경우는 양도로 보지 않는다. 다만, 공유지분이 변경되는 경우에는 변경되는 부분은 양도로 본다.

기출

1. 자기 소유재산을 제3자의 채무에 담보로 제공하였다가 채무를 변제하지 아니하여 해당 담보재산이 경매 개시되어 당초 소유자가 자기명의로 경락받은 경우에는 이를 양도로 보지 아니한다.
2. 「도시개발법」이나 그 밖의 법률에 따른 환지처분(換地處分)으로 지목 또는 지번이 변경되거나 보류지로 충당되는 경우에는 양도로 보지 않는다.
3. 법원의 확정판결에 의하여 신탁해지를 원인으로 소유권이전등기를 하는 경우에는 양도로 보지 아니한다.

ⓒ 이혼으로 인하여 혼인 중에 형성된 부부공동재산을 「민법」 제839조의2에 따라 재산분할하는 경우에는 양도로 보지 아니한다(「소득세법 기본통칙」 88-0…1).

> **참고** 이혼시 재산 이전
>
> | 구분 | 이혼시 부동산 이전 |
> |---|---|
> | 이혼위자료로 부동산의 소유권 이전 | 대물변제이므로 유상이전으로 보아 양도소득세 과세 |
> | 재산분할청구권 행사에 의한 부동산의 소유권 이전 | 공동소유재산의 분할이므로 양도소득세를 과세하지 않음 |

② 양도로 보는 경우: 공동소유의 토지를 소유지분별로 분할하면서 그 공유지분이 변경(지분 감소로 변경)되면서 대가관계가 있는 경우에는 유상이전으로 보아 양도로 본다(「소득세법 기본통칙」 88-0…1).

(5) 신탁해지

법원의 확정판결에 의하여 신탁해지를 원인으로 소유권이전등기를 하는 경우에는 양도로 보지 아니한다(「소득세법 기본통칙」 88-0…1).

(6) 매매원인 무효의 소(訴)로 인한 소유권의 환원

매매원인 무효의 소(訴)에 의하여 그 매매사실이 법원의 판결에 의하여 원인무효로 판시되어 환원될 경우에는 양도로 보지 아니한다(「소득세법 기본통칙」 88-0…1).

(7) 배우자 또는 직계존비속 간 이전

① 증여추정: 배우자 또는 직계존비속에게 양도한 재산은 양도자가 그 재산을 양도한 때에 그 재산의 가액을 배우자 등이 증여받은 것으로 추정하여 이를 배우자 등의 증여재산가액으로 한다(「상속세 및 증여세법」 제44조 제1항). 그러나 대가를 지출한 사실이 입증되는 경우에는 양도로 본다(재일 46014-1315).

② 양도로 보는 경우: 배우자·직계존비속 또는 특수관계인 간의 이전의 경우라도 다음 각각에 해당하는 경우에는 증여로 보지 않고 양도소득세가 과세된다(「상속세 및 증여세법」 제44조 제3항).
  ㉠ 법원의 결정으로 경매절차에 의하여 처분된 경우
  ㉡ 파산선고로 인하여 처분된 경우

ⓒ 「국세징수법」에 의하여 공매된 경우

ⓓ 「자본시장과 금융투자업에 관한 법률」에 따른 증권시장을 통하여 유가증권이 처분된 경우. 다만, 불특정 다수인 간의 거래에 의하여 처분된 것으로 볼 수 없는 경우는 제외한다.

ⓔ 배우자등에게 대가를 받고 양도된 사실이 명백히 인정되는 다음의 경우(「상속세 및 증여세법 시행령」 제33조 제3항)

　ⓐ 권리의 이전이나 행사에 등기나 등록을 요하는 재산을 서로 교환하는 경우

　ⓑ 해당 재산의 취득을 위하여 이미 과세(비과세 또는 감면받은 경우를 포함한다)받았거나 신고한 소득금액 또는 상속 및 수증재산의 가액으로 그 대가를 지급한 사실이 입증되는 경우

　ⓒ 해당 재산의 취득을 위하여 소유재산을 처분한 금액으로 그 대가를 지급한 사실이 입증되는 경우

(8) 신탁재산의 소유권이 수탁자에게 이전되는 경우

위탁자와 수탁자 간 신임관계에 기하여 위탁자의 자산에 신탁이 설정되고 그 신탁재산의 소유권이 수탁자에게 이전된 경우로서 위탁자가 신탁 설정을 해지하거나 신탁의 수익자를 변경할 수 있는 등 신탁재산을 실질적으로 지배하고 소유하는 것으로 볼 수 있는 경우에는 양도로 보지 아니한다(「소득세법」 제88조 제1호 다목).

예제

「소득세법」상 양도소득세 과세대상이 아닌 것으로 묶인 것은? 　제23회

ㄱ. 「도시개발법」에 따라 토지의 일부가 보류지로 충당되는 경우
ㄴ. 지방자치단체가 발행하는 토지상환채권을 양도하는 경우
ㄷ. 이혼으로 인하여 혼인 중에 형성된 부부공동재산을 「민법」 제839조의2에 따라 재산분할하는 경우
ㄹ. 개인이 토지를 법인에 현물출자하는 경우
ㅁ. 주거용 건물건설업자가 당초부터 판매할 목적으로 신축한 다가구주택을 양도하는 경우

① ㄱ, ㄴ, ㄷ　② ㄱ, ㄷ, ㅁ　③ ㄴ, ㄷ, ㄹ
④ ㄴ, ㄹ, ㅁ　⑤ ㄷ, ㄹ, ㅁ

해설 ㄱㄷㅁ 양도 아님, ㄴㄹ 양도대상　　　　**정답** ②

참고 양도시 소득구분

1. 사업성이 있는 경우: 종합소득세(사업소득)
2. 사업성이 없는 경우: 양도소득세

제3절 | 양도 및 취득시기

1 일반적인 거래

(1) 대금청산일이 분명한 경우

① 자산의 일반적인 취득 및 양도시기는 사실상 잔금청산일(또는 대금청산일)로 한다(「소득세법」제98조).

② ①의 경우 자산의 대금에는 해당 자산의 양도에 대한 양도소득세를 양수자가 부담하기로 약정한 경우에는 해당 양도소득세는 제외한다(「소득세법」제98조 후단).

> 참고 📖 **대금청산일의 의미**
> 대금청산일은 원칙적으로 거래대금의 전부를 지급한 날을 의미하지만 그 전부를 이행하지 않았어도 사회통념상 거의 지급되었다고 볼만한 정도의 대금지급이 이행된 날을 포함한다(양도소득세 집행기준 98-162-3).

(2) 대금청산일이 분명하지 않은 경우 제32회, 제34회

사실상 대금청산일이 분명하지 않은 경우에는 등기부·등록부 또는 명부 등에 기재된 등기·등록접수일 또는 명의개서일로 한다(「소득세법 시행령」제162조 제1항 제1호).

> 참고 📖 **잔금청산일과 잔금지급약정일이 다른 경우**
> 매매계약서 등에 기재된 잔금지급약정일보다 앞당겨 잔금을 받거나 늦게 받는 경우에는 실지로 받은 날이 잔금청산일이 된다(양도소득세 집행기준 98-162-4).

(3) 대금청산 전에 소유권이전등기를 한 경우 제34회

사실상 대금을 청산하기 전에 소유권이전등기를 한 경우에는 등기부·등록부 또는 명부등에 기재된 등기·등록접수일 또는 명의개서일로 한다(「소득세법 시행령」제162조 제1항 제2호).

> **예제**
>
> 다음과 같은 경우 「소득세법」상 양도소득세의 양도 및 취득시기로 옳은 것은? 제12회
>
> ㉠ 계약일: 2026년 3월 5일
> ㉡ 중도금 지급일 1차: 2026년 4월 5일
>   2차: 2026년 5월 20일
> ㉢ 계약상 잔금지급일: 2026년 5월 30일
> ㉣ 사실상 대금청산일: 불분명
> ㉤ 등기부에 기재된 등기접수일: 2026년 6월 20일
>
> ① 2026년 6월 30일 ② 2026년 4월 5일 ③ 2026년 3월 5일
> ④ 2026년 6월 20일 ⑤ 2026년 8월 20일
>
> **해설** 양도소득세의 양도 및 취득시기는 원칙적으로 사실상 대금청산일이며, 사실상 대금청산일이 분명하지 않은 경우에는 등기접수일에 양도 및 취득한 것으로 본다. 이 경우는 대금청산일이 분명하지 않기 때문에 등기접수일인 2026년 6월 20일이 양도 및 취득시기가 된다.
>
> **정답** ④

❷ 특수한 거래

(1) 장기할부조건의 매매 제32회

장기할부조건으로 매매하는 경우에는 소유권이전등기(등록 및 명의개서를 포함) 접수일·인도일 또는 사용수익일 중 **빠른 날**을 취득·양도시기로 한다(「소득세법 시행령」 제162조 제1항 제3호).

(2) 자가건설 건축물 제32회, 제34회

① 허가를 받은 경우: 자기가 건설한 건축물에 있어서는 사용승인서 교부일을 취득시기로 한다. 다만, 사용승인서 교부일 전에 사실상 사용하거나 임시사용승인을 받은 경우에는 그 사실상의 사용일 또는 임시사용승인을 받은 날 중 **빠른 날**로 한다(「소득세법 시행령」 제162조 제1항 제4호).

② 허가를 받지 않는 경우: 허가를 받지 아니한 건축물은 사실상 사용일을 취득시기로 한다(「소득세법 시행령」 제162조 제1항 제4호).

(3) 상속·증여에 따른 취득자산(「소득세법 시행령」 제162조 제1항 제5호) 제34회

① 상속에 의한 취득시기는 상속개시일로 한다.
② 증여에 의한 취득시기는 증여를 받은 날로 한다.

(4) 완성·확정되지 아니한 자산 제34회

완성 또는 확정되지 않은 자산을 양도 또는 취득한 경우로서 해당 자산의 대금을 청산한 날까지 그 목적물이 완성 또는 확정되지 않은 경우에는 그 목적물이 완성 또는 확정된 날을 취득 및 양도시기로 본다. 이 경우 건설 중인 건물의 완성된 날에 관하여는 자기가 건설한 건축물의 취득시기를 준용한다(「소득세법 시행령」 제162조 제1항 제8호).

(5) 환지처분으로 취득한 토지 제32회

① 지목이나 지번이 변경되는 경우: 「도시개발법」 기타 법률의 규정에 따른 환지처분으로 취득하는 토지의 취득시기는 환지 전 토지 취득일로 한다(「소득세법 시행령」 제162조 제1항 제9호).

② 증평(增坪)·감평(減坪)이 있는 경우: 교부받은 토지의 면적이 환지처분에 따른 권리면적보다 증가 또는 감소된 경우에는 그 증가 또는 감소된 면적의 토지에 대한 취득 및 양도시기는 환지처분 공고일의 다음 날로 한다(「소득세법 시행령」 제162조 제1항 제9호 단서).

용어 ◉ 장기할부

해당 자산의 양도대금을 월부·연부 기타의 부불방법에 따라 수입하는 것으로서 계약금을 제외한 해당 자산의 양도대금을 2회 이상으로 분할하여 받고, 소유권이전등기(등록 및 명의개서 포함) 접수일·인도일 또는 사용수익일 중 가장 빠른 날의 다음 날부터 최종 할부금의 지급일까지의 기간이 1년 이상인 것을 말한다.

참고 📖 증여취득
1. 취득세: 증여 계약일
2. 양도소득세: 증여를 받은 날

용어 ◉ 환지처분

토지구획정리나 도시계획사업을 실시할 때 토지에 관한 소유권 및 기타의 권리를 보유하는 자에게 종전의 토지를 대신하여 그에 상당하는 다른 토지나 금전을 주어 청산하는 행정처분을 말한다.

> **참고** 점유취득
> 1. 「민법」: 등기일
> 2. 양도소득세: 점유개시일
> 3. 취득세: 등기일

(6) 장기점유에 따른 취득 _{제32회}

「민법」 제245조 제1항의 규정(점유로 인한 부동산소유권의 취득)에 의하여 부동산의 소유권을 취득하는 경우에는 해당 부동산의 점유를 개시한 날을 취득시기로 한다(「소득세법 시행령」 제162조 제1항 제6호).

(7) 법원의 무효판결로 환원된 자산의 취득

부동산의 소유권이 타인에게 이전되었다가 법원의 무효판결에 의하여 해당 자산의 소유권이 환원된 경우에는 해당 자산의 취득시기는 그 자산의 당초 취득일이 된다(양도소득세 집행기준 98-162-22).

(8) 취득시기 의제

① 토지·건물·부동산에 관한 권리 및 기타자산: 토지·건물·부동산에 관한 권리·기타자산으로서 1984년 12월 31일 이전에 취득한 것은 실지취득에 관계없이 1985년 1월 1일에 취득한 것으로 본다.
② 비상장주식 및 출자지분: 비상장주식 및 출자지분으로서 1985년 12월 31일 이전에 취득한 것은 실지취득에 관계없이 1986년 1월 1일에 취득한 것으로 본다.

> **참고** 취득시기 의제
> 오래 전에 취득한 자산은 증명서류의 분실 등으로 취득가액을 입증하기 어렵다. 이에 따라 일정한 시기 이전에 취득한 자산은 취득 의제일에 취득한 것으로 보아 취득가액을 산정하는 제도를 두고 있는데 이를 취득시기 의제라고 한다.

(9) 부동산에 관한 권리의 취득

부동산의 분양계약을 체결한 자가 해당 계약에 관한 모든 권리를 양도한 경우에는 그 권리에 대한 취득시기는 해당 부동산을 분양받을 수 있는 권리가 확정되는 날(아파트당첨권은 당첨일)이고, 타인으로부터 그 권리를 인수받은 때에는 사실상 잔금청산일이 취득시기가 된다(소득세법 기본통칙 98-162…2).

(10) 토지거래허가 대상 토지인 경우

「국토의 계획 및 이용에 관한 법률」에 따른 토지거래허가지역 내의 토지매매계약은 허가를 받을 때까지는 미완성의 법률행위로서 효력이 발생되지 아니하지만, 나중에 허가를 받으면 소급하여 유효한 계약이 되므로 그 양도시기는 잔금청산한 날이다(양도소득세 집행기준 98-162-18).

> **참고** 허가 대상 토지 구분
> 1. 허가 대상 토지 양도시기: 사실상 대금청산일
> 2. 허가 대상 토지 양도시 예정신고: 허가일이 속하는 달의 말일부터 2개월 이내

(11) 공익사업 시행에 따른 수용에 대한 경우

「공익사업을 위한 토지 등의 취득 및 보상에 관한 법률」이나 그 밖의 법률에 따라 공익사업을 위하여 수용되는 경우에는 대금을 청산한 날, 수용의 개시일 또는 소유권이전등기접수일 중 **빠른 날**로 한다. 다만, 소유권에 관한 소송으로 보상금이 공탁된 경우에는 소유권 관련 소송 판결 확정일로 한다(「소득세법 시행령」 제162조 제1항 제7호).

(12) 이혼으로 인한 자산 취득

① 재산분할 청구권 행사: 당초 배우자의 해당 자산 취득일
② 이혼 위자료: 소유권이전등기 접수일

(13) 경락에 의한 자산 취득

경락인이 매각조건에 의하여 경매대금을 완납한 날이 취득시기가 된다(소득세법 기본통칙 98-162…3).

(14) 양도한 자산의 취득시기가 분명하지 않은 경우

동일 필지를 2회 이상에 걸쳐 지분으로 각각 취득한 부동산 중에 일부를 양도한 경우로서 취득시기가 분명하지 아니한 경우에는 먼저 취득한 부동산을 먼저 양도한 것으로 본다(「소득세법 시행령」 제162조 제5항).

> **예제**
>
> 「소득세법」상 양도소득세 과세대상 자산의 양도 또는 취득의 시기로 **틀린** 것은?
> 제32회
>
> ① 「도시개발법」에 따라 교부받은 토지의 면적이 환지처분에 의한 권리면적보다 증가 또는 감소된 경우: 환지처분이 공고가 있은 날
> ② 기획재정부령이 정하는 장기할부조건의 경우: 소유권이전등기(등록 및 명의개서를 포함) 접수일·인도일 또는 사용수익일 중 빠른 날
> ③ 건축허가를 받지 않고 자기가 건설한 건축물의 경우: 그 사실상의 사용일
> ④ 「민법」 제245조 제1항의 규정에 의하여 부동산의 소유권을 취득하는 경우: 당해 부동산의 점유를 개시한 날
> ⑤ 대금을 청산한 날이 분명하지 아니한 경우: 등기부·등록부 또는 명부 등에 기재된 등기·등록접수일 또는 명의개서일
>
> **해설** 「도시개발법」 또는 그 밖의 법률에 따른 환지처분으로 인하여 취득한 토지의 취득시기는 환지 전의 토지의 취득일을 취득시기로 한다. 다만, 교부받은 토지의 면적이 환지처분에 의한 권리면적보다 증가 또는 감소된 경우에는 그 증가 또는 감소된 면적의 토지에 대한 취득시기 또는 양도시기는 환지처분의 공고가 있은 날의 다음 날로 한다. **정답 ①**

참고 수용개시일 추가 이유
이는 보상금에 대한 불복 여부에 따라 양도시기가 달라지는 문제를 해소하기 위해 수용개시일을 양도시기 판정 기준에 추가한 것이다.

기출
1. 사실상 대금청산일이 분명하지 않는 경우에는 등기부·등록부 또는 명부 등에 기재된 등기·등록접수일 또는 명의개서일을 취득 및 양도시기로 한다. 제34회
2. 장기할부조건으로 매매하는 경우에는 소유권이전등기(등록 및 명의개서를 포함)접수일·인도일 또는 사용수익일 중 빠른 날을 취득·양도시기로 한다. 제32회
3. 완성 또는 확정되지 않은 자산을 양도 또는 취득한 경우로서 해당 자산의 대금을 청산한 날까지 그 목적물이 완성 또는 확정되지 않은 경우에는 그 목적물이 완성 또는 확정된 날을 취득 및 양도시기로 본다. 제34회
4. 「민법」 제245조 제1항의 규정(부동산소유권의 취득시효)에 의하여 부동산의 소유권을 취득하는 경우에는 해당 부동산의 점유를 개시한 날을 취득시기로 한다. 제32회
5. 공익사업 시행에 따른 수용으로 인해 양도하는 경우 양도시기는 사실상 잔금청산일·등기접수일·수용개시일(토지수용위원회가 수용을 개시하기로 결정한 날) 중 빠른 날로 한다.

제4절 | 비과세 양도소득

1 비과세 양도소득의 종류

다음의 소득에 대해서는 양도소득에 대한 소득세를 과세하지 아니한다(「소득세법」 제89조 제1항). 그러나 미등기 양도자산(등기의제되는 경우는 제외한다)과 허위계약서를 작성하는 경우에 대하여는 양도소득에 대한 소득세의 비과세에 관한 규정을 적용하지 아니한다(「소득세법」 제91조 제1항, 제2항).

(1) 파산선고에 의한 처분으로 발생하는 소득 제34회

(2) 농지의 교환 또는 분합(分合)으로 발생하는 소득

(3) 다음에 해당하는 주택(주택 및 이에 딸린 토지의 양도 당시 실지거래가액의 합계액이 12억원을 초과하는 고가주택은 제외한다)과 이에 딸린 토지로서 건물이 정착된 면적에 지역별로 배율을 곱하여 산정한 면적 이내의 토지의 양도로 발생하는 소득
① 1세대가 1주택을 2년 이상 보유한 경우의 주택
② 1세대가 1주택을 양도하기 전에 다른 주택을 대체취득하거나 상속, 동거봉양, 혼인 등으로 인하여 2주택 이상을 보유하는 경우의 주택

(4) 조합원입주권을 1개 보유한 1세대[「도시 및 주거환경정비법」에 따른 관리처분계획의 인가일 및 「빈집 및 소규모주택 정비에 관한 특례법」에 따른 사업시행계획인가일(인가일 전에 기존주택이 철거되는 때에는 기존주택의 철거일) 현재 1세대 1주택에 해당하는 기존주택을 소유하는 세대]가 다음의 요건을 충족하여 양도하는 경우 해당 조합원입주권을 양도하여 발생하는 소득. 다만, 해당 조합원입주권의 양도 당시 실지거래가액이 12억원을 초과하는 경우에는 양도소득세를 과세한다.
① 양도일 현재 다른 주택 또는 분양권을 보유하지 아니할 것
② 양도일 현재 1조합원입주권 외에 1주택을 보유한 경우(분양권을 보유하지 아니하는 경우로 한정한다)로서 해당 1주택을 취득한 날부터 3년 이내에 해당 조합원입주권을 양도할 것

(5) 지적재조사사업 과정에서 토지소유자가 지급받는 조정금 제34회
「지적재조사에 관한 특별법」에 따른 경계의 확정으로 지적공부상의 면적이 감소되어 지급받는 조정금

참고 1세대 1주택 비과세 요건 충족시에도 과세되는 경우
1. 양도 당시 실지거래가액의 합계액이 12억원을 초과하는 주택(고가주택)
2. 미등기 양도자산
3. 허위표시금액(①과 ② 중 적은 금액)
 ① 허위표시금액(매매계약서의 거래가액과 실지거래가액과의 차액)
 ② 산출세액

용어 지적재조사사업
지적공부의 등록사항이 토지의 실제 현황과 일치하지 않은 경우 이를 바로 잡기 위하여 실시하는 국가사업을 말한다.

❷ 비과세 양도소득 제34회, 제35회

(1) 파산선고에 의한 처분으로 발생하는 소득

파산선고에 의한 처분으로 발생하는 소득에 대해서는 양도소득세를 과세하지 아니한다(「소득세법」 제89조 제1항 제1호).

(2) 농지의 교환 또는 분합으로 발생하는 소득

다음에 해당하는 농지를 교환 또는 분합하는 경우로서 교환 또는 분합하는 쌍방 토지가액의 차액이 가액이 큰편의 4분의 1이하인 경우를 말한다.

$$[(고액토지가액 - 저액토지가액)] \leq (고액토지의\ 가액 \times 1/4)$$

① 국가 또는 지방자치단체가 시행하는 사업으로 인하여 교환 또는 분합하는 농지
② 국가 또는 지방자치단체가 소유하는 토지와 교환 또는 분합하는 농지
③ 경작상 필요에 의하여 교환하는 농지. 다만, 교환에 의하여 새로이 취득하는 농지를 3년 이상 농지소재지에 거주하면서 경작하는 경우에 한한다.
④ 「농어촌정비법」·「농지법」·「한국농어촌공사 및 농지관리기금법」 또는 「농업협동조합법」에 의하여 교환 또는 분합하는 농지

> **참고** 농지의 범위
> 농지란 전·답으로서 지적공부상의 지목에 관계없이 실지로 경작에 사용되는 토지로 하며, 농지 경작에 직접 필요한 농막(農幕)·퇴비사·양수장·지소(池沼), 농도(農道), 수로(水路) 등을 포함한다.

> **용어** 농지소재지
> 다음 어느 하나에 해당하는 지역(경작개시 당시에는 당해 지역에 해당하였으나 행정구역의 개편 등으로 이에 해당하지 아니하게 된 지역을 포함한다)을 말한다.
> 1. 농지가 소재하는 시·군·구안의 지역
> 2. 1의 지역과 연접한 시·군·구안의 지역
> 3. 농지로부터 직선거리 30 킬로미터 이내에 있는 지역

예제

법령의 규정에 따라 경작상 필요에 의해 甲소유의 A농지(가액 10억원)를 乙소유의 B농지(가액 Y원)와 교환하는 경우 「소득세법」상 양도소득세가 비과세되는 것은? (단, A농지 가액은 B농지 가액보다 크며, 교환에 의하여 새로이 취득하는 B농지를 3년 이상 농지소재지에 거주하면서 경작한다고 가정함) 제19회

① 2억원 < (10억원 − Y원) ≦ 2억 5천만원
② 2억 5천만원 < (10억원 − Y원) ≦ 3억원
③ 3억원 < (10억원 − Y원) ≦ 3억 5천만원
④ 3억 5천만원 < (10억원 − Y원) ≦ 4억원
⑤ 4억원 < (10억원 − Y원) ≦ 4억 5천만원

해설 농지의 교환 또는 분합으로 인하여 발생하는 소득에 대하여는 교환 또는 분합하는 쌍방 토지가액의 차액이 큰 편의 4분의 1 이하인 경우에 한하여 양도소득세를 비과세한다. 만일 그 토지가액의 차액이 큰 편의 4분의 1을 초과하면 그 초과하는 부분만이 과세대상이 되는 것이 아니라 전부가 과세대상이 된다.

$$(고액토지가액 - 저액토지가액) \leq 고액토지의\ 가액 \times 4분의\ 1$$

고액토지의 가액이 10억원이기 때문에 10억원의 4분의 1인 2억 5천만원보다 작거나 같으면 비과세를 받을 수 있다. **정답** ①

> **기출**
> 1. 파산선고에 의한 처분으로 발생하는 소득에 대하여는 양도소득세를 과세하지 아니한다. 제34회
> 2. 대통령령으로 정하는 경우에 해당하는 농지의 교환 또는 분합으로 인하여 발생하는 소득에 대하여는 교환 또는 분합하는 쌍방 토지가액의 차액이 큰 편의 4분의 1 이하인 경우에 한하여 양도소득세를 과세하지 아니한다. 제34회

❸ 1세대 1주택의 양도로 인한 소득

(1) 개요

1세대 1주택이란 1세대가 양도일 현재 1주택만을 보유하고 있고 그 주택의 보유기간이 2년 이상인 것을 말한다.

> **참고** 1세대 1주택 비과세 요건 충족시에도 과세되는 경우
>
> 1. 주택 및 이에 딸린 토지의 양도 당시 실지거래가액의 합계액이 12억원을 초과하는 주택의 경우는 비과세를 배제한다.
> 2. 미등기 양도자산에 대해서는 「소득세법」 또는 「소득세법」 외의 법률 중 양도소득에 대한 소득세의 비과세에 관한 규정을 적용하지 아니한다.
> 3. 매매하는 거래당사자가 매매계약서의 거래가액을 실지거래가액과 다르게 적은 경우에는 비과세받을 세액에서 비과세에 관한 규정을 적용하지 않았을 경우의 양도소득 산출세액과 매매계약서의 거래가액과 실지거래가액과의 차액 중 적은 금액을 뺀다.

참고 📖 취득 당시 조정대상지역에 있는 주택
취득 당시 조정대상지역에 있는 주택의 경우에는 해당 주택의 보유기간이 2년 이상이고 그 보유기간 중 거주기간이 2년 이상이어야 비과세를 받을 수 있다.

(2) 양도 당시 주택의 소유자는 1세대일 것

① 원칙: 거주자(주택을 양도한 자) 및 그 배우자(법률상 이혼을 하였으나 생계를 같이하는 등 사실상 이혼한 것으로 보기 어려운 관계에 있는 사람을 포함한다)가 그들과 같은 주소 또는 거소에서 생계를 같이 하는 자[거주자 및 그 배우자의 직계존비속(그 배우자를 포함한다) 및 형제자매를 말하며, 취학, 질병의 요양, 근무상 또는 사업상의 형편으로 본래의 주소 또는 거소에서 일시 퇴거한 사람을 포함한다]와 함께 구성하는 가족단위를 말한다(「소득세법」 제88조 제6호).

② 배우자 없이 1세대가 가능한 경우: 다음의 경우는 배우자가 없어도 1세대로 본다(「소득세법 시행령」 제152조의3).
   ㉠ 배우자가 사망하거나 이혼한 경우
   ㉡ 해당 거주자의 나이가 30세 이상인 경우
   ㉢ 「소득세법」 규정에 따른 소득이 「국민기초생활 보장법」에 따른 기준 중위소득의 100분의 40 이상으로서 소유하고 있는 주택 또는 토지를 관리·유지하면서 독립된 생계를 유지할 수 있는 경우. 다만, 미성년자의 경우를 제외하되 미성년자의 결혼, 가족의 사망 그 밖에 사유로 1세대의 구성이 불가피한 경우에는 미성년자라도 1세대로 본다.

참고 📖 세대의 판정
1세대 1주택 비과세의 1세대에 해당하는지 여부는 주택 양도일 현재를 기준으로 판정하는 것이며, 같은 장소에서 생계를 같이하는 가족의 주민등록상 현황과 사실상 현황이 다른 경우에는 사실상 현황에 의한다.

참고 📖 거주자와 배우자의 세대 구성
1. 1세대 1주택 비과세 규정을 적용하는 경우 부부가 각각 세대를 달리 구성하는 경우에도 같은 세대로 본다.
2. 거주자와 배우자가 별거하는 경우에도 같은 세대로 본다.
3. 법률상 이혼을 하였으나 생계를 같이하는 등 사실상 이혼한 것으로 보기 어려운 경우에는 같은 세대로 본다.

(3) 양도 당시 1주택일 것

① 원칙: 1세대가 양도일 현재 국내에 1주택을 보유하여야 한다(「소득세법 시행령」 제154조 제1항).

② 주택과 이에 딸린 토지와의 관계: 비과세되는 주택에 딸린 토지는 건물이 정착된 면적에 지역별로 다음의 배율을 곱하여 산정한 면적 이내의 토지이다(「소득세법 시행령」 제154조 제7항).

구분		배율
도시지역 내	수도권 내의 토지 — 주거·상업 및 공업지역 내의 토지	3배
	수도권 내의 토지 — 녹지지역 내의 토지	5배
	수도권 밖의 토지	5배
도시지역 외		10배

③ 주택의 판정: 주택이란 허가 여부나 공부(公簿)상의 용도구분과 관계없이 세대의 구성원이 독립된 주거생활을 할 수 있는 구조로서 세대별로 구분된 각각의 공간마다 별도의 출입문, 화장실, 취사시설이 설치되어 있는 구조를 갖추어 사실상 주거용으로 사용하는 건물을 말한다. 이 경우 그 용도가 분명하지 아니하면 공부상의 용도에 따른다.

㉠ 1세대 1주택을 양도하였으나 동 주택을 매수한 자가 소유권이전등기를 하지 아니하여 부득이 공부상 1세대 2주택이 된 경우에는 매매계약서 등에 의하여 1세대 1주택임이 사실상 확인되는 때에는 비과세로 한다(「소득세법 기본통칙」 89-154…5).

㉡ 소유하고 있던 공부상 주택인 1세대 1주택을 거주용이 아닌 영업용 건물(점포·사무소 등)로 사용하다가 양도하는 때에는 1세대 1주택으로 보지 아니한다(「소득세법 기본통칙」 89-154…4).

㉢ 1주택을 여러 사람이 공동으로 소유하는 경우에는 각각 개개인이 주택을 소유하는 것으로 보므로 공동소유주택 외의 다른 주택을 양도하는 때에는 1세대 2주택자가 1주택을 양도한 것으로 본다.

㉣ 지적공부상 지번이 상이한 2필지의 토지 위에 주택이 있는 경우에도 한 울타리 안에 있고 1세대가 거주용으로 사용하는 때에는 주택과 이에 부수되는 토지로 본다.

참고 📖 **양도물건 판정**
주택의 매매계약을 체결한 후 해당 계약에 따라 주택을 주택 외의 용도로 용도변경하여 양도하는 경우에는 해당 주택의 매매계약일 현재 현황에 따라 양도물건을 판정한다.

참고 📖 **대지와 건물을 세대원이 각각 소유하고 있는 경우 1세대 1주택 여부**
1세대 1주택의 비과세 요건을 갖춘 대지와 건물을 동일한 세대의 구성원이 각각 소유하고 있는 경우에도 이를 1세대 1주택으로 본다(「소득세법 기본통칙」 89-154…6).

참고 📖 **공동소유주택의 주택 수 계산**
1주택을 여러 사람이 공동으로 소유한 경우 특별한 규정이 있는 것 외에는 주택 수를 계산할 때 공동소유자 각자가 그 주택을 소유한 것으로 본다(「소득세법 시행령」 제154조의2).

④ 토지·주택의 분할 양도
  ㉠ 토지분할 양도: 주택에 부수되는 토지를 분할하여 양도하는 경우에 그 양도하는 부분의 토지는 1세대 1주택에 부수되는 토지로 보지 아니한다(「소득세법 시행규칙」 제72조 제2항 전단).
  ㉡ 주택분할 양도: 1주택을 2 이상의 주택으로 분할하여 양도(주택을 지분으로 분할하는 경우 제외)한 경우에는 먼저 양도하는 부분의 주택은 1세대 1주택으로 보지 아니한다(「소득세법 시행규칙」 제72조 제2항 후단).
⑤ 다가구주택인 경우: 한 가구가 독립하여 거주할 수 있도록 구획된 부분을 각각 하나의 주택으로 본다. 다만, 해당 다가구주택을 구획된 부분별로 양도하지 아니하고 하나의 매매단위로 하여 양도하는 경우에는 그 전체를 하나의 주택으로 본다(「소득세법 시행령」 제155조 제15항).
⑥ 2개의 주택을 동시에 양도한 경우: 1세대 1주택 비과세 규정 적용함에 있어서 2개 이상의 주택을 같은 날에 양도하는 경우에는 당해 거주자가 선택하는 순서에 따라 주택을 양도한 것으로 본다(「소득세법 시행령」 제154조 제9항).

참고 다가구주택의 주택 구분
「소득세법」상 다가구주택은 원칙적으로 공동주택으로 보는 것이며, 1세대 1주택 비과세 규정을 적용할 때 다가구주택을 구획된 부분별로 양도하지 아니하고 하나의 매매단위로 하여 양도하는 경우에는 이를 단독주택으로 본다(양도소득세 집행기준 89-155-6).

기출
1. 「건축법 시행령」 별표 1 제1호 다목에 해당하는 다가구주택은 해당 다가구주택을 구획된 부분별로 분양하지 아니하고 하나의 매매단위로 하여 양도하는 경우 단독주택으로 본다.
2. 1세대 1주택 비과세 규정 적용시 보유한 2채 이상의 주택을 같은 날 동시에 양도하는 경우에는 납세자가 선택한 순서에 따라 주택을 양도한 것으로 본다.

(4) 1세대 1주택에 대한 비과세 특례 제33회, 제35회

① 주거이전을 목적으로 한 일시적 1세대 2주택: 국내에 1주택을 소유한 1세대가 종전의 주택을 양도하기 전에 신규 주택을 취득(자기가 건설하여 취득한 경우를 포함한다)함으로써 일시적으로 2주택이 된 경우 종전의 주택을 취득한 날부터 1년 이상이 지난 후 신규 주택을 취득하고 신규 주택을 취득한 날부터 3년 이내에 종전의 주택을 양도하는 경우에는 이를 1세대 1주택으로 보아 비과세 규정을 적용한다(「소득세법 시행령」 제155조 제1항).

② 상속으로 인한 1세대 2주택
  ㉠ 상속받은 주택을 먼저 양도하는 경우: 2주택 중에서 1주택을 양도한 것으로 보아 양도소득세를 과세한다.
  ㉡ 일반주택을 먼저 양도하는 경우: 국내에 1개의 주택을 소유하고 있는 것으로 보아 비과세 규정을 적용한다(「소득세법 시행령」 제155조 제2항 전단).

③ 직계존속의 동거봉양을 위한 1세대 2주택: 1주택을 보유하고 1세대를 구성하는 자가 1주택을 보유하고 있는 60세 이상의 다음의 직계존속을 동거봉양하기 위하여 세대를 합침으로써 1세대가 2주택을 보유하게 되는 경우 합친 날부터 10년 이내에 먼저 양도하는 주택은 이를 1세대 1주택으로 보아 비과세 규정을 적용한다(「소득세법 시행령」 제155조 제4항).
  ㉠ 배우자의 직계존속으로서 60세 이상인 사람
  ㉡ 직계존속(배우자의 직계존속을 포함한다) 중 어느 한 사람이 60세 미만인 경우
  ㉢ 「국민건강보험법 시행령」에 따른 요양급여를 받는 60세 미만의 직계존속(배우자의 직계존속을 포함한다)으로서 다음의 사람
    ⓐ 중증질환자, 희귀난치성질환자
    ⓑ 결핵환자 산정특례대상자로 등록되거나 재등록된 자

④ 혼인으로 인한 1세대 2주택: 1주택을 보유하는 자가 1주택을 보유하는 자와 혼인함으로써 1세대가 2주택을 보유하게 되는 경우 또는 1주택을 보유하고 있는 60세 이상의 직계존속을 동거봉양하는 무주택자가 1주택을 보유하는 자와 혼인함으로써 1세대가 2주택을 보유하게 되는 경우 각각 혼인한 날부터 10년 이내에 먼저 양도하는 주택은 이를 1세대 1주택으로 보아 비과세 규정을 적용한다.

⑤ 지정문화재 및 국가등록문화재 등의 주택: 「문화재보호법」 제2조 제3항에 따른 지정문화재 및 같은 법 제53조 제1항에 따른 국가등록문화재에 해당하는 주택과 일반주택을 국내에 각각 1개씩 소유하고 있는 1세대가 일반주택을 양도하는 경우에는 국내에 1개의 주택을 소유하고 있는 것으로 보아 비과세 규정을 적용한다.

⑥ 농어촌주택에 대한 특례: 다음의 어느 하나에 해당하는 주택으로서 수도권 밖의 지역 중 읍지역(도시지역안의 지역을 제외한다) 또는 면지역에 소재하는 농어촌주택과 일반주택을 국내에 각각 1개씩 소유하고 있는 1세대가 일반주택을 양도하는 경우에는 국내에 1개의 주택을 소유하고 있는 것으로 보아 비과세 규정을 적용한다. 다만, 귀농주택에 대해서는 그 주택을 취득한 날부터 5년 이내에 일반주택을 양도하는 경우에 한정하여 적용한다. 귀농으로 인하여 세대전원이 농어촌주택으로 이사하는 경우에는 귀농 후 최초로 양도하는 1개의 일반주택에 한하여 비과세 규정을 적용한다.
  ㉠ 상속받은 주택(피상속인이 취득 후 5년 이상 거주한 사실이 있는 경우에 한한다)

> **참고** 귀농주택
> 영농의 목적으로 취득한 귀농주택으로서 수도권 밖의 지역 중 면 지역에 소재하는 주택과 일반주택을 국내에 각각 1개씩 소유하고 있는 1세대가 귀농주택을 취득한 날부터 5년 이내에 일반주택을 양도하는 경우에는 국내에 1개의 주택을 소유하고 있는 것으로 보아 비과세를 적용한다. 제33회

> **참고 📖 귀농주택 요건**
> 영농 또는 영어에 종사하고자 하는 자가 취득(귀농이전에 취득한 것을 포함한다)하여 거주하고 있는 주택으로서 다음의 요건을 갖춘 것을 말한다.
> 1. 취득 당시에 고가주택에 해당하지 아니할 것
> 2. 대지면적이 660제곱미터 이내일 것
> 3. 영농 또는 영어의 목적으로 취득하는 것으로서 다음의 어느 하나에 해당할 것
>   - 1,000제곱미터 이상의 농지를 소유하는 자 또는 그 배우자가 해당 농지 소재지에 있는 주택을 취득하는 것일 것
>   - 1,000제곱미터 이상의 농지를 소유하는 자 또는 그 배우자가 해당 농지를 소유하기 전 1년 이내에 해당 농지소재지에 있는 주택을 취득하는 것일 것
>   - 기획재정부령이 정하는 어업인이 취득하는 것일 것
> 4. 세대전원이 이사(취학, 근무상의 형편, 질병의 요양, 그 밖의 부득이한 사유로 세대의 구성원 중 일부가 이사하지 못하는 경우를 포함한다)하여 거주할 것

ⓒ 이농인(어업에서 떠난 자를 포함한다)이 취득일 후 5년 이상 거주한 사실이 있는 이농주택(영농 또는 영어에 종사하던 자가 전업으로 인하여 다른 시·구(특별시 및 광역시의 구를 말한다)·읍·면으로 전출함으로써 거주자 및 그 배우자와 생계를 같이하는 가족 전부 또는 일부가 거주하지 못하게 되는 주택으로서 이농인이 소유하고 있는 주택을 말한다)

ⓒ 영농 또는 영어의 목적으로 취득한 귀농주택

⑦ 실수요 목적으로 취득한 지방주택에 대한 특례: 취학, 근무상의 형편, 질병의 요양, 그 밖에 부득이한 사유로 취득한 수도권 밖에 소재하는 주택과 일반주택을 국내에 각각 1개씩 소유하고 있는 1세대가 부득이한 사유가 해소된 날부터 3년 이내에 일반주택을 양도하는 경우에는 국내에 1개의 주택을 소유하고 있는 것으로 보아 비과세 규정을 적용한다(「소득세법 시행령」 제155조 제8항).

🎯 핵심 1세대 1주택 비과세 특례 적용대상

유형	비과세 특례 적용요건
종전주택 + 일반주택	종전주택을 취득하고 1년 이상이 지난 후 일반주택을 취득하고 일반주택 취득일부터 3년 이내 종전주택을 양도하는 경우
상속주택 + 일반주택	일반주택을 양도하는 경우
일반주택 + 일반주택(동거봉양)	동거봉양 합가일부터 10년 이내 먼저 양도하는 주택
일반주택 + 일반주택(혼인합가)	혼인 합가일부터 10년 이내 먼저 양도하는 주택
문화재주택 + 일반주택	일반주택을 양도하는 경우
농어촌주택 + 일반주택	일반주택을 양도하는 경우
귀농주택 + 일반주택	귀농주택 취득 후 5년 이내 일반주택을 양도하는 경우
수도권 밖에 소재하는 주택 + 일반주택	일반주택을 양도하는 경우(부득이한 사유가 해소된 날부터 3년 이내에 양도하는 경우)

(5) 양도 당시 주택으로 보유한 기간이 2년 이상일 것

① 2년 이상 보유의 요건: 양도일 현재 1세대가 국내에 등기된 1주택과 딸린 토지를 2년(취득 당시 조정대상지역에 있는 주택의 경우에는 해당 주택의 보유기간이 2년 이상이고 그 보유기간 중 거주기간이 2년 이상) 이상 보유한 후 양도하는 경우에는 양도소득세를 과세하지 아니한다(「소득세법 시행령」 제154조 제1항).

> **참고 📖 보유 및 거주기간 계산**
> 2년 이상 보유는 주택 및 그에 딸린 토지를 각각 2년 이상 보유한 것을 말하는 것이며, 보유기간은 해당 자산을 취득한 날의 초일을 산입하여 양도한 날까지로 계산하고, 거주기간 계산은 해당 주택의 취득일 이후 실제 거주한 기간에 따르며 불분명한 경우에는 주민등록상 전입일부터 전출일까지의 기간으로 한다.

구분	보유기간 및 거주기간의 요건
일반지역에 있는 주택의 경우	해당 주택의 보유기간이 2년 이상일 것
취득 당시 조정대상지역에 있는 주택의 경우	해당 주택의 보유기간이 2년 이상이고 그 보유기간 중 거주기간이 2년 이상일 것

② 보유기간 또는 거주기간 계산: 보유기간은 해당 주택의 취득일로부터 양도일까지로 한다(「소득세법 시행령」 제154조 제5항). 한편 거주기간은 주민등록표 등본에 따른 전입일부터 전출일까지의 기간으로 한다(「소득세법 시행령」 제154조 제6항). 다만, 거주기간 또는 보유기간을 계산할 때 다음의 기간을 통산한다(「소득세법 시행령」 제154조 제8항).

㉠ 거주하거나 보유하는 중에 소실·무너짐·노후 등으로 인하여 멸실되어 재건축한 주택인 경우: 그 멸실된 주택과 재건축한 주택에 대한 거주기간 및 보유기간. 이 경우 재건축 공사기간은 보유기간에 통산하지 않는다.

㉡ 비거주자가 해당 주택을 3년 이상 계속 보유하고 그 주택에서 거주한 상태로 거주자로 전환된 경우: 비거주자로서의 보유 및 거주기간과 거주자로서의 보유 및 거주기간을 통산하여 계산한다.

㉢ 상속받은 주택으로서 상속인과 피상속인이 상속개시 당시 동일세대인 경우: 상속개시 전에 상속인과 피상속인이 동일세대로서 거주하고 보유한 기간을 통산한다.

③ 보유기간 및 거주기간의 제한을 받지 않는 경우

㉠ 「민간임대주택에 관한 특별법」에 따른 민간건설임대주택이나 「공공주택 특별법」에 따른 공공건설임대주택 또는 공공매입임대주택을 취득하여 양도하는 경우로서 해당 임대주택의 임차일부터 양도일까지의 기간 중 세대전원이 거주(취학, 근무상의 형편, 질병의 요양, 그 밖에 부득이한 사유로 세대의 구성원 중 일부가 거주하지 못하는 경우를 포함한다)한 기간이 5년 이상인 경우

㉡ 주택 및 그 부수토지(사업인정 고시일 전에 취득한 주택 및 그 부수토지에 한한다)의 전부 또는 일부가 「공익사업을 위한 토지 등의 취득 및 보상에 관한 법률」에 의한 협의매수·수용 및 그 밖의 법률에 의하여 수용되는 경우. 다만, 그 양도일 또는 수용일부터 5년 이내에 타인에게 양도하는 그 잔존주택 및 그 부수토지를 포함하는 것으로 한다.

참고 「도시 및 주거환경정비법」에 따라 재건축한 경우 멸실된 주택과 재건축한 주택 및 재건축 공사기간도 보유기간에 포함한다.

참고 상속으로 취득한 주택의 보유기간
1. 같은 세대원 간 상속인 경우: 같은 세대원으로서 피상속인의 보유 및 거주기간과 상속인의 보유 및 거주기간 통산
2. 같은 세대원 간 상속이 아닌 경우: 상속이 개시된 날부터 양도한 날까지 계산

기출
근무상의 형편으로 인하여 세대전원이 다른 시·군으로 주거를 이전하게 되어 1년 이상 거주한 주택을 양도하는 경우 보유기간 및 거주기간의 제한을 받지 아니하고 양도소득세 비과세규정을 적용한다.
제35회

ⓒ 「해외이주법」에 따른 해외이주로 세대전원이 출국하는 경우. 다만, 출국일 현재 1주택을 보유하고 있는 경우로서 출국일부터 2년 이내에 양도하는 경우에 한한다.

ⓔ 1년 이상 계속하여 국외거주를 필요로 하는 취학 또는 근무상의 형편으로 세대전원이 출국하는 경우. 다만, 출국일 현재 1주택을 보유하고 있는 경우로서 출국일부터 2년 이내에 양도하는 경우에 한한다.

ⓜ 1년 이상 거주한 주택을 다음의 사유로 인한 취학, 근무상의 형편, 질병의 요양, 그 밖에 부득이한 사유로 양도하는 경우 제35회

  ⓐ 「초·중등교육법」에 따른 학교(초등학교 및 중학교를 제외한다) 및 「고등교육법」에 따른 학교에의 취학

  ⓑ 직장의 변경이나 전근 등 근무상의 형편

  ⓒ 1년 이상의 치료나 요양을 필요로 하는 질병의 치료 또는 요양

  ⓓ 「학교폭력예방 및 대책에 관한 법률」에 따른 학교폭력으로 인한 전학(학교폭력대책자치위원회가 피해학생에게 전학이 필요하다고 인정하는 경우에 한한다)

④ 거주기간의 제한을 받지 않는 경우: 거주자가 조정대상지역의 공고가 있은 날 이전에 매매계약을 체결하고 계약금을 지급한 사실이 증빙서류에 의하여 확인되는 경우로서 해당 거주자가 속한 1세대가 계약금 지급일 현재 주택을 보유하지 아니하는 경우(「소득세법 시행령」 제154조 제1항 제5호)

핵심 보유기간 및 거주기간에 제한 없는 경우

비과세 유형	보유·거주요건
건설임대주택 양도	임차일부터 양도일까지 5년 이상 거주
협의매수·수용주택	보유기간 및 거주기간 제한 없음
「해외이주법」에 따른 출국으로 주택 양도	보유기간 및 거주기간 제한 없음 (출국일부터 2년 이내에 양도하는 주택에 한함)
부득이한 사유로 양도하는 주택	1년 이상 거주하는 경우 보유기간 및 거주기간 제한 없음(취학·근무·질병 등 부득이한 사유로 양도하는 주택에 한함)
조정대상지역 공고 이전 계약체결 (계약금 지급사실 확인 + 무주택)	거주기간 제한 없음

4 고가주택 제34회

(1) 고가주택 판정

① 고가주택이란 주택 및 이에 딸린 토지의 양도 당시의 실지거래가액의 합계액이 12억원을 초과하는 것을 말한다(「소득세법」 제89조 제1항, 「소득세법 시행령」 제156조 제1항). 이 경우 공동소유하는 주택은 그 소유지분에 관계없이 1주택 전체를 기준으로 고가주택에 해당 하는지를 판단한다(양도소득세 집행기준 89-156-1).

② 겸용주택의 경우에는 주택으로 보는 부분(이에 부수되는 토지를 포함한다)에 해당하는 실지거래가액을 포함하여 고가주택 여부를 판정한다(「소득세법 시행령」 제156조 제2항).

③ 단독주택으로 보는 다가구주택의 경우에는 그 전체를 하나의 주택으로 보아 고가주택 여부를 판정한다(「소득세법 시행령」 제156조 제3항).

④ 주택을 부담부증여하는 경우 수증자가 인수하는 채무액이 12억원 미만에 해당되더라도 전체의 주택가액이 12억원을 초과하면 고가주택으로 본다(양도소득세 집행기준 89-156-4).

> **참고 1주택 및 이에 딸린 토지의 일부를 양도**
> 1주택 및 이에 딸린 토지의 일부를 양도하거나 일부가 타인 소유인 경우로서 실지거래가액 합계액에 양도하는 부분(타인 소유부분을 포함한다)의 면적이 전체 주택면적에서 차지하는 비율을 나누어 계산한 금액이 12억원을 초과하는 경우에는 고가주택으로 본다.

(2) 고가주택에 대한 규제내용

① **1세대 1주택 비과세 적용배제**: 1세대 1주택 비과세요건 충족시에도 실지거래가액에 따른 양도가액이 12억원 초과액에 대하여는 비과세가 적용되지 않는다. 즉, 1세대 1주택 2년 보유요건을 충족한 경우라도 안분을 통하여 12억원까지는 일반주택으로 보아 비과세를 적용하지만, 12억원을 초과하는 부분에 대해서는 고가주택에 해당되기 때문에 비과세를 배제한다.

② **양도차익과 장기보유특별공제액 계산**: 1세대 1주택 비과세 요건을 충족하였음에도 불구하고 비과세 대상에서 제외되는 고가주택(부속 토지 포함)의 양도차익 및 장기보유특별공제액은 다음과 같이 계산한다.

> ⊙ 1세대 1주택 비과세 요건을 갖춘 고가주택의 양도차익
> ⓐ 1단계: 총양도차익을 계산한다.
>   = 양도가액 − 취득가액 − 필요경비
> ⓑ 2단계: 총양도차익을 고가주택분으로 나누어 계산한다.
>   = 총양도차익 × [(양도가액 − 12억원) / 양도가액]
> ⓒ 1세대 1주택 비과세 요건을 갖춘 고가주택의 장기보유특별공제액
>   = 고가주택의 양도차익 × 공제율

기출
1. 1세대 1주택 비과세 요건을 충족하는 고가주택의 양도가액이 15억원이고 양도차익이 4억원인 경우 양도소득세가 과세되는 양도차익은 8천만원이다.
2. 1주택 및 이에 딸린 토지의 일부를 양도하거나 일부가 타인 소유인 경우로서 실지거래가액 합계액에 양도하는 부분(타인 소유부분을 포함한다)의 면적이 전체 주택면적에서 차지하는 비율을 나누어 계산한 금액이 12억원을 초과하는 경우에는 고가주택으로 본다.

5 겸용주택 및 딸린 토지

(1) 의의

주택의 일부에 점포 등 다른 목적의 건물이 설치되어 있거나 동일 지번상에 주택과 다른 목적의 건물이 설치되어 있는 경우의 주택을 말한다.

(2) 겸용주택의 처리방법

① 주택이 주택 이외 면적보다 큰 경우

㉠ 건물면적: 1세대 1주택의 규정을 적용할 때 하나의 건물이 주택과 주택 이외의 부분으로 복합되어 있는 경우에 주택의 연면적이 주택 이외의 연면적보다 큰 경우에는 그 건물 전부를 주택으로 본다(「소득세법 시행령」 제154조 제3항).

㉡ 토지면적: 부속토지 전체를 주택에 딸린 토지로 본다.

㉢ 비과세 토지: 주택정착면적의 3배 또는 5배(도시지역 밖: 10배) 이내의 부분을 비과세한다(「소득세법 시행령」 제154조 제7항).

② 주택이 주택 이외 면적보다 작거나 같은 경우

㉠ 건물면적: 주택의 연면적이 주택 이외의 연면적보다 작거나 같을 때에는 주택 외의 부분은 주택으로 보지 않는다(「소득세법 시행령」 제154조 제3항 단서). 즉, 주택부분만 주택으로 본다.

㉡ 토지면적: 주택에 딸린 토지는 전체 토지면적에 주택의 연면적이 건물의 연면적에서 차지하는 비율을 곱하여 계산한다(「소득세법 시행령」 제154조 제4항).

㉢ 비과세 토지: 주택정착면적의 3배 또는 5배(도시지역 밖: 10배) 이내의 부분을 비과세한다(「소득세법 시행령」 제154조 제7항).

구분	건물분 비과세	토지	
		부속토지	비과세
주택 > 비주택	전부 주택으로 보아 건물 전부 비과세	전부 주택 부속토지	주택정착 면적 × 3배, 5배(10배) 한도
주택 ≤ 비주택	주택만 주택으로 보아 주택만 비과세	주택면적 부분만 주택의 부속토지 = 토지면적 × (주택면적/전체 면적)	1과 2 중 적은 면적 비과세 1. 주택정착 면적 × 3배, 5배(10배) 2. 토지면적 × (주택면적/전체 면적)

참고 주택과 딸린 토지와의 관계

주택에 딸린 토지는 주택이 비과세되는 경우 토지도 비과세되는데, 비과세되는 토지는 다음에 의한다.

1. 「국토의 계획 및 이용에 관한 법률」에 따른 도시지역 내의 토지: 다음에 따른 배율
   - 「수도권정비계획법」에 따른 수도권 내의 토지 중 주거지역·상업지역 및 공업지역 내의 토지: 3배
   - 수도권 내의 토지 중 녹지지역 내의 토지: 5배
   - 수도권 밖의 토지: 5배
2. 「국토의 계획 및 이용에 관한 법률」에 따른 도시지역 밖의 토지: 10배

기출

1. 1세대 1주택의 규정을 적용함에 있어서 하나의 건물이 주택과 주택 이외의 부분으로 복합되어 있는 경우에 주택의 연면적이 주택 이외의 연면적보다 큰 경우에는 그 건물 전부를 주택으로 본다.
2. 주택으로 200m² 사용하고 주택 이외로 200m²를 사용하고 있는 경우에는 그 건물 중에서 주택만 주택으로 보아 비과세 여부를 판정한다.

제5절 | 양도소득세 계산구조

1 계산구조 제33회

거주자의 양도소득에 대한 과세표준은 종합소득 및 퇴직소득에 대한 과세표준과 구분하여 다음과 같이 계산한다(「소득세법」 제92조 제1항).

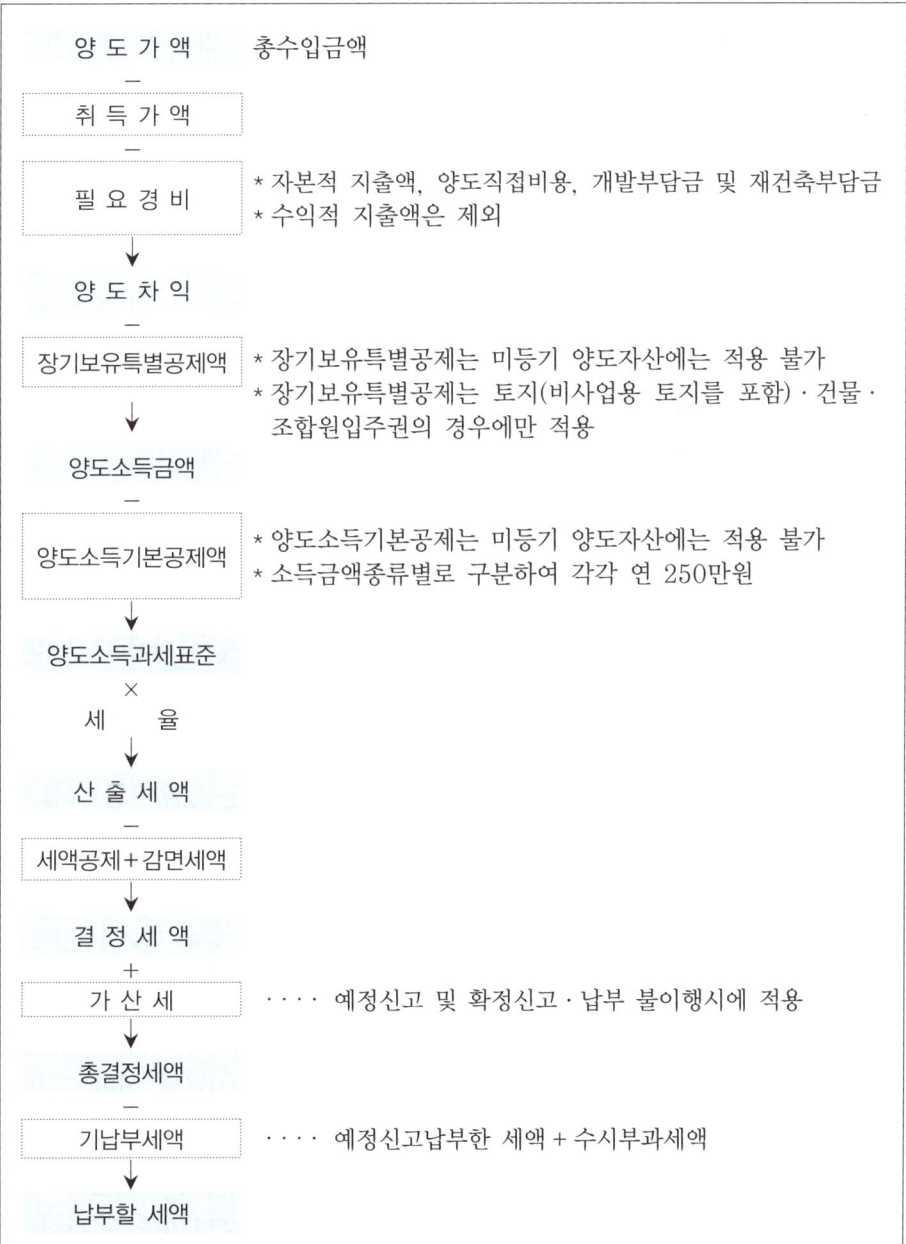

참고 📖 양도소득 계산구조
1. 양도차익 = 양도가액 − 취득가액 − 필요경비
2. 양도소득금액 = 양도차익 − 장기보유특별공제
3. 양도소득과세표준 = 양도소득금액 − 양도소득기본공제

기출 📑
1. 양도소득계산 구조는 양도가액 ⇨ 양도차익 ⇨ 양도소득금액 ⇨ 양도소득 과세표준의 순서에 의한다.
2. 「소득세법」상 양도소득세의 양도소득금액의 계산에서 그 공제순위가 제일 나중인 것은 장기보유특별공제액이다.
3. 「소득세법」상 양도소득세의 양도소득과세표준액의 계산에서 그 공제순위가 제일 나중인 것은 양도소득기본공제액이다.

❷ 양도가액과 취득가액의 산정

1. 산정원리

(1) 실지거래가액이 확인되는 경우

① 양도소득세가 과세되는 자산의 양도가액 또는 취득가액은 그 자산의 양도 당시 또는 취득 당시의 실지거래가액에 따른다(「소득세법」 제96조 제1항).

② 양도가액을 실지거래가액으로 적용하는 경우에는 취득가액도 실지거래가액에 따르고, 양도가액을 기준시가로 적용하는 경우에는 취득가액도 기준시가에 따른다(「소득세법」 제100조 제1항).

(2) 실지거래가액이 확인되지 않는 경우(추계방법)

양도가액 또는 취득가액을 실지거래가액에 의하는 경우로서 장부·매매계약서·영수증 그 밖의 증빙서류에 의하여 그 자산의 양도 당시 또는 취득 당시의 실지거래가액을 인정 또는 확인할 수 없는 경우에는 다음의 추계방법을 순차로 적용하여 양도가액 또는 취득가액을 산정할 수 있다(「소득세법」 제114조 제7항, 「소득세법 시행령」 제176조의2 제3항).

> - 양도가액의 추계결정: 매매사례가액 ⇨ 감정가액 ⇨ 기준시가
> - 취득가액의 추계결정: 매매사례가액 ⇨ 감정가액 ⇨ 환산취득가액 ⇨ 기준시가

① **매매사례가액**: 양도일 또는 취득일 전·후 각 3개월 이내에 해당 자산(주권상장법인의 주식 등은 제외)과 동일성 또는 유사성이 있는 자산의 매매사례가 있는 경우 그 가액을 말한다. 다만, 특수관계인과의 거래에 따른 가액 등으로 객관적으로 부당하다고 인정되는 경우에는 이를 적용하지 않는다(「소득세법 시행령」 제176조의2 제3항 제1호).

② **감정가액**: 양도일 또는 취득일 전후 각 3개월 이내에 해당 자산(주식 등을 제외한다)에 대하여 둘 이상의 감정평가법인 등이 평가한 것으로서 신빙성이 있는 것으로 인정되는 감정가액(감정평가기준일이 양도일 또는 취득일 전후 각 3개월 이내인 것에 한정한다)이 있는 경우에는 그 감정가액의 평균액을 말한다. 다만, 기준시가가 10억원 이하인 자산(주식 등은 제외한다)의 경우에는 양도일 또는 취득일 전후 각 3개월 이내에 하나의 감정평가법인이 평가한 것으로서 신빙성이 있는 것으로 인정되는 경우 그 감정가액(감정평가기준일이 양도일 또는 취득일 전후 각 3개월 이내인 것에 한정한다)으로 한다.

용어 🔊 실지거래가액
자산의 양도 또는 취득 당시에 양도자와 양수자가 실제로 거래한 가액으로서 해당 자산의 양도 또는 취득과 대가관계에 있는 금전과 그 밖의 재산가액을 말한다.

용어 🔊 추계결정 경정 사유
1. 양도 또는 취득당시의 실지거래가액의 확인을 위하여 필요한 장부·매매계약서·영수증 기타 증빙서류가 없거나 그 중요한 부분이 미비된 경우
2. 장부·매매계약서·영수증 기타 증빙서류의 내용이 매매사례가액, 「감정평가 및 감정평가사에 관한 법률」에 따른 감정평가법인이 평가한 감정가액 등에 비추어 거짓임이 명백한 경우

참고 📖 감정가액
1. 기준시가 10억 초과 자산: 둘 이상의 감정평가법인 등이 평가한 감정가액의 평균액
2. 기준시가 10억 이하 자산: 하나의 감정평가법인이 평가한 그 감정가액

③ 환산취득가액: 양도 당시의 실지거래가액·매매사례가액 또는 감정가액을 기준시가에 따라 환산한 취득가액을 말한다. 여기서 환산가액은 다음의 방법으로 산정한 가액을 말하며(「소득세법」 제114조 제7항, 「소득세법 시행령」 제176조의2 제2항 제2호), 양도가액을 산정할 때에는 이러한 환산가액은 적용되지 않는다.

> 환산취득가액 = 양도 당시의 실지거래가액(또는 매매사례가액, 감정가액)
> × (취득 당시의 기준시가 / 양도 당시의 기준시가)

④ 기준시가: 「소득세법」의 규정에 따라 산정한 가액으로서 양도 당시 또는 취득 당시의 기준이 되는 가액을 말한다.

(3) 산정방법

① 양도가액을 실지양도가액, 매매사례가액, 감정가액으로 계산하면 취득가액도 실지취득가액으로 계산하며 실지취득가액이 확인되지 않으면 매매사례가액 ⇨ 감정가액 ⇨ 환산취득가액의 순서로 계산한다(「소득세법」 제100조 제1항).

양도차익 산정 원리

양도가액	취득가액	필요경비
실지양도가액	실지거래가액 ⇨ 매매사례가액 ⇨ 감정가액 ⇨ 환산취득가액	실제 발생액 공제
매매사례가액	실지거래가액 ⇨ 매매사례가액 ⇨ 감정가액 ⇨ 환산취득가액	필요경비개산공제
감정가액	실지거래가액 ⇨ 매매사례가액 ⇨ 감정가액 ⇨ 환산취득가액	필요경비개산공제
기준시가	기준시가	필요경비개산공제

② ①을 적용할 때 양도가액 또는 취득가액을 실지거래가액에 따라 산정하는 경우로서 토지와 건물 등을 함께 취득하거나 양도한 경우에는 이를 각각 구분하여 기장하되 토지와 건물 등의 가액 구분이 불분명할 때에는 취득 또는 양도 당시의 기준시가 등을 고려하여 대통령령으로 정하는 바에 따라 안분계산(按分計算)한다. 이 경우 공통되는 취득가액과 양도비용은 해당 자산의 가액에 비례하여 안분계산한다(「소득세법」 제100조 제2항).

참고 기준시가
1. 토지: 개별공시지가
2. 주택
   - 단독주택: 개별주택가격
   - 공동주택: 공동주택가격
3. 일반 건물: 건물의 신축가격·구조·용도·위치·신축연도 등을 고려하여 매년 1회 이상 국세청장이 산정·고시하는 가액
4. 부동산을 취득할 수 있는 권리: 취득일 또는 양도일까지 납입한 금액과 취득일 또는 양도일 현재의 프리미엄에 상당하는 금액을 합한 금액

③ ②를 적용할 때 토지와 건물 등을 함께 취득하거나 양도한 경우로서 그 토지와 건물 등을 구분 기장한 가액이 안분계산한 가액과 100분의 30 이상 차이가 있는 경우에는 토지와 건물 등의 가액 구분이 불분명한 때로 본다. 다만, 다른 법령에서 정하는 바에 따라 가액을 구분한 경우 등 대통령령으로 정하는 다음의 사유에 해당하는 경우는 제외한다.
  ㉠ 다른 법령에서 정하는 바에 따라 토지와 건물 등의 가액을 구분한 경우
  ㉡ 토지와 건물 등을 함께 취득한 후 건물 등을 철거하고 토지만 사용하는 경우

2. 결정·경정시 양도가액과 취득가액의 산정

(1) 무신고의 경우

양도가액 및 취득가액을 실지거래가액에 따라 양도소득과세표준 예정신고 또는 확정신고를 하여야 할 자가 그 신고를 하지 아니한 경우로서 양도소득 과세표준과 세액 또는 신고의무자의 실지거래가액 소명(疏明) 여부 등을 고려하여 납세지 관할 세무서장 또는 지방국세청장은 「부동산등기법」 제68조에 따라 등기부에 기재된 거래가액을 실지거래가액으로 추정하여 양도소득과세표준과 세액을 결정할 수 있다. 다만, 납세지 관할 세무서장 또는 지방국세청장이 등기부 기재가액이 실지거래가액과 차이가 있음을 확인한 경우에는 그러하지 아니하다(「소득세법」 제114조 제5항).

(2) 신고가액이 사실과 다른 경우

양도가액 및 취득가액을 실지거래가액에 따라 양도소득과세표준 예정신고 또는 확정신고를 한 경우로서 그 신고가액이 사실과 달라 납세지 관할 세무서장 등이 실지거래가액을 확인한 경우에는 그 확인된 가액을 양도가액 또는 취득가액으로 하여 양도소득과세표준과 세액을 경정한다.

3. 실지양도가액

(1) 원칙

실지양도가액은 자산의 양도대가로 계약에 의하여 받았거나 받기로 한 금액의 합계액으로서 양도차익을 계산함에 있어서 총수입금액에 해당한다.

(2) 예외

① 양수인이 부담하기로 한 양도소득세는 양도자 부담분을 양수자가 대신 부담한 것으로 양도가액에 포함한다.

기출

1. 양도가액을 실지거래가액에 의하는 경우로서 장부·매매계약서·영수증 그 밖의 증빙서류에 의하여 그 자산의 양도 당시의 실지거래가액을 인정 또는 확인할 수 없는 경우에는 매매사례가액, 감정가액, 기준시가를 적용하여 양도가액을 산정할 수 있다.
2. 취득가액을 실지거래가액에 의하는 경우로서 장부·매매계약서·영수증 그 밖의 증빙서류에 의하여 그 자산의 취득 당시의 실지거래가액을 인정 또는 확인할 수 없는 경우에는 매매사례가액, 감정가액, 환산취득가액, 기준시가를 적용하여 취득가액을 산정할 수 있다.
3. 매매사례가액은 양도일 또는 취득일 전·후 각 3개월 이내에 해당 자산과 동일성 또는 유사성이 있는 자산의 매매사례가 있는 경우 그 가액을 말한다.

② 특수관계인에게 저가양도하여 세금부담을 감소시킨 경우 그 저가로 양도한 가액을 부인하고 시가를 양도가액으로 하여 다시 계산한다.

> **참고 부당행위계산부인**
> 저가양도의 부인은 시가와 거래가액의 차액이 시가의 100분의 5에 상당하는 금액 이상이거나, 시가와 거래가액의 차액이 3억원 이상인 경우에만 적용한다.

사례 토지의 세무상 양도가액

특수관계인인 개인에게 토지를 아래 사례와 같이 저가양도하고 계상한 경우, 토지의 세무상 양도가액은?

- 사례 1: 시가 − 20억원, 거래가액 − 15억원
- 사례 2: 시가 − 12억원, 거래가액 − 10억원
- 사례 3: 시가 − 5억원, 거래가액 − 4억 8천만원

해설 특수관계인에게 저가양도하여 세금부담을 감소시킨 경우 그 저가로 양도한 가액을 부인하고 시가를 양도가액으로 하여 다시 계산하는데 다음과 같이 계산한다.

구분	시가	거래가액	차액	부당행위부인 요건	세무상 양도가액
사례 1	20억원	15억원	5억원	시가와 거래가액의 차액이 3억원 이상	20억원
사례 2	12억원	10억원	2억원	시가와 거래가액의 차액이 시가의 100분의 5 이상	12억원
사례 3	5억원	4억 8천만원	2천만원	−	4억 8천만원

- 사례1: 시가와 거래가액의 차액이 5억원으로 3억원 이상 차이가 발생하여 거래가액 15억원을 부인하고 시가인 20억원을 양도가액으로 한다.
- 사례2: 시가와 거래가액의 차액(2억원)이 3억원 이상 차이가 발생하지 않았지만 시가 12억원의 100분의 5인 6천만원 이상 차이가 발생하여 거래가액 10억원을 부인하고 시가 12억원을 양도가액으로 한다.

4. 실지취득가액

(1) 취득가액 계산시 포함

취득에 든 다음의 비용을 양도차익계산시 양도가액에서 공제하되 필요경비로 인정받기 위해서는 지급사실을 증명할 수 있는 증빙서류를 제출하여야 한다.

① 해당 자산의 매입가액(건물을 신축한 경우에는 신축에 소요된 모든 비용)·취득세·등록면허세 기타 부대비용은 취득가액 계산시 포함한다(「소득세법 시행령」 제89조 제1항 제1호).

✔ 취득세, 등록면허세 납부영수증이 없는 경우에도 취득가액에 포함된다.

② 취득에 관한 쟁송이 있는 자산에 대하여 그 소유권 등을 확보하기 위하여 직접 소요된 소송비용·화해비용 등의 금액은 취득가액 계산시 포함한다(「소득세법 시행령」 제163조 제1항 제2호). 다만, 그 지출한 연도의 각 소득금액을 계산할 때 필요경비에 산입된 것은 취득가액 계산시 포함하지 않는다. 제36회

> **참고 일시불로 취득하여 할인받은 경우**
> 국가 또는 지방자치단체 등으로부터 자산을 분양받은 경우에 분양대금을 일시불로 지불하여 일정액을 할인받은 때에는 실지로 지불한 금액을 취득가액으로 한다.

용어 🔊 계상하다
금액을 계산하여 셈에 넣다.

참고 📖 면세전용에 대한 부가가치세
대법원은 폐업시 잔존재화에 대한 부가가치세는 당초 매입세액공제를 받은 것을 추징하기 위한 것이므로 자산의 취득가액에 가산하여야 하므로 자산 양도시 양도소득의 필요경비라 판결하였다. 실무상 혼란을 방지하기 위하여 대법원의 판결에 따라 폐업시 잔존재화에 대한 부가가치세는 해당 자산 양도시 필요경비라는 규정을 신설하여 2015년 2월 3일 이후 양도분부터 적용하도록 하였다.

참고 📖 부당행위계산부인
고가취득의 부인은 시가와 거래가액의 차액이 시가의 100분의 5에 상당하는 금액 이상이거나, 시가와 거래가액의 차액이 3억원 이상인 경우에만 적용한다.

참고 📖 이자상당액 제36회
1. 취득원가에 이자상당액을 가산하여 거래가액을 확정: 이자상당액을 취득가액에 포함한다.
2. 거래가액의 지급기일의 지연으로 인하여 추가로 발생하는 이자상당액: 이자상당액을 취득가액에 포함하지 않는다.

③ 자산을 장기할부조건으로 매입하는 경우에 발생한 채무를 기업회계기준에 따라 현재가치로 평가하여 현재가치할인차금으로 계상한 경우 취득가액 계산시 포함한다(「소득세법 시행령」 제163조 제1항 제1호). 다만, 양도자산 보유기간에 동 현재가치할인차금 상각액을 각 과세기간의 사업소득금액을 계산할 때 필요경비로 산입하였거나 산입할 금액이 있을 때에는 그 금액을 취득가액 계산시 포함하지 않는다(「소득세법 시행령」 제163조 제2항).
  ✔ 현재가치할인차금 계상액은 취득시 더 부담할 이자에 해당하기 때문에 취득가액에 포함된다.

④ 당사자 약정에 의한 대금지급방법에 따라 취득원가에 이자상당액을 가산하여 거래가액을 확정하는 경우 해당 이자상당액은 취득가액 계산시 포함한다(「소득세법 시행령」 제163조 제1항 제3호). 제36회
  ✔ 부동산 취득대금에 충당하기 위한 대출금의 이자지급액은 취득가액에 포함하지 않는다.

⑤ 사업자가 면세전용과 폐업시 잔존재화에 대하여 납부하였거나 납부할 부가가치세는 잔존재화 양도시 취득가액 계산시 포함한다(「소득세법 시행령」 제163조 제1항 제1호).

(2) 취득가액 계산시 제외

① 특수관계인으로부터 고가취득한 경우에는 신고한 그 고가로 취득한 가액을 부인하고 시가를 취득가액으로 다시 계산한다.

🔍 사례 취득가액 계산

특수관계인인 개인에게 토지를 10억원(시가 8억원)에 취득하고 취득가액을 10억원으로 계상한 경우, 동 토지의 세무상 취득가액은 8억원이다.

	시가	거래가액	차액
고가취득	8억원	10억원	2억원

특수관계인에게 고가로 취득한 경우에 시가와 거래가액의 차액이 시가의 5%에 상당하는 금액 이상이거나, 시가와 거래가액의 차액이 3억원 이상인 경우에는 거래가액을 부인하고 시가를 취득가액으로 한다. 이 지문은 차액(2억원)이 시가의 5% 이상(4천만원)이 되기 때문에 거래가액(10억원)을 부인하고 취득가액을 8억원으로 한다.

② 당초 약정에 의한 거래가액의 지급기일의 지연으로 인하여 추가로 발생하는 이자상당액은 취득가액 계산시 제외한다(「소득세법 시행령」 제163조 제1항 제3호 단서). 제36회

③ 「지적재조사에 관한 특별법」에 따른 경계의 확정으로 지적공부상의 면적이 증가되어 징수한 조정금은 취득가액에 포함하지 아니한다(「소득세법」 제97조 제1항 제1호).

④ 양도자산 보유기간에 그 자산에 대한 감가상각비로서 각 과세기간의 사업소득금액을 계산하는 경우 필요경비에 산입하였거나 산입할 금액이 있을 때에는 그 금액을 공제한 금액을 그 취득가액으로 한다(「소득세법」 제97조 제3항).

핵심 취득가액 포함 여부 종합

취득가액 포함	취득가액 제외
• 취득세·등록면허세·부동산중개보수·법무사비용 • 취득에 관한 쟁송이 있는 자산에 대하여 그 소유권 등을 확보하기 위하여 직접 소요된 소송비용·화해비용 • 현재가치할인차금으로 계상 • 당사자 약정에 의한 대금지급방법에 따라 취득원가에 이자상당액을 가산하여 거래가액을 확정하는 경우 해당 이자상당액 • 사업자가 면세전용과 폐업시 잔존재화에 대하여 납부하였거나 납부할 부가가치세	• 재산세, 종합부동산세, 상속세 • 특수관계인 간 고가취득시 시가초과액 • 취득일 이후 지급기일의 지연으로 인하여 추가로 발생하는 이자상당액 • 「지적재조사에 관한 특별법」에 따른 경계의 확정으로 지적공부상의 면적이 증가되어 징수한 조정금 • 타 소득금액 계산시 필요경비로 이미 산입된 금액 • 부동산 취득대금에 충당하기 위한 대출금 이자

(3) 상속·증여받은 자산의 취득가액

상속 또는 증여(부담부증여의 채무액에 해당하는 부분도 포함하되, 변칙적 거래에 따른 이익의 증여는 제외한다)받은 자산에 대하여 실지거래가액을 적용할 때에는 상속개시일 또는 증여일 현재 「상속세 및 증여세법」의 규정에 따라 평가한 가액(세무서장 등이 결정·경정한 가액이 있는 경우 그 결정·경정한 가액으로 한다)을 취득 당시의 실지거래가액으로 본다(「소득세법 시행령」 제163조 제9항).

참고 금융비용

당초 약정에 의한 거래가액의 지급 지연으로 인하여 추가로 발생하는 이자상당액은 취득가액에 포함되지 아니하며, 자산의 취득자금으로 활용된 금융기관 차입금에 대한 지급이자는 필요경비에 산입되지 아니한다.

기출

1. 자산을 장기할부조건으로 매입하는 경우에 발생한 채무를 기업회계기준에 따라 현재가치로 평가하여 현재가치할인차금으로 계상한 경우 취득가액 계산시 포함한다.

2. 양도자산 보유기간에 그 자산에 대한 감가상각비로서 각 과세기간의 사업소득금액을 계산하는 경우 필요경비에 산입하였거나 산입할 금액이 있을 때에는 그 금액은 양도소득 필요경비에 포함하지 않는다.

3 필요경비 제32회

(1) 의의

① 거주자의 양도차익을 계산할 때 양도가액에서 공제할 필요경비는 해당 자산의 자본적 지출액(수익적 지출액 제외한다)·개발부담금과 재건축부담금 및 양도직접비용의 합계액인 실지필요경비로 한다.

✔ 자본적 지출액과 양도직접비용의 경우 그 지출에 관한 증명서류(세금계산서, 신용카드매출전표 등)를 수취·보관하거나 실제 지출사실이 금융거래(계좌이체 등) 증빙서류에 의하여 확인되는 경우에 한한다.

② 추계방법에 의한 취득가액을 환산취득가액으로 하는 경우: 환산취득가액에 필요경비개산공제액을 더한 금액이 자본적 지출액에 양도비용을 더한 금액보다 적은 경우에는 자본적 지출액에 양도비용을 더한 금액을 필요경비로 할 수 있다.

> 필요경비 = 큰 금액(㉠, ㉡)
> ㉠ 환산취득가액 + 필요경비개산공제액(토지와 건물: 취득 당시 기준시가 × 100분의 3)
> ㉡ 자본적 지출액 + 양도비용

(2) 자본적 지출액

① 의의: 자본적 지출액이란 고정자산의 내용연수를 연장시키거나 그 가치를 현실적으로 증가시키는 데에 소요된 비용을 말한다.

② 내용: 자산에 비용지출로 인한 가치를 증가시키는 경우와 내용연수를 증가시키는 경우 및 다음의 비용은 자본적 지출액(지출에 관한 증명서류를 수취·보관하거나 실제 지출사실이 금융거래 증빙서류에 의하여 확인되는 경우에 한한다)으로 필요경비에 포함한다(「소득세법 시행령」 제163조 제3항, 「소득세법」 제67조 제2항). 그러나 유지보수 차원에서 지출된 비용인 수익적 지출액은 필요경비로 인정되지 않는다.

㉠ 본래의 용도를 변경하기 위한 개조(주택의 이용편의를 위한 베란다 새시, 거실 및 방 확장 공사비, 난방시설 교체비 등의 내부시설의 개량을 위한 공사비)
㉡ 엘리베이터 또는 냉난방장치의 설치
㉢ 빌딩 등의 피난시설 등의 설치
㉣ 재해 등으로 인하여 건물·기계·설비 등이 멸실 또는 훼손되어 해당 자산의 본래 용도로의 이용가치가 없는 것의 복구

> **참고** 오피스텔에 설치하는 비품구입비
> 오피스텔 비품(TV·에어컨·냉장고·가스레인지·식탁 등) 구입비는 임대조건을 유리하게 하기 위한 임대비용으로서 자본적 지출액으로 볼 수 없다.

ⓜ 양도자산을 취득한 후 쟁송이 있는 경우에 그 소유권확보를 위하여 직접 소요된 소송비용·화해비용 등의 금액(그 지출한 연도의 각 소득금액의 계산에 있어서 필요경비에 산입된 것은 제외한다)

ⓗ 양도자산의 용도변경·개량 또는 이용편의를 위하여 지출한 비용(재해·노후화 등 부득이한 사유로 인하여 건물을 재건축한 경우 그 철거비용을 포함한다)

> **참고** 건물 철거비용 필요경비 산입 여부
> 토지만을 이용하기 위하여 토지와 건물을 함께 취득한 후 해당 건물을 철거하고 토지만을 양도하는 경우, 철거된 건물의 취득가액과 철거비용의 합계액에서 철거 후 남아있는 시설물의 처분가액을 차감한 잔액을 양도자산의 필요경비로 산입한다.

참고 자본적 지출액과 수익적 지출액

자본적 지출액	수익적 지출액
• 주택의 이용편의를 위한 베란다 새시 공사비 • 거실 및 방 확장 공사비 • 난방시설 교체비 등의 내부시설의 개량을 위한 공사비	• 정상적인 수선 또는 부동산 본래의 기능을 유지하기 위한 경미한 개량인 벽지·장판의 교체비용 • 싱크대 및 주방기구 교체비용 • 옥상 방수 공사비 • 타일 및 변기 공사비

(3) 개발부담금 및 재건축부담금 제36회

「개발이익환수에 관한 법률」에 따른 개발부담금(개발부담금의 납부의무자와 양도자가 서로 다른 경우에는 양도자에게 사실상 배분될 개발부담금상당액을 말한다)과 「재건축초과이익 환수에 관한 법률」에 따른 재건축부담금(재건축부담금의 납부의무자와 양도자가 서로 다른 경우에는 양도자에게 사실상 배분될 재건축부담금상당액을 말한다)은 필요경비에 포함한다.

(4) 양도직접비용(「소득세법 시행령」 제163조 제5항 제1호)

자산을 양도하기 위하여 직접 지출한 비용으로서 그 지출에 관한 증명서류를 수취·보관하거나 실제 지출사실이 금융거래 증명서류에 의하여 확인되는 다음에 해당하는 비용으로 한다(「소득세법 시행규칙」 제79조 제1항).

① 「증권거래세법」에 따라 납부한 증권거래세
② 양도소득세과세표준 신고서 작성비용 및 계약서 작성비용
③ 공증비용, 인지대 및 소개비
④ 매매계약에 따른 인도의무를 이행하기 위하여 양도자가 지출하는 명도비용 제36회
⑤ 「하천법」, 「댐건설 및 주변지역지원 등에 관한 법률」 그 밖의 법률에 따라 시행하는 사업으로 인하여 해당 사업구역 내의 토지소유자가 부담한 수익자부담금 등의 사업비용

> **참고** 필요경비 제외 항목
> 다음의 경우는 실지필요경비에 포함되지 아니한다.
> 1. 재산세·종합부동산세·상속세
> 2. 수익적 지출액
> 3. 양도간접비용
> 4. 택지초과소유부담금
> 5. 재평가차액

참고 **타인 토지에 도로를 신설한 경우**
2011.3.28. 이후 토지를 양도한 경우로서 토지(맹지)의 이용편의를 위하여 타인소유의 토지에 진입도로 개설공사비로 지출한 비용은 필요경비에 해당한다.

⑥ 토지이용의 편의를 위하여 지출한 장애철거비용
⑦ 토지이용의 편의를 위하여 해당 토지 또는 해당 토지에 인접한 타인 소유의 토지에 도로를 신설한 경우의 그 시설비
⑧ 토지이용의 편의를 위하여 해당 토지에 도로를 신설하여 국가 또는 지방자치단체에 이를 무상으로 공여한 경우의 그 도로로 된 토지의 취득 당시 가액
⑨ 사방사업에 소요된 비용

(5) 매각차손(「소득세법 시행령」 제163조 제5항 제2호) 제36회

토지·건물을 취득함에 있어서 법령 등의 규정에 따라 매입한 국민주택채권 및 토지개발채권을 만기 전에 양도함으로써 발생하는 매각차손은 필요경비에 포함한다. 이 경우 금융기관 외의 자에게 양도한 경우에는 동일한 날에 금융기관에 양도하였을 경우 발생하는 매각차손을 한도로 한다.

매수자	매각차손
금융회사 등	전액 필요경비로 인정
금융회사 등 이외의 자	①과 ② 중 적은 금액 ① 실제 매각차손 ② 금융회사 등에 양도한 경우의 매각차손

기출
1. 자산을 양도하기 위하여 직접 지출한 양도소득세 과세표준 신고서 작성비용(지출에 관한 증명서류를 수취·보관하거나 실제 지출사실이 금융거래 증빙서류에 의하여 확인되는 경우에 한함)은 필요경비로 인정된다.
2. 토지를 취득함에 있어서 부수적으로 매입한 채권을 만기 전에 양도함으로써 발생하는 매각차손은 양도비용으로 인정된다. 이 경우 금융기관 외의 자에게 양도한 경우에는 동일한 날에 금융기관에 양도하였을 경우 발생하는 매각차손을 한도로 한다.
제36회

(6) 필요경비개산공제액(「소득세법 시행령」 제163조 제6항)

취득가액을 추계결정(매매사례가액, 감정가액, 환산취득가액) 또는 기준시가로 하는 경우 다음의 필요경비개산공제액을 적용한다.

① 토지와 건물

> 취득 당시의 기준시가 × 100분의 3(미등기 양도자산 1000분의 3)

② 지상권, 전세권, 등기된 부동산임차권

> 취득 당시의 기준시가 × 100분의 7

③ 부동산을 취득할 수 있는 권리

> 취득 당시의 기준시가 × 100분의 1

④ 기타자산, 주식·출자지분

> 취득 당시의 기준시가 × 100분의 1

4 장기보유특별공제와 양도소득기본공제

1. 장기보유특별공제

(1) 취지

장기보유특별공제란 장기간에 걸쳐 형성된 양도소득이 일시에 실현됨으로 인하여 높은 세율을 적용받는 결집효과를 완화하고, 그 높은 세율의 적용으로 인한 과중한 세부담의 이유로 양도를 거부하는 동결효과를 방지하기 위함이다. 이는 자산의 장기보유를 우대하고 자산의 장기보유에 따른 세금의 누적효과를 감소시키는 데 그 취지가 있다.

참고 양도소득과세표준 계산구조

```
        양 도 차 익
(−)   장기보유특별공제
        양 도 소 득 금 액
(−)   양도소득기본공제
        양도소득과세표준
```

(2) 적용요건

① 적용대상: 장기보유특별공제는 다음의 경우에 대하여 적용된다(「소득세법」 제95조 제2항).
  ㉠ 국내 소재 토지(비사업용 토지 포함)·건물(주택 포함)로서 등기되고 보유기간이 3년 이상인 것
  ㉡ 조합원입주권(조합원으로부터 취득한 것은 제외하며, 「도시 및 주거환경정비법」에 따른 관리처분계획 인가 전 토지분 또는 건물분의 양도차익으로 한정한다)

② 배제되는 경우: 다음의 경우에는 장기보유특별공제를 적용받을 수 없다(「소득세법」 제95조 제2항). 아래 ㉤, ㉥, ㉦, ㉧에 대해서는 2026년 5월 9일까지는 장기보유특별공제를 적용받을 수 있다.
  ㉠ 토지·건물, 조합원입주권이 아닌 자산을 양도한 경우
  ㉡ 미등기 양도자산(법령으로 정하는 자산은 제외)의 경우
  ㉢ 보유기간 3년 미만의 토지·건물을 양도한 경우
  ㉣ 국외 소재 토지와 건물을 양도한 경우
  ㉤ 조정대상지역에 있는 주택으로서 1세대 2주택에 해당하는 주택(이에 딸린 토지를 포함한다)
  ㉥ 조정대상지역에 있는 주택으로서 1세대가 주택과 조합원입주권 또는 분양권을 각각 1개씩 보유한 경우의 해당 주택(대통령령으로 정하는 장기임대주택 등은 제외한다)
  ㉦ 조정대상지역에 있는 주택으로서 1세대 3주택 이상에 해당하는 주택
  ㉧ 조정대상지역에 있는 주택으로서 1세대가 주택과 조합원입주권 또는 분양권을 보유한 경우로서 그 수의 합이 3 이상인 경우의 해당 주택(대통령령으로 정하는 장기임대주택 등은 제외한다)

용어 조합원입주권
「도시 및 주거환경정비법」에 따른 관리처분계획의 인가로 인하여 취득한 입주자로 선정된 지위를 말한다.

기출
1. 국내 소재 토지·건물로서 등기되고 보유기간이 3년 이상인 것과 조합원입주권(조합원으로부터 취득한 것은 제외한다)은 장기보유특별공제를 적용한다.
2. 장기보유특별공제는 양도차익에 보유기간별 공제율을 곱하여 계산한다.
3. 국외 소재 자산을 양도하는 경우 장기보유특별공제를 적용하지 않는다.
4. 국내 소재 비사업용 토지에 대하여도 법령에서 규정한 경우에는 장기보유특별공제를 적용받을 수 있다.

(3) 장기보유특별공제율

① 일반적인 경우: 양도차익에 다음에 규정된 보유기간별 공제율(매년 2%씩 증가, 한도 30%)을 곱하여 계산한다(「소득세법」 제95조 제2항).

> 장기보유특별 공제율 = 양도차익 × 매년 2%씩 증가(한도 30%)

✔ 양도가액이 아닌 양도차익에 공제율을 곱한다.

보유기간	공제율	보유기간	공제율
3년 이상 4년 미만	양도차익 × 6%	9년 이상 10년 미만	양도차익 × 18%
4년 이상 5년 미만	양도차익 × 8%	10년 이상 11년 미만	양도차익 × 20%
5년 이상 6년 미만	양도차익 × 10%	11년 이상 12년 미만	양도차익 × 22%
6년 이상 7년 미만	양도차익 × 12%	12년 이상 13년 미만	양도차익 × 24%
7년 이상 8년 미만	양도차익 × 14%	13년 이상 14년 미만	양도차익 × 26%
8년 이상 9년 미만	양도차익 × 16%	14년 이상 15년 미만	양도차익 × 28%
		15년 이상	양도차익 × 30%

② 1세대 1주택(딸린 토지 포함): 1세대 1주택(딸린 토지를 포함한다)에 해당하는 자산의 경우에는 그 자산의 양도차익에 보유기간별 공제율을 곱하여 계산한 금액과 거주기간별 공제율을 곱하여 계산한 금액을 합산한 것을 말한다(「소득세법」 제95조 제2항).

> 장기보유특별 공제율 = 양도차익 × [보유기간 4%씩 증가(한도 40%) + 거주기간 4%씩 증가(한도 40%)] 제34회

보유기간	공제율	거주기간	공제율
3년 이상 4년 미만	100분의 12	2년 이상 3년 미만 (보유기간 3년 이상인 경우에 한함)	100분의 8
		3년 이상 4년 미만	100분의 12
4년 이상 5년 미만	100분의 16	4년 이상 5년 미만	100분의 16
5년 이상 6년 미만	100분의 20	5년 이상 6년 미만	100분의 20
6년 이상 7년 미만	100분의 24	6년 이상 7년 미만	100분의 24
7년 이상 8년 미만	100분의 28	7년 이상 8년 미만	100분의 28
8년 이상 9년 미만	100분의 32	8년 이상 9년 미만	100분의 32
9년 이상 10년 미만	100분의 36	9년 이상 10년 미만	100분의 36
10년 이상	100분의 40	10년 이상	100분의 40

참고 1세대 1주택 장기보유특별공제 제34회
1. 2년 이상 거주한 경우(①과 ②를 합산)
   ① 보유기간별 공제율: 매년 4%씩(한도: 40%)
   ② 거주기간별 공제율: 매년 4%씩(한도: 40%)
2. 2년 이상 거주하지 않은 경우: 매년 2%씩(한도: 30%)

③ 보유기간: 보유기간은 원칙적으로 자산의 취득일부터 양도일까지의 기간으로 하는데 다음의 경우는 예외로 한다(「소득세법」 제95조 제4항). 조합원입주권에 대해서 장기보유특별공제를 할 때 보유기간은 기존 주택의 취득일부터 관리처분계획 인가일까지의 기간으로 한다(양도소득세 집행기준 95-166-1).

　㉠ 배우자 또는 직계존비속으로부터 증여받은 자산을 양도하여 이월과세되는 경우: 증여한 배우자가 해당 자산을 취득한 날부터 기산한다.
　㉡ 상속받은 자산의 경우
　　ⓐ 일반적인 경우: 상속개시일로부터 양도일까지로 한다.
　　ⓑ 가업상속공제가 적용된 비율에 해당하는 자산의 경우: 피상속인이 해당 자산을 취득한 날부터 기산한다.

참고 상속자산의 보유기간
1. 장기보유특별공제
　• 일반적: 상속개시일 ~ 양도일
　• 가업상속: 피상속인 취득일 ~ 양도일
2. 세율적용: 피상속인 취득일 ~ 양도일

예제

다음은 「소득세법」상 양도소득세 장기보유특별공제에 대한 설명이다. 이 중 옳은 것은?
　　　　　　　　　　　　　　　　　　　　　　　　　　제18회

① 국내 소재 비사업용 토지에 해당하는 경우에도 요건을 충족하면 장기보유특별공제를 적용받을 수 있다.
② 장기보유특별공제액 계산시의 보유기간은 해당 자산의 취득일부터 양도일까지로 한다. 다만, 상속(가업상속공제가 적용된 비율에 해당하는 자산의 경우 제외)에 의해 취득한 부동산을 양도하는 경우 장기보유특별공제 적용시 보유기간은 피상속인이 취득한 날로부터 기산한다.
③ 장기보유특별공제는 양도소득과세표준을 계산하는 과정에서 양도소득금액에서 일정액을 차감한다.
④ 장기보유특별공제는 납세의무자의 신청에 의한 납세지 관할 세무서장의 승인이 있어야 적용된다.
⑤ 거주자가 국내 소재 1세대 1주택에 해당하는 등기된 고가주택을 10년 보유 및 10년 거주한 자산은 양도가액의 100분의 80에 상당하는 금액을 장기보유특별공제로 공제한다.

해설 ② 장기보유특별공제액계산시의 보유기간은 해당 자산의 취득일부터 양도일까지로 한다. 다만, 상속(가업상속공제가 적용된 비율에 해당하는 자산의 경우 제외)에 의해 취득한 부동산을 양도하는 경우 장기보유특별공제 적용시 보유기간은 상속개시일로부터 기산한다.
③ 장기보유특별공제는 양도소득금액을 계산하는 과정에서 양도차익에서 일정액을 차감하여 계산한다.
④ 장기보유특별공제는 납세의무자의 신청을 요건으로 하지 않는다.
⑤ 거주자가 국내 소재 1세대 1주택에 해당하는 등기된 고가주택을 10년 보유(한도 40%) 및 10년 거주(한도 40%)한 자산은 양도차익의 100분의 80에 상당하는 금액을 장기보유특별공제액으로 공제한다.

정답 ①

2. 양도소득기본공제액 제32회, 제34회

(1) 공제대상자산

미등기 양도자산을 제외한 양도소득세 과세대상인 자산은 보유기간에 관계없이 양도소득기본공제대상이 된다(「소득세법」 제103조 제1항).

(2) 공제금액

양도소득이 있는 거주자에 대해서는 다음의 양도소득금액 종류별로 해당 과세기간의 양도소득금액에서 각각 연 250만원을 공제한다(「소득세법」 제103조 제1항).

구분		공제액
국내자산 양도소득금액	토지, 건물, 부동산에 관한 권리, 기타자산	연 250만원
	주식 및 출자지분	연 250만원
	파생상품 등의 거래	연 250만원
	신탁수익권	연 250만원
국외자산 양도소득금액	토지, 건물, 부동산에 관한 권리, 기타자산	연 250만원

(3) 자산을 여러 차례 양도한 경우

① 양도소득금액에 감면소득금액이 있는 경우에는 그 감면소득금액 외의 양도소득금액에서 먼저 공제한다(「소득세법」 제103조 제2항 전단).

② 감면소득금액 외의 양도소득금액 중에서는 해당 과세기간에 먼저 양도하는 자산의 양도소득금액에서부터 순서대로 공제한다(「소득세법」 제103조 제2항 후단).

(4) 공동소유 자산을 양도한 경우

공동으로 소유하는 자산을 양도하는 경우에는 소유지분별로 안분하여 양도자별로 양도소득세를 신고하기 때문에 공동소유자 각각 양도소득금액에서 연 250만원의 양도소득기본공제를 받을 수 있다.

> **보충 양도소득기본공제**
>
> 1. 비거주자의 국내원천소득인 양도소득의 과세표준을 계산함에 있어 양도소득기본공제는 거주자와 동일하게 적용된다(양도소득세 집행기준 103-0-2).
> 2. 2 이상의 양도자산 중 어느 자산을 먼저 양도하였는지의 여부가 불분명한 경우에는 납세자에게 유리한 양도소득금액에서부터 공제한다(양도소득세 집행기준 103-0-1).

참고 양도소득과세표준 계산구조

```
      양 도 차 익
(-)   장기보유특별공제
      양 도 소 득 금 액
(-)   양도소득기본공제
      양도소득과세표준
```

기출

1. 미등기 양도자산을 제외한 양도소득세 과세대상인 자산은 보유기간에 관계없이 양도소득기본공제대상이 된다.
2. 양도소득이 있는 거주자에 대해서는 부동산등과 주식 등의 양도소득금액별로 해당 과세기간의 양도소득금액에서 각각 연 250만원을 양도소득기본공제로 공제한다.
3. 같은 해에 여러 개의 자산(모두 등기됨)을 양도한 경우 양도소득기본공제는 해당 과세기간에 먼저 양도한 자산의 양도소득금액에서부터 순서대로 공제한다.
4. 양도소득세 과세대상인 국내 소재의 등기된 토지와 건물을 같은 연도 중에 양도시기를 달리하여 양도한 경우에도 양도소득기본공제는 연 250만원을 공제한다.

5 양도소득 세율 제34회

1. 부동산, 부동산에 관한 권리, 기타자산, 주식 및 출자지분

① 하나의 자산이 다음에 따른 세율 중 둘 이상의 세율에 해당할 때에는 해당 세율을 적용하여 계산한 양도소득 산출세액 중 큰 것을 그 세액으로 한다(「소득세법」 제104조 제1항).

② 한 필지의 토지가 비사업용 토지와 그 외의 토지로 구분되는 경우에는 각각을 별개의 자산으로 보아 양도소득 산출세액을 계산한다(「소득세법」 제104조 제5항 후단).

(1) 토지, 건물 및 부동산에 관한 권리

대상자산			양도소득 세율
미등기 양도자산			100분의 70
등기 양도자산	2년 이상	일반적인 경우	6 ~ 45%
		비사업용 토지	16 ~ 55%
	1년 이상 2년 미만	일반적인 경우	100분의 40
		비사업용 토지	①과 ② 중 큰 세액 ① 100분의 40 ② 16 ~ 55%
	1년 미만	일반적인 경우	100분의 50
		비사업용 토지	①과 ② 중 큰 세액 ① 100분의 50 ② 16 ~ 55%

> **참고 부동산에 관한 권리**
> 1. 부동산을 취득할 수 있는 권리(건물이 완성되는 때에 그 건물과 이에 딸린 토지를 취득할 수 있는 권리를 포함한다)
> 2. 지상권
> 3. 전세권
> 4. 등기된 부동산임차권

(2) 주택(다주택 포함), 조합원입주권 및 분양권

대상자산		양도소득 세율	
		주택, 조합원입주권	분양권
미등기 양도자산		100분의 70	-
등기 양도자산	2년 이상	6 ~ 45%	100분의 60
	1년 이상 2년 미만	100분의 60	
	1년 미만	100분의 70	100분의 70

(3) 기타 자산

보유기간과 무관하게 기본세율(6 ~ 45%)을 적용한다.

> **참고 기타자산**
> 1. 골프회원권
> 2. 사업에 사용하는 토지·건물·부동산에 관한 권리와 함께 양도하는 영업권
> 3. 토지·건물과 함께 양도하는 이축권

(4) 초과누진세율

양도소득세 일반세율이란 다음의 8단계 초과누진세율(6 ~ 45%)을 말한다(「소득세법」 제55조 제1항).

과세표준	기본세율
1,400만원 이하	과세표준의 6%
1,400만원 초과 5,000만원 이하	84만원 + 1,400만원을 초과하는 금액의 15%
5,000만원 초과 8,800만원 이하	624만원 + 5,000만원을 초과하는 금액의 24%
8,800만원 초과 1억 5천만원 이하	1,536만원 + 8,800만원을 초과하는 금액의 35%
1억 5천만원 초과 3억원 이하	3,706만원 + 1억 5천만원을 초과하는 금액의 38%
3억원 초과 5억원 이하	9,406만원 + 3억원을 초과하는 금액의 40%
5억원 초과 10억원 이하	1억 7,406만원 + 5억원을 초과하는 금액의 42%
10억원 초과	3억 8,406만원 + 10억원을 초과하는 금액의 45%

(5) 조정대상지역에 있는 주택(2026년 5월 9일까지는 중과세 제외)

다음의 어느 하나에 해당하는 주택을 양도하는 경우 기본세율에 100분의 20(③ 및 ④의 경우 100분의 30)을 더한 세율을 적용한다. 이 경우 해당 주택 보유기간이 2년 미만인 경우에는 기본세율에 100분의 20(③ 및 ④의 경우 100분의 30)을 더한 세율을 적용하여 계산한 양도소득 산출세액과 기본세율(1년 미만인 경우 100분의 70, 1년 이상 2년 미만인 경우 100분의 60)을 적용하여 계산한 양도소득 산출세액 중 큰 세액을 양도소득 산출세액으로 한다(「소득세법」 제104조 제7항).

① 조정대상지역에 있는 주택으로서 1세대 2주택에 해당하는 주택(이에 딸린 토지를 포함한다)
② 조정대상지역에 있는 주택으로서 1세대가 주택과 조합원입주권 또는 분양권을 각각 1개 보유한 경우의 해당 주택(대통령령으로 정하는 장기임대주택 등은 제외한다)
③ 조정대상지역에 있는 주택으로서 1세대 3주택 이상에 해당하는 주택
④ 조정대상지역에 있는 주택으로서 1세대가 주택과 조합원입주권 또는 분양권을 보유한 경우로서 그 수의 합이 3 이상인 경우의 해당 주택(대통령령으로 정하는 장기임대주택 등은 제외한다)

기출

1. 미등기 양도자산에 대하여는 양도소득과세표준에 100분의 70의 세율을 적용하여 양도소득세를 산출한다. 제32회
2. 10개월 보유한 등기된 국내 상가건물을 양도한 경우 100분의 50의 세율이 적용된다. 제34회
3. 2년 6개월 보유한 등기된 국내 소재 1주택을 양도시 양도소득세 세율은 6 ~ 45% 8단계 초과누진세율이다.
4. 보유기간이 10개월인 「소득세법」에 따른 분양권의 양도소득세 세율은 100분의 70이다. 제34회
5. 보유기간이 1년 10개월인 「소득세법」에 따른 조합원입주권의 양도소득세 세율은 100분의 60이다. 제34회

2. 세율 적용시 보유기간의 계산

(1) 일반적인 경우

세율 적용시 보유기간은 그 자산의 취득일부터 양도일까지로 한다(「소득세법」 제104조 제2항).

(2) 상속·증여 및 합병법인 등인 경우

① 상속받은 자산의 보유기간은 피상속인이 그 자산을 취득한 날로부터 양도일까지로 한다(「소득세법」 제104조 제2항).

② 배우자 또는 직계존비속으로부터 증여받은 자산에 대한 이월과세의 경우의 보유기간은 증여자가 그 자산을 취득한 날로부터 양도한 날까지로 한다(「소득세법」 제104조 제2항).

> **참고** 세율과 장기보유특별공제 적용시 보유기간

구분	보유기간	
	세율 적용	장기보유특별공제 적용
상속받은 자산	피상속인이 그 자산을 취득한 날로부터 양도일까지	실제 취득일(상속개시일)로부터 양도일까지
배우자·직계존비속 간 증여재산에 대한 이월과세의 규정을 적용받는 자산	증여한 배우자 등이 그 자산을 취득한 날로부터 양도일까지	증여한 배우자 등이 그 자산을 취득한 날로부터 양도일까지

6 미등기 양도자산 제32회

(1) 미등기 양도시 불이익

① 「소득세법」상 비과세 및 「조세특례제한법」상 감면 혜택을 받지 못한다(「소득세법」 제91조 제1항): 미등기 상태로 양도하면 1세대 1주택에 대한 「소득세법」 기타 법률 중 양도소득세 비과세와 「조세특례제한법」상의 각종 감면혜택을 받지 못한다.

② 장기보유특별공제를 적용받지 못한다(「소득세법」 제95조 제2항): 토지·건물·조합원입주권을 3년 이상 보유하였다가 양도하면 양도소득금액 계산시 보유기간에 따라 양도차익의 일정률(一定率)을 공제해주나, 등기를 하지 않고 양도하면 장기보유특별공제를 받지 못한다.

기출

1. 상속받은 부동산을 양도하는 경우 양도소득세 세율을 적용함에 있어서 보유기간은 피상속인이 그 자산을 취득한 날로부터 양도일까지로 한다.
2. 배우자 또는 직계존비속으로부터 증여받은 자산에 대한 이월과세의 경우 세율 적용시 보유기간은 증여자가 취득한 날로부터 양도한 날까지로 한다.

제32회

③ 양도소득기본공제를 적용받지 못한다(「소득세법」제103조 제1항): 양도소득과세표준을 계산할 때는 양도소득금액에서 연 250만원을 공제해주나, 미등기 양도자산에 해당되는 경우에는 양도소득기본공제를 받지 못한다.

④ 100분의 70의 높은 세율이 적용된다(「소득세법」제104조 제1항 제10호): 양도소득세율은 2년 이상 보유한 자산의 경우 양도소득과세표준의 크기에 따라 6~45%의 세율이 적용되나, 미등기 양도자산에 대하여는 100분의 70의 높은 세율이 적용된다.

➕ 보충 │ 미등기 불이익

계산절차	미등기시의 규제내용
양도가액 (−) 취득가액 (−) 필요경비 양도차익	비과세, 감면을 배제한다. ✔ 미등기시에도 필요경비개산공제는 적용된다.
(−) 장기보유특별공제액 양도소득금액	장기보유특별공제액을 적용하지 아니한다.
(−) 양도소득기본공제액 양도소득과세표준	양도소득기본공제액을 적용하지 아니한다.
(×) 세율 양도소득산출세액	100분의 70의 세율이 적용된다.

예제

「소득세법」상 미등기 양도자산(미등기 양도제외자산 아님)인 상가건물의 양도에 관한 내용으로 옳은 것을 모두 고른 것은? 제32회

㉠ 양도소득세율은 양도소득과세표준의 100분의 70
㉡ 장기보유특별공제 적용 배제
㉢ 필요경비개산공제 적용 배제
㉣ 양도소득기본공제 적용 배제

① ㉠, ㉡, ㉢   ② ㉠, ㉡, ㉣   ③ ㉠, ㉢, ㉣
④ ㉡, ㉢, ㉣   ⑤ ㉠, ㉡, ㉢, ㉣

해설 미등기 양도자산에 대하여는 비과세나 감면 배제, 장기보유특별공제 배제, 양도소득기본공제 배제, 세율은 100분의 70의 세율을 적용한다. 그러나 미등기로 양도하는 경우라도 필요경비개산공제는 가능하다. 미등기 상가 건물을 양도하는 경우 필요경비개산공제는 취득 당시 기준시가에 1,000분의 3을 곱한 금액으로 한다. **정답 ②**

기출

1. 미등기 상태로 양도하면 1세대 1주택에 대한 「소득세법」기타 법률 중 양도소득세 비과세와 「조세특례제한법」상의 각종 감면 혜택을 받지 못한다.
2. 토지·건물·조합원입주권을 3년 이상 보유하였다가 양도하면 양도소득금액 계산시 보유기간에 따라 양도차익의 일정률을 공제해주나, 등기를 하지 않고 양도하면 장기보유특별공제를 받지 못한다.

제32회

(2) 등기 의제 제32회, 제34회, 제36회

미등기 양도자산이란 토지·건물 및 부동산에 관한 권리를 취득한 자가 그 자산의 취득에 관한 등기를 하지 아니하고 양도하는 것을 말한다. 그러나 다음에 해당하는 사유로 등기가 불가능한 경우에는 등기할 수 없는 정당한 사유가 있으므로 미등기일지라도 등기로 보아 미등기에 따른 불이익을 받지 않는다(「소득세법 시행령」제168조 제1항).

① 장기할부조건으로 취득한 자산으로서 그 계약조건에 의하여 양도 당시 그 자산의 취득에 관한 등기가 불가능한 자산
② 법률의 규정 또는 법원의 결정에 의하여 양도 당시 그 자산의 취득에 관한 등기가 불가능한 자산
③ 농지의 교환 또는 분합으로 인하여 발생하는 소득에 대하여 비과세 또는 감면이 적용되는 농지
④ 양도할 때까지 8년 이상 계속하여 자기가 경작한 농지 및 감면요건을 충족한 대토하는 농지
⑤ 비과세대상인 1세대 1주택으로「건축법」에 따른 건축허가를 받지 아니하여 등기가 불가능한 자산
⑥ 「도시개발법」에 따른 도시개발사업이 종료되지 아니하여 토지 취득등기를 하지 아니하고 양도하는 토지
⑦ 건설업자가「도시개발법」에 따라 공사용역 대가로 취득한 체비지를 토지구획환지처분공고 전에 양도하는 토지

7 양도소득금액 계산의 특례

1. 양도차손의 공제(통산)

(1) 세율별 공제 우선

소득종류별로 양도소득금액을 계산할 때 양도차손이 발생한 자산이 있는 경우에는 다음 순서에 따라 동일한 종류의 양도소득금액에서 그 양도차손을 순차적으로 공제한다(「소득세법」제102조 제2항). 제35회

① 양도차손이 발생한 자산과 같은 세율을 적용받는 자산의 양도소득금액
② 양도차손이 발생한 자산과 다른 세율을 적용받는 자산의 양도소득금액. 이 경우 다른 세율을 적용받는 자산의 양도소득금액이 2 이상인 경우에는 각 세율별 양도소득금액의 합계액에서 해당 양도소득금액이 차지하는 비율로 안분하여 공제한다.

기출

1. 장기할부조건으로 취득하였으나 계약조건상 양도 당시 그 취득에 관한 등기가 불가능한 자산은 미등기일지라도 등기로 보아 미등기에 따른 불이익을 받지 않는다. 제36회
2. 법원의 결정에 의하여 양도 당시 취득에 관한 등기가 불가능한 미등기주택은 양도소득세 비과세가 배제되는 미등기 양도자산에 해당하지 않는다. 제32회, 제36회
3. 건설업자가「도시개발법」에 따라 공사용역 대가로 취득한 체비지를 토지구획환지처분공고 전에 양도하는 토지는 미등기 양도자산에 해당하지 않는다. 제34회, 제36회
4. 「도시개발법」에 따른 도시개발사업이 종료되지 아니하여 토지 취득등기를 하지 아니하고 양도하는 토지는 양도소득세 비과세가 배제되는 미등기양도자산에 해당하지 않는다. 제34회, 제36회

참고 양도차손공제
양도차손이 발생하는 경우 양도차익에서 공제하지 않고 동일한 종류의 양도소득금액에서 공제한다.

③ 위 ②의 소득금액에서 공제 후 남은 부분을 결손금이라 하는데, 이러한 결손금은 종합소득금액 또는 퇴직소득금액에서 공제받을 수 없다(「소득세법」 제102조 제1항 후단).

(2) 미공제분의 처리

① 세율별 공제에 의하여 공제되지 못한 결손금은 소멸된다. 따라서 미공제된 결손금을 종합소득금액·퇴직소득금액에서 공제할 수 없다.

② 차기 이후 과세기간의 소득종류별 양도소득금액에서 이월(移越: 넘기다)공제도 받을 수 없다.

> **참고** 미공제분 양도차손
> 1. 종합소득금액, 퇴직소득금액에서 공제할 수 없다.
> 2. 다음 과세기간으로 이월공제되지 않는다.

2. 증여재산에 대한 이월과세 제32회, 제35회

(1) 취지

증여받은 재산은 증여일의 시가를 취득가액으로 하고 증여를 받은 날을 취득시기로 한다. 그러나 배우자 또는 직계존비속으로부터 증여받은 재산을 양도한 경우에도 이와 같이 양도소득을 계산하면 취득할 때보다 시가가 상승한 재산을 증여재산공제 이내에서 증여를 함으로써 증여세를 회피하고 수증자가 단기간 내에 그 재산을 양도하면 양도차익이 거의 발생하지 않아서 양도소득세도 회피할 수 있다. 이와 같이 배우자 또는 직계존비속 간의 증여를 이용하여 조세부담을 회피하는 것을 방지하기 위하여 이월과세 규정을 두고 있다.

(2) 이월과세 요건

이월과세는 다음 요건을 모두 갖춘 경우에 적용한다.

① 거주자가 양도일부터 소급하여 10년(주식 1년) 이내에 그 배우자 또는 직계존비속으로부터 증여받은 경우. 다만, 증여자가 배우자인 경우 양도 당시 혼인관계가 소멸된 경우는 포함하되 사망으로 혼인관계가 소멸된 경우는 제외하며, 증여자가 직계존비속인 경우 양도 당시 증여한 직계존비속이 사망한 경우는 제외한다.

② 토지, 건물, 특정시설물이용권, 부동산을 취득할 수 있는 권리, 주식

> **기출**
> 1. 소득종류별로 소득금액을 계산할 때 양도차손이 발생한 자산이 있는 경우에는 같은 종류 내 다른 자산의 양도소득금액에서 그 양도차손을 순차적으로 공제한다.
> 2. 세율별 공제에 의하여 공제되지 못한 결손금은 소멸된다. 따라서 미공제된 결손금을 종합소득금액·퇴직소득금액에서 공제할 수 없다.
> 3. 세율별 공제에 의하여 공제되지 못한 결손금은 차기 이후 과세기간의 소득종류별 양도소득금액에서 이월(移越) 공제받을 수 없다.
> 4. 국내 거주자가 토지와 주식을 양도하는 경우 부동산에서 발생한 양도차손은 주식의 양도소득금액에서 이를 통산할 수 없다.

(3) 이월과세 배제

다음의 경우는 조세회피목적이 있다고 보기 어려운 점을 고려하여 이월과세 규정을 적용하지 않는다(「소득세법」 제97조의2 제2항).

① 사업인정고시일부터 소급하여 2년 이전에 증여받은 경우로서「공익사업을 위한 토지 등의 취득 및 보상에 관한 법률」이나 그 밖의 법률에 따라 협의매수 또는 수용된 경우
② 이월과세 적용으로 비과세되는 1세대 1주택(비과세 대상에서 제외되는 고가주택 포함)의 양도에 해당하게 되는 경우
③ 이월과세를 적용하여 계산한 양도소득 결정세액이 이월과세를 적용하지 아니하고 계산한 양도소득 결정세액보다 적은 경우
④ 증여자가 배우자인 경우 양도 당시 사망으로 혼인관계가 소멸된 경우
⑤ 증여자가 직계존비속인 경우 양도 당시 증여한 직계존비속이 사망한 경우

참고 이월과세 적용으로 수증자가 1세대 1주택 비과세를 적용받는 경우
이월과세 적용에 따른 조세회피를 방지하기 위해, 양도소득세 이월과세가 적용되어 수증자가 1세대 1주택자로 비과세가 되는 경우 이월과세 적용을 배제한다.

참고 이월과세
1. 납세의무자: 수증자
2. 연대납세의무: 없음
3. 취득가액: 증여한 배우자의 취득 당시 가액
4. 증여세: 필요경비 산입
5. 보유기간: 증여한 배우자의 취득일부터 양도일까지

(4) 이월과세 효과

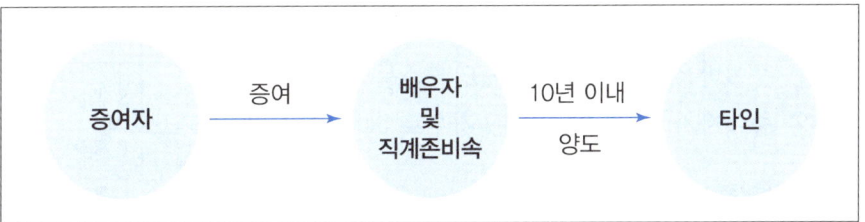

① 양도소득세의 납세의무자: 증여받은 배우자 또는 직계존비속이 양도한 것이므로 수증자가 양도소득세의 납세의무자가 된다. 그러므로 증여자와 수증자는 연대납세의무를 부담하지 않는다.
② 양도소득세의 계산: 증여한 배우자 또는 직계존비속의 취득시기를 기준으로 필요경비ㆍ장기보유특별공제ㆍ세율을 판단한다.
③ 증여세의 처리: 거주자가 증여받은 자산에 대하여 납부하였거나, 납부할 증여세 상당액이 있는 경우에는 필요경비에 산입한다(「소득세법」 제97조의2 제1항 후단). 단, 수증자가 자산 중 일부만 양도한 경우에는 양도한 가액에 대한 비율에 해당하는 증여세를 양도한 자산에 대한 필요경비로 본다.
④ 취득가액: 증여한 배우자 및 직계존비속이 취득한 당시의 가액으로 한다.
   ✔ 자본적 지출액과 양도비용은 수증자의 것을 원칙으로 하되, 증여자가 지출한 자본적 지출액을 포함한다.
⑤ 장기보유특별공제ㆍ세율의 보유기간: 증여한 배우자 및 직계존비속이 취득한 날부터 양도일까지로 한다(「소득세법」 제95조 제4항 단서).

기출
1. 증여받은 배우자 또는 직계존비속이 증여받은 날로부터 10년(주식 1년) 이내에 양도한 것은 수증자가 양도소득세의 납세의무자가 된다. 이 경우 증여자와 수증자는 연대납세의무를 부담하지 않는다.
2. 증여받은 배우자 또는 직계존비속이 증여받은 날로부터 10년(주식 1년) 이내에 양도시 취득가액은 증여한 배우자 및 직계존비속이 취득한 당시의 가액으로 한다.
3. 甲이 배우자인 乙에게 토지를 증여한 후, 乙이 이를 그 증여일부터 10년 이내에 타인에게 양도한 경우에는 乙이 그 토지를 양도한 것으로 보아 양도소득세가 과세된다. 이 경우 선납한 증여세는 필요경비로 공제한다. 제32회

3. 부당행위계산의 부인 제33회

(1) 취지

자산의 장기보유로 인하여 발생된 자본이익을 소멸시키기 위하여 친족 등에게 자산을 증여한 다음 수증자가 이를 단기간 내에 양도하는 거래 형식을 선택하면 고율의 양도소득세를 회피할 수 있으므로 증여를 이용한 조세회피를 막기 위하여 우회양도에 대한 부당행위계산의 부인규정을 두고 있다.

(2) 부당행위계산의 부인 요건

거주자가 특수관계인(이월과세를 적용받는 배우자 및 직계존비속의 경우 제외)에게 자산을 증여한 후 그 자산을 증여받은 자가 그 증여일로부터 10년 이내에 다시 타인에게 양도한 경우로서 ①의 세액이 ②의 세액보다 적은 경우에는 증여자가 그 자산을 직접 양도한 것으로 본다(「소득세법」 제101조 제2항).

① 증여받은 자의 증여세와 양도소득세를 합한 세액
② 증여자가 직접 양도하는 경우로 보아 계산한 양도소득세

> **참고** 부당행위계산 배제
> 양도소득이 해당 수증자에게 귀속되는 경우에는 실질과세원칙에 따라 수증자에게 양도소득세가 과세되므로 증여자가 타인에게 직접 양도한 것으로 보지 않는다.

(3) 부당행위계산 배제

① 이월과세를 적용받는 배우자 및 직계존비속의 경우
② 양도소득이 해당 수증자에게 실질적으로 귀속된 경우
③ 증여받은 날로부터 10년이 지난 후 타인에게 양도한 경우

(4) 증여 후 양도행위의 부인

증여자 →(증여)→ 특수관계인 →(10년 이내 양도)→ 타인

① 양도소득세의 납세의무자: 증여자가 직접 양도한 것으로 보므로 증여자가 양도소득세 납세의무자가 된다(「소득세법」 제101조 제2항 제2호). 이 경우 양도소득세는 수증자도 증여자와 함께 연대납세의무를 진다(「소득세법」 제2조의2 제3항).
② 양도소득세의 계산: 증여자의 취득시기를 기준으로 취득가액·장기보유특별공제·세율을 판단한다.

③ 증여세의 처리: 우회양도에 대한 부당행위계산에 해당하는 경우에는 당초 증여받은 자산에 대하여 증여세를 부과하지 않는다(「소득세법」 제101조 제3항). 따라서 이미 수증자에게 증여세가 부과된 경우에는 부과를 취소하고 수증자에게 환급하여야 한다.

④ 취득가액: 증여자가 취득한 당시의 가액으로 한다.

⑤ 장기보유특별공제·세율의 보유기간: 증여한 특수관계인이 취득한 날로부터 양도일까지로 한다.

> **참고** 우회양도의 부인
> 1. 부정한 행위 존재시 증여 부인하고 증여자가 직접 양도간주
> 2. 납세의무자: 증여자
> 3. 연대납세의무: 존재
> 4. 취득가액: 증여자의 취득 당시 가액
> 5. 증여세: 환급 처리
> 6. 보유기간: 증여자의 취득일부터 양도일까지

핵심 이월과세규정과 우회양도의 부인규정 비교

구분		이월과세규정	우회양도의 부인규정
적용요건	증여자와의 관계	배우자(양도 당시 혼인관계가 소멸된 경우를 포함하되, 사망으로 혼인관계가 소멸된 경우는 제외한다) 또는 직계존비속(양도 당시 증여한 직계존비속이 사망한 경우 제외)	특수관계자(이월과세를 적용받는 배우자 또는 직계존비속 제외)
	적용대상 자산	토지, 건물, 특정시설물이용권, 부동산을 취득할 수 있는 권리, 주식(양도 당시 증여한 직계존비속이 사망한 경우 제외)	양도소득세 과세대상 자산 모두
	증여일부터 양도일까지의 기간	10년(주식 1년) 이내	10년 이내
납세의무자		증여받은 배우자 또는 직계존비속(수증자)	당초 증여자
연대납세의무		없음	증여자와 수증자는 연대납세의무를 부담함
기납부 증여세의 처리		양도차익 계산시 필요경비로 산입	증여세를 부과 취소하고 그 증여세를 수증자에게 환급
취득가액 계산		증여자의 취득 당시 가액	증여자의 취득 당시 가액
장기보유특별공제 및 세율 적용시 보유기간		증여자가 양도자산을 취득한 날부터 양도한 날까지	증여자가 양도자산을 취득한 날부터 양도한 날까지

참고

1. 甲이 「상속세 및 증여세법」에 따라 시가 8억원으로 평가된 토지를 특수관계인인 乙에게 7억 5천만원에 양도한 경우, 양도차익 계산시 양도가액은 8억원으로 계산한다.
2. 배우자 및 직계존비속 간 증여재산에 대한 이월과세가 적용되는 경우에는 증여 후 우회양도행위에 대한 부당행위계산 부인 규정이 적용되지 않는다.

예제

1. 「소득세법」상 거주자 甲이 2021년 1월 20일에 취득한 건물(취득가액 3억원)을 甲의 배우자 乙에게 2024년 3월 5일자로 증여(해당 건물의 시가 8억원)한 후, 乙이 2026년 5월 20일에 해당 건물을 甲·乙의 특수관계인이 아닌 丙에게 10억원에 매도하였다. 해당 건물의 양도소득세에 관한 설명으로 옳은 것은? (단, 취득·증여·매도의 모든 단계에서 등기를 하였고, 양도 당시 甲과 乙은 혼인관계를 유지하고 있음) 제25회

   ① 양도소득세 납세의무자는 甲이다.
   ② 양도소득금액 계산시 장기보유특별공제가 적용된다.
   ③ 양도차익 계산시 양도가액에서 공제할 취득가액은 8억원이다.
   ④ 乙이 납부한 증여세는 양도소득세 납부세액 계산시 세액공제된다.
   ⑤ 양도소득세에 대해 甲과 乙이 연대하여 납세의무를 진다.

   해설 ① 양도소득세 납세의무자는 乙이다.
   ③ 양도차익 계산시 양도가액에서 공제할 취득가액은 甲의 취득 당시 가액인 3억원이다.
   ④ 乙이 납부한 증여세는 양도소득세 납부세액 계산시 필요경비로 공제된다.
   ⑤ 양도소득세에 대해 甲과 乙은 연대하여 납세의무가 없다. **정답** ②

2. 거주자 甲은 배우자인 거주자 乙이 2014.3.1.에 3억원에 취득한 토지를 2023.4.1.에 乙로부터 증여(증여 당시 시가 7억원)받아 소유권이전등기를 마쳤다. 이후 甲은 2026.6.1.에 토지를 甲 또는 乙과 특수관계 없는 거주자 丙에게 10억원에 양도하였다. 甲 또는 乙의 양도소득 납세의무에 관한 설명으로 옳은 것은? (단, 양도소득은 실질적으로 甲에게 귀속되지 아니하고, 토지는 법령상 협의매수 또는 수용된 적이 없으며, 양도 당시 甲과 乙은 혼인관계를 유지하고 있음)

   ① 토지의 양도차익 계산시 양도가액에서 공제할 취득가액은 7억원이다.
   ② 토지의 양도차익 계산시 취득시기는 2014.3.1.이다.
   ③ 토지의 양도차익 계산시 甲의 증여세 산출세액은 양도가액에서 공제할 수 없다.
   ④ 甲과 乙은 연대하여 토지의 양도소득세 납세의무를 진다.
   ⑤ 토지의 양도소득세 납세의무자는 乙이다.

   해설 ① 취득가액은 증여한 배우자인 甲이 취득한 3억원이다.
   ③ 토지의 양도차익 계산시 甲의 증여세 산출세액은 필요경비에 산입하여 양도가액에서 공제할 수 있다.
   ④ 甲과 乙은 배우자 간으로 수증자인 甲이 양도소득세 납세의무를 부담하고, 甲과 乙은 양도소득세 연대납세의무를 부담하지 않는다.
   ⑤ 토지의 양도소득세 납세의무자는 증여받아 양도한 배우자인 甲이다. **정답** ②

제6절 | 납세절차

1 납세지

(1) 거주자인 경우

① 거주자의 양도소득세 납세지는 그 주소지로 한다. 다만, 주소지가 없는 경우에는 그 거소지로 한다(「소득세법」 제6조 제1항).

② 주소지가 2 이상인 때에는 「주민등록법」에 의하여 등록된 곳을 납세지로 하고, 거소지가 2 이상인 때에는 생활관계가 보다 밀접한 곳을 납세지로 한다(「소득세법 시행령」 제5조 제1항).

(2) 비거주자인 경우

① 「소득세법」에 따른 국내사업장(국내사업장이 둘 이상 있는 경우에는 주된 국내사업장)의 소재지로 한다. 다만, 국내사업장이 없는 경우에는 국내원천소득이 발생하는 장소로 한다(「소득세법」 제6조 제2항).

② 국내에 2 이상의 사업장이 있는 비거주자의 경우 그 주된 사업장을 판단하기가 곤란한 때에는 당해 비거주자가 납세지로 신고한 장소를 납세지로 한다(「소득세법 시행령」 제5조 제1항).

2 양도소득과세표준 예정신고와 납부 제32회, 제33회, 제35회, 제36회

(1) 적용대상자

양도소득세 과세대상 자산(외국법인이 발행하였거나 외국에 있는 시장에 상장된 주식 등과 파생상품은 제외한다)을 양도한 자는 양도소득과세표준을 예정신고하여야 한다(「소득세법」 제105조 제1항). 이 경우 양도차익이 없거나 양도차손이 발생한 경우에도 예정신고는 하여야 한다(「소득세법」 제105조 제3항). 제36회

(2) 신고기한

① 부동산등 양도: 과세대상이 되는 부동산(토지·건물·부동산에 관한 권리·기타자산의 양도소득) 등을 양도하였을 때 그 양도소득 과세표준을 양도일이 속하는 달의 말일부터 2개월 이내에 납세지 관할 세무서장에게 예정신고를 하여야 한다(「소득세법」 제105조 제1항 제1호).

참고 예정신고
양도소득세는 신고납부제도를 취하고 있으므로 양도소득세의 예정신고와 확정신고 모두 납세의무를 확정하는 효력을 갖는다. 제33회

참고 예정신고납부세액공제
2011년 1월 1일 이후 양도하는 분부터 양도소득세 과세대상 모든 자산에 대하여 예정신고세액공제를 폐지하고, 예정신고를 하지 않은 경우에는 가산세를 부과한다.
제33회

② **허가대상 부동산 양도**: 허가구역에 있는 토지를 양도할 때 토지거래계약허가를 받기 전에 사실상 잔금이 청산된 경우는 그 양도소득과세표준을 허가일(토지거래계약허가를 받기 전에 허가구역의 지정이 해제된 경우에는 그 해제일)이 속하는 달의 말일부터 2개월 이내에 납세지 관할 세무서장에게 예정신고를 하여야 한다(「소득세법」 제105조 제1항 제1호 단서). 제36회

③ **주식 또는 출자지분**: 그 양도일이 속하는 반기(半期)의 말일부터 2개월 이내에 납세지 관할 세무서장에게 예정신고를 하여야 한다(「소득세법」 제105조 제1항 제2호).

④ **부담부증여**: 부담부증여의 채무액에 해당하는 부분으로서 양도로 보는 경우에는 그 양도일이 속하는 달의 말일부터 3개월 이내에 납세지 관할 세무서장에게 예정신고를 하여야 한다(「소득세법」 제105조 제1항 제3호). 제33회, 제35회, 제36회

> **참고** 예정신고 종합정리
>
> | 구분 | 예정신고기간 |
> | --- | --- |
> | 원칙 | 양도일이 속하는 달의 말일부터 2개월 이내 |
> | 토지거래 허가구역 안에 있는 토지 양도 | 허가일(토지거래계약허가를 받기 전에 허가구역의 지정이 해제된 경우에는 그 해제일)이 속하는 달의 말일부터 2개월 이내 |
> | 주식 또는 출자지분 | 양도일이 속하는 반기(半期)의 말일부터 2개월 이내 |
> | 부담부증여 | 양도일이 속하는 달의 말일부터 3개월 이내 |

⑤ **예정신고납부를 불이행한 경우**: 부동산등을 양도한 후 예정신고기한 내에 예정신고납부를 하지 않는 경우에는 다음에 해당하는 가산세를 부과한다.

  ㉠ **무신고가산세**: 납세자가 예정신고기한 내에 과세표준신고서를 제출하지 아니한 경우에는 무신고납부세액의 100분의 20에 상당하는 금액을 납부할 세액에 가산하거나 환급받을 세액에서 공제한다.

  ㉡ **과소신고가산세**: 납세자가 예정신고기한 내에 과세표준신고서를 제출한 경우로서 신고한 과세표준이 신고하여야 할 과세표준에 미달한 경우에는 과소신고한 과세표준 상당액이 과세표준에서 차지하는 비율을 산출세액에 곱하여 계산한 금액의 100분의 10에 상당하는 금액을 납부할 세액에 가산하거나 환급받을 세액에서 공제한다.

참고 상속시 예정신고
피상속인이 토지 등을 양도하고 예정신고기한 이전에 사망한 경우에는 상속개시일이 속하는 달의 말일부터 6개월 이내에 예정신고를 하여야 한다.

기출
1. 양도소득세 과세대상 자산을 양도한 자는 양도소득과세표준을 예정신고하여야 한다. 이 경우 양도차익이 없거나 양도차손이 발생한 경우에도 예정신고는 하여야 한다. 제36회
2. 법령에 따른 부담부증여의 채무액에 해당하는 부분으로서 양도로 보는 경우 그 양도일이 속하는 달의 말일부터 3개월 이내에 양도소득과세표준을 납세지 관할 세무서장에게 신고하여야 한다. 제33회, 제35회, 제36회

⑥ 예정신고납부를 하는 경우 수시부과세액이 있을 때에는 이를 공제하여 납부한다(「소득세법」 제106조 제3항).

③ 과세표준 확정신고납부

1. 확정신고

(1) 신고기간 제33회

① 원칙적인 신고기간
  ㉠ 양도소득이 발생한 과세기간의 다음 연도 5월 1일부터 5월 31일까지[거래계약허가구역 안에 있는 토지를 양도함에 있어서 토지거래계약허가를 받기 전에 대금을 청산한 경우에는 토지의 거래계약에 관한 허가일(토지거래계약허가를 받기 전에 허가구역의 지정이 해제된 경우에는 그 해제일)이 속하는 과세기간의 다음 연도 5월 1일부터 5월 31일까지] 납세지 관할 세무서장에게 확정신고를 하여야 한다(「소득세법」 제110조 제1항).
  ㉡ 해당 과세기간의 과세표준이 없거나 결손금액이 있는 때에도 확정신고를 하여야 한다(「소득세법」 제110조 제2항). 제36회

② 예정신고를 이행한 경우: 예정신고를 이행한 경우에는 확정신고를 하지 아니할 수 있으나, 다음의 경우에는 예정신고를 이행한 경우라도 확정신고를 이행하여야 한다(「소득세법 시행령」 제173조 제5항).
  ㉠ 당해 연도에 누진세율의 적용대상 자산에 대한 예정신고를 2회 이상 한 자가 이미 신고한 양도소득금액과 합산하여 신고하지 아니한 경우
  ㉡ 토지, 건물, 부동산에 관한 권리, 기타자산 및 신탁 수익권을 2회 이상 양도한 경우로서 양도소득기본공제의 적용으로 인하여 당초 신고한 양도소득산출세액이 달라지는 경우
  ㉢ 주식 등을 2회 이상 양도한 경우로서 양도소득기본공제의 적용으로 인하여 당초 신고한 양도소득산출세액이 달라지는 경우
  ㉣ 토지, 건물, 부동산에 관한 권리 및 기타자산을 둘 이상 양도한 경우로서 양도소득세 세율을 적용할 경우 당초 신고한 양도소득산출세액이 달라지는 경우

③ 확정신고납부를 하는 경우 예정신고 산출세액, 결정·경정한 세액 또는 수시부과세액이 있을 때에는 이를 공제하여 납부한다. 제36회

기출
1. 양도소득이 발생한 과세기간의 다음 연도 5월 1일부터 5월 31일까지 납세지 관할 세무서장에게 확정신고를 하여야 한다. 제33회
2. 해당 과세기간의 과세표준이 없거나 결손금액이 있는 때에도 확정신고를 하여야 한다. 제36회
3. 당해 연도에 누진세율의 적용대상 자산에 대한 예정신고를 2회 이상 한 자가 법령에 따라 이미 신고한 양도소득금액과 합산하여 신고하지 아니한 경우 양도소득세 확정신고를 해야 한다.

(2) 확정신고 불이행시 제33회

① **일반무신고가산세**: 무신고납부세액의 100분의 20에 상당하는 금액을 납부할 세액에 가산하거나 환급받을 세액에서 공제한다.

② **부당무신고가산세**: 과세표준 중 부당한 방법으로 무신고한 과세표준에 상당하는 금액이 과세표준에서 차지하는 비율을 무신고납부세액에 곱하여 계산한 금액의 100분의 40에 상당하는 금액을 납부할 세액에 가산하거나 환급받을 세액에서 공제한다.

③ **일반과소신고가산세**: 신고한 과세표준이 신고하여야 할 과세표준에 미달한 경우에는 과소신고한 과세표준 상당액이 과세표준에서 차지하는 비율을 산출세액에 곱하여 계산한 금액의 100분의 10에 상당하는 금액을 납부할 세액에 가산하거나 환급받을 세액에서 공제한다.

④ **부당과소신고가산세**: 과세표준 중 부당한 방법으로 과소신고한 과세표준에 상당하는 금액이 과세표준에서 차지하는 비율을 산출세액에 곱하여 계산한 금액의 100분의 40에 상당하는 금액을 납부할 세액에 가산하거나 환급받을 세액에서 공제한다.

> **참고** 감정가액 또는 환산취득가액 적용에 따른 가산세 제33회
>
> 1. 거주자가 건물을 신축 또는 증축(증축의 경우 바닥면적 합계가 $85m^2$를 초과하는 경우에 한정한다)하고 그 건물의 취득일 또는 증축일로부터 5년 이내에 해당 건물을 양도하는 경우로서 감정가액 또는 환산취득가액을 그 취득가액으로 하는 경우에는 해당 건물의 감정가액(증축의 경우 증축한 부분에 한정한다) 또는 환산취득가액(증축의 경우 증축한 부분에 한정한다)의 100분의 5에 해당하는 금액을 양도소득 결정세액에 더한다(「소득세법」 제114조의2 제1항).
> 2. 1의 가산세는 양도소득 산출세액이 없는 경우에도 적용한다.

참고 과소신고가산세 적용 제외
부담부증여의 양도소득세 과세표준을 과소신고한 경우(부정행위로 양도소득세의 과세표준을 과소신고한 경우는 제외) 과소신고가산세 적용을 배제한다.

기출
1. 부당한 방법으로 과소신고한 과세표준이 있는 경우에는 과세표준 중 부당한 방법으로 과소신고한 과세표준에 상당하는 금액이 과세표준에서 차지하는 비율을 산출세액에 곱하여 계산한 금액의 100분의 40에 상당하는 금액을 납부할 세액에 가산하거나 환급받을 세액에서 공제한다.
2. 건물을 신축하고 그 신축한 건물의 취득일부터 5년 이내에 해당 건물을 양도하는 경우로서 취득 당시의 실지거래가액을 확인할 수 없어 환산취득가액을 그 취득가액으로 하는 경우에는 환산취득가액의 100분의 5에 해당하는 금액을 양도소득 결정세액에 더한다. 제33회

2. 양도소득세의 분할납부 제33회

거주자로서 자산양도차익 예정신고납부 또는 확정신고납부할 세액이 1천만원을 초과하는 경우 납부기한이 지난 후 2개월 이내에 다음과 같이 분할납부할 수 있다(「소득세법」 제112조).

구분	분할납부 세액
납부할 세액이 2천만원 이하인 경우	1천만원을 초과하는 금액
납부할 세액이 2천만원을 초과하는 경우	그 세액의 100분의 50 이하인 금액

④ 양도소득세의 징수와 환급

(1) 예정신고·확정신고 납부세액의 징수

납세지 관할 세무서장은 거주자가 해당 과세기간의 양도소득세로 납부하여야 할 세액의 전부 또는 일부를 납부하지 아니한 경우에는 그 미납된 세액을 「국세징수법」에 따라 징수한다(「소득세법」 제116조 제1항).

(2) 결정·경정에 따른 추가납부세액의 징수 제33회

납세지 관할 세무서장은 양도소득과세표준과 세액을 결정 또는 경정한 경우 양도소득 총결정세액이 기납부세액을 초과할 때에는 그 초과하는 세액을 해당 거주자에게 알린 날부터 30일 이내에 징수한다(「소득세법」 제116조 제2항).

> **참고 양도소득세의 환급**
> 납세지 관할 세무서장은 과세기간별로 이미 납부한 확정신고세액이 관할 세무서장이 결정한 양도소득 총결정세액을 초과할 때에는 그 초과하는 세액을 환급하거나 다른 국세 및 강제징수비에 충당하여야 한다.

예제

「소득세법」상 거주자의 양도소득세 신고 및 납부에 관한 설명으로 옳은 것은? 제29회

① 토지 또는 건물을 양도한 경우에는 그 양도일이 속하는 분기의 말일부터 2개월 이내에 양도소득과세표준을 신고해야 한다.
② 양도차익이 없거나 양도차손이 발생한 경우에는 양도소득과세표준 예정신고 의무가 없다.
③ 건물을 신축 또는 증축하고 그 건물의 취득일 또는 증축일부터 5년 이내에 해당 건물을 양도하는 경우로서 취득 당시의 실지거래가액을 확인할 수 없어 환산취득가액을 그 취득가액으로 하는 경우에는 양도소득세 산출세액의 100분의 5에 해당하는 금액을 양도소득 결정세액에 더한다.
④ 양도소득과세표준 예정신고시에는 납부할 세액이 1천만원을 초과하더라도 그 납부할 세액의 일부를 분할납부할 수 없다.
⑤ 당해 연도에 누진세율의 적용대상 자산에 대한 예정신고를 2회 이상 한 자가 법령에 따라 이미 신고한 양도소득금액과 합산하여 신고하지 아니한 경우 양도소득세 확정신고를 이행하여야 한다.

해설 ① 토지 또는 건물을 양도한 경우에는 그 양도일이 속하는 달의 말일부터 2개월 이내에 양도소득세과세표준을 신고해야 한다.
② 양도차익이 없거나 양도차손이 발생한 경우에도 양도소득과세표준 예정신고를 하여야 한다.
③ 거주자가 건물을 신축 또는 증축하고 그 건물의 취득일 또는 증축일로부터 5년 이내에 해당 건물을 양도하는 경우로서 환산취득가액을 그 취득가액으로 하는 경우에는 해당 건물 환산취득가액(증축의 경우 증축한 부분에 한한다)의 100분의 5에 해당하는 금액을 양도소득 결정세액에 더한다.
④ 양도소득과세표준 예정신고시에도 납부할 세액이 1천만원을 초과하는 경우 그 납부할 세액의 일부를 분할납부할 수 있다.

정답 ⑤

제7절 | 국외자산에 대한 양도소득세

❶ 납세의무자 및 과세대상 제32회

(1) 납세의무자

국외자산의 양도에 대한 양도소득세는 해당 자산의 양도일까지 국내에 계속 5년 이상 주소 또는 거소를 둔 거주자만 납세의무를 진다(「소득세법」 제118조의2).

> 참고 📖 **국외자산 양도**
> 비거주자나 5년 미만 주소 등을 둔 거주자는 국외자산 양도에 대하여 납세의무가 없다.

(2) 과세대상물

해당 과세기간에 국외에 있는 다음의 자산을 양도함으로써 발생하는 소득을 과세대상으로 한다(「소득세법」 제118조의2).
① 토지 또는 건물의 양도로 발생하는 소득
② 지상권·전세권의 양도로 발생하는 소득
③ 부동산임차권(등기 불문)의 양도로 발생하는 소득 제35회
④ 부동산을 취득할 수 있는 권리의 양도로 발생하는 소득
⑤ 기타자산의 양도로 발생하는 소득

> 참고 📖 **부동산임차권** 제35회
> 1. 국내자산: 등기된 부동산임차권
> 2. 국외자산: 부동산임차권

❷ 양도차익 계산 제32회, 제35회

(1) 국외자산의 양도가액과 취득가액의 산정방법

① 국외자산의 양도가액 또는 취득가액은 그 자산의 양도 또는 취득 당시의 실지거래가액으로 한다(「소득세법」 제118조의3 제1항).
② 양도 또는 취득 당시의 실지거래가액을 확인할 수 없는 경우에는 양도자산이 소재하는 국가의 양도 또는 취득 당시의 현황을 반영한 시가에 의하되, 시가를 산정하기 어려울 때에는 보충적 평가방법에 따른다(「소득세법」 제118조의3 제1항 단서).

> 실지거래가액 ⇨ 현황을 반영한 시가 ⇨ 보충적 평가방법

> 참고 📖 **외화차입금 환차익**
> 양도소득이 국외에서 외화를 차입하여 취득한 자산을 양도하여 발생하는 소득으로서 환율변동으로 인한 환차익을 포함하고 있는 경우에는 해당 환차익을 양도소득의 범위에서 제외한다. 제32회

(2) 국외자산의 필요경비

국외자산의 양도차익을 계산할 때 필요경비는 국내자산과 같이 실지취득가액·자본적 지출액·양도직접비용을 포함한다(「소득세법 시행령」 제178조의4). 그러나 필요경비개산공제는 국외자산의 경우 적용되지 않는다.

(3) 양도차익 원화환산

양도차익을 외화표시에서 원화표시로 계산함에 있어서는 양도가액 및 필요경비를 수령하거나 지출한 날 현재의 「외국환거래법」에 의한 기준환율 또는 재정환율에 의하여 계산한다(「소득세법 시행령」 제178조의5).

✔ 양도가액을 수령한 날과 필요경비를 지출한 날의 환율이 상이하기 때문에 양도가액과 필요경비를 각각 환산하여야 한다. 양도차익을 직접 환산하지는 않는다.

용어

기준환율
외국환은행이 고객과 원화를 대가로 미달러화를 매매할 때 기준이 되는 환율이며 시장평균환율 또는 매매기준율이라고 한다.

재정환율
기준환율을 통해 간접적으로 계산한 1국과 제3국 통화 사이의 환율을 말한다.

❸ 과세표준계산 및 산출세액 제32회, 제35회

(1) 국외자산 장기보유특별공제

국외자산 양도소득에 대한 장기보유특별공제는 적용하지 아니한다(「소득세법」 제118조의8 단서).

(2) 국외자산 양도소득기본공제

국외자산의 양도에 대한 양도소득이 있는 거주자에 대해서는 해당 과세기간의 양도소득금액에서 연 250만원을 공제한다(「소득세법」 제118조의7 제1항).

(3) 국외자산 양도소득세의 세율

국외에 있는 자산의 양도소득에 대한 소득세는 해당 과세기간의 양도소득 과세표준에 6~45%의 세율을 적용하여 계산한 금액을 그 세액으로 한다(「소득세법」 제118조의5 제1항).

(4) 국외자산 양도소득에 대한 외국 납부세액의 공제

국외자산의 양도소득에 대하여 해당 외국에서 과세를 하는 경우로서 그 양도소득에 대하여 대통령령으로 정하는 국외자산 양도소득에 대한 세액(국외자산 양도소득세액)을 납부하였거나 납부할 것이 있을 때에는 외국납부세액의 세액공제방법과 필요경비산입방법 중 하나를 선택하여 적용할 수 있다(「소득세법」 제118조의6 제1항).

❹ 국외자산 양도소득세 납세절차

국외자산을 양도하는 경우에도 일반적인 양도소득세에 관한 규정을 준용한다. 즉, 일반적인 규정을 준용하여 양도소득과세표준 예정신고와 납부, 과세표준확정신고와 납부 및 결정·경정 등의 절차를 밟게 되는 것이다.

기출

1. 국외자산의 양도에 대한 양도소득세는 해당 자산의 양도일까지 국내에 계속 5년 이상 주소 또는 거소를 둔 거주자에 한하여 납세의무를 진다. 제32회
2. 국외자산의 양도가액 또는 취득가액은 그 자산의 양도 또는 취득 당시의 실지거래가액으로 한다. 다만, 양도 또는 취득 당시의 실지거래가액을 확인할 수 없는 경우에는 양도자산이 소재하는 국가의 양도 또는 취득 당시의 현황을 반영한 시가에 의하되, 시가를 산정하기 어려울 때에는 보충적 평가방법에 따른다.
3. 외국에서 납부한 세액은 국내에서도 과세되기 때문에 동일소득에 대한 국제적 이중과세 문제가 발생하여 이를 해소하기 위하여 외국납부세액공제 또는 필요경비산입법 중 하나를 선택하여 공제한다.

심화 국내자산과 국외자산 비교

구분	국내자산 양도	국외자산 양도
거주자의 개념	국내에 주소나, 183일(1과세기간 동안 또는 2과세기간에 걸쳐) 이상 거소를 둔 개인	양도일 현재 국내에 5년 이상 주소 또는 거소를 둔 개인
과세대상 차이	등기된 부동산임차권	등기되지 않은 부동산임차권도 과세
장기보유 특별공제	등기된 토지·건물로서 3년 이상 보유한 경우 및 조합원입주권 가능	공제 불가능
양도소득 기본공제	양도소득금액에서 연 250만원 공제	양도소득금액에서 연 250만원 공제
세율	미등기 부동산: 100분의 70	• 미등기 부동산의 중과세율(100분의 70) 없음 • 보유기간과 관계없이 초과누진세율(6 ~ 45%)

예제

거주자 甲은 2022년에 국외에 1채의 주택을 미화 1십만 달러(취득자금 중 일부 외화 차입)에 취득하였고, 2026년에 동 주택을 미화 2십만 달러에 양도하였다. 이 경우 「소득세법」상 설명으로 틀린 것은?(단, 甲은 해당 자산의 양도일까지 계속 5년 이상 국내에 주소를 둠) 제32회

① 甲의 국외주택에 대한 양도차익은 양도가액에서 취득가액과 필요경비개산공제를 차감하여 계산한다.
② 甲의 국외주택 양도로 발생하는 소득이 환율변동으로 인하여 외화차입금으로부터 발생하는 환차익을 포함하고 있는 경우에는 해당 환차익을 양도소득의 범위에서 제외한다.
③ 甲의 국외주택 양도에 대해서는 해당 과세기간의 양도소득금액에서 연 250만원을 공제한다.
④ 甲은 국외주택을 3년 이상 보유하였음에도 불구하고 장기보유특별공제액은 공제하지 아니한다.
⑤ 甲은 국외주택의 양도에 대하여 양도소득세의 납세의무가 있다.

해설 甲의 국외주택에 대한 양도차익은 양도가액에서 취득가액과 필요경비를 차감하여 계산하는데 필요경비개산공제는 적용되지 않는다. **정답** ①

제3장 메타인지 학습체크

01 거주자가 국내 소재 미등기 부동산임차권을 양도하여 발생하는 소득에 대해서는 양도소득세를 [① 부과한다. / ② 부과하지 않는다.]

02 사업에 사용하는 토지·건물 및 부동산에 관한 권리와 함께 양도하는 영업권을 양도하여 발생하는 소득에 대해서는 [① 양도소득세 / ② 종합소득세] 과세대상이 된다.

03 양도란 개인이 「소득세법」상 열거된 과세대상 자산을 등기·등록과 관계없이 매매·교환·공매(경매 포함)·수용·법인에 대한 현물출자·대물변제·부담부증여(負擔附贈與) 등을 통하여 사실상 이전하고 그 대가를 [① 유상 / ② 유상 또는 무상]으로 받는 경우 이를 양도라 한다.

04 자기 소유재산을 제3자의 채무에 담보로 제공하였다가 채무를 변제하지 아니하여 해당 담보재산이 경매 개시되어 당초 소유자가 자기명의로 경락받은 경우에는 이를 [① 양도한 것으로 본다. / ② 양도한 것으로 보지 않는다.]

05 양도담보계약을 체결한 후 그 계약을 위배하거나 채무불이행으로 인하여 양도 담보된 자산을 변제에 충당한 때에는 대물변제로 보아 이를 [① 양도한 것으로 본다. / ② 양도한 것으로 보지 않는다.]

06 이혼으로 인하여 혼인 중에 형성된 부부공동재산을 「민법」 제839조의2에 따라 재산분할하는 경우는 [① 양도한 것으로 본다. / ② 양도한 것으로 보지 않는다.]

07 사실상 대금청산일이 불분명한 경우에는 [① 계약서상 잔금지급일 / ② 등기접수일]을 양도 및 취득시기로 한다.

08 자기가 건설한 건축물에 있어서는 [① 사용승인서 교부일 / ② 사실상 대금청산일]을 취득시기로 한다. 다만, 사용승인서 교부일 전에 사실상 사용하거나 임시사용승인을 받은 경우에는 그 사실상의 사용일 또는 임시사용승인을 받은 날 중 빠른 날로 한다.

정답

01 ②   02 ①   03 ①   04 ②   05 ①   06 ②   07 ②   08 ①

제3장 메타인지 학습체크

09 「도시개발법」에 따른 환지처분으로 교부받은 토지의 면적이 환지처분에 의한 권리면적보다 증가한 경우 그 증가된 면적의 토지에 대한 취득시기는 [① 환지처분의 공고가 있은 날 / ② 환지처분의 공고가 있은 날의 다음 날]이다.

10 경작상 필요에 의하여 농지를 교환하는 경우, 교환에 의하여 새로이 취득하는 농지를 3년 이상 농지소재지에 거주하면서 경작하는 경우(새로운 농지 취득 후 3년 이내에 법령에 따라 수용 등이 되는 경우 포함)로서 교환하는 쌍방 토지가액의 차액이 [① 큰 편의 3분의 1 이하 / ② 큰 편의 4분의 1 이하]인 경우에 한하여 양도소득세를 비과세한다.

11 1세대 1주택 비과세 규정 적용시 보유한 2채 이상의 주택을 같은 날 동시에 양도하는 경우에는 [① 납세자가 선택한 순서 / ② 양도가액이 큰 순서]에 따라 양도한 것으로 본다.

12 1주택을 보유하고 있는 자가 1주택을 보유하고 있는 자와 혼인함으로써 1세대가 2주택을 보유하게 되는 경우 그 혼인한 날부터 [① 5년 이내 / ② 10년 이내]에 먼저 양도하는 주택은 이를 1세대 1주택으로 보아 비과세 규정을 적용한다.

13 「민간임대주택에 관한 특별법」에 따른 민간건설임대주택 또는 「공공주택특별법」에 따른 공공건설임대주택을 취득하여 양도하는 경우로서 해당 건설임대주택의 임차일부터 해당 주택의 양도일까지의 기간 중 세대원이 거주(취학, 근무상 형편, 질병의 요양, 그 밖에 부득이한 사유로 세대의 구성원 중 일부가 거주하지 못하는 경우를 포함한다)한 기간이 [① 3년 이상 / ② 5년 이상]인 경우에는 보유기간의 제한을 받지 않고 비과세된다.

14 「해외이주법」에 따른 해외이주로 세대전원이 출국하는 경우 보유기간의 제한을 받지 아니하고 비과세된다. 다만, 출국일 현재 1주택을 보유하고 있는 경우로서 출국일부터 [① 2년 이내 / ② 3년 이내]에 양도하는 경우에 한한다.

15 「소득세법」상 양도소득세의 양도소득금액의 계산에서 그 공제순위가 제일 나중인 것은 [① 장기보유특별공제액 / ② 양도소득기본공제액]이다.

정답

09 ②   10 ②   11 ①   12 ②   13 ②   14 ①   15 ①

16 양도가액을 실지거래가액에 의하는 경우로서 장부 등의 증빙서류에 의하여 그 자산의 양도 당시의 실지거래가액을 인정 또는 확인할 수 없는 경우에는 [① 매매사례가액, 감정가액, 기준시가 / ② 기준시가, 감정가액, 매매사례가액]을/를 순차적으로 적용하여 양도가액을 산정할 수 있다.

17 취득에 관한 쟁송이 있는 자산에 대하여 그 소유권 등을 확보하기 위하여 직접 소요된 소송비용·화해비용 등의 금액은 [① 취득가액에 포함한다. / ② 취득가액에 포함하지 않는다.] 다만, 그 지출한 연도의 각 소득금액을 계산할 때 필요경비에 산입된 것은 취득가액에 포함하지 않는다.

18 사업자가 면세전용과 폐업시 잔존재화에 대하여 납부하였거나 납부할 부가가치세는 잔존재화 양도시 양도소득의 [① 취득가액에 포함한다. / ② 취득가액에 포함하지 않는다.]

19 취득가액을 실지거래가액에 의하는 경우 당초 약정에 의한 거래 가액의 지급기일의 지연으로 인하여 추가로 발생하는 이자상당액은 [① 취득가액에 포함한다. / ② 취득가액에 포함하지 않는다.]

20 자산을 양도하기 위하여 직접 지출한 양도소득세 과세표준 신고서 작성비용과 계약서 작성비용(법령에 따른 증명서류가 수취·보관하거나 실제 지출사실이 금융거래 증빙서류에 의하여 확인되는 경우에 한함)은 [① 필요경비로 인정된다. / ② 필요경비로 인정되지 않는다.]

21 취득시 법령의 규정에 따라 매입한 국민주택채권을 만기 전에 법령이 정하는 금융기관에 양도함으로써 발생하는 매각차손은 [① 필요경비로 인정된다. / ② 필요경비로 인정되지 않는다.] 이 경우 기획재정부령으로 정하는 금융기관 외의 자에게 양도한 경우에는 동일한 날에 금융기관에 양도하였을 경우 발생하는 매각차손을 한도로 한다.

22 3년 이상 보유한 국내소재 등기된 토지의 경우 장기보유특별공제액은 해당 토지의 [① 양도가액 / ② 양도차익]에 보유기간별 공제율을 곱하여 계산한다.

23 토지, 건물, 특정시설물이용권 또는 부동산을 취득할 수 있는 권리를 증여받은 날로부터 10년 이내에 양도하여 이월과세되는 경우 장기보유특별공제 적용시 보유기간은 [① 증여한 / ② 증여받은] 배우자가 해당 자산을 취득한 날부터 기산한다.

정답

16 ① 17 ① 18 ① 19 ② 20 ① 21 ① 22 ② 23 ①

제3장 메타인지 학습체크

24 양도소득금액에 「소득세법」 또는 「조세특례제한법」이나 그 밖의 법률에 따른 감면소득금액이 있는 경우에는 [① 그 감면소득금액의 양도소득금액 / ② 그 감면소득금액 외의 양도소득금액]에서 먼저 양도소득기본공제를 적용한다.

25 상속받은 자산을 양도하는 경우 세율 적용시 보유기간은 [① 피상속인이 그 자산을 취득한 날 / ② 상속개시일]로부터 양도일까지로 한다.

26 법률의 규정 또는 법원의 결정에 따라 양도 당시 그 취득에 관한 등기가 불가능한 자산을 양도한 경우 [① 미등기에 따른 불이익을 받는다. / ② 미등기에 따른 불이익을 받지 않는다.]

27 과세대상이 되는 부동산(토지·건물·부동산에 관한 권리·기타자산의 양도소득) 등을 양도하였을 때 그 양도소득 과세표준을 [① 양도일로부터 2개월 이내 / ② 양도일이 속하는 달의 말일부터 2개월 이내]에 납세지 관할 세무서장에게 신고서를 제출하여야 한다.

28 「부동산 거래신고 등에 관한 법률」에 따른 토지거래계약에 관한 허가구역에 있는 토지를 양도할 때 토지거래계약허가를 받기 전에 사실상 잔금이 청산된 경우는 그 양도소득 과세표준을 [① 잔금지급일이 속하는 달의 말일부터 2개월 이내 / ② 허가일이 속하는 달의 말일부터 2개월 이내]에 납세지 관할 세무서장에게 신고서를 제출하여야 한다.

29 양도소득이 발생한 과세기간의 다음 연도 [① 5월 1일부터 5월 31일 / ② 6월 1일부터 6월 30일]까지 납세지 관할 세무서장에게 확정신고를 하여야 한다. 해당 과세기간의 과세표준이 없거나 결손금액이 있는 경우 확정신고를 하여야 한다.

30 국외자산의 양도에 대한 양도소득세는 해당 자산의 양도일까지 국내에 계속 [① 3년 이상 / ② 5년 이상] 주소 또는 거소를 둔 거주자에 한하여 납세의무를 진다.

31 양도소득이 국외에서 외화를 차입하여 취득한 자산을 양도하여 발생하는 소득으로서 환율변동으로 인한 환차익을 포함하고 있는 경우에는 해당 환차익을 양도소득의 범위에 [① 포함한다. / ② 제외한다.]

정답

24 ② **25** ① **26** ② **27** ② **28** ② **29** ① **30** ② **31** ②

MEMO

2026 메가랜드 공인중개사 표준 이론서
2차 부동산세법

발행일 2025년 12월 1일 초판 1쇄
편　저 메가랜드 부동산교육연구소
발행인 윤용국
발행처 메가엠디(주)
등　록 제322-2007-000308호(2007.12.12.)
주　소 (06657) 서울특별시 서초구 반포대로 81, 2층
전　화 1833 - 3329
팩　스 02 - 6918 - 3792

정　가 41,000원
ISBN 978-89-6634-967-8(14320)
　　　　 978-89-6634-961-6(14320)(2차 세트)

잘못 만들어진 책은 구입하신 서점에서 교환해 드립니다.
본 책의 내용은 사전고지 없이 변경될 수 있습니다.

Copyright ⓒ 메가엠디㈜
* 이 책에 대한 저작권은 메가엠디㈜에 있습니다.
* 이 책은 저작권법에 따라 보호받는 저작물이므로 무단전재와 무단복제 및 배포를 금지하며
  책 내용의 전부 또는 일부를 이용하려면 반드시 저작권자와 출판권자의 서면동의를 받아야 합니다.
* 메가랜드는 메가엠디㈜의 부동산 교육 전문 브랜드입니다.

더 가벼운 학습서
메가랜드 E-Book

메가랜드 공인중개사 정오표를 꼭 확인하세요.

메가랜드 공인중개사 ▶ 온라인 서점 ▶ 정오표/개정추록

교재 출간 후 개정되는 법령의 내용과 교재 수정사항은 메가랜드 홈페이지(http://www.megaland.co.kr)에서 확인하실 수 있습니다.